W0041339

Johann Wolfgang Goethe, geboren am 28. August 1749 in Frankfurt am Main, ist am 22. März 1832 in Weimar gestorben.

Kein anderer Dichter wurde von seinen Zeitgenossen derart genau beobachtet, beschrieben und kommentiert wie Goethe. Seiner außerordentlichen Bedeutung entspricht eine immense Fülle an Textzeugnissen aus allen Lebensphasen. Dies begann schon in seiner frühen Jugendzeit, als den Altersgenossen bewußt wurde, welch ungewöhnlicher junger Mann da mit ihnen lebte, und es setzte sich fort bis in seine letzten Lebenstage im hohen Alter.

Ob der Diener erzählt oder der Dichter, der Diplomat oder der Maler, der Militär oder der Musiker, aus den verschiedenartigsten Perspektiven der Zeitgenossen spricht in tausend Facetten immer wieder die Faszination einer Persönlichkeit von welthistorischem Format.

In den Texten, die Eckart Kleßmann aus der Biedermann-Herwigschen Sammlung zusammengestellt hat, wird Goethes Weingenuß ebenso beschrieben wie Gedanken und Visionen des alten Goethe.

Die scharf beobachteten Züge in Augenzeugenberichten lassen ein ebenso authentisches wie unterhaltsames, vor allem aber denkbar lebendiges Porträt der Persönlichkeit Goethes entstehen.

insel taschenbuch 1800
Goethe aus der Nähe

Goethe aus der Nähe

Berichte von Zeitgenossen
Ausgewählt und kommentiert
von Eckart Kleßmann
Insel Verlag

insel taschenbuch 1800
Erste Auflage 1997
Insel Verlag Frankfurt am Main und Leipzig
© 1994 Artemis Verlags-AG, Zürich
Lizenzausgabe mit freundlicher Genehmigung der
Artemis Verlags-AG, Zürich
Alle Rechte vorbehalten
Hinweise zu dieser Ausgabe am Schluß des Bandes
Vertrieb durch den Suhrkamp Taschenbuch Verlag
Umschlag nach Entwürfen von Willy Fleckhaus
Satz: Jung Satzcentrum, Lahnau
Druck: Nomos Verlagsgesellschaft, Baden-Baden
Printed in Germany

1 2 3 4 5 6 – 02 01 00 99 98 97

Inhalt

Das junge Genie

»Nur die zulange Nase, denn das
ist sie gewiß, mindert den Eindruck
der Augen und der Stirn. Aber welche
Naivität – in dem Munde...«

(J. C. Lavater)

Ölgemälde von Johann Daniel Bayer
(1773)

Der stolze Phantast

J. A. Horn an L. Moors

12. August 1766

Von unserm Goethe zu reden! – der ist immer noch der stolze Phantast, der er war als ich herkam. Wenn Du ihn nur sähst, Du würdest entweder vor Zorn rasend werden, oder vor Lachen bersten müssen. Ich kann gar nicht einsehen, wie sich ein Mensch so geschwind verändern kann. Alle seine Sitten und sein ganzes jetziges Betragen sind Himmel weit von seiner vorigen Aufführung unterschieden. Er ist bei seinem Stolze auch ein Stutzer, und alle seine Kleider, so schön sie auch sind, sind von so einem närrischen Gout, der ihn auf der ganzen Akademie auszeichnet. Doch dieses ist ihm alles einerlei, man mag ihm seine Torheit vorhalten so viel man will.

Man mag Amphion sein und Feld und Wald bezwingen,
Nur keinen Goethe nicht kann man zur Klugheit bringen.

Sein ganzes Dichten und Trachten ist nur, seiner gnädigen Fräulein und sich selbst zu gefallen. Er macht sich in allen Gesellschaften mehr lächerlich als angenehm. Er hat sich (bloß weil es die Fräulein gern sieht) solche portemains und Gebärden angewöhnt, bei welchen man unmöglich das Lachen enthalten kann. Einen Gang hat er angenommen, der ganz unerträglich ist. Wenn Du es nur sähest!

il marche à pas comptés,
Comme un Recteur suivi des quatre Facultés.

Sein Umgang wird mir alle Tage unerträglicher, und er sucht auch denselbigen wo er kann zu vermeiden. Ich bin ihm zu schlecht, daß er mit mir über die Straße gehen sollte. Was würde der König von Holland sagen, wenn er ihn in dieser Positur sähe? Schreibe doch bald wieder einmal an ihn und sage ihm die Meinung. Er bleibt sonst samt seiner gnädigen Fräulein närrisch. Wenn mich nur der Himmel solange ich hier bin vor einem Mädchen bewahrt, denn das hiesige Weibsvolk ist ganz des Teufels. Goethe ist nicht der erste, der seiner Dulcinea zu Gefallen ein Narr ist. Ich wünschte nur, daß Du sie ein einzigmal sähest, sie ist die abgeschmack[te]-ste Kreatur von der Welt. Eine mine coquette avec un air hautain ist alles, womit sie Goethen bezaubert hat. Lieber Freund, ich wäre hier noch einmal so vergnügt, wenn nur Goethe noch so wäre wie in Frankfurt. So gute Freunde wir auch sonst waren, so vertragen wir uns jetzo kaum ¼ Stunde. Doch mit der Zeit hoffe ich ihn noch zu belehren, ob es schon schwer ist einen Narren klug zu machen, doch ich will alles mögliche dran wagen.

> Ach fruchtete dies mein Bemühen!
> Ach könnt ich meinen Zweck erreichen!
> Ich wollt nicht Luther, nicht Calvin,
> Noch einem der Bekehrer weichen. –

Du kannst ihm nur alles wieder schreiben was ich Dir hier erzählt habe. Es ist mir recht lieb wenn Du es tust. Es ist mir weder an seinem noch an der gnädigen Fräulein Zorne etwas gelegen. Denn er wird doch nicht so leicht bös auf mich; wann wir uns auch gezankt haben, so läßt er mich doch den andern Tag wieder zu sich rufen. – So viel von ihm, künftig mehr...

Goethe empfiehlt sich Dir. Er schriebe gern an Dich, wenn er nur nicht befürchtete, er möchte morgens mit dintenbekleckten Händen zur gnädigen Fräulein kommen. Wie närrisch sind wir doch wenn wir verliebt sind! – [18]

Merke seine List!

J. A. Horn an L. Moors

3. Oktober 1766

Aber lieber Moors! welche Freude wird Dir es sein, wenn ich Dir berichte, daß wir an unserm Goethe keinen Freund verloren haben, wie wir es fälschlich geglaubt. Er hatte sich verstellt, daß er nicht allein mich, sondern noch mehrere Leute betrog, und mir niemals den eigentlichen Grund der Sache entdeckt haben würde, wenn Deine Briefe ihm nicht den nahen Verlust eines Freundes vorher verkündigt hätten. Ich muß Dir die ganze Sache, wie er mir sie selbst erzählt hat, erzählen. Denn er hat mir es aufgetragen, um ihm die Mühe die es ihm machen würde zu ersparen. – Er liebt, es ist wahr, er hat es mir bekannt und wird es auch Dir bekennen; allein seine Liebe, ob sie gleich immer traurig ist, ist dennoch nicht strafbar, wie ich es sonst geglaubt. Er liebt. Allein nicht jene Fräulein, mit der ich ihn im Verdacht hatte. Er liebt ein Mädchen das unter seinem Stand ist, aber ein Mädchen das – ich glaube nicht zu viel zu sagen – das Du selbst lieben würdest, wenn Du es sähest: Ich bin kein Liebhaber und also werde ich ganz ohne Leidenschaft schreiben. Denke Dir ein Frauenzimmer, wohlgewachsen, obgleich nicht sehr groß, ein rundes freundliches, obgleich nicht außerordentlich schönes Gesicht, eine offne sanfte einnehmende Miene, viele Freimütigkeit ohne Koketterie, einen sehr artigen Verstand ohne die größte Erziehung gehabt zu haben. Er liebt sie sehr zärtlich, mit den vollkommen redlichen Absichten eines tugendhaften Menschen, ob er gleich weiß, daß sie nie seine Frau werden kann. Ob sie ihn wieder liebt, weiß ich nicht. Du weißt lieber Moors! das ist seine Sache, nach der sich nicht gut fragen läßt, so viel aber kann ich Dir sagen, daß sie für einander geboren zu sein scheinen. Merke nun seine List! Damit niemand ihn wegen einer solchen Liebe im Verdacht haben möchte, nimmt er vor, die Welt grad das Gegenteil zu bereden, welches ihm bisher außerordentlich geglückt ist. Er macht Staat und scheint einer gewissen Fräulein von der ich Dir erzählt habe die Kur zu machen. Er kann zu gewissen Zeiten seine Geliebte sehen und sprechen, ohne daß jemand deswegen den geringsten Argwohn schöpft, und ich begleite ihn manchmal zu ihr. Wenn Goethe nicht mein Freund wäre, ich verliebte mich selbst in sie. Mittlerweile hält man ihn nun in die Fräulein, doch was brauchst Du ihren Namen zu wissen, verliebt, und man vexiert ihn wohl gar in Gesellschaft deswegen. Vielleicht glaubt sie selbst, daß er sie liebt, aber die gute Fräulein betrügt sich. Er hat mich seit der Zeit einer näheren Vertraulichkeit gewürdigt, mir seine Ökonomie entdeckt und gezeigt, daß der Aufwand den er macht nicht so groß ist wie man glauben sollte. Er ist mehr Philosoph und mehr Moralist als jemals, und so unschuldig seine Liebe ist, so mißbilligt er sie dennoch, wir streiten sehr oft darüber, aber er mag eine Partei nehmen welche er will, so gewinnt er; denn Du weißt, was er auch nur scheinbaren Gründen für ein Gewicht geben kann. Ich bedaure ihn und sein gutes Herz, das würklich in einem sehr mißlichen Zustand sich befinden muß, da er das tugendhafteste und vollkommenste Mädchen ohne Hoffnung liebt. Und wenn wir annehmen, daß sie ihn wieder liebt, wie elend muß er erst da sein? Ich brauche Dir das nicht zu erklären, da Du das menschliche Herz so gut kennest. Genug von dieser Sache. Er wird noch eines und das andre davon selbst an Dich schreiben, wie er mir gesagt hat. Ich hab nicht nötig Dir das Stillschweigen hierbei zu empfehlen, da Du selbst siehst wie nötig es ist. *[19]*

Johann Adam Horn (1749-1806), Jugendfreund Goethes, später Dr. jur. und Gerichtsschreiber in Frankfurt a. M. – *Karl Ludwig Moors* (1749-1806), Jugendfreund Goethes, lebte später ebenfalls

als Stadt- und Gerichtsschreiber in Frankfurt a. M. Horn, der am
8. 9. 1765 in Frankfurt eine gereimte Abschieds-Rede auf den schei-
denden G. gehalten und eine Abschieds-Ode gedichtet hatte, war
Ostern 1766 nach Leipzig gekommen.

seiner gnädigen Fräulein: Über den Umgang G.s mit einer adligen
Dame (die Anrede »Fräulein« war jungen Adligen vorbehalten) ist
sonst nichts bekannt. Damals heißt es noch die (nicht das) Fräulein.

portemains: Verballhornung von »portement« (heute »com-
portement«): Geste.

König von Holland: vgl. G. an seine Schwester Cornelia 12. 10.
1765: »Was würde der König von Holland sagen, wenn er mich in
dieser Positur sehen sollte? Rief Herr von Bramarbas aus.« Ein damals offenbar beliebtes (leicht abgewandeltes) Zitat aus dem Hol-
bergschen Lustspiel »Bramarbas oder der großsprecherische Offizier«.

Mädchen... unter seinem Stand: Käthchen Schönkopf, Tochter
des Gastwirts Christian Gottlob Sch., in »Dichtung und Wahrheit«
Annette oder Ännchen genannt.

Ein Liebling Herders

F. W. Gotter an Ch. G. Heyne

1. August 1772

Das ist eine der vorzüglichsten Annehmlichkeiten Wetzlars,
daß man unvermutet mit Leuten zusammentrifft, von denen
man einen sehr zweifelhaften Abschied genommen hatte,
und andere, neue, artige Bekanntschaften macht. So mußte
ich unsern liebenswürdigen Born erst hier kennen lernen,
nachdem ich ihn in Göttingen und Leipzig verfehlt hatte. So
auch den Dr. Goethe von Frankfurt, einen jungen Mann,
dessen Genie Ihnen gewiß Gnüge leisten würde und zu dessen Vorteile ich nur dieses sagen will, daß er ein Liebling Her
ders ist. Beide [Born und Goethe] wohnen zusammen. Ich
sehe sie oft, und der Gedanke, gemeinschaftlich nach Göttin-

gen zu reisen, ist unser wichtigster Kommunikationspunkt.
[96]

Friedrich Wilhelm Gotter (1746-1797), bekannter Dichter und
Dramatiker seiner Zeit. – *Christian Gottlob Heyne* (1729-1812),
Professor der Klassischen Philologie und Beredsamkeit an der Universität Göttingen.

nach Göttingen: Über Gotters Beziehungen zu Göttingen berichtet G. in »Dichtung und Wahrheit«. Der Reiseplan wurde nicht verwirklicht.

Der beste Sterbliche

L. J. F. Höpfner an Ch. F. Nicolai

11. September 1773

Götz von Berlichingen haben Sie doch schon gelesen? Ich
wünschte, daß Sie den Verfasser persönlich kennten, ein
Mensch, der bei seinem wahren Genius der beste, gutherzigste, liebenswürdigste Sterbliche ist. Auf seine und Mercks
Freundschaft bin ich sehr stolz. *[111]*

Ludwig Julius Friedrich Höpfner (1743-1797), Professor der
Rechte in Gießen, später Tribunalrat in Darmstadt. – *Christoph
Friedrich Nicolai* (1733-1811), Schriftsteller (»Sebaldus Nothanker«) und Verleger in Berlin.

Wir haben ihn alle lieb

Caroline Flachsland an Herder

5. Dezember 1772

Goethe ist noch hier und lernt Merck zeichnen. Mich dünkt,
er ist überhaupt etwas stiller und geläuterter worden; er will
Dich das Frühjahr zu mir führen, wenn Sie in Frankfurt bei

ihm einkehren, und hofft viel Gutes von Ihrem Wiedersehn. Er sagt, Du wärst ihm nicht so ganz gut – und er ist Ihnen doch gut, das sehe und höre ich mit Ohren und Herz. Das Wiedersehn knüpft vielleicht den Knoten auf, wie billig! Er denkt noch ein Maler zu werden, und wir rieten ihm sehr dazu. Da ihm doch alle Tugenden fehlten, sagte er, so wollte er sich auf Talente legen. Aus *dem* Kopf könnte da was werden. Uns Mädchen und Weiber ist er auch besser wie sonst und ist uns herzlich gut, aber überhaupt lieben – dazu liegt noch zu viel Asche von seiner ersten Liebe in seinem Herzen, und auch das scheint natürlich. Wir haben ihn hier alle lieb. Sie wissen doch, daß er mit Merck und Madame Merck im Mai in die Schweiz geht? *[135]*

Caroline Flachsland (1750-1809) an ihren späteren (seit 1773) Ehemann *Johann Gottfried Herder* (1744-1803).

in die Schweiz: Die geplante Schweizer Reise wurde im Mai 1773 noch nicht ausgeführt.

Herr Doktor Göde

G. F. E. Schönborn an Gerstenberg

12. Oktober 1773

Frankfurt gefällt mir überaus wohl . . .
Gleich des Abends nach meiner Ankunft hab ich auch Herrn Göde, den Verfasser des Götze, gesprochen, und das ging so zu. Es saß ein Mann in der Stube des Gasthofes, wo ich logierte, in der Ecke, der ein Pfeif Tobak rauchte. Der Wirt frug ihn, ob er mit bei Tische zu Abend essen wollte. Er antwortete, nein! ich will es mir auf meiner Stube ausbitten, Herr Doktor Göde wird bei mir diesen Abend sein. Ich frug ihn, ob er den Doktor Göde meine, der neulich ein Drama herausgegeben, er antwortete, ja. Ich sagte ihm, daß ich einen Brief an

ihn habe von Herrn Boie. Darauf strömte er in so große Lobeserhebung seines Freundes und über das Stück von Berlichingen aus, daß er sagte, der Ugolino und dieses Drama wären die beiden einzigen Meisterstücke, die in Teutschland von der Art erschienen wären. Da er hörte, daß ich den Verfasser des Ugolino, daß ich Klopstock ganz genau von Person kennte, so erstaunte er über meine Erscheinung, und wir wurden gleich gute Freunde. Ich sagte ihm, daß Gerstenberg und Klopstock beide ausnehmend mit dem Götze zufrieden wären. Dieser Mann ist ein junger Professor Juris in Gießen, welches drei Meilen von hier ist. Sein Name ist Höpfner. Kurz darauf kam Göde selbst, und wir wurden gleich bekannt und gleich Freunde. Es ist ein magerer junger Mann ohngefähr von meiner Größe. Er sieht blaß aus. Hat eine große, etwas gebogene Nase; ein länglichtes Gesichte, und mittelmäßige schwarze Augen und schwarzes Haar. [Durchstrichen: Wir sind alle Tage beisammen.] Seine Miene ist ernsthaft und traurig, wo doch komische lachende und satirische Laune mit durchschimmert. Er ist sehr beredt und strömt von Einfällen, die sehr witzig sind. In der Tat besitzt er, soweit ich ihn kenne, eine ausnehmend anschauende, sich in die Gegenstände durch und durch hineinfühlende Dichterkraft, so daß alles lokal und individuell in seinem Geiste wird. Alles verwandelt sich gleich bei ihm ins Dramatische. Er freute sich ungemein, da ich ihm sagte, daß Sie sehr mit seinem Stück zufrieden gewesen. Ihr und Klopstocks Urteil habe er längst gerne vernehmen mögen, und es solle ihn anfeuern, es noch besser zu machen; denn er wisse sehr wohl, wie weit er unter seinem Ideal geblieben. Von Ihrem Ugolino sagte er, daß er mit Götterkraft gemacht sei. Ich sagte ihm, daß ich wünschte, zwei solche Männer wie er und Sie möchten sich schriftlich unterreden: er wünschte es auch, und da er erfuhr, daß ich von hier aus an Sie schrieb, sagte er mir, er wolle ein paar Zeilen mit beilegen, und da sind sie. Er scheint mit ausnehmender Leichtigkeit zu arbeiten. Jetzo arbeitet er an einem Drama, Prometheus genannt, wovon er mir zwei Akte vorgelesen hat, worin ganz vortreffliche, aus der tiefen Natur gehobene Stellen sind (ich urteile, wie es mir beim ersten Vorlesen vorkam). Er zeichnet und malet gut. Seine Stube ist voller schönen Abdrücke der besten Antiken. Das von deutscher Baukunst ist von ihm. Er sagte mir, daß er Ihnen nachmal etwas von seinen poetischen Sachen im Manuskript zuschicken wolle. Er will nach Italien gehn, um sich recht in den Werken der Kunst umzusehn. Er ist ein fürchterlicher Feind von Wieland et Consorten. Er las mir ein paar Farcen, die er auf ihn und Jacobi gemacht, wo beide ihre volle Ladung von Lächerlichem bekommen. Das will er aber nicht drucken lassen. Allein weh Wielanden, wenn er sich mausig gegen ihn macht! Carissime vale!

Nachschrift
Eben erhalt ich das Brieflein von Goethe; und überlese mein Gewäsch wieder. Haben Sie Mitleiden mit einem von der Reise zerstreuten Kopf.

Haben Sie – doch Sie hatten damals noch nicht das Leben des Götze von Berlichingen gelesen, welches er mit eigner Hand beschrieben. Es ist ein deutscher Ritter, der zu Kaiser Maximilians Zeiten gelebt hat. So deutsch und so kraftvoll ist dieses Leben, daß Sie es notwendig lesen müssen. Denn dieses Leben ist der Führer des Goethe in die Feinheiten des deutschen Charakters gewesen. Es wird gewiß wo in einer Bibliothek in Kopenhagen zu haben sein. Sie müssen es lesen.
[143]

Gottlieb Friedrich Ernst Schönborn (1737-1817), Schriftsteller und dänischer Konsulatssekretär in Algier, Hamburg und London. – *Heinrich Wilhelm von Gerstenberg* (1737-1823), Schriftsteller.
Götze: »Götz von Berlichingen«.

Ugolino: 1768 erschienene Tragödie von H. W. v. Gerstenberg.

Wieland et Consorten: W. und die Mitarbeiter seiner Zeitschrift »Der Teutsche Merkur«.

Farcen: Zwischen Ende September und Anfang Oktober 1773 war »Götter, Helden und Wieland« entstanden.

Voll von Genie

Heinse an Gleim

13. Oktober 1774

Von Goethen soll und muß nunmehr schon ein Roman die Presse verlassen haben: die Leiden des jungen Werthers, welcher, nach dem was ich davon gehört habe, ein Meisterstück ist.

Ich kenne keinen Menschen in der ganzen Gelehrten Geschichte, der in solcher Jugend so rund und voll von eignem Genie gewesen wäre, wie er. Da ist kein Widerstand; er reißt alles mit sich fort, und sein Götter, Helden und Wieland, ein Werk von herkulischer Stärke, wenn man's recht und Zeile vor Zeile durchdenkt und durch fühlt, und wofür Wieland immer seine Musarion geben würde, wenn er's vernichten könnte – kömmt in keine große Betrachtung, wenn man ihn persönlich reden hört. *[189]*

Wilhelm Heinse (1746-1803), Schriftsteller und Übersetzer. – *Johann Wilhelm Ludwig Gleim* (1719-1803), Schriftsteller.

Ein Besessener

F. H. Jacobi an Wieland

27. August 1774

Je mehr ich's überdenke, je lebhafter empfinde ich die Unmöglichkeit, dem, der Goethe nicht gesehen noch gehört hat,
etwas Begreifliches über dieses außerordentliche Geschöpf
Gottes zu schreiben. Goethe ist, nach Heinses Ausdruck,
Genie vom Scheitel bis zur Fußsohle; ein *Besessener,* füge ich
hinzu, dem fast in keinem Falle gestattet ist, willkürlich zu
handeln. Man braucht nur eine Stunde bei ihm zu sein, um es
im höchsten Grade lächerlich zu finden, von ihm zu begehren, daß er anders denken und handeln soll, als er wirklich
denkt und handelt. Hiemit will ich nicht andeuten, daß keine
Veränderung zum Schöneren und Besseren in ihm möglich
sei; aber nicht anders ist sie in ihm möglich, als so wie die
Blume sich entfaltet, wie die Saat reift, wie der Baum in die
Höhe wächst und sich krönt. Sie wissen, mein Bester, daß am
Anfange im großen *All* auch die Götter eingeschlossen
waren; daß sie gefangen lagen zwischen den Elementen; Sie
wissen auch, wie die Götter endlich durchbrachen und sich
wider die Titanen lagerten.

Was Goethe und ich einander sein sollten, sein *mußten,*
war, sobald wir vom Himmel runter neben einander hinge-
fallen waren, im Nu entschieden. Jeder glaubte von dem andern mehr zu empfangen, als er ihm geben könne; Mangel
und Reichtum auf beiden Seiten umarmten sich einander; so
ward Liebe unter uns. Sie kann's ausdauern, seine Seele,
– zeugte in sich der eine vom andern –, die ganze Glut der
meinigen; nie werden sie einander verzehren. *[198]*

Friedrich Heinrich Jacobi (1743-1819), Schriftsteller und Philosoph.

Christoph Martin Wieland (1733-1813), Schriftsteller und Übersetzer.

Das Gefühl der Jünger

F. A. Werthes an F. H. Jacobi

18. Oktober 1774

So weit war ich gekommen, als der Verfasser des Hofmeisters, Herr Lenz, so klein und bescheiden in mein Zimmer herein kam, als ob er nichts weniger und alles eher als der Verfasser des Hofmeisters wäre. Ein feines, zugespitztes Gesichtchen, ein scharfer, stillaurender Blick, und die liebe Mutter Natur im Herzen und auf der Zunge. Ein Shakespearischer Amor, den ich in den Jacobischen Zirkel hinein zaubern würde, wenn ich könnte. Sein Geist mag ein Bruder von Goethens Geist sein, aber für seinen Zwillingsbruder lass' ich ihn auch nicht nach der Loloischen Genealogie gelten. Er ist sein jüngeres Brüderchen: Fleisch von seinem Fleisch, und Geist von seinem Geist; nur alles, wie mich dünkt, in kleinere Form gegossen. – Dieser Goethe, von dem und von dem allein ich vom Aufgang bis zum Niedergang der Sonne, und von ihrem Niedergang bis wieder zu ihrem Aufgang mit Ihnen sprechen und stammeln und singen und dithyrambisieren möchte, dessen Genius zwischen Klopstocken und mir stand, und über die Alpen und Schneegebirge gleichsam einen Sonnenschleier herwarf, der selbst immer mir gegenüber, und neben und über mir, dieser Goethe hat sich gleichsam über alle meine Ideale emporgeschwungen, die ich jemals von unmittelbarem Gefühl und Anschaun eines großen Genius gefaßt hatte. Noch nie hätt' ich das Gefühl der Jünger von Emmaus im Evangelio so gut exegisieren und mitempfinden können, von dem sie sagten: »Brannte nicht unser Herz in uns, als er mit uns redete?« Machen wir ihn immer zu unserm Herrn Christus, und lassen Sie mich den letzten seiner Jünger sein. Er hat so viel und so vortrefflich mit mir gesprochen; Worte des ewigen Lebens, die, solang ich atme, meine Glaubensartikel sein sollen . . .

Bei Klopstocken bin ich von nachmittags fünf bis nachts zehn Uhr gewesen. Ich fand einen edlen und großen Mann an ihm; weniger, wie auch Goethe sagte, den Verfasser des Messias als den der Republik. *[215]*

Friedrich August Werthes (1748-1817), Schriftsteller und Übersetzer.

Hofmeisters: J. M. R. Lenz »Der Hofmeister oder Vorteile der Privaterziehung«. Eine Komödie. Leipzig 1774.

Loloischen Genealogie: nach Schach Lolo in Antoine Gallands »Les Mille et une Nuit«, Paris 1745. Den Stoff hat Wieland in seiner Verserzählung »Schach Lolo« (erschienen 1778) behandelt.

Brannte nicht unser Herz: Lukas 24,32.

Bei Klopstocken: in Karlsruhe.

Republik: »Die deutsche Gelehrtenrepublik«, Hamburg 1774.

Stempel des Genies

H. Ch. Boies Reisetagebuch

15./17. Oktober 1774

Einen vortrefflichen schönen Tag gehabt! Einen ganzen Tag allein, ungestört mit Goethen zugebracht, mit Goethen, dessen Herz so groß und edel wie sein Geist ist! Beschreiben kann ich den Tag nicht! Und nicht erzählen, was ich Ihnen gern erzählen möchte! Es ist spät, ich bin müde, und wir gehn morgen früh nach Darmstadt. Goethe ist ein Mann ungefähr von Vossens Figur, aber etwas feiner gebaut, sehr blaß, Geist im Gesichte und besonders in dem hellen braunen Auge. Er hat mir viel vorlesen müssen, ganz und Fragment, und in allem ist der originale Ton, eigne Kraft, und bei allem Sonderbaren, Unkorrekten alles mit dem Stempel des Genies geprägt. Sein Dr. Faust ist fast fertig, und scheint mir das Größte und Eigentümlichste von allem. Von seinem Freunde Lenz, dem Verfasser des Hofmeisters und der Plautinischen Lustspiele, bringt die Messe zwei neue Produkte, die beide Werke des Genies und des Denkers sind. Er hat mir noch einiges und besonders ein paar Gedichte voll Seele und Herz von ihm gelesen. Wenn er sie mir, wie er verspricht, geschrieben gibt, sollen Sie sie lesen ...

Den 17. um 2 Uhr waren wir wieder in Frankfurt, wo mich Goethe in unserm Wirtshause mit offenen Armen empfing. Wir blieben bis Mitternacht beieinander, und mußten endlich die Tür abschließen, um nur allein zu sein. Er las mir etwas; wir ließen aber bald das Lesen sein, und die Unterredung fiel auf die wichtigsten Gegenstände des Denkens und Empfindens, wo wir uns sehr oft in unsern Gesinnungen begegneten. Goethes Herz ist so groß als sein Geist. *[216]*

Heinrich Christian Boie (1744-1806), Lyriker, Mitglied des Göttinger Hains, Herausgeber des Göttinger Musenalmanachs.
  Plautinischen Lustspiele: »Lustspiele nach dem Plautus fürs deutsche Theater«, 1774.
  Zwei neue Produkte: »Der neue Menoza« und »Anmerkungen übers Theater nebst angehängten übersetzten Stück Shakespeare«.

Bedürfnis, sich Feinde zu machen

Knebel an Bertuch

23. Dezember 1774

Von Wieland werden Sie erfahren können, daß ich Goethes Bekanntschaft gemacht habe, und daß ich etwas enthusiastisch von ihm denke. Ich kann mir nicht helfen, aber ich schwöre es, Ihr alle, Ihr Leute, die Ihr Kopf und Herz habt, Ihr würdet so von ihm denken, wenn Ihr ihn kennen solltet. Dies bleibt mir immer eine der außerordentlichsten Erscheinungen meines Lebens. Vielleicht hat mich die Neuheit zu sehr frappiert; aber was kann ich dafür, wenn natürliche Ursachen natürliche Wirkungen bei mir hervorbringen ...

Was sagt unser Wieland zu Goethens Brief? Nur böse muß er niemals auf ihn werden. Keine Menschen in der Welt würden sich geschwinder verstehen, wenn sie beisammen wären, als Wieland und Goethe. Ich bin versichert und sehe es aus allem, daß sich Klopstock und Goethe lange nicht so verstanden haben. Goethes Kopf ist sehr viel mit Wielands Schriften beschäftigt. Daher kommt es, daß sie sich reiben. Goethe lebt in einem beständigen innerlichen Krieg und Aufruhr, da alle Gegenstände aufs heftigste auf ihn würken. Daher kommen die Ausfälle seines Geistes, der Mutwillen, der gewiß nicht aus bösem Herzen, sondern aus der Üppigkeit seines Genies [fließt]. Es ist ein Bedürfnis seines Geistes, sich Feinde zu machen, mit denen er streiten kann; und dazu wird er nun freilich die schlechtesten nicht aussuchen. Er hat mir von allen denen Personen, auf die er losgezogen ist, mit ganz besondrer empfundner Hochachtung gesprochen. Aber der Bube ist kampflustig, er hat den Geist eines Athleten. Wie er der allereigenste Mensch ist, der vielleicht nur gewesen sein mag, so fing er mir einmal des Abends in Mainz ganz traurig an: »Nun bin ich mit all den Leuten wieder gut Freund, den Jacobis, Wieland – das ist mir gar nicht recht. Es ist der Zustand meiner Seele, daß, so wie ich etwas haben muß, auf das ich eine Zeitlang das Ideal des Vortrefflichen lege, so auch wieder etwas für das Ideal meines Zorns. Ich weiß, das sind lauter vortreffliche Leute; aber just deshalb; was kann ich ihnen schaden? Was nicht Stroh ist, bleibt doch, und die Woge des Beifalls, wenn sie sich auch eine Zeitlang abgewendet hat, fällt doch wieder zurück usw.«

Ich muß herzlich über seine Naivetäten dieser Art lachen, denn der Rektifiziergeist ist bei ihm übel angebracht. Genug, ich konnte mich in die Möglichkeit seines Falles setzen und lachte ihn damit aus. Den ältesten Jacobi liebt er über alles. Er tat mir sogar die Ehre, außerordentliche Ähnlichkeit mit ihm bei mir zu finden. Indessen hat er eine Schrift auf ihn gemacht, die er mir versichert, daß es das Böste sei, was er in dieser Art gemacht habe. Sogar ein Frauenzimmer in Frankfurt, das mit Jacobi liiert ist, hat er hinein gebracht. Sie hat ihn bei allem beschworen, ihr die Schrift lesen zu lassen, und beteuert, daß sie nichts übel empfinden wolle. Er hat ihr aber geradezu versichert, daß es unmöglich sei, daß irgend ein Frauenzimmer in der Welt die Stellen nicht übel empfinden sollte. Nun wartet er, bis Jacobi nach Frankfurt kommt; dem muß er es vorlesen, und dann will er es zerreißen.

So viel von Goethe! Aber lange noch das Geringste. Die ernsthafte Seite seines Geistes ist sehr ehrwürdig. Ich habe einen Haufen Fragmente von ihm, unter andern zu einem Doktor Faust, wo ganz ausnehmend herrliche Szenen sind. Er zieht die Manuskripte aus allen Winkeln seines Zimmers hervor. An den Leiden des jungen Werthers hat er zwei Monate gearbeitet, und er hat mir versichert, daß er keine ganze Zeile darin ausgestrichen habe. An Götz von Berlichingen sechs Wochen. Er macht wieder so eines, und noch ein Dutzend andre – doch davon ein andres Mal, wenn ich an unsern lieben Wieland schreibe, dem Sie mich indes, so wie allen Freunden, tausendmal empfehlen werden. *[222]*

Karl Ludwig von Knebel (1744-1834), Offizier, Übersetzer (Lucrez, Properz). – *Friedrich Johann Justin Bertuch* (1747-1822), Verleger und Schriftsteller.
ältesten Jacobi: Gemeint sein muß Friedrich (Fritz) Heinrich, der jüngere der beiden Brüder.

außerordentliche Ähnlichkeit: wird bestätigt durch Goethes Schilderung des ersten Eindrucks von Knebel, »den ich zuerst in der Halbdämmerung für Fritz Jacobi hielt«.

Schrift auf ihn: die Farce »Das Unglück der Jacobis« (nicht erhalten).

Frauenzimmer in Frankfurt: Johanna Fahlmer. Nach dem Tod von Goethes Schwester Cornelia heiratete Johann Georg Schlosser in zweiter Ehe Johanna Fahlmer, eine Tante der Jacobis, und mit Goethe, der sie »Tantchen« nannte, freundschaftlich verbunden.

Angenehm und liebenswürdig

J. G. Sulzers Tagebuch

2./3. September 1775

Ich hatte doch in Frankfurt das Vergnügen, des bereits in jungen Jahren durch verschiedene Schriften in Deutschland berühmt gewordenen Doktor Goethens Besuch zu genießen. Dieser junge Gelehrte ist ein wahres Originalgenie von ungebundener Freiheit im Denken, sowohl über politische als gelehrte Angelegenheiten. Er besitzt bei wirklich scharfer Beurteilungskraft eine sehr feurige Einbildungskraft und sehr lebhafte Empfindsamkeit. Aber seine Urteile über Menschen, Sitten, Politik und Geschmack sind noch nicht durch hinlängliche Erfahrung unterstützt. Im Umgange fand ich ihn angenehm und liebenswürdig. *[301]*

Johann Georg Sulzer (1720-1779), Philosoph, Ästhetiker und Professor der Mathematik in Berlin.

J. G.

Beginn in Weimar

»Wie der Blitz ist Frau Aja dahinter
her ... tat einen großen Schrei, als sie
ihren Hätschelhans erblickte.
Wir finden viele Gleichheit drinnen,
und haben eine große Herrlichkeit
damit ...«

(Frau Rat Goethe)

Ölgemälde von Georg Melchior Kraus
(1775/76)

Groß, wichtig und lieb

Wieland an F. H. Jacobi

10. November 1775

Dienstags, den 7. d. M., morgens um fünf Uhr, ist Goethe in Weimar angelangt. O bester Bruder, was soll ich Dir sagen? Wie ganz der Mensch beim ersten Anblick nach meinem Herzen war! Wie verliebt ich in ihn wurde, da ich am nämlichen Tage an der Seite des herrlichen Jünglings zu Tische saß!

Alles, was ich Ihnen (nach mehr als *einer* Krisis, die in mir diese Tage über vorging) jetzt von der Sache sagen kann, ist dies: Seit dem heutigen Morgen ist meine Seele so voll von Goethe, wie ein Tautropfen von der Morgensonne.

So unaussprechlich groß, wichtig und lieb mir Goethe geworden ist, so fühle ich doch im Innersten, daß auch Fritz Jacobi, anstatt dabei zu verlieren, mir noch teurer geworden ist, als jemals. Mir ist, ich liebe Sie nun auch in ihm, und das ist just noch einmal so viel.

Wenn Sie Allwills Papiere in *einem* Feuer fortschreiben könnten, sagt Goethe, und Wieland mit ihm, so würde es ein gar herrliches Werk werden. O, daß ich Ihnen nur auf vier Wochen meine Muße geben könnte!

Wenn nun auch Fritz noch bei uns wäre! Doch es ist besser so; ich könnte euch beide zugleich nicht aushalten. Das Feuer von zwei Dämonen, wie ihr seid, würde mich verzehren.
[323]

Allwills Papiere: Der Anfang von Friedrich Jacobis philosophischem Roman »Eduard Allwills Papiere« erschien im September 1775 in der Zeitschrift »Iris«, dann wieder mit Fortsetzung im April 1776 im »Teutschen Merkur«, ferner 1781 in Jacobis »Vermischten Schriften« und in letzter Bearbeitung unter dem Titel »Eduard Allwills Briefsammlung« 1792.

Wunderliche Streiche

Ch. F. Weiße an Ch. Garve

Januar 1776

Goethe ist bis jetzt in Weimar gewesen, wo sich Wieland, wie man sagt, bis zum Händeküssen vor ihm erniedrigt hat. Er macht dort viel wunderliche Streiche, die seine Bewunderer Laune nennen, duzt sich mit dem Herzog, mit dem er in der größten Familiarität lebt. *[357]*

Christian Felix Weiße (1726-1804), Schriftsteller und Kreissteuereinnehmer in Leipzig. – *Christian Garve* (1742-1798), Moralphilosoph.

Er lebt in der Erde

Charlotte v. Stein an Zimmermann

10. Mai 1776

Mir geht's mit Goethen wunderbar, nach acht Tagen, wie er mich so heftig verlassen hat, kommt er mit einen Übermaß von Liebe wieder. Ich hab zu mancherlei Betrachtungen durch Goethen Anlaß bekommen; je mehr ein Mensch fassen kann, daucht mir, je dunkler, anstöß'ger wird ihn das Ganze, je eher fehlt man den ruhigen Weg, gewiß hatten die gefallnen Engel mehr Verstand wie die übrigen...

Ich bin durch unsern lieben Goethe ins Deutsch-Schreiben gekommen, wie Sie sehen, und ich dank's ihm, was wird er wohl noch mehr aus mir machen? Denn wenn er hier, lebt er immer um mich herum: jetzt nenn ich ihn meinen Heiligen, und darüber ist er mir unsichtbar worden, seit einigen Tagen verschwunden, und lebt in der Erde fünf Meilen von hier in Bergwerke. Wieland ist wohl nebst seinen ganzen Haus, vor

einigen Wochen hat er aber viel wegen seiner Kinder Krankheit gelitten, es ist ein zärtlicher Vater. Ich weiß nicht, ob ich
Ihnen schon geschrieben, daß Goethe und ich haben bei ihn
zu Gevatter gestanden, unser Patchen ist ein liebes hübsches
Mädchen, es sieht völlig aus wie eine Tochter, die ich verloren habe und die ich sehr liebte, ich bilde mir ein, sie ist
bei Wielanden wieder auf die Welt gekommen, und drüber
ist mir's nicht anders, als wenn's mein Kind wär. Lenz, Goethens Freund, ist hier, aber es ist kein Goethe. Goethe und
Wieland haben sich alle beide hier Gärtens gekauft, sind aber
nicht Nachbarn, sondern liegen an verschiedne Tore, in Goethens Garten hab ich schon einmal Kaffee getrunken und von
seinen Spargel gegessen, den er selbst gestochen und in seinen
Ziehbrunnen gewaschen hatte, in Goethens Garten ist die
schönste Aussicht, die hier zu haben ist, er liegt an einen Berg,
und unten ist Wiese, die von einen kleinen Fluß durchschlun-
gen wird. *[392]*

Charlotte von Stein (1742-1827), Goethes Freundin, Ehefrau des
Oberstallmeisters Gottlob Ernst Josias Friedrich von Stein. –
Johann Georg von Zimmermann (1728-1795), Arzt und Schrift-
steller.

  seit einigen Tagen verschwunden: Goethe war am 3. Mai wegen
eines Brandes nach Ilmenau geritten und besuchte in den nächsten
Tagen die dortigen verlassenen Bergwerke, die wieder in Gang gebracht werden sollten.

Trägt die Sünden der Welt

Wieland an Lavater

22. Juni 1776

Unsern Goethe habe ich seit acht Tagen nicht sehen *können*. Er ist nun Geheimer Legationsrat, und sitzt im Ministerio unsers Herzogs – ist Favorit-Minister, Factotum und trägt die Sünden der Welt. Er wird viel Gutes schaffen, viel Böses hindern, und das muß – wenn's möglich ist – uns dafür trösten, daß er als Dichter wenigstens auf viele Jahre für die Welt verloren ist. Denn Goethe tut nichts halb. Da er nun einmal in diese neue Laufbahn getreten ist, so wird er nicht ruhen, bis er am Ziel ist; wird als Minister so groß sein, wie er als Autor war. *[398]*

Johann Kaspar Lavater (1741-1801), Prediger und Schriftsteller in Zürich.

In der reinsten Harmonie

Wieland an Gleim

September 1776

Ihre Zukunft hätte mich unter andern auch schon darum gefreut, weil mein Gleim dann mit eignen unmittelbaren Augen hätte sehen können, wie es zwischen mir und Goethe steht. *Sie,* mein Liebster, haben noch einen Pik gegen diesen edlen herrlichen jungen Mann, den ich schon lange wie meinen Augapfel liebe. Sie brauchten ihn aber nur etliche Tage in der Nähe zu sehn, so würde er Ihnen fast so lieb werden, als mir. In diesen zehn Monaten, die ich nun mit ihm gelebt habe, ist – ein einziges Mißverständnis ausgenommen, das aber nicht länger als *eine Stunde* dauerte – (und auch dies begegnete schon vor mehr als sechs Monaten) – *kein Augenblick* gewesen, wo Goethe und ich nicht in der reinsten Harmonie zusammen existiert hätten. Sein Angesicht zu sehen, ist für mich eine Art von Bedürfnis worden. Wenn er *hier* ist, sehen wir uns beinahe alle Tage. Alles in meinem Hause, Mutter, Weib und Kinder lieben ihn. Kurz, bester Gleim, so seltsam und unglaublich es der Welt vorkommt, so ist's nun so und nicht anders. Vor kurzem hat Goethe mein Bild en profil gezeichnet. Es ist wunderbar charakteristisch, und unstreitig das einzige, das mir ganz ähnlich sieht. Wirklich wird es dem Medailleur Abramson nach Berlin geschickt, der mich schon lange um mein Bildnis peinigt.

Überhaupt, mein Lieber, glauben Sie von allem Bösen, was die Dame Fama von Weimar und dem Herzog und Goethen und der ganzen Wirtschaft aus ihrer schändlichen Hintertrompete in die Welt hineinbläst, *kein Wort*. Dies ist das einzige Mittel, nicht betrogen zu werden. *Komm und siehe!* ruf' ich allen zu, die, in der Verwirrung des Guten und Bösen, was von uns gesprochen wird, nicht wissen, was sie denken sollen. Alles geht so gut es gehen *kann* – welcher gescheuter Mensch kann mehr verlangen? *[416]*

Zukunft: hier im veralteten Sinne für »Ankunft«.

Er zeichnet wie er dichtet

Wieland an Merck

4. April 1777

Goethe grüßt Sie, und läßt Ihnen wissen, daß er fleißig in seinem Garten arbeite, und hoffe, daß Sie einst zu ihm kommen und mit Augen sehen und Freude dran haben werden. *Zeichnen* ist außer'm Pflanzen itzt sein Lieblingsgeschäft; Sie werden auch hierin über die Wunder seines Genies erstaunen. Er zeichnet völlig wie er dichtet und schreibt. Nur sollen Sie seinen Pflanzungen Zeit lassen, recht einzuwachsen, ehe Sie kommen. *[444]*

Johann Heinrich Merck (1741-1791), Schriftsteller und Kriegsrat in Darmstadt.

Apollo heißt ihn dichten

F. Oberthür

Eisenach, am 19. September 1777
früh halb 10 Uhr

Warm, enthusiastisch, so wie man vom Heiligtum des Apollo kömmt, komme ich von der Wartburg, wo Goethe wohnet, nach meinen Gasthof zum Rautenkranz zurücke.

Meine Wallfahrt dahin fing frühe an, und um sie noch feierlicher zu machen, hüllte ein dichter Herbstnebel dieses hohe Schloß in heiliges Dunkel ein, das ich erst durchdringen mußte, um an diese heilige Stelle zu kommen.

Fast eine halbe Stunde mußte ich wie im Vorhofe des Tempels warten, bis ich Goethen zu sehen bekam: … ich … ging einsam die öde Gegenden dieses nun großen Teils verwüsteten Schlosses durch, und überdachte das, was ich aus der Geschichte von Thüringen wußte, und besonders die Auftritte, die an dieser Stelle und in Eisenach vorgingen; mancher Gemeindanke von der Vergänglichkeit menschlicher Dinge kam freilich unter diesen Trümmern der verwüsteten Berge mit in Betrachtung, bis sich die Pforte des Heiligtums öffnete, und ich vor Goethe stunde.

Ich glaubte einen tiefdenkenden ernsthaften kalten Engländer dem Kleide und der Miene nach zu sehen; ich konnte leicht den Verfasser des Götzens von Berlichingen, der Leiden des jungen Werthers, des Clavigo finden, und das Bild in Lavaters Physiognomik hat viel Ähnlichkeit mit dem Urbild.

Aber den lustigen, launigten, auch ein wenig mutwillig – nehmen Sie dieses Wort nur in keiner üblen Bedeutung – lustigen Gesellschafter, wie man mir Goethe beschrieben, hätte ich bei diesen Besuch nie erraten.

Er hatte soeben die seinem Fenster gerade überstehende zwei von der Natur dahin gesetzte Spitzsäulen gezeichnet, die unter dem Namen des Mönchs und der Nonne bekannt sind, und noch nicht lange zuvor von Wieland im Teutschen Merkur besungen worden: diese betrachtete ich durch ein Sehrohr, von diesem dazu sehr bequemen Standpunkte, einige Augenblicke; übersahe dann die Gegend, die Aussichten von dieser Burg hinab in die Tiefe, und lobte die Wahl des Dichters, der diesen seiner Phantasie und seiner Muse so schicklichen Ort dem Palaste des Herzogs in der Stadt vorgezogen.

Die ganze übrige Unterredung hatte den Zustand der Wissenschaften und Künste in meinem Vaterlande zum Gegenstand; und ich muß gestehen, daß Goethe meinem Nationalstolz nicht wenig geschmeichelt; er hatte schon in seiner Vaterstadt etliche meiner Landesleute gekannt, und auch in Thüringen bekam er von sicherer Hand vorteilhafte Nachrichten von Franken, und unsern geschickten Hofmaler, von ihm selbst verfertigte Porträts hatte er in Erfurt gesehen, und dieses waren die Data und die Gründe zu seinem Lobe über Franken und den Zustand der Wissenschaften und Künste daselbst.

Sie können wohl denken, daß ich ihm noch mehr Gutes von meinem Vaterlande gesagt, soweit es Wahrheit und Bescheidenheit litten.

Nach und nach merkte ich, daß der Dichter sich noch mehr in sich selbst zurück zog; stille wurde, ernsthaft und kalt, wie in einem englischen Spleen da stunde; da dachte ich, vielleicht hat sich irgend ein großer Gegenstand seiner Seele bemächtiget, und Apollo heißt ihn darüber dichten, und beurlaubte mich. Im Rückwege traten alle seelenerschütternde Szenen und Gedanken, die Goethe gedichtet hatte, je eine nach der andern, in meiner Seele auf; und ganz damit beschäftiget lase ich, ohne daß ich's wußte, etliche Fragmente von Hornstein, die sich vom Felsen, worauf die Wartburg stehet, getrennt hatten, auf, und so kam's, daß ich ganz warm und enthusiastisch, wie man vom Heiligtum des Apollo kömmt, ohne daß ich wußte wie, in meinem Gasthofe wieder eintrafe. *[456]*

Franz Oberthür (1745-1831), Theologe, Professor der Dogmatik in Würzburg.

von Wieland im Teutschen Merkur besungen: in dem Gedicht »Sixt und Klärchen oder der Mönch und die Nonne auf dem Mädelstein«.

unsern geschickten Hofmaler: Johann Christian Fesel (1737-1805), Hofmaler in Würzburg.

Liebes Löwchen

Wieland an Merck

8. November 1777

Lieber Herr und Kumpan, eine große Bitte! von Goethen und mir gemeinschaftlich. Sie haben doch schon das große opus des jungen *Cramers* – Klopstock, in Fragmenten aus Briefen von Tellow an Elisa ... und wir bitten Sie nun mit aufgehobenen Händen um eine Rezension desselben, aber um eine Rezension, daß der König und die Königin sagen sollen, liebes Löwchen, brülle noch einmal! – Hier ist doch wieder einmal *Gelegenheit,* ein Meisterstück zu machen – eine Rezension, die Ihnen so viel Ehre machen soll als die beste Komposition von der Welt – kurz, eine Rezension, wie nur Sie allein eine machen können. Goethe sagt: Sie sollen nicht bloß die Seide draus ausbrennen, sondern das Metall selbst so lange durchs Feuer gehen lassen, und so lange schmelzen, scheiden und läutern, bis vom ganzen Werk nichts als der Titel *Klopstock* übrig bleibe... Ich war gestern nachmittag bei Goethen auf seinem Altan. Kein lieberes, sich wärmer an einen anlegendes, oder, wie die Schwaben sagen, einen mehr anheimelndes Plätzchen auf Gottes Boden müssen Sie nie gesehen haben. Es ist recht, als ob Goethens Genius das alles von Jahrhunderten her so angelegt, gepflanzt und gepflegt hätte, damit er's einst in Weimar völlig und fertig fände und sich nur hineinzulegen brauchte. Wenn doch nur Merck itzt bei uns wäre, und das auch sehen und nießen könnte, sagte ich – das hier! – und dies dort! Das wäre so was für ihn! – Sei ruhig, er wird schon kommen, sagte Goethe, und die Gewißheit, womit er's sagte, machte, daß ich Sie schon halb gegenwärtig fühlte, und etwas von der Wonne vorausgenoß, die mir Ihre Gegenwart und das Koexistieren mit Ihnen und Goethe an irgend einem frohen Morgen oder Abend auf diesem Altane schaffen wird. *[463]*

eine Rezension: Merck lieferte die Rezension Anfang Dezember 1777, sie erschien im folgenden Jahr im »Teutschen Merkur«.

liebes Löwchen: nach Shakespeares »Sommernachtstraum« V, 1.

auf seinem Altan: Diesen Altan hatte Goethe im März/April 1777 seinem Gartenhaus anfügen lassen; um 1795 wurde er wieder abgerissen.

Zum Hypochonder gebaut

Luise Karsch an Gleim

27. Mai 1778

Vors erste wollt ich Ihnen gern erzählen, daß Goethe hier
war, Sie wissen's aber schon. Ich hörte sein Hiersein, als er
vierundzwanzig Stunden zu Berlin war, denn der Bruder
vom Fürsten von Dessau wohnt nicht weit von mir in einem
bekannten Hause. Ich ging Tages drauf in das Logis der fremden Prinzen, ich wollte den Goeth' überfallen. Er war ausgegangen, und ich schrieb am andern Morgen wider meine
Gewohnheit im halbdrolligen Ton an ihm. Er kam [am
18. Mai]. Lassen Sie sich's meine Tochter sagen, wie er gekommen ist; uns gefiel er gut; Chodowieckin auch, aber die
andern Herrn sind gar nicht zufrieden mit ihm. Er machte
keinem Dichter die Cour, ging nur bei Moses Mendelssohn,
bei Chodowiecki, bei Maler Frisch, bei seinen Landsmann,
den Tonkünstler André, und bei mich, hatte Sonntags schon
kommen wollen, André aber sagte, daß ich doch nicht zu finden wäre, schon in der Kirche sein möchte, also blieb's. Er ist
eines Tages bei einem Baron auf'm Konzert gewesen, und da
hat ihm die ganze Versammlung sehr stolz gefunden, weil er
nicht Bückerling und Handkuß verteilte. Man spricht, daß
ihm der Kaiser baronisieren wird, und daß er alsdann eine
Gemahlin aus noblen Hause bekommt. Ich frug ihn, ob er
nicht auch das Vergnügen kosten wollte, Vater zu sein; er
schien's nicht weit von sich zu werfen. Er ist ein großer Kin-
derfreund, und eben dieser Zug läßt mich hoffen, daß er auch
ein guter Ehemann werden wird und sicherlich noch ein recht
guter Mensch, der's einmal bereuet, was in seinen Werken
etwan anstößig gewesen ist. Vielleicht kommt er bald mit seinen Herzog allein auf längere Zeit her. Beim Abschied ließ er
sich so was verlauten. Ich gab ihm ein paar frische Rosen,

und geschwind hub er einen Strohhalm von der Erde auf, band damit die Rosen zusammen, und steckte sie sich auf den Hut. Er liebt die freimütigen offenherzigen Leute, und mag's gern haben, wenn er geliebt wird, das gefällt ihm besser als hohes Lob, wieder ein Merkmal eines gutartigen Gemüts. Er scheint übrigens zum Hypochonder gebauet zu sein, ist kein Wunder, das sind alle guten Köpfe. *[476]*

Anna Louise Karsch (1722-1791), Dichterin in Berlin (»die Karschin«).

Seraphgleiches Stummsein

Caroline Luise Hempel an Gleim

27. Mai 1778

Möchte Goethe, den ich so lieb habe, doch nur einen sichtbaren Teil dieses nie genug zu preisenden Herzens meines Gleims haben! Diesen Mangel verrät er noch bei aller seiner blendenden Größe, und o! was könnte er sein, wenn er wollte; der schrankenlose Kopf! der Krösus-Lukullus von dem feinsten Menschengefühl! Wenn Sie ihn hätten kommen sehen, unerwartet in unsre Tür treten, mit den Augen meine Mutter suchen, mit seinen Augen ach! unaussprechlich reizend war die Szene. So kommt nur reuige Liebe zu Liebe... Aber es war noch etwas süßer in seinem Wesen als das; doch wer kann noch sagen, was für Wesen? das weiß ich, daß in seinen großen hellen Augen der ganze Goethe strahlte, nicht der flammende, zugreifende, ungenügsame Goethe, der, welcher Lotten Brot schneiden sah, der war's ungefähr, nur daß sein Mund stumm blieb und Goethe stumm blieb bei Eintritt, beim Umarmen und einiger Wendung bis zum Sitze, da denn meine Mutter die erste Frage an ihn tat. Ich hätte gar zu gern die Hand auf seine liebe Brust gelegt, ob nur sein Herz

auch das geschlagen hätte, was sein seraphgleiches Stumm-
sein verkündigte, aber der Mensch wirft so viel Respekt aus
seinen Augen, daß ich mich kaum traute, in seiner Gegenwart zu bleiben. Ich mußte ein paar Mal hinaus, lief aber geschwind wieder hinein, und da hört' ich einmal, daß meine
Mutter von Ihnen frug; er antwortete wider seine Gewohnheit in dreien Teilen darauf, und ich fühlt es, daß Ihr Name
sein Ohr tränkte, und daß er gerne mehr von Ihnen gesprochen hätte, wenn bei einem Fest-Besuche die Reden nicht zur
bloßen Cour wären. Bei Chodowiecki ist er zweimal gewesen, und zwar das letzte Mal mit dem Herzoge: die schönste
Lobrede, wer dies hört, für alle drei. Was ihm Chodowiecki
unter allen seinen schönen Zeichnungen zuerst wies, war
jener Barbier. Ich glaube, der Mann will sich furchtbar
machen, denn er zeigt dies Bild allen und jeden, von dem er
glaubt, daß er's beurteilen kann... Mama sagte zu Goethe,
sie habe eine neugeborne Dichterin zur Enkelin. Wie alt ist
sie? Vierzehn Wochen, sagte sie. »*So lassen sie dieselbe Dichterin sein, bis sie sprechen kann.*« War das wohl menschen-
freundlich von dem Unart? so vom Parnaß herunter den armen Dichterinnen den Laufpaß zu geben? Ich empfehle uns
alle drei Ihrer bessern Meinung, bei der wir mehr gedeihen.
[477]

Caroline Louise Hempel, Stieftochter von Anna Louise Karsch.

Held und Komödiant

Knebel an Lavater

1. September 1780

Etwas weh tut es mir, daß *Sie Goethen nicht kennen*. Was soll
ich sagen? Ich weiß es wohl, er ist nicht *allezeit* liebenswürdig. Er hat widrige Seiten. Ich habe sie wohl erfahren. Aber

die Summe des Menschen zusammengenommen ist unendlich gut. Er ist mir ein Erstaunen, auch selbst von Güte. – Der Durchreisenden keiner *sieht* ihn – und doch urteilt jeder. In *Weimar* selbst wird er *kaum* gesehen. In der Entfernung *ist* er nicht zu sehen. Noch zur Stunde schwör' ich, daß seine Richtung *grad*, seine Absichten *rein* und *gut* sind. – Verkannt muß er werden, und er selbst scheint drin zu existieren. Die Schönheit, die sich unter der Maske zeigt, reizt ihn noch mehr. Er ist selbst ein wunderbares Gemisch – oder eine Doppelnatur, von *Held* und *Komödiant*. Doch prävaliert die erste. – Er ist so biegsam als einer von uns. Aber Eitelkeit hat er noch etwas, seine Schwächen nicht zu zeigen. Da läßt er denn gemeiniglich leere Lücken, oder stellt einen Stein davor, oder, wann er sie sehen läßt, schlägt er mit Fäusten zu, daß man sie ihm nicht berühre. – Wenn er's *nicht sagt,* dann hat er seine Freunde am liebsten. Vor allen Sterblichen liebt und ehrt er *Sie.* Wann Sie den *Herzog* lieb haben müssen, so bedenken Sie, daß ihm *Goethe* zwei Drittel von seiner Existenz gegeben!...

(Noch eins zu Goethe! Er ist weitsehend, vielleicht zu weitsehend zu seinem Stand – und dann oft wieder zu nah. Dies verwirrt den Blick der andern. Er sieht Dinge in Jahren kommen, die man gegenwärtiger glaubt, und holt andre aus der Ferne herbei. Dies liegt in seinem eignen Gefühl, von der *Reife.* Auch hat niemand leicht *genugsamen* Unterricht von der *Beschaffenheit seines Hofes,* und *seines Zustandes darin.* – Die Flügel sind ihm noch, durch das unvermeidliche Schicksal, wie andern, sehr gebunden. *[583]*

Goethen nicht kennen: beruhte auf einem Mißverständnis, denn Knebel hatte von einem Dichter Göze geschrieben, worauf Lavater geantwortet »Götze kenn' ich nicht«. Lavater und Goethe waren sich persönlich erstmals 1774 begegnet.

Ein adlig Haus

Herder an Hamann

11. Juli 1782

Schlosser ist ein grober Asinus, und ich bin weit entfernt, ihm zu antworten; ich glaube, ich habe Ihnen gesagt, daß ich an seine Broschüre nur ging, weil sie hier als ein Heiligtum von Goethe in Kurs gebracht war, der auch die Unverschämtheit gehabt hat, mir sein drittes Gespräch anzumelden ... Gestern ist der hiesige Kammerpräsident von hier abgegangen, mit 1000 Talern Gehalt verabschiedet. Er ist ein junger Mann unter meinem Alter, der Goethe hiehergebracht, bei dem dieser zuerst gewohnt hat, der sich nach der allgemeinen Stimme auf seine Geschäfte sehr wohl verstand und der Goethe an seine Stelle brachte. Er ist mit großen Komplimenten verabschiedet worden, »weil der Herzog kein Zutrauen auf ihn hat und er gemerkt habe, daß Kalb (so heißt er) auch keins zu ihm habe«; und nachdem seine ehrenvolle Demission im Conseil diktiert worden, ist Goethe zum Kammerpräsidenten ernannt, doch ohne diesen Namen, der für ihn ohne Zweifel auch als appendix zu klein ist. Er ist also jetzt Wirklicher Geheimer Rat, Kammerpräsident, Präsident des Kriegscollegii, Aufseher des Bauwesens bis zum Wegbau hinunter, dabei auch Directeur des Plaisirs, Hofpoet, Verfasser von schönen Festivitäten, Hofopern, Balletts, Redoutenaufzügen, Inskriptionen, Kunstwerken etc., Direktor der Zeichenakademie, in der er den Winter über Vorlesungen über die Osteologie gehalten, selbst überall der erste Akteur, Tänzer, kurz das fac totum des Weimarschen und, so Gott will, bald der maior domus sämtlicher Ernestinischer Häuser, bei denen er zur Anbetung umherzieht. Er ist baronisiert, und an seinem Geburtstage (wird sein der 28. August a. c.) wird die Standeserhebung erklärt werden. Er ist aus seinem Garten in die Stadt gezogen und macht ein adlig Haus, hält Lesegesellschaften, die sich bald in Assembleen verwandeln werden etc. etc. *[633]*

Johann Georg Hamann (1730-1788), philosophischer Schriftsteller in Königsberg.

Schlosser: Johann Georg Schlosser, Goethes Schwager.

Ernestinischer Häuser: auf Kurfürst Ernst von Sachsen (1441-1486) zurückgehende Bezeichnung für die zahlreichen kleinen Fürstentümer im Raum Thüringen, die durch den Leipziger Vertrag 1485 und weitere Erbteilungen entstanden waren.

baronisiert: Gemeint ist nobilitiert; Goethes Adelsdiplom wurde von Kaiser Joseph II. am 10. April 1782 ausgestellt.

Immer repräsentieren

J. H. Landolts Reisetagebuch

9. Juni 1783

Heute entdeckte uns unser Friseur, daß er auch die Ehre habe, den Herrn Geheimderat Goethe zu bedienen; und da wir ihn fragten, ob wir denselben wohl diesen Morgen sehen könnten, so sagte er: O! ja wir sollten nur hingehen, er werde uns gewiß annehmen. Wir versuchten es, und es war so... Goethe ist Geheimer Rat, und läßt sich Exzellenz heißen, denn der Herzog hat ihn geadelt! – Er empfing uns sehr höflich. Seine Physiognomie ist stark, und eben nicht einnehmend, die Gesichtsfarbe schwärzlich, und die Nase ziemlich groß; seine schwarzen Augen sind lebhaft, und verraten einen feurigen Geist. Itzt schreibt er nicht mehr viel, weil er, wie er sagte, so sehr mit Geschäften überhäuft ist. Wir blieben eine kleine Viertelstunde bei ihm, unser Gespräch betraf ganz gleichgültige Dinge. Man merkt es ihm an, daß er sich Mühe gibt, seine Würde zu behaupten und immer zu repräsentieren. *[667]*

Johann Heinrich Landolt (gest. 1850), Sohn des Bürgermeisters von Zürich.

Gegen das Rauchen

Knebels Tagebuch

24. Juni 1785

Wir gingen gestern eilf Uhr mittags von Jena weg, Goethe und ich, und nahmen zwei Bedienten mit uns...

Der Tag war trübe, es regnete mitunter, doch war es nicht unlustig. Mein Reisegefährte war stillern, ruhigern Mutes als ich. Er suchte viele vertrauliche Reden hervor, und ich war dagegen nicht unfreundlich. Unterwegs, als wir im Wagen hielten, zeichnete er das Tor und die Einfahrt von dem Hause des Herrn v. Schmerzing in Hummelshain, das er abends, als wir hier [in Neustadt an der Orla] ankamen, gar hübsch mit der Feder ins reine brachte. Eine kleine Weile darauf, bei Gelegenheit einer Pfeife Tabak, die ich aufs neue anstecken wollte, bat er mich, solches zu unterlassen, weil er von dem Tabaksrauche Erhitzung spüre. Ich unterließ es, wunderte mich aber über die leichte Reizbarkeit seiner Nerven von einer so geringen Ursache. Das Übel nahm bei ihm zu, und er mußte sich wirklich mit Frost und einem besonders krampfhaften Zustande, der ihm starken Schmerz erregte, zu Bette legen. Diesen Morgen hat sich das Übel noch nicht gegeben, und wir werden wohl heute hier bleiben müssen.

Ich bemerkte, wie Goethes Natur leicht bis auf den letzten Augenblick sich unverändert erhält, dann von dem leichtesten Umstande Gelegenheit sich nimmt und ihn gänzlich zu Boden wirft. Dies trifft in vielen Stücken bei ihm ein. *[735]*

Pfeife Tabak: Goethe verabscheute das Rauchen.

Ein wirklicher Mann

J. H. W. Tischbein an Lavater

Sie haben in allem recht, was Sie von Goethe sagten. Das ist gewiß einer der vortrefflichsten Menschen, die man sehen kann. Stellen Sie sich meine unbeschreibliche Freude für, welche ich vor einigen Wochen hatt', Goethe kam mir unverhofft hierher, und jetzt wohnet er in meiner Stube neben mir, ich genieße also von des Morgens bis zur Nacht den Umgang dieses so seltenen klugen Mannes, was das nun für Vergnügen für mich ist, können Sie sich leicht denken, indem Sie Goethens Wert und meine Hochachtung gegen große Männer kennen. Lieber bester Lavater, könnte ich Sie hier auch ein Mal sehen, auf denen Ruinen, wo vordiesem so große Taten geschahen, scheint ein lebender Mann erst recht groß, es ist, als erkennte man ihn besser. Goethe ist ein *wirklicher Mann*, wie ich in meinen ausschweifenden Gedanken ihn zu sehen mir wünschte. Ich habe sein Porträt angefangen, und werde es in Lebensgröße machen, wie er auf denen Ruinen sitzet und über das Schicksal der menschlichen Werke nachdenket. – Unter allen Versprechungen, die ich Ihnen getan, und nicht vollbracht habe, soll dieses aber gewiß geschehen, daß ich Ihnen sein Porträt bestimmt gezeichnet schicke. Sein Gesicht will ich recht genau und wahr nachzeichnen. Denn man kann wohl keinen glücklichern und ausdrucksvolleren Kopf sehen. Goethe war mir durch Ihnen und seinen anderen Freunde schon ziemlich bekannt, durch die vielen Beschreibungen, welche ich von ihm machen hörte, und habe ihn ebenso gefunden, wie ich mir ihn dachte. Nur die große Gesetztheit und Ruhe hätte ich mir in dem lebhaften Empfinden nicht denken können, und daß er sich in allen Fällen so bekannt und zu Hause findet. Was mir noch so sehr an ihm freut, ist sein einfaches Leben. Er begehrte von mir ein klein Stübchen, wo er in schlafen und ungehindert in arbeiten könnte, und ein ganzes einfaches Essen, das ich ihm denn leicht verschaffen konnte, weil er mit so wenigem begnügt ist. Da sitzet er nun jetzo und arbeitet des Morgens an seiner Iphigenia fertig zu machen, bis um 9 Uhr, denn gehet er aus und siehet die großen hiesigen Kunstwerke. Mit was für einem Auge und Kenntnis er alles siehet, werden Sie sich leicht denken können, indem Sie wissen, wie wahr er denkt. Er laßt sich wenig von denen großen Welt-Menschen stören, gibt und nimmt keinen Besuch außer von Künstler an. Man wollte ihm eine Ehre antun, was man denen großen Dichter, die vor ihm hier waren, getan hat, er verbat sich es aber, und schützte den Zeit-Verlust vor, und wandte auf eine höfliche Art den Schein von Eitelkeit von sich ab. Das ihm gewiß ebenso viel Ehre macht, als wenn er wirklich auf dem Capitol gekrönet worden wäre. Ich freue mich, daß ich jetzo lebe des Goethens und Lavaters wegen. *[811]*

Johann Heinrich Wilhelm Tischbein (1751-1829), Maler, zeitweise Goethes Gefährte in Italien, lebte später in Hamburg und Eutin.

Ich habe sein Porträt angefangen: das bekannte »Goethe in der Campagna« (Frankfurt a. M., Städel).

eine Ehre antun: Gemeint ist die Aufnahme in die literarische Gesellschaft »Arcadia«.

Krankenpfleger bei Moritz

K. Ph. Moritz an J. H. Campe

20. Januar 1787

Der Ungenannte, welcher Ihnen von meinem Unfall Nachricht erteilet hat, ist der Geh. Rat von Goethe aus Weimar, der kurz nach mir hier eintraf, und sich anfänglich unter dem

Namen Müller hier aufhielt, um unbekannt und ungeniert zu sein, und es auch in Deutschland nicht wissen zu lassen, daß er hier sei: sein Namen blieb aber demohngeachtet nicht lange verschwiegen; jedermann kennt ihn itzt, und die Italiener haben ihn schon feierlich zum arkadischen Schäfer ernannt, so gern er sich diese Ehre verbeten hätte. Ich machte seine Bekanntschaft ein paar Wochen vorher, ehe ich den Unfall hatte, der mir auf der Rückkehr von einer kleinen Reise nach der Mündung der Tiber begegnete, wo Goethe und Tischbein nebst noch zweien von der Gesellschaft fuhren, und ich mit noch einem von der Gesellschaft ritt, und, da wir schon in Rom wieder angekommen waren, nicht weit von der Ponte Sixto, wo die Straße mit lauter breiten glatten Steinen gepflastert war, meinem Gefährten zurufe, er soll hier langsam reiten, weil es ein wenig geregnet hatte, und die breiten Steine so glatt wie Eis waren. Kaum hatte ich dies gesagt, so glitschte mein Pferd mit den Vorderfüßen, ich riß es zum zweiten und dritten Mal wieder in die Höhe, endlich konnte es sich nicht länger halten, sondern glitschte mit allen vier Füßen aus, und schlug mit mir auf die linke Seite. Weil es sich gleich wieder aufraffte, so hatte ich am Beine nur eine schwache Kontusion bekommen, mit dem linken Oberarm aber war ich an die Erhöhung von einer Mauer gefallen, welche von einem Hause etwas herausgebaut war, und mußte ihn also notwendig brechen... Was nun während den vierzig Tagen, die ich unter fast unaufhörlichen Schmerzen unbeweglich auf einem Fleck habe liegen müssen, der edle menschenfreundliche Goethe für mich getan hat, kann ich ihm nie verdanken, wenigstens aber werde ich es nie vergessen; er ist mir in dieser fürchterlichen Lage, wo sich oft alles zusammenhäufte, um die unsäglichen Schmerzen, die ich litt, noch zu vermehren, und mei[nen] Zustand zugleich gefahrvoll und trostlos zu machen, alles gewesen, was ein Mensch einem Menschen nur sein kann. Täglich hat er mich mehr als

49

einmal besucht, und mehrere Nächte bei mir gewacht; um alle Kleinigkeiten, die zu meiner Hülfe und Erleichtrung dienen konnten, ist er unaufhörlich besorgt gewesen, und hat alles hervorgesucht, was nur irgend dazu abzwecken konnte, mich bei guten Mute zu erhalten. Und wie oft, wenn ich unter meinem Schmerz erliegen und verzagen wollte, habe ich in seiner Gegenwart wieder neuen Mut gefaßt, und weil ich gern standhaft vor ihm erscheinen wollte, bin ich oft dadurch wirklich standhaft geworden. Er lenkte zugleich den guten Willen meiner hiesigen deutschen Landsleute, deren itzt eine starke Anzahl ist, und deren freundschaftliches Betragen gegen mich mir auch nie aus dem Gedächtnis kommen wird. Sie waren den andren Tag fast alle bei mir; sie erboten sich alle bei mir zu wachen. Goethe ließ sie losen, wie sie der Reihe nach bei mir wachen sollten; und sogleich waren alle Nächte besetzt, so daß es an jeden nur ein paarmal kam, und dann ließ er andre zwölf um die Stunden am Tage losen, so daß jeder den Tag über eine Stunde bei mir bleiben sollte, damit ich immer abwechselnde Gesellschaft hätte. Alle waren sogleich willig, und so waren auch die Stunden am Tage besetzt, und wurden alle richtig gehalten. – Selbst die Leute, bei denen ich wohne, waren durch diese Liebe und Freundschaft so vieler Menschen gegen einen ihrer leidenden Brüder gerührt, und folgten dem Beispiel, indem sie mir die ganzen vierzig Tage hindurch, ohne Murren, und mit der größten Bereitwilligkeit, die beschwerlichsten Dienste leisteten, die ein Mensch, der unbeweglich auf einem Fleck liegen muß, bedarf. – Dies alles zusammengenommen flößte mir zuletzt wieder eine Art von Zutrauen gegen mein Geschick ein: ich dachte: es drückt mich zwar nieder, aber es will mich doch nicht sinken lassen! Es gibt mir einen sehr bittern Kelch zu trinken, von dem ich wohl gewünscht hätte, daß er vorüber gegangen wäre – vorüber ging er nun freilich nicht, aber der stärkende Engel stand mir doch auch zur Seite. *[1823]*

Karl Philipp Moritz (1757-1793), Schriftsteller (»Anton Reiser«).
zum arkadischen Schäfer ernannt: die Aufnahme in die literarische Gesellschaft »Arcadia« am 4. Januar 1787.

Sehr von der Sonne gebrannt

J. R. Ridel an Amalie Buff

14. Juli 1788

Goethe ist seit dem 18. des vorigen Monats hier. Er war abends spät gekommen, und wenn ich gleich wußte, daß man ihn da erwartete, so überraschte er mich doch, denn die Herzogin sagte mir den Nachmittag, sie glaubte, daß er erst den 20. kommen würde. Den andern Morgen um 8 Uhr, wie ich's noch gar nicht wußte, daß er wirklich angekommen, und eben bei Akten saß, stand er vor mir und embrassierte mich. Er ist magerer geworden und war zudem sehr von der Sonne gebrannt – ich kannt' ihn also nicht einmal gleich!

Er bezeigt sich sehr freundschaftlich gegen mich, reicht mir selbst bei Hofe ganz zutraulich die Hand und ist in der Erziehung [des Erbprinzen] ganz mit mir einstimmig. Eine stundenlange Promenade hab' ich schon mit ihm gemacht und ihn auch da sehr offen gefunden; nur packt ihn jetzt der Herzog so oft, und er hat so vieles und so mancherlei so vielen Menschen zu erzählen, daß ich ihn noch nicht so genießen konnte, wie ich's gewünscht hätte. Es sind zudem jetzt Fremde hier, die oft bei Hofe kommen und viel Zeit wegnehmen: da kann ich ihn also noch nicht recht habhaft werden. Ich bin indes aus vielen Umständen überzeugt, daß er gewiß sehr mein Freund ist.

So im Vorbeigehn hab' ich ihm auch schon gesagt: ich glaubte, es würde gut sein, wenn die Einrichtung getroffen würde, daß in meiner Abwesenheit jemand anderes bei dem

Prinzen sein könnte außer dem Kammerdiener, da ich doch notwendig zu meiner Erholung mich zuweilen entfernen möchte und der Kammerdiener zwar ein recht guter Mensch wäre, aber nicht Einsicht und Autorität genug hätte und haben könnte, um alsdann den Prinzen so zu behandeln, wie ich's wünschte. Er sah das ein und hat mir versprochen, es gelegentlich anzubringen. *[869]*

Johann Rudolf Ridel (1759-1821), Landkammerrat in Weimar.

Jahre der Reife

»Angelica malte mich auch, daraus
wird aber Nichts. Es verdrießt sie
sehr, daß es nicht gleichen und
werden will. Es ist immer ein hübscher
Bursche, aber keine Spur von mir.«

(Goethe am 27. Juni 1787)

Ölgemälde von Angelica Kauffmann
(1787/88)

Mit ziemlich guter Laune

Caroline Herder an ihren Mann

14. August 1788

Eben war Goethe da, er hat viel Lustiges, ich möchte sagen, Betäubendes über seine häusliche menschliche Situation gesagt – es war aber in allem so viel Klarheit und Richtigkeit, daß das Betäuben nicht statt hat. Er hat nun alles Glück und Wohlsein auf *Proportion* und das Unglück auf *Disproportion* reduziert. Ihm sei es jetzt gar wohl, daß er ein Haus habe, Essen und Trinken hätte und dergleichen. Alles, was Du in Deinen drei Bänden der Philosophie von den Tartaren bis zu den Römern geschrieben hättest, käme alles darauf hinaus, daß ein Mensch ein Hauswesen besäße, und (setzte ich hinzu) mit Vernunft sich regierte!

Dies ist der kurze Auszug unseres Gesprächs, das wir mit ziemlich guter Laune gehalten haben. *[875]*

in Deinen drei Bänden der Philosophie: gemeint sind Herders »Ideen zur Philosophie der Geschichte der Menschheit«.

ziemlich guter Laune: die ist verständlich, denn seit dem 12. Juli war Christiane Vulpius Goethes Geliebte, wovon Caroline Herder aber nichts wußte.

Geboren zum Künstler

Knebel an Herder

7. November 1788

Ich lebe noch immer im alten Jena und fürchte mich, nach Weimar zu gehen...

Goethe ist zuweilen bei mir. Jetzt war er verschiedene Tage hier. Er ist nicht wohl fähig, eine andere Vorstellungsart aufzunehmen als die seinige, oder er macht jene zu der seinigen. Ich habe seinen dringenden Geist in allem, dessen sich seine Vorstellung bemeistern will, noch wahrer als sonst angestaunt. Die Kunst hat ihn ganz eingenommen; er sieht solche als das Ziel aller menschlichen Erhöhung. Ich kann solches in seiner Seele begreifen, wenn nämlich sinnliche Blüte für das höchste Dasein der Menschheit erkannt wird. Er ist geboren und gebildet zum Künstler, und nichts kann ihm weiter sonderliche Nahrung geben. *[903]*

Die junge Vulpius zum Clärchen

Caroline Herder an ihren Mann

8. März 1789

Goethe und Knebel waren gestern einen Augenblick da und besuchten uns. Ich habe nun das Geheimnis von der Stein selbst, warum sie mit Goethe nicht mehr recht gut sein will. Er hat die junge Vulpius zu seinem Clärchen, und läßt sie oft zu sich kommen etc. Sie verdenkt ihm dies sehr. Da er ein so vorzüglicher Mensch ist, auch schon vierzig Jahr alt ist, so sollte er nichts tun, wodurch er sich zu den andern so herabwürdigt. *[952]*

Das Alltagsstück Minister

L. Ch. Althof an Ch. F. Nicolai

Dezember 1796

Bürger und Goethe hatten sich nie gesehen, aber vormals manchen Brief miteinander gewechselt. Goethe hatte diesen Briefwechsel angefangen und, von Bewunderung und Liebe für seinen Bruder im Apoll hingerissen, diesen bald nicht mehr mit *Sie*, sondern mit *Du* angeredet. Da nun Bürger diese vertrauliche Annäherung erwiderte und Goethe in dem einmal angenommenen Tone blieb, so wurden beide schriftlich Duzbrüder. Als in der Folge Goethe zu höheren irdischen Würden emporstieg, da wurde auch die Sprache in seinen Briefen an Bürger feierlicher, das *Du* verwandelte sich wieder in *Sie*, und bald hörte der Briefwechsel ganz auf. Im Jahre 1789 schickte Bürger dem Herrn von Goethe ein Exemplar von der zweiten Ausgabe seiner Gedichte mit einem höflichen Schreiben zu, und machte bald darauf eine Reise, die ihn durch Weimar führte. Er stand bei sich an, ob er's wagen sollte, den Herrn von Goethe zu besuchen, weil er von Natur blöde war, und sich nach dem, was er von andern wohl gehört hatte, eben keine herzliche Aufnahme von seinem ci-devant Duzbruder versprach. Indessen da seine Freunde ihn mit der Versicherung dazu ermunterten, Herr von Goethe sei seit seiner Reise nach Italien leutseliger geworden, da er überdem gerade jetzt einen kleinen Dank für das Geschenk seiner Gedichte und auch wohl eine lehrreiche Beurteilung seiner neuesten Produkte von Goethe erwartete: so faßte er ein Herz und verfügt sich an einem Nachmittage [Ende April 1789] in die Wohnung des Ministers. Hier hört er von dem Kammerdiener, Se. Exzellenz sei zwar zu Hause, aber eben im Begriff, mit dem Herrn Kapellmeister Reichardt eine von diesem verfertigte neue Komposition zu probieren. O schön, denkt Bürger, da komme ich ja gerade zu einer sehr gelegenen Zeit, halte Se. Exzellenz nicht von Staatsgeschäften ab, und kann ja wohl zu der Musik auch meine Meinung sagen. Er bittet also den Kammerdiener, Sr. Exzellenz zu melden, Bürger aus Göttingen wünsche seine Aufwartung machen zu dürfen. Der Kammerdiener meldet ihn, kommt zurück und führt ihn – nicht in das Zimmer, wo musiziert wird, sondern in ein leeres Audienzzimmer. In diesem erscheint nach eini-

gen Minuten auch Herr von Goethe, erwidert Bürgers Anrede mit einer herablassenden Verbeugung, nötigt ihn, auf
einem Sofa Platz zu nehmen, und erkundigt sich, da Bürger,
der doch einen ganz andern Empfang erwartet hatte, ein wenig verlegen wird, nach – der damaligen Frequenz der Göt-
tingischen Universität. Bürger antwortet, so gut er bei seiner
Verlegenheit kann, und steht bald wieder auf, um sich zu
empfehlen. Goethe bleibt mitten im Zimmer stehen und ent-
läßt Bürger mit einer gnädigen Verbeugung. Auf dem Wege
nach Hause machte nun Bürger nachstehendes Epigramm:

> Mich drängt' es in ein Haus zu gehn,
> Drin wohnt' ein Künstler und Minister.
> Den edlen Künstler wollt' ich sehn
> Und nicht das Alltagsstück Minister.
> Doch steif und kalt blieb der Minister
> Vor meinem trauten Künstler stehn,
> Und vor dem hölzernen Minister
> Kriegt' ich den Künstler nicht zu sehn.
> Hol ihn der Kuckuck und sein Küster! *[962]*

Ludwig Christoph Althof (1758-1832), Arzt und Professor der
Medizin.
    ci-devant: ehemaligen.
    von Goethe erwartete: Tatsächlich bedankte sich Goethe für die
Gedichte Bürgers in einem Brief vom 19. Juni 1789, also erst nach
der persönlichen Begegnung: »Leider hielten Sie sich neulich bei uns
so kurze Zeit auf, daß ich das Vergnügen Ihrer Unterhaltung nicht
genießen konnte, wie ich es gewünscht hätte.« Bürger starb 1794.

58

Frau von Steins stille Trauer

Caroline v. Beulwitz an Schiller

2. November 1789

Ich stimmte die letzten Tage unseres Zusammenseins besser mit der Stein. Sie war in eine stille Trauer über ihr Verhältnis mit Goethe gesunken, und da schien sie mir wahrer und harmonischer als in der widernatürlichen [Stimmung] von Gleichgültigkeit oder Verachtung. Ein zwölfjähriges zärtliches Verhältnis kann sich nicht in so widrige Empfindungen auflösen, ohne die besten Kräfte des geistigen Lebens zu vernichten. Viele Schwächen muß Goethe haben, und zur Freundschaft gehört Stärke. *[988]*

Caroline von Beulwitz (1763-1847), Schriftstellerin (»Agnes von Lilien«).

Er wird alt

Schiller an Körner

1. November 1790

Goethe hat uns viel von Dir erzählt, und rühmt gar sehr Deine persönliche Bekanntschaft. Er fing von selbst davon an, und spricht mit Wärme von seinem angenehmen Aufenthalt bei Euch und überhaupt auch in Dresden. Mir erging es mit ihm, wie Dir. Er war gestern bei uns, und das Gespräch kam bald auf Kant. Interessant ist's, wie er alles in seine eigene Art und Manier kleidet und überraschend zurückgibt, was er las; aber ich möchte doch nicht über Dinge, die mich sehr nahe interessieren, mit ihm streiten. Es fehlt ihm ganz an der herzlichen Art, sich zu irgend etwas zu *bekennen*. Ihm ist die ganze Philosophie subjektivisch, und da hört denn Überzeugung und Streit zugleich auf. Seine Philosophie mag ich auch nicht ganz: sie holt zu viel aus der Sinnenwelt, wo ich aus der Seele hole. Überhaupt ist seine Vorstellungsart zu sinnlich und *betastet* mir zu viel. Aber sein Geist wirkt und forscht nach allen Direktionen, und strebt, sich ein Ganzes zu erbauen – und das macht mir ihn zum großen Mann.

Übrigens ergeht's ihm närrisch genug. Er fängt an alt zu werden, und die so oft von ihm gelästerte Weiberliebe scheint sich an ihm rächen zu wollen. Er wird, wie ich fürchte, eine Torheit begehen und das gewöhnliche Schicksal eines alten Hagestolzen haben. Sein Mädchen ist eine Mamsell Vulpius, die ein Kind von ihm hat und sich nun in seinem Hause fast so gut als etabliert hat. Es ist sehr wahrscheinlich, daß er sie in wenigen Jahren heiratet. Sein Kind soll er sehr lieb haben, und er wird sich bereden, daß, wenn er das Mädchen heiratet, es dem Kinde zuliebe geschehe, und daß dieses wenigstens das Lächerliche dabei vermindern könnte.

Es könnte mich doch verdrießen, wenn er mit einem solchen *Geniestreich* aufhörte; denn man würde nicht ermangeln, es dafür anzusehen. *[1022]*

Friedrich Schiller (1759-1805), Schriftsteller. – *Christian Gottfried Körner* (1756-1831), Oberappellationsgerichtsrat in Dresden.

ist eine Mamsell Vulpius: in der Handschrift »ist eine ziemlich berüchtigte Mlle Vulpius«.

In Weimar wie ein Gott

K. Graß' Tagebuch

6. Februar 1791

Sonntag, den 6. Februar. Um 11 ging ich mit Lips zu Goethe, der mich vorläufig bei ihm empfohlen hatte. Er war sehr heiter und sagte, da ich hereintrat: »Es freut mich, Ihre Bekanntschaft zu machen.« Ich sagte ihm dann, wie ich schon lang den Wunsch auf dem Herzen gehabt etc. Wir sprachen von der zum Reisen notwendigen Gesundheit. Er sprach mit vieler Ungezwungenheit und verlangte nicht, meine Zeichnungen zu sehen, als bis ich sie selbst hervorholte. Er sah sie aufmerksam durch und war bei manchen, besonders den italienischen, sehr zufrieden und bat, daß ich sie ihm dalassen möchte, um Seiner Durchlaucht, mit dem er von mir gesprochen, sie zu weisen. Dies machte ihm vielen Spaß, wie Lips sagte, sie nun herumzuweisen, und er sieht jedes noch so geringe Blatt mit Aufmerksamkeit durch und studiert es durch. Durch diese Methode lernt er selbst bei Kleinigkeiten, und er drückte sich bei einem Bilde von Meyer in Stäfa am Züricher See aus: »Mit so einem Menschen rückt man doch selbst weiter.« Er will jetzt eine kleine Landschaft radieren, und es soll unglaublich sein, was er für Sachen durchstudiert hat, bis er über die Manier einig geworden ist. Bei den unbedeutendsten Sachen, sagt Lips, macht er Bemerkungen, die voll Geist sind und wobei es den, der die Sache vorher ansah, ärgert, daß ihm auch nicht so etwas beifiel.

Das Gesicht Goethens ist voll Feuer und doch Weichheit, nicht wie bei Herder – Marmor. Sein Auge ist rund und frei, braun, ein dunkler Spiegel, der desto reiner und heller auffaßt. Sein Blick ist oft unmerklich auf Sachen gewandt, die er gar nicht zu bemerken scheint. Er ist noch voll Manneskraft, schnell in seinem Wort und Tun, überlegend prüfend im Urteil, und wenn es nur eine Zeichnung eines Künstlers beträfe, der aber selbst denkt. Lips hat ihn, wie noch niemand vor ihm, gezeichnet und sticht jetzt sein Bild.

Goethe wies uns ein großes Portefeuille mit schönen Sachen, besonders von Kniep, teils in Sepia, teils in einer sehr lebhaften Manier, die aber nicht leicht nachzuahmen ist. Der Künstler legt gleich alles mit Farben an, zeichnet aber vorher die Umrisse mit der Feder. – Ohne weitere Anfragen oder Bitte sagte er: »Sie bleiben doch heute hier und möchten vielleicht die Sachen der Herzogin Amalie sehen« – und schrieb sogleich ein Billet, und es wurde erlaubt, wie auch Goethe mir erlaubte wiederzukommen, weil er mir noch manches weisen könnte.

Dieser Mann ist in Weimar wie ein Gott, aber es ist auch, wie ein Gott, nur ein Goethe. Mir ist's viel wert, ihn kennen gelernt zu haben, weil ich weit anschaulicher die Schriften eines Mannes fasse, den ich auch nur minutenlang kenne.

Nachmittags um 3 Uhr ging ich mit Müller, Facius, Westermeyer zur Herzogin Amalie. Sie war bei Hofe und wir in ihrem Zimmer allein, wo schon die großen Portefeuille[s] auf der Erde bereit lagen... Am meisten entzückte mich ein Mondschein von Guido in Neapel, eine Ansicht auf den Vesuv am Meer, unbeschreiblich klar, ohne große Massen, mit Tusche gezwungen, sanft wie hingeblasen. Goethe selbst sagte, es wäre ihm unerklärlich, wie das gemacht sei, die Fertigkeit der Behandlung muß alles machen. *[1028]*

Karl Gotthard Graß (1761-1814), Maler aus Livland und Mitarbeiter an Schillers »Thalia«.

zum Reisen: Graß ist 1790 in der Schweiz gewesen.

Etwas ausgezeichnet Sinnliches

L. F. Huber an Körner

24. August 1792

Endlich habe ich Goethe kennen gelernt, er war diese Woche zwei Tage hier [in Mainz], und ich habe zwei Abende mit ihm zugebracht. Er war gesellschaftlich lustig, und ich bin in dieser Rücksicht sehr von ihm erbaut gewesen. Übrigens treibt er das Vermeiden aller Individualität im Umgang bis zum Lächerlichen; es war zum Beispiel zweimal, durch einen höchst natürlichen Zusammenhang, von Dir die Rede, ohne daß auch nur eine Silbe von ihm heraus kam. Die ihn früher kannten, finden, daß seine Physiognomie etwas ausgezeichnet Sinnliches und Erschlafftes bekommen hat. Zugleich scheint er politica im Kopf zu haben, wozu ich ihm denn von Herzen gratuliere. Indessen freute mich, nachdem der erste Anfall von zurückstoßender Steifigkeit vorbei war, die milde Leichtigkeit und der Schein von Anspruchlosigkeit in seinem gesellschaftlichen Ton. Den ersten Abend wurden wir alle durch guten Wein gestimmt, er hatte Einfälle mit Raisonnement vermischt, und war würklich lebhaft; in Augenblicken machte es mir vielen Spaß, seine Mutter ganz in ihm wieder zu finden, und das war dann, wenn er launig-kräftig etwas auseinandersetzte, worin eben *ihre* Originalität vorzüglich liegt. Den zweiten Abend tranken wir Bier, wobei denn für die allgemeine Konversation viel verloren ging, aber er erzählte sehr niedlich und launig manches von Italien, und war durchaus leicht und gutmütig. Ich habe übrigens nicht ein einziges besondres Wort mit ihm gesprochen, obgleich den ersten Abend ziemlich viel in der allgemeinen Unterredung. Er will sich hier wieder aufhalten, wenn er von der Armee wieder kömmt...

An Begeisterung für ein höheres Ziel glaube ich in Goethe

nicht mehr, sondern an das Studium einer gewissen weisen Sinnlichkeit, deren Ideal er vorzüglich in Italien zusammen gebaut haben mag, und in welche denn mannigfaltige, und, gegen seinen ehemaligen Geist, oberflächliche Beschäftigungen mit wissenschaftlichen und andern *vorhandnen* Gegenständen mit einschlagen. Vielleicht hat er recht, vielleicht auch nicht. *[1052]*

Ludwig Ferdinand Huber (1764-1804), Schriftsteller und Übersetzer.
  zwei Abende: am 20. und 21. August. An diesen beiden Abenden im Haus von Georg Forster nahmen außer Huber Georg Forster und seine Frau Therese (die schon bald die Ehefrau Hubers werden sollte) und Caroline Böhmer, die spätere Schlegel-Schelling, teil.

Höflich, ziemlich kalt und allgemein

D. J. Veit an Rahel Levin

20. März 1793

Ich hätte Ihnen schon in Weimar schreiben mögen; allein wir eilten zu sehr und mußten schnell über Erfurt hieher [nach Gotha], wo ich in einem schönen Gasthofe äußerst bequem sitze.

Ich habe sie wirklich alle gesehen und einen jeden ziemlich umständlich gesprochen, wie sie Namen haben, Goethe, Wieland, Herder.

Wir kamen [am 18. März] um eilf Uhr nach Weimar, kleideten uns mit Blitzesschnelligkeit um, und sahen während dem Umkleiden die Herzoglich Rudolstadtsche Familie, zierliche Prinzen und einige Prinzessinnen, davon die eine passiert, in denselben Gasthof ankommen.

Aus Furcht, er würde nun bei Hofe erscheinen müssen, nahmen wir uns keine Zeit, die Kleider abzubürsten, und verfügten uns, von einem Lohnlakei begleitet, unter dem Jubelgeschrei der lauschenden Menge, zu Goethe. Sein Bedienter sagte uns, es wäre jetzt ein Graf bei ihm, der ihn schwerlich vor ein Uhr verlassen dürfte, und wir möchten nur gegen zwei wiederkommen; ich ließ mich nicht abschrecken, sondern sagte dem Bedienten, er möchte uns nur als Berliner melden, die einen Brief vom Hofrat Moritz mitbrächten. Hierauf wurden wir zwei Treppen hinaufgeführt. Unten in der Mauer vor der ersten Treppe stehen in einer Art von Nischen die Figuren des Apollo und Antinous in Lebensgröße mit ihren Attributen. Aus der Treppe kommt man in ein Vorzimmer, worin verschiedene Gemälde, vorzüglich Köpfe, hängen; aus diesem Zimmer in ein kleines, niedliches, in welches wir zugleich mit Goethe, den wir aus dem andern Teil der Wohnung kommen und mehrere Zimmer durchgehen sahen, als wir noch in der Antichambre waren, hineintraten. Er hatte uns nicht zwei Minuten warten lassen. Das erste, was mir an ihm auffiel und Sie zu wissen verlangen, war seine Figur.

Er ist von weit mehr als gewöhnlicher Größe, und dieser Größe proportioniert dick, breitschulterig. Wenn Sie meinen Onkel Salomon Veit kennen, so haben Sie die Ähnlichkeit der Figur; aber Goethe ist doch noch größer und stärker. Die Stirn ist außerordentlich schön, schöner als ich sie je gesehen; die Augenbrauen im Gemälde vollkommen getroffen, aber die *völlig braunen* Augen mehr nach unten zugeschnitten, als dort. In seinen Augen ist viel Geist, aber nicht das verzehrende Feuer, wovon man so viel spricht. Unter den Augen hat er schon Falten und ziemlich beträchtliche Säcke; überhaupt sieht man ihm das Alter von vierundvierzig bis fünfundvierzig recht eigentlich an, und das Gemälde ist in der Tat zu jugendlich; es müßte denn wahr sein, was man in Weimar allgemein behauptet, daß er während seinem Aufenthalt in Italien merklich gealtert habe. Die Nase ist eine recht eigentliche Habichtnase, nur daß die Krümmung in der Mitte sich recht sanft verliert. (Ich habe ihn, indes er meinem Onkel verschiedene Fragen vorlegte, von der Seite und in dem Spiegel recht starr angesehen.) Der Mund ist sehr schön, klein, und außerordentlicher Biegungen fähig; nur entstellen ihn, wenn er lächelt, seine gelben, äußerst krummen Zähne. Wenn er schweigt, sieht er recht ernsthaft, aber wahrhaftig nicht mürrisch, und kein Gedanke, keine Spur von Aufgeblasenheit. Auch dem Dümmsten müßte Aufgeblasenheit an einem Menschen mißfallen, der in Sprache und Manier so ganz simpel wie jeder Geschäftsmann ist. Das Gesicht ist voll, mit ziemlich herabhängenden Backen. Im ganzen ist das Gemälde wohl getroffen; aber es macht doch einen sehr falschen Begriff von ihm; Sie würden ihn gewiß nicht erkennen. Er hat eine männliche, sehr braune Gesichtsfarbe, die Farbe der Haare ist etwas heller. Er trägt das Vorderhaar ratzenkahl abgeschoren, an den Seiten ausgekämmt und völlig anliegend, einen langen Zopf; weiß gepudert. Die Binde im Porträt verstehe ich gar nicht. Lips muß ihn haben putzen wollen. Seine Binde ist eine von den unter gesetzten Männern ganz gewöhnlichen, hinten zugeschnallt, vorne glatt und dünn, und wegen dem übergelegten Hemdkragen wenig zu sehen. Die Wäsche fein, mit wenig vorstehendem Jabot. Kleidung: ein blauer Überrock mit gesponnenen Knöpfen, doppeltem Kragen (der eine über die Schultern, der stehende nicht recht hoch), eine schmalgestreifte Weste von Manchester oder ähnlichem Zeuge und – vermutlich Beinkleider; der Überrock bedeckte sie; kalbledernde ordinäre Stiefel. Alles zusammen genommen, kann er ein Minister, ein Kriegsrat, ein Geheimrat, allenfalls ein Amtmann sein, nur kein Gelehrter und gewiß kein Virtuose. In Berlin würde ihn jeder einheimisch glauben. Er hat uns ungemein höflich aufgenommen; als er auf uns zukam, sah er uns recht freundlich an (sein Blick ist gewöhnlich ernsthaft, aber ohne alle Arroganz, wie es scheint; wenn er sich nicht an einen wendet, so sieht er gesenkt zur Erde, mit den Händen auf dem Rücken, und spricht so fort), fragte nach dem Endzwecke unserer Reise, erzählte uns, daß es in Frankfurt sehr lebhaft aussähe, daß er Frieden wünsche usw. Nachdem er einen Brief durchgelesen hatte, erkundigte er sich kaltblütig, aber mit vieler Aufmerksamkeit, nach Moritz. Sobald ich nur von ihm und der Entweichung seiner Frau zu reden angefangen hatte, sagte er in einem sehr ernsthaften Ton: »Er muß jetzt viel zu tun haben; er *muß* arbeiten, er ist wirklich ein gar lieber Mann, und wenn er etwas unternimmt, so greift er die Sache immer so ganz recht an; er hat wirklich zu gar vielen Sachen ein recht hübsches Talent. Hm! herkommen kann er freilich nicht; er muß sehr viel Arbeit haben.« Er ließ sich nun noch über unsere Reise selbst, über die Kriegsoperationen mit uns ein, sprach aber von keiner Partei mit Dezision; jedoch immer überaus natürlich, immer, als ob er nur die Sachen, nicht die Worte suchte. Man hört's ihm noch manchmal an, daß er aus dem Reich ist, wie er uns auch selbst sagte. Das Zimmer, in welchem wir standen (sitzen ließ er uns nicht), war mit grünen Tapeten ganz modern geziert; Gemälde und Köpfe rings umher, von der Größe, wie das Studierzimmer der Herz, ein völliges Quadrat: zwei Mahagoni-Tische, ein Spiegel, sechs Lehnstühle, weiß, mit grün- und weißgestreiften seidenen Polstern. Eine Viertelstunde (eher mehr als weniger) hielt er uns auf; machte dann eine bedeutend lächelnde Miene, und wir waren nicht dumm. Nach Mendelssohn erkundigte er sich gar nicht, ohngeachtet im Briefe Herr Veit als dessen Schwiegersohn genannt ist. Überhaupt haben wir keinen literarischen Punkt berührt; er fragte nicht einmal nach Moritzens neuesten Sachen; der Mann hat nicht unrecht, wenn ihm mies ist. Er begleitete uns aus der Antichambre, und war noch beim Abschiede sehr höflich. Die ganze Aufnahme war sehr höflich, ziemlich kalt und allgemein, aber viel wärmer, als ich sie erwartet hatte; sie war ganz so, wie ich sie erwartet hätte, wenn mir noch kein Mensch von Goethe erzählt hätte...

Goethe hat jetzt keine juristischen Geschäfte mehr; als Amt hat er das Departement der Gnadenerzeigung (keine emzoe, der wirkliche Namen) sich selbst gewählt. Den von ihm angelegten Park, den er noch immer weiter ausführt, und mit dem er, laut des Herzogs Vollmacht, auch in dessen Abwesenheit machen kann, was er will, müssen Sie sehen...

Goethe ist hier unter vielen Volksklassen (ich habe in den sechs Stunden viel Leute gesprochen) als sehr freundlich, gutmütig bekannt, und hat die allgemeine Achtung und Liebe; die mittlern Stände nennen ihn den Genius des Orts; diese Benennung läßt auf Kraftgeniemäßigkeit schließen; doch habe ich einige dem Scheine nach nicht ungeschickte, und von Pedanterie freie junge Leute gesprochen...

Die Vulpius ist sechsundzwanzig bis siebenundzwanzig Jahre alt, nicht hübsch (ich selbst habe sie nicht gesehen), ihm zur Linken angetraut, kommt nie in sein Haus. Er besucht sie nicht täglich, indessen soll sie noch viel Einfluß auf ihn haben. Länger als zwei bis drei Stunden ist er nie bei ihr; das Antrauen war die Folge des jungen Goethe, der jetzt im dritten Jahre sein soll. Er unterstützt die ganze Familie, schafft dem Bruder, der Schriftsteller ist, Verleger usw.

Zur Cour kommt Goethe freilich; aber wenn der hohe Adel bei dem Herzog speist, kann er nicht zur Tafel gezogen werden...

In den herzoglichen Park hat Goethe unter andern sehr viele ausländische Pflanzen hingesetzt, damit ihm das Studium der Botanik nicht allzu kostbar werde. Seine nähere Bekanntschaft erhält man sehr schwer; die Menschen, welche ich gesprochen, wissen alle keinen, mit dem er sehr genau umgehet. [1080]

David Johann Veit (1771-1814), Arzt in Halle und Hamburg, studierte 1793 in Jena. – *Rahel Levin* (1771-1833), die spätere Frau Varnhagens.

kaltblütig: emotionslos.

Dezision: Engagement.

aus dem Reich ist: Darunter verstand man damals den oberrheinischen, bayerischen, schwäbischen und fränkischen Kreis.

Departement der Gnadenerzeigung: Unsinn.

emzoe: Übertreibung.

ihm zur Linken angetraut: unsinnig, da es die sog. morganatische Ehe nur beim Hochadel gab.

kommt nie in sein Haus: Da Christiane am Frauenplan eigene Räume bewohnte, kann sich diese Bemerkung nur auf die Gesellschaftsräume des Hauses beziehen.

dem Bruder: Christian August Vulpius.

Etwas Großartiges des Körpers

Carl v. Stein: Erinnerungen

nach 1832

Zuweilen ging mein Bruder auch nach Goethens Gartenhaus, um zu sehen, wie es dort aussäh. Eines Tages, wie er unbefangen in jenes Gartenhaus geht, und sich allein glaubt, begegnet ihm ein kleines korpulentes Frauenzimmer, welche auch daselbst zu Hause zu sein vermeint. Goethe selbst hatte so viel Sittsamkeit, daß er nicht anders ins Bad ging als in einem Badeanzuge, wobei ich mir noch des Zufalls erinnere, daß nahe an der Ilm auf der Wiese vor seinem Garten in Gegenwart von Damen, die an der Tür standen, ein paar Knöpfe dieses Anzugs aufgesprungen waren und etwas Großartiges des Körpers an dem großartigen Geiste enthüllten, was er doch sorgfältig verhüllt glaubte. Mein Bruder, mit beinahe pedantischer Sittsamkeit erzogen, konnte sich nicht denken, in was für Verhältnissen sein Lehrer zu jener plötzlichen Erscheinung des gedachten Mädchens stehen möchte. Die Trennung zwischen ihm und Goethen bei dessen Zurückkunft von Italien war bald darauf die Folge davon. Doch blieben sie immer in freundlichen Verhältnissen. Jenes Frauenzimmer war die Mademoiselle Vulpius, Goethes spätere Gemahlin. *[1114]*

Carl von Stein (1765-1837), ältester Sohn Charlottes, Auditor in Mecklenburg-Schwerin.

Er spielt Klavier

D. J. Veit an Rahel Levin

8. Februar 1795
Auf der Redoute in Weimar, die als eine bloße Tanzgesellschaft in dem Komödienhause, mit einigen simplen, aber geräumigen Nebenzimmern, nicht übel ist, wüßte ich nichts Merkwürdiges erlebt zu haben. Man hat Pharao gespielt, hat Goethe drehen (so nennt man hier langsam walzen) gesehen, hat die Vulpius gesehen, und abscheulich gefunden...

Er hat hier [in Jena] einem Menschen selbst gestanden, daß er nicht mehr fähig wäre, sich seiner ersten Jugendeindrücke so lebhaft zu erinnern, als er es im Wilhelm getan hat; denn die Lebhaftigkeit des Gedächtnisses, mit welcher er den Meister vor funfzehn Jahren entworfen habe, sei ihm nun bei der Ausfeilung ganz fremd geworden. – Noch eines, das ich vergessen möchte: er spielt Klavier, und gar nicht schlecht. *[1184]*

Entsetzlich dick

Charlotte v. Stein an ihren Sohn Fritz

nach dem 24. Februar 1796
[Begegnung mit Goethe bei Schiller in Jena.] Ich hatte ihn seit
ein paar Monaten nicht gesehen; er war entsetzlich dick, mit
kurzen Armen, die er ganz gestreckt in beide Hosentaschen
hielt. Schiller hatte seinen schönen Tag und sah neben ihm
wie ein himmlischer Genius aus. Seine Gesundheit war leidlich, und die blasse Ruhe auf seinem Gesicht machte ihn interessant. Ich möchte nur wissen, ob ich dem Goethe auch so
physiognomisch verändert vorkomme, als er mir; er ist recht
zur Erde worden, von der wir genommen sind. Der arme
Goethe, der uns sonst so lieb hatte! *[1270]*

Er frisset entsetzlich

Jean Paul an Ch. Otto

17./18. Juni 1796
Ich habe in Weimar zwanzig Jahre in wenigen Tagen verlebt
– meine Menschenkenntnis ist wie ein Pilz mannshoch in die
Höhe geschossen ... Ich bin *ganz* glücklich, Otto, *ganz,* nicht
bloß über alle Erwartung, auch über alle Beschreibung ...
Heute ess' ich bei Goethe ...

Den 18. Juni. Sonnabends.
Schon am zweiten Tage warf ich hier mein dummes Vorurteil
für große Autores ab, als wären's andere Leute; hier weiß jeder, daß sie wie die Erde sind, die von weitem im Himmel als
ein leuchtender Mond dahinzieht und die, wenn man die
Ferse auf ihr hat, aus boue de Paris besteht und einigem Grün
ohne Juwelennimbus. Ein Urteil, das ein Herder, Wieland,

Goethe etc. fällt, wird so bestritten wie jedes andere, das noch abgerechnet, daß die drei Turmspitzen unserer Literatur einander – meiden. Kurz ich bin nicht mehr dumm. Auch werd' ich mich jetzt vor keinem großen Mann mehr ängstlich bücken, bloß vor dem Tugendhaftesten. Gleichwohl kam ich mit Scheu zu Goethe. Die Ostheim [Charlotte von Kalb] und jeder malte ihn ganz kalt für alle Menschen und Sachen auf der Erde – Ostheim sagte, er bewundert nichts mehr, nicht einmal sich – jedes Wort sei Eis, zumal gegen Fremde, die er selten vorlasse – er habe etwas steifes reichstädtisches Stolzes – bloß Kunstsachen wärmen noch seine Herznerven an (daher ich Knebel bat, mich vorher durch einen Mineralbrunnen zu petrifizieren und zu inkrustieren, damit ich mich ihm etwan im vorteilhaften Lichte einer Statue zeigen könnte – (Ostheim rät mir überall Kälte und Selbstbewußtsein an). Ich ging, ohne Wärme, bloß aus Neugierde. Sein Haus frappiert, es ist das einzige in Weimar in italienischem Geschmack, mit solchen Treppen, ein Pantheon voll Bilder und Statuen, eine Kühle der Angst presset die Brust – endlich tritt der Gott her, kalt, einsilbig, ohne Akzent. Sagt Knebel zum Beispiel, die Franzosen ziehen in Rom ein. »Hm!« sagt der Gott. Seine Gestalt ist markig und feurig, sein Auge ein Licht (aber ohne eine angenehme Farbe). Aber endlich schürete ihn nicht bloß der Champagner, sondern die Gespräche über die Kunst, Publikum etc. sofort an, und – man war bei Goethe. Er spricht nicht so blühend und strömend wie Herder, aber scharf-bestimmt und ruhig. Zuletzt las er uns – das heißt spielte er uns* ein ungedrucktes herrliches Gedicht vor, wodurch sein Herz durch die Eiskruste die Flammen trieb, so daß er dem enthusiastischen Jean Paul (mein Gesicht war es, aber meine Zunge nicht, wie ich denn nur von weitem auf einzelne

---

* Sein Vorlesen ist nichts als ein tieferes Donnern, vermischt mit dem leisen Regengelispel: es gibt nichts Ähnliches.

Werke anspielte, mehr der Unterredung und des Beleges wegen) die Hand drückte. Beim Abschied tat er's wieder und hieß mich wiederkommen. Er hält seine dichterische Laufbahn für beschlossen. Beim Himmel, wir wollen uns doch lieben. Ostheim sagt, er gibt nie ein Zeichen der Liebe. 1 000 000 etc. Sachen hab' ich Dir von ihm zu sagen.

Auch frisset er entsetzlich. Er ist mit dem feinsten Geschmack gekleidet. *[1300]*

Jean Paul (1763-1825), Schriftsteller (eigentl. Jean Paul Friedrich Richter).

Georg Christian Otto (1763-1828), Schriftsteller.

ein ungedrucktes herrliches Gedicht: »Alexis und Dora«, entstanden im Mai 1796.

Er reitet wacker darauf los

Caroline Schlegel an Karl Schlegel und Frau

Juli 1796

Goethe hat den letzten Teil des Wilhelm Meister, hinter sich aufs Pferd gebunden (denn er reitet trotz seiner Korpulenz wacker darauf los), in Manuskript herüber gebracht, und Schiller sagte gestern, daß er uns in den nächsten Tagen zu einer Vorlesung desselben einladen würde. Ich wünschte, daß Sie das, ohne sich von der Stelle zu bewegen, mit anhören könnten. Es hat mir große Freude gemacht, Goethen, und zwar so holdselig, wiederzusehn. Er sprach davon, wie lustig und unbefangen wir damals noch alle gewesen wären, und wie sich das nachher so plötzlich geändert habe. *[1304]*

Caroline Schlegel (1763-1809), Ehefrau von August Wilhelm Schlegel.

Beim süßen Wein ein Epigramm

Caroline Schlegel an Luise Gotter

25. Dezember 1796

Den Mittag drauf [19. Dezember] waren wir bei Goethe, und Herder auch, wo ich bei ihm und Knebel saß, allein ich hatte den Kopf immer nur nach Einer Seite. Goethe gab ein allerliebstes Diner, sehr nett, ohne Überladung, legte alles selbst vor, und so gewandt, daß er immer dazwischen noch Zeit fand, uns irgend ein schönes Bild mit Worten hinzustellen (er beschrieb zum Beispiel ein Bild von Füßli aus dem *Sommernachtstraum,* wo die Elfenkönigin Zetteln mit dem Eselskopf liebkoset) oder sonst hübsche Sachen zu sagen. Beim süßen Wein zum Dessert sagte ihm Schlegel grade ein Epigramm vor, das Klopstock kürzlich auf ihn gemacht, weil Goethe die deutsche Sprache verachtet hat, und darauf stießen wir alle an, jedoch nicht Klopstock zum Hohn; im Gegenteil, Goethe sprach so brav, wie sich's geziemt, von ihm. Gern wär ich noch länger dageblieben, um bei Goethe nicht allein zu hören, sondern auch zu sehn, und daneben freilich auch zu hören, aber das muß auf den Sommer verspart bleiben. *Was* ich sah, paßte alles zum Besitzer – seine Umgebungen hat er sich mit dem künstlerischen Sinn geordnet, den er in alles bringt, nur nicht in seine dermalige Liebschaft, wenn die Verbindung mit der Vulpius (die ich flüchtig in der Komödie sah) so zu nennen ist. Ich sprach noch heute mit der Schillern davon, warum er sich nur nicht eine schöne Italienerin mitgebracht hat? Jetzt tut es ihm freilich auch wohl nur weh, die Vulpius zu verstoßen, und nicht wohl, sie zu behalten. *[1337]*

Luise Gotter, Ehefrau des Schriftstellers Friedrich Wilhelm Gotter.

Seine Augen sind göttlich

A. Mendelssohn an Zelter

1. September 1797

Meine im Anfang sehr traurige Stimmung in Frankfurt am Main hat auf einmal eine günstige und für mich sehr glückliche Wendung genommen; ich habe, wie Ihnen die Veit auch schon erzählt haben wird, einen Menschen gesehen, der mir eine Menschheit wert war, Goethe. Lassen Sie sich diese Geschichte etwas ausführlich erzählen, Sie glauben nicht, wie es mich freut, daran denken zu können. Ich gehe eines Abends mit Veit in das Theater, ennuyiert und verdrießlich; wir bleiben einen Augenblick auf den Platz stehen, als mich Veit auf einmal anstieß und mir leise zuschrie, da ist Goethe! Da ich gar nicht mehr daran dachte, ihn in Frankfurt zu finden, so wußte ich gar nicht, was Veit wollte, und sah ihn nur immer an; indes kam Goethe bei uns vorbei, und sobald ich ihn nur im Auge bekam, erkannte ich ihn; er führte seine Mutter, eine alte geschminkte prätensionsvolle Frau, nach die Komödie. Wir gingen ihm nach, zum Glück läßt er seine Mutter allein hineingehen, und geht zurück; Veit redet ihn an, und ich bleibe in der Entfernung, er erlaubt ihm, den andern Tag zu ihn zu kommen, und mich mitzubringen. Von den Stück, das ich nun aufführen sah, weiß ich Ihnen nicht viel zu erzählen, ich dachte an meinen Besuch auf morgen, und zwar mit einer gemischten Empfindung, man hatte mir immer so viel von seinem Stolz und seiner Herabsetzung erzählt, dazu kam, daß ich ihn nur in der Ferne und daher nur seine steife Figur, die er mit vieler grandezza trägt, gesehen hatte; mir wurde ziemlich angst. Den andern Tag um 12 Uhr gingen wir zu ihn, er hatte uns erwartet; man führte uns in ein Zimmer, wo wir einige Minuten allein waren, alsdann trat er herein. Sind Sie ein Sohn von Mendelssohn? fragte er mich, und das war das erstemal, daß ich meinen Vater ohne Beiwort und so nennen hörte, wie ich es immer wünschte. Nachdem ich es bejaht hatte, wurde das Gespräch bald allgemein und interessant. Was soll ich zu eurem Lobe sagen? oder vielmehr, was soll ich zuerst sagen? Man hatte gerade damals Palmira [von Salieri] mit vieler Pracht in Frankfurt gegeben (was ich zu sehen versäumt), er sprach darüber mit uns mit einer Schonung, mit einem Blick aufs Ganze, und doch so feiner Einsicht des einzelnen, wie nur ein solcher Kenner sprechen kann. Man wundert sich, daß der Geschmack an Opern und Operetten auf unsern Theatern prädominiert? sagt er zuletzt, ich wundre mich nicht, in unsern Opern und Operetten ist doch wenigstens Kunst, und auch von der findet man nichts in unsern Schauspielen; das sind seine eigne Worte. Ich erzählte ihm darauf, daß ich Schillern von Ihnen Kompositionen zu dem neuen Almanach mitgebracht hätte, er frug mich, ob ich nicht wüßte, was Sie komponiert haben? und ich nannte ihm, um alle Indiskretion zu vermeiden, nur die, welche ich bei Schiller gesungen hatte. Ich sagte ihm darauf, daß eine Reise nach Jena eines von Ihren Lieblingsprojekten wäre, das Sie gewiß einmal ausführen würden. Ich wünschte, daß er es bald täte, sagte er! ich freue mich sehr, ihn zu sehen. Er schätzt Ihre Kompositionen sehr, und was Sie noch mehr freuen muß, er schließt davon auf Sie selbst, und ich beneide Sie sehr um Ihre Unterredungen mit ihm. *Reisen Sie nach Jena.* Nach einer halbstündigen Unterredung, die mir wahrlich stärkend war, gingen wir fort. Am andern Tag war ich wieder in Komödie, ich seh mich sogleich nach Goethe um, und entdecke ihn in der dritten Loge von mir. Veit war gerade zu Haus geblieben; am Ende des zweiten Akts gehe ich heraus, und habe das Glück, ihn auf dem Gang zu begegnen; er erkennt mich, erwidert mein Kompliment mit vieler Höflichkeit, und da ich sogleich vorbeigehen will, so redet er mich an, und ich sprach wieder eine halbe Stunde mit ihm. Das soll was sehr Seltenes bei ihm sein, und ein Beweis, daß ich ihm nicht mißfallen habe. Den hat die Natur zum großen Mann gezeichnet, und in seinem Auge steht alles da, was er jemals Gutes und Großes gemacht hat; wenn man ihm gegenüber steht und ihm scharf ins Auge sieht, so erweitert sich der Raum zwischen ihm unmerklich und ganz ungeheuer, man hört ihn kaum mehr sprechen, und weiß doch ganz genau, was er gesagt hat; ich kann Ihnen meine Empfindung nicht so deutlich machen, aber seine Augen sind göttlich, Sie werden sie sehen. Ich kam einigemal in Verlegenheit, denn ich sah ihn äußerst scharf und oft an, und er hat die Gewohnheit, jeden, den er zum erstenmal sieht, ganz genau und fast unverrückt mit *seinen Augen* anzusehen; daher wir uns oft begegneten. Der nur kann Goethe stolz finden, der gern alles zu sich herunterziehen will und die Mühe, sich ein wenig anzustrengen, und zu überdenken, was er spricht, scheut, mir machte es ein unendliches Vergnügen, mich in seiner Gegenwart gewissermaßen erhoben zu fühlen. Noch mag es manchem auffallen, daß Goethe sich nicht wie mancher andre empressiert, das Gespräch ununterbrochen, sei es auch mit den kleinsten Kleinigkeiten, fortzuführen; er schweigt manchmal fünf Minuten lang, und fängt nicht eher wieder zu reden an, bis er was Interessantes sagen kann. Ich finde darin eine feine und wahrhaft große Bescheidenheit. Er spricht stets mit großem Ernst ganz kurz und gedrängt, und verlangt kurze und bestimmte Antworten; ich war davon präveniert, bemühte mich sehr, ihm wie er es gern hat zu antworten, und das hat ihm vielleicht gefallen. Wenn ich Ihnen nicht so kurz und gedrängt über ihn geschrieben habe, so verzeihen Sie es mir, es macht mir in Frankreich, wo man vergebens einen Goethe suchen würde, doppelte Freude, mir diese Unterredung ins Gedächtnis zu rufen. *[1390]*

Abraham Mendelssohn (1776-1835), Sohn von Moses M., Vater von Felix M.

die Veit: seine Schwester Brendel, die sich später Dorothea nannte und nach ihrer Scheidung von Veit Friedrich Schlegel heiratete.

eines Abends: am 15. August.

bei Schiller gesungen: »Der Gott und die Bajadere« und »An Mignon«.

wieder in Komödie: Gegeben wurde die Oper »Richard Löwenherz« von André Modeste Grétry.

empressiert: angestrengt bemüht.

präveniert: eingenommen, beeindruckt.

in Frankreich: Der Brief ist auf der Reise nach Paris in Metz geschrieben.

Einer der schönsten Männer

J. F. Abegg: Reisetagebuch

2./3. und 6. Mai 1798

[2. Mai. Besuch bei Fichte in Jena.] Auf der Promenade sprachen wir auch von Herder, Goethe und Böttiger. Er bedauerte, daß ich [beim Aufenthalt in Weimar am 1. Mai] keinen gesprochen, besonders, da Böttiger so sehr gefällig sei. Ich machte kurz und gut meinen Plan, morgen früh wieder über Weimar zu fahren, da es nur eine Meile um ist nach Leipzig, und ihn um eine Adresse an Goethe zu bitten. Gesagt getan, und er sagte es mit Vergnügen zu. »Goethe«, sagte er, »ist zwar hier viel angenehmer als in Weimar, wo er steifer ist. Hier in unser Professor-Kränzgen geht er jedes Mal, wenn er hier ist; heute ist keines, sonst wollte ich Sie einführen; und unter vier Augen und bei guter Gesellschaft ist er ein trefflicher Gesellschafter.« Ich sagte: »In Weimar mag er freilich vielseitigeren Umgang haben als hier.« »Ich dächte, daß er doch auch bei uns hier einige Stunden besser zubringen könnte als bei den faden Leuten, die großenteils um ihn sind. Freilich tadelt man an ihm den Stolz, womit er manche Freunde und Bekannte oft behandelt. Bürger kam einmal zu Goethe, wollte ihn umarmen. Goethe war aber und blieb zurückhaltend. Bürger ärgerte dieses entsetzlich, und er machte ein Epigramm, das Nicolai nun hat abdrucken lassen. Aber die Sache war diese: Bürger wollte, wie Goethe wußte, in Jena etabliert werden, und dies sollte Goethe auswirken. Dieser wollte aber den Bürger dort nicht haben, und nun betrug er sich kalt, damit dieser den Antrag nicht machen sollte. Ich«, fuhr er fort, »hätte freilich zu Bürger gesagt: Herzensfreund, ich kann dir in diesem Falle nicht helfen, und hätte nicht auf die erzählte Weise gehandelt.« – »Unstreitig«, setzte ich hinzu, »hat Goethe die Maxime des Hofmanns befolgt, und Sie hätten die Maxime des Ehrlichen befolgt.« . . .

[3. Mai. Abegg hat von Fichte ein Empfehlungsschreiben sowie den zweiten Teil seines »Naturrechts« für Goethe erhalten.] Ich fuhr mit unendlicher Freude hierher nach Weimar, weil ich nun hoffen konnte, den Mann des Himmels und der Erde persönlich kennen zu lernen. Ich wurde gleich vorgelassen, und nach einem sehr wohlwollenden Empfang führte er mich in einen Zirkel, der täglich des Morgens bei ihm sich versammelte. Er fragte mich, ob ich Fichte schon lange kenne, lobte den Fichte, doch, deuchte mir, wie der Vornehmere lobt. Erkundigte sich nach der Absicht meiner Reise, wünschte mir Glück, daß ich durch meinen Bruder eine so interessante Reise machen könnte. Dann fragte er mich, welche Männer ich in Jena kennen gelernt habe. Ich nannte sie ihm. »Den Justiz-Rat Hufeland und D. Paulus«, sagte er, »will ich Sie nachher kennen lehren.« Bald darauf präsentierte er mich dem Justiz-Rat Hufeland, einem Manne, der auf den ersten Blick die feinste Kultur, Gewandtheit und Welt verrät . . .

Nun kam auch Paulus, auch mit diesem machte mich Goethe alsogleich bekannt. Ein schwächlicher Mann mit einem schönen großen braunen Auge... Er machte mich aufmerksam auf alles, was in Goethes Haus um mich her war. Das Lokale von unten herauf bis in den größeren Assembleensaal ist äußerst geschmackvoll. In dem Zimmer linker Hand sind prachtvolle Gemälde, unter anderem eins, das eine römische Hochzeit vorstellt und zu Rom gefunden worden ist. Auf der vorderen Seite ist ein kleineres Zimmer, wo ein Fortepiano stand, und aus diesem kommt man in einen niedlichen Garten, und aus dessen Türe tritt man in den Park.

Goethe ist einer der schönsten Männer, die ich je gesehen habe. Fast einen halben Kopf größer als ich, sehr gut gewachsen, angenehm dick, und sein Auge ist in der Wirklichkeit nicht so grell als in dem Kupferstich. Ruhe, Selbständigkeit und eine gewisse vornehme Behaglichkeit wird durch sein ganzes Betrag ausgedrückt. Mit keinem von der Gesellschaft unterhielt er sich besonders lange. Er ging aus einem Zimmer ins andere, und machte bald diesem, bald jenem ein freundlich Gesicht. Gegen 11 Uhr kam Iffland auch, der erstaunlich viel dicker geworden ist. Diesen nahm er bei der Hand und führte ihn einige Male auf und ab. Um Iffland stellte sich Justizrat Hufeland und noch ein Unbekannter, der ziemlich genienmäßig aussah und sehr laut tat. Ich stellte mich auch dazu. Iffland sprach sehr interessant von sich und seinem Spiel...

Auch kamen Hofrätin Schiller; Schiller habe, sagte sie, den Katarrh, und könne nicht ausgehen. Sie scheint eine sehr artige, gebildete Frau zu sein. Goethe sprach sehr vertraut mit ihr. »Ihr führt mir aber eine wunderliche Haushaltung«, sagte er, und noch mehr in diesem Tone, das ich nicht verstehen konnte. – Jedem Ankommenden wurde Schokolade angeboten, und gegen 11½ Uhr wurde die ganze Gesellschaft in ein prachtvoll verziertes Zimmer geführt, um hier etwas zu genießen. Es standen mit Kunst rangiert allerlei Speisen, Krebse, Zunge etc., und dazu wurde feinster Wein präsentiert. Mich zogen die Gemälde mehr als alles an. Einige, besonders von Angelika Kauffmann, unter anderem die Szene aus der Iphigenie, wo Orest in hellem Wahnsinn die kommende Schwester und Frau begrüßt. »Seid Ihr auch schon herabgekommen?« –

Nun sammelte man sich wieder in den übrigen Zimmern, und einer um den anderen ging stille fort. Ich ging nun zu Goethe, dankte ihm mit kurzen Worten, denn was sollte ich sagen, und was konnte ich sagen, und er entließ mich mit vielem Wohlwollen. D. Paulus sagte mir, daß er mich im Schauspiel vielleicht noch sprechen würde, und so ging ich nach Haus, nachdem ich von 10½ bis 12¾ Uhr einige der fröhlichsten und für mich ewig denkwürdigen Stunden zugebracht hatte, und pries mein Geschick und Fichte, die es mir verschafft hatten. – Noch muß ich bemerken, daß auch in einem Zimmer, wo das Fortepiano stand, gesungen und gespielt wurde. Seinen Knaben, der etwa 10 Jahre alt sein mag, sah ich auch. Er gleicht ihm in äußerer Bildung in der Tat sehr viel. Mit der Schwester des Schauspieldichters Vulpius hat er ihn erzeugt, die auch noch um ihn ist. –

Es war die Rede von Vorfällen beim Weimarer Theater, an welchem viele lebhaften Anteil nahmen, aber Goethe schien es alles gleichgültig anzuhören. Überhaupt behauptet er Nüchternheit und Erhabenheit, die nur dem vollendetsten Hofmanne möglich sind. Dieser scheint er aber neben seinen anderen unerreichbaren Vorzügen auch zu sein . . .

[6. Mai. Besuch bei Jean Paul in Leipzig.] Ich dachte an Goethe . . . und leitete das Gespräch auf ihn. Er sei so vornehm, sagte ich, eine kalte Erhabenheit stoße zurück. – »Das ist ihm nicht natürlich«, sagte er, »er tut es, um sich in der Höhe zu halten.« – »Doch finde ich«, sagte ich, »in seinen Schriften dasjenige, was ich mir unter *Griechheit* gedenke, am vollkommensten.« – »Richtig! Goethe kann aber jetzt nichts anderes mehr sein! Maß zu halten in allem, damit die Schönheit nicht leide, dies ist und war Griechheit. Aber darum sind sie nicht das Höchste. Ich bin gewiß, daß die Griechen manche Arbeit von Goethe mit Entzücken lesen würden, und von Shakespeare: wir sind in vielem weiter denn sie.« *[7390]*

Johann Friedrich Abegg (1765-1840), Pfarrer, später Professor in Heidelberg.

Wir beide haben Raum genug

W. G. Gotthardi: Weimarische Theaterbilder

1865

Ein glückliches Ohngefähr wollte es, daß ich die persönliche Bekanntschaft dieses Goethe zu machen gewürdigt wurde.

Ja, nicht bloß unzähligemal hab' ich ihn gesehen außer und in dem Theater: – er machte mich zu seinem »kleinen Freund«, wie er mich zuweilen scherzend nannte. Sie vermittelte sich, diese »Freundschaft«, als ich eines schönen Abends [am 26. Februar 1800] in eben demselben Theater, wo ich außer dem Rochus Pumpernickel noch manche andere heitere und ernste Stücke aufführen sah, und von derselben breiten einfach bretternen Brüstung der Loge des alten Herrn, auf welcher ich in der erstgenannten Posse zum ersten Mal gesessen hatte, wohlgemut und spannungsvoll auf die Bretter da vorn lugte, welche die Welt bedeuten. Es wurde, um diplomatisch zu erzählen, die Salierische Oper »Tarare« (Axur, Text von Beaumarchais) gegeben. Da, als der zweite Akt begonnen hatte, die Jagemann (Astasia) in ihrem großen verzweiflungsvollen Rezitativ begriffen war und mir Tränen jammervollen Mitleids über ihr schreckliches Los abzwang,

– da plötzlich knarrt die Logentür in den Angeln und öffnet sich. Nichts Fataleres hätte mir in diesen wichtigen Augenblicken begegnen können. Fort auf einmal alle meine Illusion, meine Ruhe hin, mein Herz schwer; ich konnte der Ärmsten da oben nicht helfen, erbarmungslos mußte ich sie ihrem tragischen Schicksal überlassen, denn ich bekam es nun mit meinem eigenen, vielleicht noch viel tragischeren, vollauf zu tun. – *Goethe* trat in die Loge. In so nahen Gesichtskreis war »der Geheimrat« mir noch nie gekommen. Seine Erscheinung hatte stets etwas Ehrfurchtgebietendes für den Knaben gehabt; jetzt überkam mich auch das Gefühl einer andern Furcht vor dem mächtigen Manne, dem ich ein Stück Eigentum unbefugter Weise besetzt hielt. Goethe erblicken und zitternd zum Sprung herunter mich anschicken war eins. – Da erfaßte meinen *Arm* eine starke Hand, – die seine; Entsetzen erfaßt *mich*. – »Bleib getrost, mein Sohn, wir beide haben Raum genug. Wer wird den andern ohne Not verdrängen?« tönt – noch heute hör’ ich sie – alsbald eine volle, ruhige Stimme mir ins Ohr, – die seine. Ach, wie weich und mild und schön erklang sie! Ich glaubte zu träumen. Wohin nun Furcht und Entsetzen? Und als ich mich jäh umwandte, ruhete sein großes, dunkles, wundervolles Auge liebreich und warm auf dem bepurpurten Antlitz des bewegten Knaben. *Den* Blick werd’ ich nie vergessen, nie jene Worte; keine hab’ ich fester behalten, wie sie. Wie stolz und »vornehm« hatte ich mir den alten Herrn gedacht, auch da, wo er zuweilen, die Arme auf dem Rücken, dem Stelzenlauf oder dem Ballspiel von uns Knaben auf dem Theaterplatz für Augenblicke wohlgefällig zuschaute, und nun, – welch liebliche Enttäuschung! Ja selbst seine majestätische, heroengleiche Gestalt im schwarzen Frack erschien mir kleiner, »menschlicher«. Mein »Respekt« vor dem Alten war im Sinken; dafür aber begann ich ihn zu lieben. Er reichte mir sein Textbuch zum Mitnachlesen, und bald entspann sich eine

Unterhaltung, in deren Verlauf *er,* der große Mensch, dem kleinen seine winzig kleine Lebensgeschichte anteilvoll entlockte. Er war ein Kind mit dem Kinde, – war er es doch mit den Kindern! Wer war glücklicher als der Knabe? Und noch oft nahm er den Platz ein, noch oft in unmittelbarer Nähe des Eigners, der ihn, neben steter freundlicher Ansprache mit Erkundigung nach den Fortschritten in den Schulwissenschaften, auch materiell mit manch Stücklein Kuchen, hin und wieder auch einem Glas Wein aus seinem Flaschenkorb erquickte. Denn Goethe liebte es, zuweilen einen kleinen Vorrat kalter Speise und Weins in seiner Loge bereit zu halten, mehr für andere, deren – Einheimische und Fremde von Bedeutung – er nicht selten auch dort empfing. *[1556]*

W. G. Gotthardi, Pseudonym für Wilhelm Gotthard Müller, Schauspieler.

Viele Tränen über ihn vergossen

Charlotte v. Stein an ihren Sohn Fritz

12. Januar 1801

Ich wußte nicht, daß unser ehemaliger Freund Goethe mir noch so teuer wäre, daß eine schwere Krankheit, an der er seit neun Tagen liegt, mich so innig ergreifen würde. Es ist ein Krampfhusten und zugleich die Blatterrose, er kann in kein Bett und muß in einer immer stehenden Stellung erhalten werden, sonst will er ersticken. Der Hals ist verschwollen sowie das Gesicht, und voller Blasen inwendig, sein linkes Auge ist ihm wie eine große Nuß herausgetreten und läuft Blut und Materie heraus, oft phantasiert er, man fürchtete vor eine Entzündung im Gehirn, ließ ihm stark zur Ader, gab ihm Senf-Fußbäder, darauf bekam er geschwollne Füße und schien etwas besser, doch ist diese Nacht der Krampfhusten wiedergekommen, ich fürchte, weil er sich gestern hat rasieren lassen; entweder meldet Dir mein Brief seine Besserung oder seinen Tod, ehe laß ich ihn nicht abgehen. Die Schillern und ich haben schon viele Tränen die Tage her über ihn vergossen; sehr leid tut mir's jetzt, daß, als er mich am Neujahr besuchen wollte, ich leider, weil ich an Kopfweh krank lag, absagen ließ, und nun werde ich ihn vielleicht nicht wieder sehen. *[1651]*

Er kannte die Menschen nicht mehr

Caroline Herder an Knebel

22. Januar 1801

Der Anfang von Goethes Krankheit soll ein Katarrh gewesen sein, den er den 1. Januar im Theater, als Haydns *Schöpfung* gegeben wurde, bekommen hatte und der sich allmählich in eine Geschwulst der Rose mit Fieber und einem Krampfhusten verwandelte. Es stieg damit so schnell, daß er den 5. und 6. Januar nicht mehr im Bett bleiben konnte, um nicht zu ersticken. Er wollte sich nicht zur Aderlaß verstehen, die Huschke, sein Arzt, für notwendig hielt. Den 7. Januar war das linke Auge durch die Geschwulst und Eiterung in Gefahr; auch teilte sich die Geschwulst allen Drüsen des Kopfs und Halses mit. Stark erschien den Nachmittag. Eine sehr starke Aderlaß und darauf ein sehr reizendes Fußbad wurde auf seine Verordnung unternommen; beides rettete ihn. In dieser Nacht und den Morgen kannte er die Menschen nicht mehr; das rechte Auge, das sonst gut war, wurde jetzt mit ergriffen; er sah durch dieses die Adern des Auges an der Wand rot, so wie ihm alles rötlich vorkam. In dieser Nacht nach der Aderlaß und Fußbad erschien am Fuß eine rotlaufartige Geschwulst und die am Gesicht verlor sich nach und nach. Es kam eine Art Bräune, die eben auch gefährlich war. Stark, den wir den ersten Tag selbst gesprochen, hielt ihn für ganz tödlich und befürchtete einen Schlag, da Kopf, Gehirn und Brust so sehr befallen war. *[1652]*

eine Art Bräune: Angina.

Tobendes Gelächter

Henriette Gräfin von Egloffstein: Erinnerungen

Je näher der zur Aufführung des Alarcos [von Friedrich Schlegel] anberaumte Tag herankam, desto lebhafter ward die Neugierde, das vielbesprochene und vielbekrittelte Stück zu sehen, und als er endlich erschien, strömte die halbe Bevölkerung von Weimar zum Theater, das die Menge kaum zu fassen vermochte.

Trotz so vieler Jahre, die seit jenem Tage [29. Mai 1802] über meinem Haupte hingezogen sind, sehe ich doch noch jetzt in dem ungetrübten Spiegel der Erinnerung, ebenso deutlich wie damals in der Wirklichkeit, das überfüllte Schauspielhaus vor mir, – mitten im Parterre Goethe, ernst und feierlich auf seinem hohen Armstuhle thronend, während Kotzebue auf dem vollgedrängten Balkone, weit über die Balustrade vorgebeugt, durch lebhafte Gestikulationen seine Gegenwart bemerkbar zu machen sucht.

Im Anfange der Vorstellung verhielten sich die Zuschauer völlig passiv; je weiter aber das Stück vorwärts schritt, desto unruhiger ward es auf der Galerie und im Parterre. Ich weiß nicht, ob dem fein gebildeten Geschmack des Weimarischen Publikums der barbarische Inhalt der alten spanischen Tragödie nicht behagte, oder ob Kotzebues Bemühungen doch nicht ganz fruchtlos geblieben – kurz, in der Szene, wo gemeldet wird, daß der alte König, den die auf seinen Befehl ermordete Gattin des Alarcos vor Gottes Richterstuhl zitierte, »aus Furcht zu sterben, endlich gar gestorben sei« – da brach die Menge in ein tobendes Gelächter aus, so daß das ganze Haus davon erbebte, während Kotzebue wie ein Besessener unaufhörlich applaudierte.

Aber nur einen Moment. Im Nu sprang Goethe auf, rief mit donnernder Stimme und drohender Bewegung: »Stille! stille!« – – und das wirkte wie eine Zauberformel auf die Empörer. Augenblicklich legte sich der Tumult, und der unselige Alarcos ging ohne weitere Störung, aber auch ohne das geringste Zeichen des Beifalls zu Ende. *[1763]*

Henriette Gräfin von Egloffstein (1773-1864), heiratete 1804 den Oberforstmeister C. W. v. Beaulieu-Marconnay.

Man lache nicht!

E. Genast:
Aus dem Tagebuche eines alten Schauspielers

1862

[Zur Aufführung des »Alarcos«.] In der ersten Vorstellung dieses Stücks war es, wo Goethe, als die benannte Partei [die Kotzebuesche] bei einer Stelle lachte, in seiner Loge wütend aufsprang und mit seiner Donnerstimme rief: »Man lache nicht!« *[1764]*

Eduard Genast (1797-1866), Schauspieler und Opernsänger.

Verstimmt durch die Niederlage

E. Genast: Aus dem Tagebuche eines alten Schauspielers

1862

[Nach der Aufführung des »Alarcos«.] Als ich den andern Tag [30. Mai 1802] meinen Rapport an Goethe überbrachte, sagte er zu mir: »Nun, ich bin zufrieden mit der gestrigen Vorstellung, und was die andern Leute dazu sagen, geht mich und Euch nichts an.« Er sprach das mit großer Gleichgültigkeit aus, aber ich fühlte recht gut heraus, daß ihn die Niederlage verstimmt hatte. Es war ihm gar nicht gleichgültig, was das Publikum zu seinen Experimenten sagte – ich hatte Gelegenheit gehabt, das zu beobachten – ja er hielt sogar sehr viel auf die Stimme des Publikums. *[1765]*

Sein Name brennt

Christiane Vulpius an N. Meyer

etwa 10. Juli 1802

Schon seit drei Wochen bin ich mit dem Geheimen Rat und August in Lauchstädt... Ich war schon hier auf sechs Bällen, wo es sehr brillant ist. Es sind viele junge Komtessen hier, die alle recht hübsch sind, viele Offiziere sind nicht da, aber die Hallischen Studenten sind meist sehr gescheute Leute, und der Geheime Rat ist sehr mit ihrem Betragen sowohl auf Bällen als im Theater zufrieden. Am Sonntag kamen Biörklands hierher und waren auch auf dem Ball, wurden aber gar nicht aufgefordert und mußten bloß mit der Unterhaltung von Becker und Oellers vorlieb nehmen. Von mir und der Götz wurde so gerührt, daß wir auf Zureden vom Geheimer Rat ihnen bald unsere Tänzer zugeschickt hätten, denn sie sahen

gar zu betrübt aus ... Ich tanze auf jedem Ball mit einem wie mit dem andern, weil sie mir alle gleich sind. Sie erweisen mir alle, wo ich bin, sehr viel Artigkeit. Sie haben auf dem Geheimen Rat und mein Vivat zugerufen. Das Theater ist hier sehr schön geworden, es können tausend Menschen zusehen, – im ersten Stück, das mit einem kleinen Vorspiel vom Geheimen Rat anfing, betitelt: »Was wir bringen«, waren achthundert Menschen – wir waren auf dem Balkon in einer sehr schönen Loge, und wie das Vorspiel zu Ende war, so ruften die Studenten: »Es lebe der größte Meister der Kunst, Goethe!« Er hatte sich ganz hinten hingesetzt, aber ich stand auf, und er mußte vor, und sich bedanken. Nach der Komödie war Illumination und dem Geheimen Rat sein Bild illuminiert und sein Name brennt. Und wir speisen mit im Salon, wo auch wieder alles illuminiert war, und der ganze Saal mit Blumen-Girlanden geschmückt. Die Jagemann ist auch vierzehn Tage hier gewesen und hat auch sehr viel tanzen müssen. Itzo ist der Geheime Rat auf ein paar Tage in Halle ...
[1772]

Christiane Vulpius (1765-1816), Goethes Geliebte und seit 1806 Ehefrau.
   wurde so gerührt: wurde so getanzt.

Derbe Anrede

Ph. O. Runge an Pauline Bassenge

15./16. November 1803
Morgen werde ich die Ehre haben, den Herrn Geheimen Rat v. Goethe zu sprechen ...

Den 16. November
Wie ich hier gestern abend abbrach und nebenan zu Voigts ging, traf ich Goethe auch dort, der zufällig hingekommen

war, er gefällt mir sehr, muß ich sagen, er kam mir gleich entgegen und fragte, was ich machte und arbeitete – wir haben
so die Präludia miteinander gemacht, ich schien ihm doch zu
gefallen, er wollte mich einigemal versuchen, mich durch
eine derbe Anrede und sein starkes Ansehen aus den Zusammenhang zu bringen, ich blieb aber darin und werde es will's
Gott auch, ich habe ihn aber wieder grad angesehen und das,
was ich meine, ihn so grade gesagt, daß er es wohl sah, wie
sehr es mein Ernst und mein ist, nicht von mir selbst mein,
sondern von Gott, dem alle Dinge sind, er hatte keine Zeit,
sein Wagen stand vor der Tür, und doch sagte er: ich kann
nicht davon kommen, es ist ein starker und hartnäckiger
Mann, gegen den ich wie ein Kind stehe, das ohn' Waffen ist,
und doch fürchte ich mich nicht, auf welche Seite er steht,
neben oder gegen mir ... *[1865]*

Philipp Otto Runge (1777-1810), Maler und Zeichner.

Er gab mir großen Beifall

Ph. O. Runge an Pauline Bassenge

21. November 1803
Bei Goethe waren wir den letzten Mittag [18. November]
noch recht vergnügt, er unterhielt sich nach Tischen noch
sehr lange mit mir, fragte mich in mancher Hinsicht über
meine Ansichten, wie ich von seinen dortigen Anstalten
dächte, und sagte mir, wie sie gemeint sein, gab mir den[n]
auch in allen, wie ich meine Sachen einrichtete, großen Beifall. *[1806]*

Ganz allerliebst munter

H. Voß (in Gräfs Bearbeitung)

Ich muß Dir noch ein Stückchen erzählen, das mir den Goethe so unendlich lieb gemacht hat. Man hatte mich in Jena während meiner Abwesenheit zum doctor philosophiae gemacht, und Goethe erhielt mein Diplom, es mir zu überreichen. Er schickt seinen Sohn nach dem Gewächshause, Lorbeer und Pomeranzenzweiglein zu holen. Nach der Mahlzeit, wie wir noch bei Tische saßen, sagt Goethe zur Vulpius: »sie möchte noch einen kleinen Nachtisch besorgen, weil der Voß ihm noch so hungrig aussähe, und man nach dem Gastrechte doch seinen Gästen satt zu essen geben müsse.« Ich entschuldigte mich natürlich in demselben lustigen Tone und versicherte, ich sei voll satt; aber es half nichts. August mußte eine große Schüssel holen, die er mir auf den Kopf setzte. Mir wurde ein komisch-feierliches Versprechen abgezwungen, daß ich vom Gerichte wenigstens noch einen Bissen essen sollte. Und nun stand vor mir ein Schaugericht, mit Lorbeeren gekrönt. Denke Dir mein Erstaunen. Ich sah Goethe an und wußte nichts zu sagen. Äußerst rührend war mir die Herzlichkeit, mit der ich von den drei Anwesenden beglückwünscht wurde. Goethe schloß mich in seine Arme und nannte mich zum ersten Mal seinen »lieben Sohn«, ein Schmeichelwort, das er nachher öfter wiederholt hat. Nun wurde ich Herr Doktor genannt. Ich bat dagegen. »Nein«, sagte Goethe zur Vulpius, »er bleibe Herr Doktor heute durch und morgen bis zum Abend, aus Strafe, daß er Doktor geworden ist. Dann haben wir eine kleine Gesellschaft, wo auch der neue Doktor Bode sein wird, dann trinken wir der Herren Doktoren Gesundheit und nehmen ihm«, auf mich zeigend, »den Doktortitel wieder ab, damit er wieder unser ›guter Voß‹ werde. Und nun (zur Vulpius) wäre es nicht übel, wenn wir in einem Glase Champagner des neuen Doktors Gesundheit tränken.« Denke Dir, wir hatten schon anderthalb Flaschen getrunken, aber die Flasche Champagner wurde dennoch, bis zum Schwindligwerden, auf den letzten Tropfen geleert. Wahrhaftig, wäre Goethe nicht dabei gewesen, ich hätte vor lauter Freude mich gewiß ungereimt aufgeführt. Nach dieser Champagneroperation führte er mich auf die Bibliothek. Könnte ich Dir doch Goethes komische Miene schildern, als er mich dem Doktor Vulpius und ihn mir vorstellte mit den Worten: »Doktor Voß! Doktor Vulpius!« – Ich mußte auf eine Leiter steigen, um einen Persius herunter zu holen. Was mir das Mühe machte, dieweil der Kopf schwerer war als gewöhnlich. Nachher im Park verlor sich der Taumel; wir gingen noch ein paar Stunden spazieren, und Goethe hielt mir eine Vorlesung über die Naturgeschichte. Da war Goethe ganz allerliebst munter. Es ist kein Gegenstand, der seiner Aufmerksamkeit entgeht; in alles bringt er Geist und Leben, und wenn er auch von entlegenen Dingen redet, so nimmt er doch die um ihn her liegenden und wechselnden Gegenstände zu Hülfe, um seine Gedanken in sie einzukleiden. Nie braucht er je ein anderes Gleichnis, als das von Dingen hergenommen ist, die er grade vor sich sieht, und man wundert sich oft, wie er aus einem erbärmlichen Stoffe etwas so Herrliches und Herzerhebendes zu bilden wußte. *[1856]*

Johann Heinrich Voß (1779-1822), Gymnasiallehrer in Weimar von 1804 bis 1816.

Dazu sind wir Alten ja da

H. Voß (in Gräfs Bearbeitung)

Diese beiden Monate (bis zu Ende Januar) sind Goethes »Faulenzermonate«. Er kränkelt da fast jedes Jahr, ohne eben krank zu sein, ist aber dabei äußerst gesellig und liebenswürdig. Denn, selbst unfähig zu arbeiten und zu schaffen, lebt er in dieser Zeit für häusliche Geselligkeit. Ich bin oft ganze Nachmittage bei ihm, lese mit ihm und sehe mit ihm seine Münzen und Antiquitäten durch. Gestern vor acht Tagen [Mittwoch, den 28. November] wurde er so gut aufgeräumt, daß er die Vulpius bat, die Persikoflasche zu holen. Bei der Gelegenheit fiel ihm eine Begebenheit ein, wo er vor zwanzig Jahren auch die Persikoflasche nicht geschont habe, und fing an zu erzählen, und während dessen wurde das Gläschen oft gefüllt und ging die Runde. Die Vulpius leerte es dreimal und ward in den dritten Himmel gesetzt, und als Goethe einmal hinausging, strömte ihr Herz über zu des lieben Geheimerats Lobe.

Ein anderes Mal haben wir wohl drei Stunden mit Taschenspielerkünsten und Lappalien der Art zugebracht, und Goethe ist auch hierbei liebenswürdig.

Manchmal geht es auch (dente Theonino) recht über Böttiger her, oder über Asts »Crösus«, und da werden denn die guten Leutchen nicht bloß bei den Haaren, sondern auch bei dem Felle gezaust. Dem Böttiger ist er so gram, daß er ihm auch nicht Ein gesundes Haar läßt. Sonst ist Goethe mild und schonend, nur gegen das kapitale Schlechte ist er streng und unerbittlich, recht um zum Ersatze gegen das Gute recht vom Grunde gerecht sein zu können. Du wirst bald in der Literaturzeitung eine heftige Drohung gegen mich vom Dr. Ast lesen für die Rezension seines Sophokles. Ich hatte sehr schneidend geantwortet – und gewiß auch treffend. Als ich es aber Goethen vorlas, schüttelte er bedächtig den Kopf und sagte: »Ich muß es Ihnen nur gerade heraussagen, Sie sind ein Hitzkopf. Wollen Sie denn mit Gewalt eine Feindschaft fortsetzen, die Ihnen über kurz und lang selbst den Sophokles verleiden wird?« Endlich sagte er: »Überlassen Sie mir die Antwort. Einen Stoß sollen Sie ihm wieder versetzen, aber nicht durch Leidenschaft, sondern durch Ruhe. Glauben Sie mir«, fuhr er fort, »er wird sich mehr ärgern, wenn Sie sich durch Ruhe eine Superiorität über ihn beilegen, als wenn Sie mit gleicher Leidenschaftlichkeit erwidern. Dieses erwartet er, jenes wird ihn stutzig machen. Dazu«, sagte er endlich, »sind wir Alten ja da, daß wir die Jugend vor Unbesonnenheit warnen; als wir jung waren, machten wir es selbst nicht besser, aber es hat uns Verdrießlichkeiten zugezogen in zahlloser Menge.« *[2020]*

Persikoflasche: Flasche mit Pfirsichlikör.

(dente Theonino): nach Horaz, Epistel I, 18, 82: mit theoninischem Zahn, d. h. mit bissiger Verleumdung.

Asts »Crösus«: Friedrich Asts Trauerspiel »Krösus«, erschienen Leipzig 1805.

heftige Drohung gegen mich: in der Jenaer »Allgemeinen Literatur Zeitung«.

Überlassen Sie mir die Antwort: Die kurze »Antwort des Rezensenten« ist im Namen von Heinrich Voß tatsächlich von Goethe verfaßt.

Ein jeder mit Bratwurst

E. Genast:
Aus dem Tagebuche eines alten Schauspielers

1862

Wir blieben bis Ende August [in Lauchstädt] und gingen dann auf vier Wochen zum Vogelschießen nach Rudolstadt, wo eine große Masse von Fremden sich alljährlich zu diesem

Hauptvergnügen des Thüringer Volkes versammelte. Der Herzog Carl August, der Herzog von Gotha, der Fürst von Sondershausen und die von Reuß, Schleiz, Greiz und Lobenstein waren zu diesem Fest gewöhnlich die Gäste des Fürsten von Rudolstadt und amüsierten sich, stets unter das Volk sich mischend, wochenlang. Auch Goethe kam zuweilen. Drollig war es anzusehen, wenn die fürstlichen Herren, Goethe mit unter ihnen, sich um eine Bratwurstbude stellten und dann, ein jeder mit einer solchen bewaffnet, unter dem Publikum einherwandelten; oder wenn sie mit den hübschesten Landmädchen in einer Lottobude saßen und diese mit Wein oder Punsch regalierten; der Schluß war dann gewöhnlich, daß jeder seine hübsche Dirne an den Arm nahm, die Musik herbeigeholt und eine Polonäse eröffnet wurde, die den ganzen Anger und alle Säle durchwogte und an der das ganze Volk jubelnd teilnahm. Diese Herablassung gewann ihnen aber auch die Herzen aller, nicht nur der begünstigten Schönen. *[2088]*

Er glich einem sanften Regen

H. Voß (in Gräfs Bearbeitung)

Goethe ist fast noch herzlicher gegen mich und Riemer geworden als ehemals. Wir sind auch nun, einer von uns beiden, beständig um ihn. In den ersten acht Tagen haben wir von Schiller gar nicht geredet. Doch am 18. Mai ging ich mit Goethe im Park spazieren, da war er in einem bewegten Zustande, wie ich ihn nimmer gesehn habe. Er hatte einen kleinen Rückfall von seinem Übel gehabt und ging zum ersten Mal im Park spazieren, wo ich ihm begegnete. An dem Tage hatte er durch Riemer erfahren, daß mein Vater nach Heidelberg gehn würde. Seine Krankheitsschwäche, Schillers Tod und der Verlust meines Vaters, – alles lag schwer auf seinem Gemüt. Da redete er im Gefühl der tiefsten Leidenschaft; er sprach Worte, die mir durch Mark und Bein gingen. »Schillers Verlust«, sagte er unter andern, und dies mit einer Donnerstimme, »*mußte* ich ertragen, denn das Schicksal hat ihn mir gebracht; aber die Versetzung nach Heidelberg, das fällt dem Schicksal nicht zur Last, das haben Menschen vollbracht.« Ich vermochte ihm nicht zu antworten; aber nie habe ich einen größeren Jammer gefühlt, als in diesem Augenblick. Ich mußte weinen vor Wehmut, und Goethe weinte auch. Wir gingen wohl fünf Minuten stumm nebeneinander. Endlich ergriff er meine Hand mit einer leidenschaftlichen Heftigkeit und drückte und schüttelte sie, wie er es nie getan. – Wir sind darauf stillschweigend zu Hause gegangen. Ich ergriff seine Hand und umklammerte sie mit der meinigen, und folgte ihm so in seinen Garten hinein, wo ich stummen Abschied von ihm nahm. Ich sah ihm ins Gesicht, ich fand so viel Güte in seinen Augen, so viel Wohlwollen auf seiner Stirn, so viel menschlich Erquickendes! Er glich einem sanften Regen nach einem Gewitterschauer. Das war zu viel für mich, ich hätte in Tränen zerfließen mögen. Ich tat mir noch einige Augenblicke Gewalt an und verließ ihn.

Aber ich hatte den ganzen Abend keine Ruhe, weil ich in dieser Erschütterung einen Rückfall für Goethe befürchtete. Abends besuchte ich die Vulpius; die sagte mir, er sei sehr bewegt nach Hause gekommen und habe lange Zeit mit dem Gesicht ans Fenster gelehnt gestanden. Unter anderen hatte er gesagt: »Voß wird seinem Vater nach Heidelberg folgen, und auch Riemer wird man über kurz oder lang wegziehn, und dann steh' ich ganz allein!« – Endlich sei August ins Zimmer getreten, und des Sohnes Gegenwart habe seine heitere Stimmung zurückgeführt.

Ich habe ihm mehrmals schon seitdem gesagt, daß ich

nicht aus Weimar ginge, daß ich sein treuer Gefährte bleiben wolle. *[2114]*

Dergleichen Scheußlichkeiten

F. H. Jacobi an Zelter

3. Juli 1805

Lieber Vortrefflicher! Ich sollte Ihnen von Weimar aus schreiben, wie ich Goethe gefunden hätte. Der Mann hat mir, während ich bei ihm war, keine freie Stunde dazu gelassen; auch konnte ich mein Versprechen besser erfüllen, nachdem ich wieder von ihm geschieden, und mein diesmaliges Leben mit ihm ganz zu Ende gelebt war.

Am 22. Juni langte ich zu Weimar an. Goethe hatte den Tag zuvor wieder einen Anfall von seinem Übel gehabt, der aber so schwach gewesen war, daß er 24 Stunden nachher wieder hatte ausgehen können. Seine Freude, mich wiederzusehen, war groß. Er beklagte sich, daß ich so lange auf mich hätte warten lassen; Wolf aus Halle wäre bei ihm gewesen, und hätte fünf Tage seine Abreise verschoben, hoffend von einem Tage zum andern, daß ich noch kommen würde. Ich hatte mich doch erst auf den 18. frühestens, wahrscheinlicher auf den 20. angemeldet. Diese lebhaften Äußerungen täuschten mich, so daß ich unsern Freund in der ersten Stunde weniger krank glaubte, als er es in Wahrheit doch war. Bald sah ich ihn ermüdet, und wie er eine Stelle nach der andern suchte, um sich auszuruhen. Dieser Wechsel trat an demselben Tage mehrmals ein, und abends um halb zehne sehnte er sich sichtbar nach Bette; er war erschöpft. Ebenso fand ich ihn an den folgenden Tagen, nämlich abwechselnd sich ermunternd und wieder sinkend. Am sichtbarsten wurde mir der schlechte Zustand seiner Gesundheit während der zwei Tage, die er mit mir in Jena zubrachte. Nachher aber war er munterer, und die zwei letzten Tage hindurch, die wir zu Weimar miteinander zubrachten, fast der alte Goethe wieder. Er wiederholte täglich, daß er, mit seinem August, mich in München besuchen und eine Zeitlang bei mir bleiben wollte. Zuletzt setzte er auch den Zeitpunkt dazu fest, und bestimmte alles, was vorhergehen müsse, so genau, daß es mir bewies, wie ernstlich sein Vornehmen war. Binnen Jahresfrist würde er reisefertig. Von Bayern aus wolle er dann vielleicht noch einmal nach Italien hinüber, diesmal bloß zum Genuß. – Es lag ihm sehr am Herzen, sich über meine Philosophie erst zu verständigen, und hierauf die seine damit wenigstens in eine Art von Harmonie zu bringen. Ich gab nach und ließ zu, was möglich war, aber die Harmonie wollte doch nicht werden. – Von Ihnen, mein liebster Zelter, wurde gleich in der ersten Viertelstunde gesprochen. Goethe fragte nach meinem Aufenthalt in Berlin, was ich von Menschen dort gefunden hätte. Ich nannte Sie, und besann mich in Wahrheit in dem Augenblick auf keinen andern. Das freute Goethen unaussprechlich, und ich erfuhr, wie sehr er Sie liebt und ehrt. Wie oft Ihrer hernach wieder gedacht worden ist, kann ich Ihnen nicht erzählen. Sein Nichtschreiben an Sie entschuldigt er nicht, sondern vergrößert die Sünde durch die Lüge, daß ihm die entfernte Persönlichkeit, das Individuum, verschwinde, daß es keine actio in distans gebe, und was dergleichen Scheußlichkeiten mehr sind, die ich von ihm nur noch mehr *gelogen* wünschte, als sie es sind. – Man muß diesen Menschen ganz kennen, um ihn nicht zu viel und nicht zu wenig zu lieben und zu achten. – Seine äußerliche Lage, wie er sie hat werden lassen, wie das Schicksal sie gemacht hat, im einzelnen und im ganzen Zusammenhange, ist so, daß er unmöglich darin glücklich sein kann. Daß er heraus muß, fühlt er selbst. Aber in welche neue nun hinein? Hier ist so vieles zu schlichten und guter Rat teuer. – Wegen seiner Kränklichkeit müßte er reisen, entferntere Bäder besuchen, zum Beispiel Karlsbad; und wegen eben dieser Kränklichkeit kann er nicht reisen ohne eine Umgebung, die ihn unaufhörlich in Verlegenheit setzt. — In Weimar selbst, welch ein verwünschtes Verhältnis des Sohnes zwischen diesem Vater und dieser Mutter. Die Mademoiselle hilft sich, und nennt den Sohn August; aber wie soll der Sohn die Mademoiselle anreden? — Die ganze Haushaltung, wie sie jetzt besteht, ist ungereimt, und muß jedem weh tun, diesem so, jenem anders. Darüber sind alle eins, daß Goethe diese gemeine Natur nicht heiraten kann; aber (setzen sie hinzu) mit welchem Recht nötigt er uns dann, ihr zu begegnen und mit ihr umzugehen, als wäre sie unserer wert, da er sie doch seiner selbst nicht wert hält? — Schauen Sie hinein in diesen ärgerlichen Wirrwarr, und denken Sie sich immer den 14- oder 15-jährigen Sohn dazwischen; und einen Herrn Sekretär Vulpius, den man zwar in Goethes Hause antrifft, von dem aber August doch weiß, es ist sein Onkel usw. usw. Am Ende wird denn Goethe doch noch die Mutter seines Sohnes ehlichen müssen, und ich wünschte nur, es wäre schon geschehen. Jetzt ist er mit seiner Hausfreundin in Lauchstädt; wenigstens war es sein Vorsatz, den Tag nach meiner Abreise (den 2.) dahin abzureisen. Die Ärzte hoffen jetzt wieder, da der alle vier Wochen wiederkehrende Paroxysmus nun schon dreimal immer schwächer gewesen. Von der Beschaffenheit seines Übels, nämlich wie es sich äußert, wird Doktor Voß Sie unterrichtet haben, oder kann Sie noch davon unterrichten, besser als ich es vermag. Ganz schmerzenfrei in der linken Seite ist er nie. *[2128]*

Karl Friedrich Zelter (1758-1832), Komponist. Leiter der Berliner Singakademie.

in Berlin: Jacobi war von Eutin über Berlin und Leipzig nach Weimar gekommen.

actio in distans: Wirkung in die Ferne.

Eine Flasche Piccalillo

Riemer an Frommann

20. November 1805

Goethe ist wieder vollkommen besser und sonst immer wohl und heiter. Der Würzburger als gewöhnlicher Tischwein und zu fetten Braten das englische Gewürz Piccalillo bekommen seinem Magen so vortrefflich, daß ich ihm gern das Vergnügen machte, ihn mit einer solchen Flasche Piccalillo zu überraschen, wenn ich nur wüßte, wo es aufzutreiben wäre, in der Nähe nämlich. Er hat eine von Zeltern geschickt bekommen. *[2178]*

Friedrich Wilhelm Riemer (1774-1845), Philologe, Hauslehrer von August, Gymnasialprofessor und Bibliothekar. – *Karl Friedrich Ernst Frommann* (1765-1835), Verlagsbuchhändler in Jena.

von Zeltern: »Der Piccalillo wirkt auf meinen Magen besser als jede Arznei, und ich werde mir, wenn es zu Ende geht, eine neue Portion gegen dankbaren Ersatz der Auslage erbitten« (Goethe an Zelter, 18. 11. 1805).

Er sagte viel, ich lernte viel

Prinz Louis Ferdinand an Pauline Wiesel

16. Dezember 1805

[Jena.] Ich habe nun Goethen wirklich kennen gelernt; er ging gestern noch spät mit mir nach Hause, und saß dann vor meinem Bette, wir tranken Champagner und Punsch, und er sprach ganz vortrefflich! Endlich deboutonnierte sich seine Seele; er ließ seinem Geist freien Lauf; er sagte viel, ich lernte viel, und fand ihn ganz natürlich und liebenswürdig. *[2183]*

Prinz Louis Ferdinand von Preußen (1772-1806), preußischer General, Neffe Friedrichs II. – *Pauline Wiesel* (1779-1848), Geliebte des Prinzen. Goethe hatte sich am 15. Dezember 1805 mit dem Herzog Carl August in Jena mit dem Prinzen getroffen und gemeinsam mit Caroline Jagemann, der Geliebten des Herzogs, und Achim von Arnim den Abend verbracht.

deboutonnierte sich: öffnete sich.

Der arme Mann hat so geweint

Charlotte v. Schiller an F. v. Stein

13. Januar 1806

Goethe hat Trauer im Haus. Die Schwester der Vulpius ist gestorben; der arme Mann hat so geweint! Dies schmerzt mich, daß seine Tränen um solche Gegenstände fließen müssen. – Ich hoffe, Goethe bleibt diesen Winter wohl; er war einigemal krank, doch ist es jetzt vorüber. – Seine Mittwochs-Gesellschaften sind sehr interessant. Ich wollte, Sie hätten es hören können. Ich habe manches aufgeschrieben. Seine Farbenlehre wird jetzt gedruckt. *[2200]*

die Schwester der Vulpius: Christianes Stiefschwester Sophie Ernestine Luise (geb. 1775) war am 7. Januar 1806 an Auszehrung gestorben.

Ohne edle Umgebung

Charlotte v. Stein an ihren Sohn Fritz

15. Januar 1806

Goethens Vorlesungen gehen alle Mittwoche ihren Weg, ein Viertelstündchen wird der Politik gewidmet oder vielmehr den jetzigen Begebenheiten, doch hat er das nicht gern. Vor

acht Tagen war eben seine Schwägerin, die jüngere Schwester seiner Demoiselle, gestorben, und zwar wie wir eben da
waren, aber alle Todesfälle in und außer seinen Haus läßt er
verheimlichen, bis er so nach und nach dahinter kommt,
doch soll er sie beweint haben, sie war schon lang an der
Auszehrung krank, sein Bube kommt mir auch nicht vor, als
könnte er lange leben, gebe der Himmel, daß er nicht vor
ihm stirbt, seine Demoiselle, sagt man, betrinkt sich alle
Tage, wird aber dick und fett, der arme Goethe, der lauter
edle Umgebungen hätte haben sollen! doch hat er auch zwei
Naturen. Er liest uns jetzt über die Farben, sagt, daß sie in
unsern Augen liegen, drum verlange das Auge die Harmonie der Farben wie das Ohr die Harmonie der Töne etc.
[2201]

Das ist kapital!

A. Oehlenschläger: Selbstbiographie

1829

Das Nibelungenlied war eben herausgekommen[?], und
Goethe las uns einige Gesänge vor. Weil nun vieles in der
alten Sprache mit altdänischen Worten verwandt ist, so
konnte ich ihnen manches deuten, was die andern nicht
gleich verstanden. »Sieh einmal«, rief dann Goethe lustig,
»da haben wir wieder den verfluchten Dänen.« — »Nein,
Däne«, sagte er einmal in demselben Tone, »hier kommt
etwas, was Ihr doch nicht hättet sagen können:

Es war der große Siegfried, der aus dem Grase sprang,
Es ragete ihm vom Herzen eine Speerstange lang.«

»Es ragete ihm vom Herzen eine Speerstange lang!« – wiederholte er staunend, die Worte stark betonend, in seinem Frankfurter Dialekt: »Das ist kapital!«

Einmal bei Tische sprach er so feurig und mit so vieler Achtung und Kraft für Bürgerrecht und Bürgerehre gegen einen kalten Hofmann, der zur Unzeit über das wackere Betragen eines Bürgers spotten wollte, daß ich es nicht lassen konnte, als der Fremde weg war, ihm um den Hals zu fallen und ihn zu küssen. »Ja, ja, lieber Däne«, – sagte Goethe – »Ihr meint's auch treu und gut in der Welt!« *[2241]*

Adam Gottlob Oehlenschläger (1779-1850), dänischer Dichter. Friedrich Heinrich von der Hagen hatte 1805 Teile des Nibelungenlieds in seiner Übersetzung veröffentlicht. Die zitierte Stelle erschien aber erst in der Gesamtausgabe 1807, die Goethe 1808/09 in der Mittwochsgesellschaft vorlas. Demnach kann über die genannte Stelle erst bei Oehlenschlägers Besuch im November 1809 in Weimar gesprochen worden sein.

Wie riechen Götter?

A. Oehlenschläger: Meine Lebens-Erinnerungen

1850

Ich sah zuweilen Falk bei Goethe. Eines Mittags hielt er uns eine lange Vorlesung, und ich wunderte mich über die Geduld, mit der ihn Goethe angehört hatte. »Nun«, entgegnete Goethe, »wenn ein Mensch so mit einer Tafel auf der Brust zu mir kommt, auf die er alles geschrieben hat, was in ihm wohnt, so kann ich mich wohl einmal darein finden, zu lesen, was darauf steht.« – Er war nicht immer so geduldig; es mußte auch etwas auf der Tafel stehen. Ein junger Baron kam ihm einmal mit erschrecklich großen Lobreden entgegen, aber auch mit sehr eingebildeten Erklärungen über Goethes Genie, die kein Ende nahmen. Als er fertig war, sagte Goethe: »Sie hören sich gerne selbst reden, Herr Baron!« und kehrte ihm den Rücken zu. Goethe haßte die Affektation. Er saß einmal bei einer Mittagstafel zwischen zwei Fräulein vom Lande. Das eine war sehr ästhetisch, das andere geradezu und prosaisch. Das ästhetische hatte ihn lange mit ihren närrischen Entzückungen und sublimen Affektationen ermüdet. Als eine Ananas gegessen wurde, rief es: »Ach, ach, Herr Geheimerat! so eine Ananas riecht doch ganz göttlich!« – »Hm!« sagte Goethe, »woher wissen Sie denn eigentlich, wie die Götter riechen?« Drauf wandte er sich an das andere und fragte: »Wie viel Kühe hat Ihr Vater, Fräulein?« *[2243]*

Im Banne Napoleons

»Man sieht wohl, daß es das Bild
eines Anfängers ist: der Kopf
erscheint etwas kolossal, aber
majestätisch wie eines
Imperators...«

(Aus dem Bericht einer Malerin
der Goethezeit)

Ölgemälde von Caroline Bardua
(1806)

Besuch bei Johanna Schopenhauer

Johanna Schopenhauer an ihren Sohn Arthur

19. Oktober 1806

Den 12. besuchte mich erst Bertuch, der mich sehr beruhigte; man glaubte bestimmt, die Franzosen zögen nach Leipzig, alles könne gut werden, wir wären nicht in Gefahr. Kurz drauf meldete man mir einen Unbekannten; ich trat ins Vorzimmer und sah einen hübschen, ernsthaften Mann in schwarzem Kleide, der sich tief mit vielem Anstande bückte und mir sagte: »Erlauben Sie mir, Ihnen den Geheime Rat Goethe vorzustellen.« Ich sah im Zimmer umher, wo der Goethe wäre, denn nach der steifen Beschreibung, die man mir von ihm gemacht hatte, konnte ich in diesem Manne ihn nicht erkennen; meine Freude und meine Bestürzung waren gleich groß, und ich glaube, ich habe mich deshalb besser genommen, als wenn ich mich drauf vorbereitet hätte. Wie ich mich wieder besann, waren meine beiden Hände in den seinigen und wir auf dem Wege nach meinem Wohnzimmer. Er sagte mir, er hätte schon gestern kommen wollen, beruhigte mich über die Zukunft und versprach wieder zu kommen.

[2284]

Johanna Schopenhauer (1766-1838), Schriftstellerin, seit Mai 1806 in Weimar.
Arthur Schopenhauer (1788-1860), Philosoph.

Doch ist er gesund

Ch. A. Vulpius an N. Meyer

10. November 1806

Den 15. bis 17. [Oktober] waren wir im Hause des Geheimen Rats Goethe, und unsre Wohnung war mit allem, was darinnen war, denen preisgegeben, die es besetzen wollten. Und das geschah auch endlich. Gegen 16 Mann hausten darinnen, als mich endlich (da Napoleon Bücher von der Bibliothek verlangte) auf Requisition seines Ingenieurs d'Alma Grenadiere in meine Wohnung einsetzten. Den 18. zog ich ein; aber – wie fand ich es? Ach Gott! lassen Sie mich davon schweigen! – Dann tägliche Einquartierung, so daß wir einmal 10 Mann hatten, und kein Geld, keine Lebens-Mittel. – Meine Schwester stand bei, aber – dem Geheimen Rat selbst hat es über 2000 Reichstaler gekostet; allein 12 Eimer Wein. Er ist nicht geplündert; den ersten Abend hat er's mit Wein und Klugheit angewendet, dann bekam er Sau[v]egardes, da die Generale Victor, Marschälle Ney, Lannes, Augerau, und andere Offiziere bei ihm logierten; zuweilen 28 Betten in seinem Hause, aber es hat ihn sehr mitgenommen; doch ist er gesund, wofür Gott zu danken ist. *[2289]*

Christian August Vulpius (1762-1827), Bibliothekar, Bruder von Christiane, Verfasser des Romans »Rinaldo Rinaldini«.
  Nikolaus Meyer (1775-1855), Arzt in Bremen.

Öffentlich mit der Mätresse

Charlotte v. Stein an ihren Sohn Fritz

24. Oktober 1806

Die Schiller hat wenig verloren, Goethe gar nichts, er hat den Augereau bei sich gehabt. Während der Plünderung hat er sich mit seiner Mätresse öffentlich in der Kirche trauen lassen. Dies war die letzte hiesige kirchliche Handlung, denn alle unsre Kirchen sind nun Lazarette und Magazine. *[2294]*

trauen lassen: Goethe und Christiane wurden am 19. Oktober 1806 in der Sakristei der Jakobskirche in Weimar getraut.

Selbst nicht so würdig

Charlotte v. Schiller an F. v. Stein

24. November 1806

Sein [Schillers] Freund [Goethe] hat sich seiner selbst nicht so würdig gezeigt, und es hat mein Gefühl verwundet, ihn in einer schmerzlichen Anschauung zu sehen. Er wollte sich zusammennehmen, wollte heiter scheinen, wie wir noch keinen Sinn dafür hatten. Man fühlte auch, daß es nicht aus der rechten Quelle kam, und deswegen blieb auch der Eindruck verloren.

Die Trauung hat mir etwas Grausenhaftes, gesteh' ich; in einer Kirche, wo Tote, Verwundete tags vorher lagen, wo man sicher erst alle Spuren der vorhergehenden Tage sorglich verwischt hatte, eine Zeremonie vorzunehmen, die jeder Mensch nur in den glücklichsten Tagen seines Lebens oder nie feiern sollte, dieses ist mir ein Gefühl, das ich nicht ganz verdrängen kann. Das Nachteilige des Eindrucks, den dieser Schritt auf die Gemüter tun muß, ist nicht zu unterdrücken.

Auch ist es so ohne Nutzen und Zweck. Ich habe nicht Glück wünschen können, wie andere, und schwieg lieber. Es war etwas Unberechnetes in diesem Schritt, und ich fürchte, es liegt ein panischer Schrecken zum Grund, der mir des Gemüts wegen wehe tut, das sich durch seine eigene große Kraft über die Welt hätte erheben sollen. *[2296]*

Er den Namen, wir den Tee

Johanna Schopenhauer an ihren Sohn Arthur

24. Oktober 1806

Goethe hat sich Sonntag mit seiner alten geliebten Vulpius, der Mutter seines Sohnes, trauen lassen, er hat gesagt, in Friedenszeiten könne man die Gesetze wohl vorbeigehen, in Zeiten wie die unsern müsse man sie ehren. Den Tag drauf schickte er Dr. Riemer, den Hofmeister seines Sohnes, zu mir, um zu hören, wie es mir ginge, denselben Abend ließ er sich bei mir melden und stellte mir seine Frau vor; ich empfing sie, als ob ich nicht wüßte, wer sie vorher gewesen wäre, ich denke, wenn Goethe ihr seinen Namen gibt, können wir ihr wohl eine Tasse Tee geben. Ich sah deutlich, wie sehr mein Benehmen ihn freute; es waren noch einige Damen bei mir, die erst formell und steif waren und hernach meinem Beispiel folgten. Goethe blieb fast zwei Stunden, und war so gesprächig und freundlich, wie man ihn seit Jahren nicht gesehen hat. Er hat sie noch zu niemand als zu mir in Person geführt. Als Fremden und Großstädterin traut er mir zu, daß ich die Frau so nehmen werde, als sie genommen werden muß; sie war in der Tat sehr verlegen, aber ich half ihr bald durch. In meiner Lage und bei dem Ansehen und der Liebe, die ich mir hier in kurzer Zeit erworben habe, kann ich ihr das gesellschaftliche Leben sehr erleichtern. Goethe wünscht es und hat Vertrauen zu mir, und ich werde es gewiß verdienen. Morgen will ich meine Gegenvisite machen. *[2297]*

Der Ton seiner Stimme ist Musik

Johanna Schopenhauer an ihren Sohn Arthur

4. November 1806

Montag [10. November] war ich mit Adelen zu Mittag bei Goethe, die Gesellschaft war klein, ich, Bertuchs, Major Knebel mit seiner Frau aus Jena, ein höchst interessanter Mann, der auch als Dichter bekannt ist, und einige Fremde. Ich kann Goethen nicht genug sehen, alles an ihm weicht so vom Gewöhnlichen ab, und doch ist er unendlich liebenswürdig; diesmal habe ich ihn einmal böse gesehen, sein Sohn, eine Art Tapps, der aber im Äußern viel vom Vater hat, zerbrach mit großem Geräusch ein Glas. Goethe erzählte eben etwas und erschrak über den Lärm so, daß er aufschrie, ärgerlich darüber sah er den August nur einmal an, aber so daß ich mich wunderte, daß er nicht untern Tisch fiel, ein ausdrucksvolleres, mobileres Gesicht habe ich nie gesehen; wenn er erzählt, ist er immer die Person, von der er spricht, der Ton seiner Stimme ist Musik; jetzt ist er alt, aber er muß schön wie ein Apoll gewesen sein . . .

[Am Abend des 12. Besuch von Goethe, Fernow, Meyer, Ridel und Stephan Schütze.] Goethe war in einem seltenen Humor; eine Anekdote jagte die andere; es war ganz prächtig. Wir haben einigemale so gelacht, daß die Leute auf der Straße still gestanden wären, wenn es dergleichen hier gäbe . . .

Die leichte Art, mit der ich die vorzüglichsten Menschen für mich interessiert habe, ist mir selbst ein Wunder. Ich habe noch keine Visite gemacht; alles ist so ganz von selbst gekommen. Alle Sonntag und Donnerstag von fünf bis gegen neun werden sich meine Freunde bei mir versammeln; was an interessanten Fremden herkommt, wird mitgebracht. Ich habe Goethe den Plan gesagt; er billigt ihn und will ihn unterstützen. Ich gebe Tee, nichts weiter; das übrige Vergnügen muß von der Gesellschaft selbst entstehen ... Goethe, Meyer, Fernow, Schütze, Madame Ludecus, Conta und die Schwester, Bertuchs, Falks, Ridels, Weylands sind vors erste eingeladen; die übrigen werden sich von selbst finden. Kosten macht das Ganze gar nicht, und unendlich viel Freude. Es fehlt hier an einem Vereinigungspunkte, und sie sind alle froh, ihn bei mir zu finden. *[2314]*

Wenn er spricht, verschönert er sich

Johanna Schopenhauer an ihren Sohn Arthur

28. November 1806

Der Zirkel, der sich sonntags und donnerstags um mich versammelt, hat wohl in Deutschland und nirgends seinesgleichen; könnte ich Dich doch nur einmal herzaubern! Goethe fühlt sich wohl bei mir und kommt recht oft. Ich habe einen eigenen Tisch mit Zeichenmaterialien für ihn in eine Ecke gestellt. Diese Idee hat mir sein Freund Meyer angegeben. Wenn er dann Lust hat, so setzt er sich hin und tuscht aus dem Kopfe kleine Landschaften, leicht hingeworfen, nur skizziert, aber lebend und wahr, wie er selbst und alles, was er macht. Welch ein Wesen ist dieser Goethe! wie groß und wie gut! Da ich nie weiß, ob er kommt, so erschrecke ich jedesmal, wenn er ins Zimmer tritt; es ist, als ob er eine höhere Natur als alle übrigen wäre; denn ich sehe deutlich, daß er denselben Eindruck auf alle übrigen macht, die ihn doch weit länger kennen und ihm zum Teil auch weit näher stehen als ich. Er selbst ist immer ein wenig stumm und auf eine Art verlegen, wenn er kommt, bis er die Gesellschaft recht angesehen hat, um zu wissen, wer da ist. Er setzt sich dann immer dicht neben mich, etwas zurück, so daß er sich auf die Lehne von meinem Stuhle stützen kann; ich fange dann zuerst ein Gespräch mit ihm an, dann wird er lebendig und unbeschreiblich liebenswürdig. Er ist das vollkommenste Wesen, das ich kenne, auch im Äußeren; eine hohe, schöne Gestalt, die sich sehr gerade hält, sehr sorgfältig gekleidet, immer schwarz oder ganz dunkelblau, die Haare recht geschmackvoll frisiert und gepudert, wie es seinem Alter ziemt, und ein gar prächtiges Gesicht mit zwei klaren braunen Augen, die mild und durchdringend zugleich sind. Wenn er spricht, verschönert er sich unglaublich; ich kann ihn dann nicht genug ansehen. Er spricht von allem mit, erzählt immer zwischendurch kleine Anekdoten, drückt niemand durch seine Größe. Er ist anspruchslos wie ein Kind; es ist unmöglich, nicht Zutrauen zu ihm zu fassen, wenn er mit einem spricht, und doch imponiert er allen, ohne es zu wollen. Letztens trug ich ihm seine Tasse Tee zu, wie das in Hamburg gebräuchlich ist, daß sie nicht kalt würde, und er küßte mir die Hand; in meinem Leben habe ich mich nicht so beschämt gefühlt; auch alle, die in der Nähe waren, sahen mit einer Art Erstaunen zu. Es ist wahr, er sieht so königlich aus, daß bei ihm die gemeinste Höflichkeit wie Herablassung erscheint, und er selbst scheint das gar nicht zu wissen, sondern geht so hin in seiner stillen Herrlichkeit wie die Sonne. – Dann ist immer Meyer und Fernow da, beide auch gar interessant, jeder anders ... Dann kommen die Bertuchs, Dr. Schütze, ein sehr mittelmäßiger Dichter, aber sonst sehr gescheit, Dr. Riemer, der bei Goethe im Hause ist, auch ein sehr gebildeter guter Kopf. Das sind die Hauptpersonen, meine gute Ludecus nicht zu vergessen, die unter dem Namen Amalie Berg manchen recht hübschen Roman geschrieben hat, und noch verschiedene

Nebenpersonen, die anderswo Hauptpersonen wären. Um halb sechs versammeln sie sich. Wir trinken Tee, plaudern; neue Journale, Zeichnungen, Musikalien werden herbeigeschafft, besehen, belacht, gerühmt, wie es kommt. Alle, die was Neues haben, bringen es mit; die Bardua zeichnet irgend einen als Karikatur, Goethe sitzt an seinem Tischchen, zeichnet und spricht. Die junge Welt musiziert im Nebenzimmer; wer nicht Lust hat, hört nicht hin. So wird's neune, und alles geht auseinander und nimmt sich vor, nächstens wiederzukommen. *[2326]*

Nicht ganz elegante Manieren

K. F. v. Reinhard an Hammer-Purgstall

1. Juni 1807
Unter den Brunnen-Gästen nenne ich Ihnen Einen statt aller. Seit einigen Tagen ist Goethe hier, und wir begegnen uns alle Morgen bei der Quelle. Von seinem Äußeren hatten wir uns, wie das immer geht, einen anderen Begriff gemacht, seine Statur ist lang und scheint hager, weil man sieht, daß er embonpoint verloren hat. Seine Gesichtsfarbe ist dunkel, fast nächtlich. Etwas Hartes in seinen geistreichen Zügen macht, daß man, was ehemals in seinem Gesicht schön war und in seinen Blicken noch ist, kaum mehr erkennt. Nur sein Auge ist noch wie ehemals ein zurückgehaltener Strahl, der im Augenblick leuchtet, wenn er lächelt, und dann blickt auch der Schalk unverkennbar hervor. Seine Manieren sind nicht ganz elegant. Sie scheinen mir etwas schamlos und eben darum etwas fast Unpräziöses zu haben; wenn er bloß höflich sein will, fällt er in etwas Affektuöses, das ihn nicht kleidet, weil es erkünstelt ist, aber ich habe ihn schon sich erwärmen gesehen und aus der inneren Fülle kochen hören, und so

erkenne ich den Löwen an der Kralle. Er hat sich bis jetzt sehr freundschaftlich an uns angeschlossen, und dies gewährt uns eine schöne Aussicht. *[2482]*

Karl Friedrich Graf von Reinhard (1761-1837), aus Schwaben stammender Diplomat im Dienste Frankreichs.

Joseph Freiherr von Hammer-Purgstall (1774-1856), Orientalist.

ist Goethe hier: Goethe traf am 28. Mai in Karlsbad ein.

Mehr wie je Weltbürger

Caspar Voght: Reisejournal

16. Oktober 1807

Ich sah noch denselben Abend [10. Oktober] Goethe, ließ mich bei Hofe melden und ging ins Schauspiel, wo ich noch den Herzog traf ...

Am Sonntag [11. Oktober] habe ich den ganzen Morgen bei Goethe zugebracht, sah seinen Sohn, dessen Äußres sehr gefällig ist und den er sehr lieb hat. Er soll nun in Heidelberg das Recht studieren, c. a. d. [c'est à dire] le Code Napoleon. Ich fand Goethe über das alles ganz resigniert. Das Alte sei vorbei. Es sei Pflicht, das Neue erbauen zu helfen. Der Mensch sei itzt mehr wie je Weltbürger, die Staaten müssen sich neu bilden, und dabei wäre itzt manch vorhin unübersteigliches Hindernis beseitiget. Er präsentierte mich seiner Frau, der man freilich den langen Umgang mit Goethe und Schiller nicht anmerkt, die aber vor zwanzig Jahren *sehr* hübsch gewesen sein muß. Zuletzt kamen einige Sänger vom Theater, die vierstimmige Kirchenmusik ohne Begleitung, rein und mit Haltung, sangen, auch einige Goethische Lieder nach Himmels Komposition, die Goethe sehr liebt. Der Abschied, das Jägerlied und das lustige *Ich hab' meine Sach auf nichts gestellt* pp. sind ihm würklich vorzüglich gelungen. Der Morgen war sehr angenehm. *[2546a]*

Caspar von Voght (1752-1839), Hamburger Kaufmann.

Singen beim Geheimerat

K. Eberwein: Erinnerungen

Von Lauchstädt [nach der Sommerspielzeit 1807] in die Heimat zurückgekehrt, besuchte ich fast täglich das Kirstsche Kaffeehaus, wo ich regelmäßig Billard spielte... Unter den Hofschauspielern, die sich dort in gleicher Absicht mit mir einfanden, war auch Heß, der bei Goethe ein Singquartett mit der Violine dirigierte. Er sprach oft von dem Vergnügen, das es ihm gewähre, in Gegenwart des Geheimerats die Gesänge einzuüben und aufzuführen. Zugleich bedauerte er, wegen Mangel an Musikalien nur ein beschränktes Repertoire zu haben. Als er eines Abends wieder das alte Klagelied anstimmte, faßte ich Mut, ihm mein Verlangen auszusprechen, etwas dergleichen zu komponieren, wenn ich hierzu passende Texte hätte. »Diese will ich Ihnen geben, sobald Sie mich besuchen«, erwiderte der freundliche Mann. – Den folgenden Morgen ging ich bei guter Zeit zu Heß, um ihn an sein Versprechen zu erinnern. Ich fand ihn noch unschlüssig, was er mir bieten könnte. Nachdem er eine Weile in einem Band Gedichte hin und her geblättert, sprach er: »Hier, diese zwei Rätsel von Schiller werden sich wohl zur Komposition eignen.« Das eine ist meinem Gedächtnis entschwunden, wie mir die Musik dazu verloren gegangen ist.

Das andere lautet:

> Auf einer großen Weide gehen
> Viel tausend Schafe silberweiß;

Wie wir sie heute wandeln sehen,
Sah sie der allerält'ste Greis.

Sie altern nie und trinken Leben
Aus einem unerschöpften Born,
Ein Hirt ist ihnen zugegeben
Mit schön gebognem Silberhorn usw.

Zur Auflösung dieses Rätsels führt in mondheller Nacht ein
Blick zum Firmamente. Die Gemütsstimmung, welche das
milde Licht des Mondes und der Sterne bei den Erdbewoh-
nern hervorruft, ferner die Ruhe ihrer Bewegung glaube ich
in der Musik so gut ausgedrückt zu haben, daß ich nicht
wüßte, wie ich sie nach 46 Jahren besser machen könnte.

Als Heß die Rätsel beim Geheimerat singen ließ, überraschte es denselben, zum ersten Male in seinem Leben dergleichen Poesien singen zu hören, fand aber die Idee, Rätsel
in Musik zu setzen, ganz artig, die weiter benutzt zu werden
verdiene. Goethe gab hierauf Heß den Auftrag, mir zu sagen,
daß, wenn es mir Vergnügen mache, den Singübungen in seinem Hause beizuwohnen, so würde ich ihm willkommen
sein. Erwünschteres als Hessens Botschaft konnte mir nicht
begegnen. Die nächste Probe war Donnerstag, abends 9
[wohl 7] Uhr. Mit Freuden folgte ich der freundlichen Einladung meines hochverehrten Chefs. Die Singübungen fanden
im Zimmer der kleinen Frau, wie Goethe seine liebenswürdige Gemahlin nannte, statt, die, obgleich nicht musikalisch
gebildet, doch gute Musik gern hörte, aber darüber die Sorge
für das Hauswesen nicht vergaß und deshalb mit einem großen Bund Schlüssel ab- und zuging. Großmutter und Tante
der Geheimerätin, die ein heiteres Asyl bei Goethe gefunden,
hörten dem Gesang mit Andacht zu[?].

Goethes Hauskapelle bildeten: Heß (Dirigent), Demoiselle Engels (erster Sopran), Demoiselle Häßler (zweiter So-

pran oder Alt), Morhard (Tenor) und Deny (Baß), sämtlich Mitglieder des Weimarischen Theaters. Nachdem die Sänger mich durch Vortrag meiner Kompositionen erfreut, erschien der Geheimerat in einem Überrock. Er begrüßte mich freundlich als den ehemaligen Gespielen seines August und dankte für meine Bereitwilligkeit, mich an seiner Hauskapelle beteiligen zu wollen. Nach Wiederholung der Rätsel sprach er sich, wie früher angegeben, vorteilhaft aus. Bezüglich der dritten Strophe vorstehenden Gedichtes:

> Und hat der Lämmer keins verloren,
> So oft er seinen Weg gemacht.

bemerkte Goethe gutmütig scherzend, hier habe sich sein verehrungswürdiger Freund einer Unwahrheit schuldig gemacht, denn die Sterne, die sich schnuppten, und darauf am Firmamente verschwänden, wären allerdings zu den verlornen Lämmern zu zählen.

Acht Uhr ging es zu Tische. Ehe wir uns versahen, war Goethe verschwunden, um in seinem Studierzimmer zu soupieren. Wenn der Meister uns zum Schlusse des Essens mit seiner Gegenwart beehren wollte, so stand schon ein Stuhl zunächst der Türe, wo er eintrat, für ihn bereit. Er öffnete dann hastig die Türe, setzte sich blitzschnell auf seinen Sessel, und ehe wir uns erheben konnten, rief er uns zu: »Kinder, bleibt sitzen.«

Infolge der einfachen Lebensweise im Goetheschen Hause bestand das Mahl nur aus einem, aber schmackhaft zubereiteten Gericht und Bier. Zwei Talglichter erleuchteten das Gemach. In des Geheimrats Arbeitszimmer brannten auch nur zwei Lichter von gleicher Qualität. Demjenigen, der wie Knebel das Licht zu kurz oder gar ausputzte, gestattete Goethe nie wieder, sich diesem Geschäft zu unterziehen. Sowie jener Miene machte, ein Gleiches zu versuchen, langte Goethe nach der Lichtputze und putzte es selbst. Es war dem gefeierten Dichter Bedürfnis, auch bei der geringfügigsten Sache seine Ordnungsliebe zu betätigen. Benahm sich einer in seiner Gegenwart ungeschickt, worüber er sich nicht aussprechen wollte, so fuhr er sich mit der Hand übers Gesicht, gleichsam als wolle er es nicht bemerkt haben, oder das Widerwärtige durch die Handbewegung aus dem Gedächtnis entfernen. – Auf das bescheidene Mahl folgten heitere Gespräche über Kunst, Theater oder Stadtneuigkeiten, bis das Horn des Nachtwächters erinnerte, daß es an der Zeit sei, sich in seine Wohnung zu begeben. *[2553]*

Franz Karl Adalbert Eberwein (1786-1868), Musiker, Mitglied der Weimarischen Hofkapelle, später Musikdirektor in Weimar.

Großmutter und Tante der Geheimerätin: vielmehr Augusts. Christianes Halbschwester Ernestine war am 7.1. 1806 und ihre Tante Juliane am 1. März 1806 gestorben.

zu soupieren: ein Irrtum; Goethe nahm abends nichts zu sich.

Eine Schneeballschlacht mit Goethe

H. Eisenschmidt: Erinnerungen

1860

Viel wußte auch meine Stiefmutter zu erzählen, die gerade zu der Zeit, als Goethe, wie bekannt, viel im Frommannschen Hause in Jena verkehrte, Köchin in diesem Hause gewesen war. So erzählte sie gern folgende Geschichte. Eines Abends war wieder eine heitere Gesellschaft, darunter auch Goethe, bei Frommanns gewesen. Als sie nun einigen Herren beim Weggehen leuchtet, hört sie, wie diese auf dem Hofe sich verabreden, Goethe, wenn er komme, mit Schneeballen zu begrüßen; denn es hatte indes geschneit. Meine Mutter eilte hierauf in den Garten und machte schnell eine Schürze voll guter Schneebälle. Als sie zurückgekehrt, trifft sie Goethe schon auf der Treppe. Schnell überredet sie ihn, sich die Schürze vorbinden zu lassen, da sie versichert, er werde sie brauchen. Es gab nun eine gar heitere Szene auf dem Hofe, als die Herren, in der Erwartung, Goethe wehrlos zu überfallen, ihrerseits von dem rüstigen und seinerseits reichlich mit Munition versehenen Goethe in die Flucht geschlagen wurden. Ein ansehnliches Trinkgeld, das meine Mutter bei nächster Gelegenheit von Goethe erhielt, bewies, wie willkommen ihm die rasche Unterstützung gewesen war. *[2600]*

Er lacht!

St. Schütze: Die Abendgesellschaften der Hofrätin Schopenhauer

1840

[Über Goethes Förmlichkeit und Feierlichkeit.] Eine ähnliche Peinlichkeit erlebte ich an einem musikalischen Abend (den 31. Dezember 1807), als die Hofrätin [Schopenhauer] Sänger und Sängerinnen vom Theater zu sich eingeladen hatte. Goethe kam von der Lektüre italienischer Schäfer-Idyllen und befand sich in einer sanften, lyrischen Stimmung, in welcher er sich auch mit großer Anmut über das Gelesene aussprach. Nachdem herrliche Lieder, besonders von Zelter, waren gesungen worden, während Goethe in den Zimmern auf- und abging, setzte sich die Gesellschaft an verschiedene Tische. Ich bekam meinen Platz unter den Künstlern und gab mich hier um so lieber lustigen Einfällen hin, als in diesem Kreise sich eine Lachtaube befand, die für Scherze sehr empfänglich und reizbar war. Aber plötzlich – mitten in der Fröhlichkeit – klopfte Goethe auf den Tisch, augenblickliche Stille und Gesang gebietend. Da hätte man sehen sollen, wie das halb ausgesprochene Wort auf den Lippen erstarb, wie die Mienen zuckten und ein Wetterleuchten über die Gesichter fuhr. Lachtaube hatte die erste Stimme – sie kämpfte ritterlich – mit bewundernswürdiger Fassung rang sie sich auf, und die andern folgten ihrem Flug, während manche bitter-süße Träne über hochgerötete Wangen floß. Zum Glück haben Schauspieler sich mehr in ihrer Gewalt als andere Menschen. – Sie blieben nun auf ihrer Hut, und wie Goethe einmal aufgestanden war, schlich einer nach und kam mit der Nachricht zurück: er lacht! was denn die vorige Lust wieder zurückführte. [2607]

Stephan Schütze (1771-1839), Schriftsteller, Herausgeber des »Taschenbuchs für Liebe und Freundschaft«.

   eine Lachtaube: vermutlich die Schauspielerin Beate Elsermann (1787-1831), die von 1805 bis 1825 in Weimar engagiert war und bei der Uraufführung von Kleists »Der zerbrochne Krug« die Eve spielte.

Unterricht in Botanik

Pauline Gotter an Marianne Hummel

31. Januar 1809

Fünf Wochen blieben wir bei der Nymphe des Quells, und ich kann wohl sagen, daß sie eine Reihe sehr glücklicher Stunden waren, deren Erinnerung mich noch jetzt mit Wonne erfüllt. Es hat sich mir dort ein Himmel voll Freuden aufgetan; denn denk Dir, geliebte Freundin! gleich in den ersten Tagen lernten wir Goethe kennen, und das ist, glaub ich, hinreichend, Dich zu überzeugen, wie glücklich ich war. Er war so holdselig und gütig und besuchte uns oft, und wir haben in seiner Gesellschaft die reizendsten Landpartien gemacht, die sein Geist, seine Liebenswürdigkeit und gute Laune erst recht würzte! Der Kreis unsrer Bekannten war sehr eng geschlossen, außer ihm, seinen Freund Riemer und Ziegesars, wo wir uns alle Abend vereinigten, haben wir sehr wenig Menschen gesprochen – (denn sehen tat man immer ungeheur viele) – aber wir verlangten auch nach niemand anders. Goethe hat auch einigemal vorgelesen und uns manches mitgeteilt, was noch nicht gedruckt war. Er war so gütig und kam mehrmal früh mir botanische Stunden zu geben, und mehrmal habe ich ganz allein weite Spaziergänge mit ihm gemacht. Ich könnte Dir noch recht viel von meinem Karlsbader Aufenthalt erzählen, wenn ich nicht fürchtete, weitläuftig zu werden. Du kannst denken, daß ich mit sehr schweren Herzen diesen schönen Ort verließ, für den Natur und Kunst so unendlich viel getan hat. *[2712]*

Pauline Gotter (1786-1854), wurde 1812 die zweite Ehefrau Schellings.
　　Marianne Hummel, Malerin.
　　Fünf Wochen: vom 10. Juni bis 16. Juli.

Eine taugliche Hausfrau

K. Morgenstern: Tagebuch

14. Oktober 1808
Gegen Mittag war ich eine kurze Weile bei Geh. Rat von Goethe. An der Hausschwelle bemerkte ich das Salve nicht; aber auf dem Teppich beim Entrée-Zimmer oben. Gespräch über Jacobi und Johannes Müller, die er grüßen läßt; über Klinger: Klinger würde sich, meint er, in Deutschland jetzt nicht gefallen, weil er hinter der Zeit in manchem zurückgeblieben sei. Über gewisse Dinge spreche man gar nicht mehr, die seien aus- und abgemacht. – – –

　　Seine Frau war neulich in Frankfurt. Durch Anspruchslosigkeit gefällt sie; zum Beispiel auf die Geheimrätin gibt sie nichts. Ganz unbefangen sprach sie von der Gesellschaft, die Goethe wöchentlich in seinem Hause hat, wo die Herzogin hinkommt [zur Lektüre]. »Da bin ich denn natürlich nicht zugegen«, sagt sie. – Ich weiß nicht, sagte Goethe ihr öfter, was Du des Morgens so früh zu schaffen hast. »Du wirst es wohl einmal sehn, wenn ich nicht da bin«, sprach sie. Jetzt, als sie in Frankfurt abwesend war, bat er sie dringend um baldige Rückkehr; er sehe nun wohl, was sie des Morgens zu schaffen habe etc. Es würde zu bedauern sein, wenn er sie je verlöre etc. Das mag alles wahr sein. Es beweist nur, daß Goethe sich eine taugliche Hausfrau geschafft hat, die ihm manche Mühe abnimmt, ihm, der sich nicht gern geniert. Wenigstens leuchtet auch hier der gesunde Verstand des Mannes hervor. *[2774]*

Karl Morgenstern (1770-1852), Privatdozent für Klassische Philologie in Halle.

Seine Frau war neulich in Frankfurt: Nach dem Tod von Goethes Mutter war Christiane am 1. Oktober zur Regulierung der Erbschaftsangelegenheiten nach Frankfurt gereist und am 23. November zurückgekehrt.

Mit Stern und Ordensband geschmückt

Caroline Sartorius an einen Verwandten

27./28. Oktober 1808

Den anderen Tag [15. Oktober] gab Bertuch, vor dessen Industrie-Comptoir sich mancher Rittersitz verbergen muß, ein stattliches Déjeuner dînatoire. Goethe, Wieland, Talmas, der Gesandte Bourgoing, Verfasser der Reise durch Spanien, und einige vornehme Russen waren dort. Talma ward über alle Vorstellung von jedermann fetiert... Er war im großen Kostüm, weil der Kaiser Alexander ihn zu sprechen begehrt, und trug einen lapisfarbenen Rock mit einer Garnitur Steinknöpfe, die Goethe wenigstens auf 20 Carolin schätzte, die feinste Wäsche und Points von einer Schönheit, wie ich noch keine gesehen habe. Der Kaiser hatte ihn sehr gnädig empfangen und ihn samt seiner nicht weniger eleganten Frau auf den Abend zu einer Deklamation wieder bestimmt…

Des Mittags hatte Goethe Talmas geladen, und hier schien ein wahrer Wettstreit zwischen dem Wirt und seinen Gästen einzutreten, wer den anderen an Liebenswürdigkeit übertreffen könnte. Goethe ist des Französischen nicht ganz mächtig, aber seinem Geist legt keine Sprache, die er nur einigermaßen kann, so leicht Fesseln an. Talmas baten ihn dringend nach Paris zu kommen und bei ihnen zu logieren, das Glück, den Autor vom Werther bei sich zu besitzen, würde ganz Frankreich ihnen beneiden, keine Frau in Paris würde ruhen, eher sie ihn gesehen, auf allen Toiletten, in allen Boudoirs würde er sein Buch finden, das immer von neuem gelesen, von neuem übersetzt jetzt, wie vor dreißig Jahren, den Reiz der Neuheit besäße. Es gab keine Art der feinen Schmeichelei, die sie nicht mit der Leichtigkeit des guten französischen Tons, der nie fade noch kriechend wird, ihm ausgespendet hatten. Goethe antwortete heiter und artig, wollte sich aber auch auf kein Versprechen einlassen und meinte spaßhaft: das Glück, in Paris eine solche Sensation bei seinen jetzigen Jahren zu machen, wäre für seine Schultern zu schwer. Nun rückte Talma mit dem Plan eines Trauerspiels los, in welches er und Dulise den Werther verwandeln wollten. Dieses schien in der Tat ziemlich ungewaschenes Zeug zu sein; Goethens unerschöpfliche gute Laune ließ sich indes durch die Verunstaltung seines Kindes nicht irre machen, zuletzt nur sagte er mit einer fast unmerklich spöttlichen Miene: Wenn sie mit ihrem Trauerspiel im Reinen wären, so möchten sie es ihm schicken, damit er es übersetzen und bei sich könne aufführen lassen.

»Mon Dieu«, sagte Talma, der, um mit der Herzogin von Orléans zu reden, wohl fühlen mochte, wo Barthel den Most holt, »mon Dieu, qu'avez vous besoin de notre pièce, vous qui feriez cent fois mieux que nous?« – »C'est qu'on n'aime pas à refaire ce qu'on a fait une fois«, antwortete Goethe. Sein Kammerdiener brachte ihm inzwischen ein[en] dicken Brief, den er erbrach, durchsah und ohne weiter seiner zu erwähnen ins Fenster legen ließ. Talma fragte jetzt ziemlich indiskret, ob es wahr sei, wie man allgemein versichere, daß eine wahre Geschichte dem Roman zugrunde läge? Besorgt über die Wirkung dieser Frage blickte ich nach Goethe, auf dessen Gesicht sich aber keine Spur von Verstimmung zeigte. »Diese Frage«, erwiderte er freundlich, »ist mir schon oft vorgelegt worden, und da pflege ich zu antworten: daß es zwei Personen in einer gewesen, wovon die eine untergegangen, die andere aber leben geblieben ist, um diese Geschichte der ersteren zu schreiben, so wie es im Hiob heißt: Herr, alle Deine Schafe und Knechte sind erschlagen worden, und ich bin allein entronnen, Dir Kunde zu bringen.« Unser lautester Beifall lohnte den herrlichen Einfall; ernsthafter mit einem unbeschreiblich tiefen Ausdruck setzte er hinzu: »So etwas schreibt sich indes nicht mit heiler Haut.« Er hatte bisher französisch gesprochen, dieses Wort aber sprach er deutsch, und sich zu Sartorius wendend: »Traduisez cela à nos amis, Monsieur.« – Talma, mit dem Gepräge der großen Leidenschaften bekannt, faßte leicht den Sinn, ohne die Worte zu verstehen. Goethe ging schnell wieder in seine vorige Heiterkeit über. »Gewöhnlich«, sagte er, »muß man schwer seine Jugendthorheit abbüßen; ich aber gehöre zu den wenigen Glücklichen, denen sie noch in späteren Jahren Heil und Segen bringen; erstlich so manche erfreuliche und interessante Bekanntschaft, wie dies heute noch der Fall ist, dann hat vorgestern mir der Kaiser Napoleon das Ehrenkreuz gegeben, und eben beschenkt auch Alexander mich mit einem Orden«; und nun zeigte er das Paket, das der Kammerdiener ihm früher gebracht, und welches das große Band des Annaordens mit einem brillantnen Stern enthielt. Hiermit entfernte er sich, um sich anzukleiden, weil er nach Hof zu der oben erwähnten Deklamation gebeten war. Er hinterließ Talmas wie uns alle von seiner Liebenswürdigkeit entzückt, die wirklich diesen Tag über alle Beschreibung war ... Als sie [Talmas] weg waren, trat Goethe in seiner Hofuniform mit Stern und Ordensband geschmückt herein: »Ich komme«, sagte er, »mich Ihnen zu zeigen und zu fragen, ob Sie mich akkreditieren wollen?« Er war in dieser Kleidung so jugendlich und schön, daß ich ihm um den Hals fiel und ausrief: »Ew. Exzellenz, Ihnen so zu widerstehen ist unmöglich, aber ich hoffe, Sie werden mein Unglück nicht wollen.« [2779]

Caroline Sartorius von Waltershausen (gest. 1830), Ehefrau des Historikers Georg Sartorius in Göttingen.

Dejeuner dînatoire: ein das Mittagsmahl ersetzendes Frühstück.

Talmas: François Joseph Talma (1763-1826), der damals berühmteste Schauspieler Frankreichs und dessen (zweite) Ehefrau, Charlotte.

der Gesandte Bourgoing: Jean François Baron de Bourgoing (1748-1811), französischer Diplomat, seit 1807 Gesandter in Dresden, veröffentlichte 1789 seine dreibändige »Nouveau voyage en Espagne«, deren deutsche Übersetzung Goethe 1801 gelesen hatte.

Bierbäuche und Schmauchlümmel

H. Luden: Rückblicke in mein Leben

1847

[Knebel über Goethe:] Er bekümmert sich um kein Urteil. Solange seine Schriften vom Buchhändler tüchtig bezahlt werden, weil sie Abgang finden, ist ihm alles einerlei. Wir haben noch vieles von ihm zu erwarten. Vor dem Dinge, das man das Publikum nennt, hat er eine souveräne Verachtung. Es freuet ihn, wenn er dem Ungeheuer Brocken hinwerfen kann, an welchen es sich die Zähne blutig beißt. Ich kenne ihn lange, von innen wie von außen. Mich hat immer eine unüberwindliche Scheu vor dem Publikum begleitet; darum habe ich unsäglich vieles verbrannt oder darüber gescholten. Man muß jung vor dem Publikum auftreten, sagt er, und alsdann oft erscheinen. Dieses Tier denkt, wer viel gibt, muß viel haben, und wer oft bringt, muß reich sein. Und hat man es nur erst dahin gebracht, daß man Bewunderer findet, so wird es auch nicht lange an unbedingt Ergebenen fehlen, welchen alles vortrefflich ist, was den Namen des Bewunderten an der Stirn trägt... Goethe verwirft Rauchen und Schnupfen. Wegen des Rauchens hat er recht; ich rauche auch täglich nur ein paar Pfeifen. Das Rauchen, sagt er, macht dumm; es macht unfähig zum Denken und Dichten. Es ist auch nur für Müßiggänger, für Menschen, die Langeweile haben, die ein Drittel des Lebens verschlafen, ein Drittel mit Essen, Trinken und anderen notwendigen oder überflüssigen Dingen hindudeln, und alsdann nicht wissen, obgleich sie immer vita brevis sagen, was sie mit dem letzten Drittel anfangen sollen. Für solche faule Türken ist der liebevolle Verkehr mit den Pfeifen und der behagliche Anblick der Dampfwolke, die sie in die Luft blasen, eine geistvolle Unterhaltung, weil sie ihnen über die Stunden hinweg hilft. Zum Rauchen gehört auch das Biertrinken, damit der erhitzte Gaumen wieder abgekühlt werde. Das Bier macht das Blut dick und verstärkt zugleich die Berauschung durch den narkotischen Tabaksdampf. So werden die Nerven abgestumpft und das Blut bis zur Stockung verdickt. Wenn es so fortgehen sollte, wie es den Anschein hat, so wird man nach zwei oder drei Menschen-Alter[n] schon sehen, was diese Bierbäuche und Schmauchlümmel aus Teutschland gemacht haben. An der Geistlosigkeit, Verkrüppelung und Armseligkeit unserer Literatur wird man es zuerst bemerken, und jene Gesellen werden dennoch diese Misere höchlich bewundern. Und was kostet der Greuel. Schon jetzt gehen 25 Millionen Taler in Teutschland in Tabaksrauch auf. Die Summe kann auf 40, 50, 60 Millionen steigen. Und kein Hungriger wird gesättigt und kein Nackter gekleidet. Was könnte mit dem Gelde geschehen! Aber es liegt auch in dem Rauchen eine arge Unhöflichkeit, eine impertinente Ungeselligkeit. Die Raucher verpesten die Luft weit und breit und ersticken jeden honetten Menschen, der nicht zu seiner Verteidigung zu rauchen vermag. Wer ist denn imstande, in das Zimmer eines Rauchers zu treten, ohne Übelkeit zu empfinden? wer kann darin verweilen, ohne umzukommen? In allen diesen Klagen hat Goethe recht; aber unrecht hat er wegen des Schnupfens. Er will immer was Apartes haben. Das Schnupfen hat er sich freilich nicht angewöhnt, aber dafür zieht er Eau de Cologne und anderes spirituoses Zeug in die Nase hinein. Nun, unsereiner riecht auch wohl einmal gern, was gut riecht, aber wenn ich das Kölnische Gebräu in die Nase hinein saugen wollte, ich wäre des Todes. Er weiß auch nichts Gescheutes gegen das Schnupfen zu sagen. Es ist eine Schmutzerei, sagt er. Das aber ist Torheit. *[2794]*

vita brevis: Das Leben ist kurz.

Gespräch mit dem Kaiser

W. v. Humboldt an seine Frau

19. November 1808

Ich komme eben von Weimar, liebe Li, wo ich bei Wolzogens gewohnt habe...

Goethe war äußerst freundschaftlich und herzlich gegen mich, aber sonst in keiner guten Stimmung in den beiden Tagen. Er hat unendliche Trakasserien wegen des Theaters, und war wirklich schrecklich ist, so war ihm gerade, als ich da war, vom Hofe erklärt worden, er solle zwar die Theater-direktion behalten, aber sich nicht mehr darum bekümmern, was ihn sehr verdroß. Goethe hat eine lange Unterredung mit dem französischen Kaiser gehabt, von der er sehr voll ist. Schlicht historisches Erzählen ist, weißt Du, seine Sache nicht. Aber Werthers Leiden und die französische Bühne sind die Hauptgegenstände der Unterhaltung gewesen. In Werthers Leiden hat der Kaiser eine Stelle getadelt, die, nach Goethes Versicherung, allen übrigen Lesern entgangen ist. Es ist, sagt Goethe (die Stelle selbst wollte er nicht anzeigen), eine, wo er die wahre Geschichte und die Fiktion aneinander genäht hat, wo er die Verbindung mit großer Kunst gemacht zu haben glaubt, wo indes der Kaiser doch etwas Spielendes bemerkt hat. Das französische Theater soll der Kaiser un-glaublich genau von Vers zu Vers kennen und nicht so unbe-dingt verehren. Vorzüglich streng soll er in der Beurteilung der Konsequenz der Charaktere und in der Gegeneinander-haltung der historischen und poetischen Motive sein. Am meisten aufgefallen ist Goethe an ihm, daß er, auch in poeti-schen und literarischen Dingen, nie etwas getadelt hat, ohne gleich zu sagen, was an die Stelle gesetzt werden müßte; wirklich ist auch bei Dingen, wo es auf Handeln ankommt, nichts so desolant, als wenn man nur immer anzugeben weiß, was nicht recht ist. Unendlich weh tut es einem, daß Goethe nicht wegen des fremden Einflusses, sondern wegen des inneren Unwesens an allem literarischen Heil in Deutschland verzweifelt. Jeder, sagt er, will für sich stehn, jeder drängt sich mit seinem Individuum hervor, keiner will sich an eine Form, eine Technik anschließen, alle verlieren sich im Vagen, und die das tun, sind wirklich große und entschiedene Talente, aus denen aber eben darum schlechterdings nichts werden kann. Er versichert darum, daß er sich nicht mehr um andere bekümmern, sondern nur seinen Gang gehen wolle, und treibt es so weit, daß er versichert, der beste Rat, der zu geben sei, sei die Deutschen, wie die Juden, in alle Welt zu zerstreuen, nur auswärts seien sie noch erträglich. Ich habe ihm gesagt, daß ich für mich das schon angefangen habe, und daß er nur zu uns kommen dürfe, um es auch an seinem Teil zu vollenden. Seinen Faust hatte ich hier [in Erfurt], noch ehe ich nach Weimar ging, gelesen. Er hat vier an niemand gerichtete Zueignungsstrophen... Darauf kommt ein Vorspiel und ein Prolog... Dann folgt das Stück. In diesem sind nicht bloß hinten Szenen angehängt, sondern auch in der Mitte eingeschaltet, wie zum Beispiel die, welche er uns vorlas. Ausgelassen ist, soviel ich ohne Vergleichung bemerkt habe, nichts...

Vorgestern abend, als wir bei Goethe waren, las er uns eine Art Märchen vor. Aber leider fielen Caroline [von Wolzogen] und mir gar sehr die Ausgewanderten dabei ein. Es ist eine der Kompositionen, die nur zum Ausruhen bestimmt sein können. Vieles von dem Neuen im Faust ist uralt. Die letzte Szene ist dreißig Jahre alt, aber es hatte nie ein Sterblicher sie gesehn. Goethe hat noch mehr Szenen, die ein andermal werden eingeschaltet werden. [2832]

Wilhelm von Humboldt (1767-1835), preußischer Staatsmann und Gründer der Berliner Universität.

desolant: betrüblich.

eine Art Märchen: »Die neue Melusine«.

die Ausgewanderten: Gemeint ist das »Märchen« am Schluß der »Unterhaltungen deutscher Ausgewanderten«.

Das Schandkreuz

F. Passow an E. Breem

29. November 1808

Bei dieser Gelegenheit muß ich Ihnen doch die betrübte Nachricht melden, daß Goethe – seitdem ihm Napoleon das Schandkreuz der Ehrenlegion ins Knopfloch gehenkt hat – sich beträgt, wie es einem solchen Legionär ziemt! *[2843]*

Franz Ludwig Passow (1786-1833), Professor in Weimar.

Man darf ihm nicht widersprechen

St. Schütze: Die Abendgesellschaften der Hofrätin Schopenhauer

1840

Kügelgen, der (vom 8. Dezember 1808) mehrere Wochen in Weimar sich aufhielt, um Wieland und Goethe zu malen, bildete in dieser Zeit einen sehr schönen Abschnitt . . . Seine Bilder gefielen fast allgemein durch ihr lebhaftes (etwas buntes) Kolorit und durch den Ausdruck weit geöffneter strahlender Augen, wodurch er sie zu idealisieren strebte. Von Freund Meyer erfuhr ich aber unter der Hand, daß er und Goethe über das Verdienstliche seiner Leistungen, dem Publikum gegenüber, ganz anderer Meinung waren und in den theatralischen Reizen nicht die rechte Kraft des natürlichen Lebens fanden; sie hielten jedoch mit ihrem Urteil an sich. Einer eigenen Szene wohnte ich (den 18. Dezember 1808) in der Gesellschaft [bei Johanna Schopenhauer] mit bei, wie Kügelgen Goethen modellierte, und, um keine Langeweile auf seinem Gesichte zu sehen, einen Streit mit ihm über die griechische Malerei eröffnete. Daran tat er aber sehr übel. Goethe konnte nicht einmal einen einzelnen Widerspruch gern ertragen, und Disputieren ist ein fortwährendes Widersprechen. Es kreuzten sich daher so viele verdrießliche und zornige Züge durch das Gesicht, daß es ganz den Charakter einer ruhigen Übereinstimmung verlor und wohl nur noch wenig zum Modellieren dienen konnte. Aber was den Inhalt des Gesprächs betraf, da mußte ich in der Stille Kügelgen beipflichten, der es bezweifelte, daß die Griechen in der Malerei die höchste Vollkommenheit und schon den Gipfel der spätern Kunst erreicht hätten. Goethe glaubte daran, weil die Griechen überhaupt so vollkommen gewesen. *[2860]*

Werners schiefe Religiosität

H. Steffens: Was ich erlebte

1842

Wir fanden [am 31. Dezember 1808] bei der Tafel, außer Goethes Frau, Meyer und Riemer, nur Werner. Goethe war sehr heiter, das Gespräch drehte sich um mancherlei Gegenstände, und die unbefangenen geistreichen Äußerungen des berühmten Wirtes erheiterten uns alle. Auch mit den Frauen wußte er sich auf liebenswürdige Weise zu unterhalten.

Endlich wandte er sich an Werner, der bis jetzt wenig Teil an den Gesprächen genommen hatte. »Nun, Werner«, sagte er, auf seine ruhige, doch fast gebieterische Weise: »haben Sie nichts, womit Sie uns unterhalten, keine Gedichte, die Sie uns vorlesen können?« Werner griff eilig in die Tasche, und die zerknitterten schmutzigen Papiere lagen in solcher Menge vor ihm, daß ich erschrak, und diese Aufforderung Goethes, die das unbefangene und interessante Gespräch völlig zu unterdrücken drohte, keinesweges billigte. Werner fing nun an, eine Unzahl von Sonetten uns auf seine abscheuliche Weise vorzudeklamieren. Endlich zog doch eines meine Aufmerksamkeit auf sich. Der Inhalt des Sonetts war der köstliche Anblick des vollen Mondes, wie er in dem klaren italienischen Himmel schwamm. Er verglich ihn mit einer Hostie. Dieser schiefe Vergleich empörte mich, und auch auf Goethe machte er einen widerwärtigen Eindruck; er wandte sich an mich. »Nun, Steffens«, fragte er, äußerlich ruhig, indem er einen geheimen Ingrimm zu verbergen suchte, »was sagen Sie dazu?« »Herr Werner«, antwortete ich, »hatte vor einigen Tagen die Güte, mir ein Sonett vorzulesen, in welchem er sich darüber beklagte, daß er zu spät, zu alt nach Italien gekommen wäre, ich glaube einzusehen, daß er recht hat. Ich bin zu sehr Naturforscher, um eine solche Umtauschung zu wünschen. Das geheimnisvolle Symbol unserer Religion hat ebenso viel durch einen solchen falschen Vergleich verloren, wie der Mond.« Goethe ließ sich nun völlig gehen, und sprach sich in eine Heftigkeit hinein, wie ich sie nie erlebt hatte. »Ich hasse«, rief er, »diese schiefe Religiosität, glauben Sie nicht, daß ich sie irgendwie unterstützen werde; auf der Bühne soll sie sich, in welcher Gestalt sie auch erscheint, wenigstens hier, nie hören lassen.« Nachdem er auf diese Weise sich eine Zeitlang und immer lauter ausgesprochen hatte, beruhigte er sich. »Sie haben mir meine Mahlzeit verdorben«, sagte er ernsthaft, »Sie wissen ja, daß solche Ungereimtheiten mir unausstehlich sind; Sie haben mich verlockt zu vergessen, was ich den Damen schuldig bin.« – Er faßte sich nun ganz, wandte sich entschuldigend zu den Frauen, fing ein gleichgültiges Gespräch an, erhob sich aber bald, entfernte sich, und man sahe es ihm wohl an, daß er tief verletzt war, und in der Einsamkeit Beruhigung suchte. Werner war wie vernichtet...

Kurz nach aufgehobener Tafel trat ich bei Goethe ein, der völlig ruhig und heiter den Auftritt bei der Tafel ganz vergessen zu haben schien und mit belehrender Ausführlichkeit, wie er sie liebte, einige optische Phänomene darstellte und erläuterte. Als ich mich von ihm trennte, wartete Riemer auf mich, er wünschte mich zu sprechen und führte mich in seine Wohnung. Hier fing er nun an, über den von mir erlebten Auftritt zu sprechen. »Was Sie gesehen haben«, sagte er, »ist in diesem Hause so selten, daß ich mich kaum erinnere, etwas Ähnliches erlebt zu haben.« Ich versicherte ihn, daß ich, eilf Jahre früher, als ich Goethe, der damals noch so viel jünger war, oft sah, etwas Ähnliches nicht allein nicht gesehen, sondern auch nicht einmal für möglich gehalten hätte. Er fuhr fort: »Sie wissen, wie man sich mit Goethe beschäftigt, wie seine Äußerungen und alles, selbst das Kleinste, was man von ihm erfährt, ein Gegenstand der Tagesblätter wird. Ich muß Sie nun recht sehr bitten, ein ähnliches Besprechen der heutigen Begebenheit in solchen Blättern nicht zu veranlassen.« Meine erste Empfindung war, ich gestehe es, eine Art von Entrüstung. »Ich darf«, sagte ich, »nicht voraussetzen, daß Sie je etwas von mir erfahren haben; wäre das der Fall gewesen, so würden Sie diese Bitte als gänzlich überflüssig betrachten; so wichtig der heutige Tag mir auch persönlich ist, so lieb es mir gewesen ist, erlebt zu haben, in welchen großartigen Zorn der herrliche Mann geraten kann, wenn er die widerwärtigen geistigen Krankheiten der Zeit entdeckt, so können Sie sich doch völlig beruhigen. Ich habe an dieser fliegenden Literatur nie Teil genommen, ich stehe mit keinem einzigen Blatt in irgend einer Verbindung, aber ich begreife Ihre Furcht und finde sie sehr natürlich.«

Ich hatte versprochen, den Nachmittag bei der als Schriftstellerin bekannten und beliebten Madame Schopenhauer zuzubringen. Ich fand da, außer meiner Frau und der Familie Frommann, einige Herren und Damen aus der Stadt. Der Auftritt bei der Tafel war der einzige Gegenstand unseres Gesprächs. Ein bedeutendes und Gefahr drohendes politisches Ereignis konnte keine größere Aufregung hervorrufen. Ich glaubte mich an den Hof Ludwig des Vierzehnten versetzt, Goethes Haus erschien mir als der Palast eines mächtigen Königs, dessen zornige Äußerung, von den bedeutendsten Folgen, die ganze Umgebung besorgt machte und in heftige Bewegung versetzte. Auch Werner, der unglückliche Gegenstand der großen Ungnade, erschien, und man zeigte ihm die größte, wenngleich mit einiger Scheu und Furcht verbundene Teilnahme.

Es war der letzte Tag im Jahre; in Weimar fand der gewöhnliche Ball, den der Großherzog und seine Gemahlin mit ihrer Gegenwart beehrten, statt. Ich erinnerte mich mit Vergnügen der frühern Neujahrsnacht, die ich mit Goethe erlebt hatte. Diesmal erschien er nicht, wohl aber seine Frau und Werner. Dieser konnte den Mittag nicht vergessen, er war noch immer sichtlich erschüttert, und ich war nicht wenig erstaunt, als ich erfuhr, welchen Eindruck Goethes Zorn auf ihn, dessen Neigung zum Katholizismus schon damals Gegenstand des Gesprächs war, gemacht hatte. »Der Alte«, sagte er mir, »hat doch recht, ich werde mich vor ähnlichen Äußerungen in der Zukunft hüten.« »Wie«, rief ich überrascht, »Sie, der eifrige Christ, können so schnell umgewandelt werden, können den Äußerungen des alten Heiden irgend eine Bedeutung geben?«

Obgleich nun diese ganze Begebenheit mir etwas Seltsames, ja fast Komisches hatte, so muß ich doch bekennen, daß diese souveräne Gewalt, die ein mächtiger Geist auf seine Umgebung ausübte, mir nicht bloß merkwürdig, sondern auch achtungswürdig und bedeutungsvoll erschien. In der

Tat, hinter dem scheinbar Geringen verbarg sich etwas Großes und Feierliches, etwas geschichtlich Mächtiges, was ich
wohl zu schätzen wußte. *[2879]*

Henrik Steffens (1773-1845), Professor der Naturphilosophie,
Physiologie und Mineralogie in Halle.
   frühern Neujahrsnacht: 1800/01.
   Werner: Friedrich Ludwig Zacharias Werner (1768-1823), Dramatiker (»Die Weihe der Kraft«, »Die Söhne des Tals«), konver-
tierte 1810 zum Katholizismus und wurde 1814 Priester in Aschaffenburg und später in Wien.

Als ob er schon hundert Jahre tot

Abeken: Goethe in meinem Leben

Sonst sah ich Goethen mehrmals in Gesellschaften, bei Herrn
und Frau von Wolzogen, der Schwägerin Schillers, bei Johannes Falk, dem bekannten Satiriker; bei letzterem einmal
[13. Januar 1809] in einer komischen Situation. Falk nämlich, der damals immer seltsame Dinge im Kopfe hatte und in
die Gesellschaft Geistreiches zu bringen bemüht war, ließ,
um eine große, bei ihm versammelte zu unterhalten, in einem
selbsterfundenen Chinesischen Schattenspiel Szenen aus
Goethes Faust darstellen, wozu hinter dem die Schattenbil-
der aufnehmenden Vorhange von ihm und einer damals reisenden Virtuosin, Fräulein von Winkel, aus dem Gedichte
deklamiert wurde. Da kam es mir nun äußerst komisch vor,
wie diese aus schwarzem Papier geschnittenen, fingerlangen
Püppchen, die Gretchen, Valentin, Faust und Mephistopheles vorstellen sollten, vor Goethes Augen sich hin und her bewegten. Er sah das ganz ruhig an; am andern Tage sagte er zu
Frau von Schiller, »es sei ihm vorgekommen, als ob er schon
hundert Jahre tot gewesen«. *[2895]*

Bernhard Rudolf Abeken (1780-1866), Philologe, Hauslehrer von Schillers Kindern.

Er bewundert Napoleon

W. Graf Baudissin an seine Schwester Susanne

1. Juni 1809

Ich habe Goethe gesehen! Den Freitag vor Pfingsten fuhren Kohlrausch und der Hofrat Hugo und ich mit einem Mietkutscher hier [in Göttingen] weg, und durch das wunderschöne Eisenach... nach Weimar... Sonntag abend kamen wir an und fanden Hudtwalcker... Montag in Weimar geblieben... Dienstag früh [23. Mai] nach Jena, wo der große Mann, um allein und ungeniert zu sein, auf sechs Wochen hingegangen ist und an der Fortsetzung des Meister schreibt. Wir schickten ihm den Brief, den Sartorius in Göttingen uns mitgegeben hatte, wie auch einen sehr schönen Geldbeutel von dessen Frau, und ein Buch von der Göttinger Bibliothek, an dem ihm viel gelegen war, und – er ließ uns sagen, wir möchten um 3 aufs Mineralienkabinett kommen, weil das Zimmer, welches er im Schlosse bewohnt, und in dem er ißt und schläft, gar zu klein und schlecht sei. Ich erwartete ihn wie ein Kind den heiligen Christ – endlich kam er, redete mich mit einer langen, geläufigen Phrasis an, war äußerst höflich und fing an in dem Mineralienkabinett herumzuzeigen. Ich verwünschte meine Unwissenheit in der Mineralogie und verwandte kein Auge von ihm. Ich schwöre, daß ich nie einen schöneren Mann von sechzig Jahren gesehn habe. Stirn, Nase und Augen sind wie vom Olympischen Jupiter, und letztere besonders ganz unmalbar und unvergleichbar. Erst konnte ich mich nur recht an den schönen Zügen und der herrlichen braunen Gesichtsfarbe weiden; nachher aber, wie er anfing lebhafter zu erzählen, und zu gestikulieren, wurden die beiden schwarzen Sonnen noch einmal so groß, und glänzten und leuchteten so göttlich, daß wenn er zürnt ich nicht begreife, wie ihre Blitze nur zu ertragen sind. Ich war in einem solchen Anstaunen und Anbeten, daß ich alle Blödigkeit rein vergaß. Mehrere Fremde haben über seine Härte und Steifheit geklagt, gegen uns ist er äußerst human und freundlich gewesen. Er hatte einen blauen Überrock an, und gepudertes Haar ohne Zopf. Seine ehmalige Korpulenz hat er verloren, und seine Figur ist jetzt im vollkommensten Ebenmaß und von höchster Schönheit. Man kann keine schönere Hand sehn als die seinige, und er gestikuliert beim Gespräch mit Feuer und einer entzückenden Grazie. Seine Aussprache ist die eines Süddeutschen, der sich in Norddeutschland gebildet hat, welche mir immer die vorzüglichere scheint; er spricht leise, aber mit einem herrlichen Organ, und weder zu schnell noch zu langsam, und wie kommt er in die Stube, wie steht und geht er! – Er ist ein geborner König der Welt. Wir waren fast zwei Stunden da, und er nötigte uns ein paarmal zu bleiben; erzählte uns von seiner Schweizerreise und sprach mit Lachen und äußerst witzig von einem Prozeß, den er kürzlich – wie Hugo sagte – von Gott und Rechts wegen verloren hatte. Auch fing er an, welches ihm sonst sehr selten geschieht, über politische Dinge sich auszulassen, – rühmte den Plan der Östreicher, und – bewunderte Napoleon, wie man freilich weiß. Zuletzt, als ich von Forkel und Zelter erzählt, sprach er gar über alte Musik, und ich versichre Dich, ganz herrlich. Ich hatte geäußert, wenn diese beiden stürben, würde wohl die ganze Kunst untergehn, und da sagte er, das echte Schöne ginge nie unter, sondern lebe immer in der Brust weniger Guter wie das Vestalische Feuer unauslöschlich fort. Kohlrausch und ich kamen in einer Art von Ekstase zurück, und ich konnte den Abend vor Freuden kaum einschlafen ...

Den Mittwoch morgen [24. Mai] spazieren gegangen, Visiten gemacht. Um zwölf ließ uns, denke Dir, wie artig! der große Prophet zu einem Spaziergange in den Botanischen Garten abholen. Er trug einen sehr schönen schwarzen Rock und an selbigem das russische Ordensband im Knopfloch. Hugo hatte einige Tage vor unsrer Abreise in der Rechtsgeschichte gesagt, die Tiber bei Rom sei nicht größer als die Leine bei Göttingen; das wäre also noch kleiner als die Schwentine bei Rasdorf. Goethe aber, den ich fragte, versicherte zu meiner Freude, sie sei wie die Spree bei Berlin, und nun will Hugo ihr im Collegio Ehrenrettung und Abbitte tun. Damit rühmte er die Fichteschen Reden an die deutsche Nation und besonders ihren wunderschönen Stil, und sagte von den Deutschen: Brennholz sei recht brav eingeheizt in dieser Zeit, aber es fehle an einem tüchtigen zusammenhaltenden Ofen – dann sprach er über das Weimarsche Theater (denke Dir! den Tag ehe wir kamen war *Hamlet* gegeben, nach Schlegel), beklagte uns, daß ein so schlechtes Stück heut abend in Weimar sei (Fridolin oder Der Gang nach dem Eisenhammer), an dem man höchstens im Winter wegen der gut gelungenen Schmelzöfen Gefallen finden könne, und riet uns, lieber die Jenaer Gegend zu durchstreifen. Das Rührungsmittel der Kinder in den Hussiten vor Naumburg [von Kotzebue] nannte er eine moralische Zwiebel etc. Du mußt notwendig die Tiecksche Büste von Goethe zu sehen suchen, die auch von Gott und Rechts wegen in Ranzau sein sollte. *Sie ist keineswegs idealisiert,* sondern Goethe jetzt eher noch schöner, indem sein Gesicht schmaler geworden ist, und die göttlichen, nicht schwarzen, wie ich vorhin schrieb, sondern braunen Augen nicht einmal der Pinsel darstellen kann... [Nachts] erfuhren wir in Fragmenten [von Hugo], daß ein Schauspieler krank geworden, daß Fridolin nicht, und statt dessen Goethes Iphigenia auf Tauris in Weimar gegeben sei! Ich weiß noch nicht, wie ich jetzunder ein einziges Haar auf dem Haupte haben kann. Goethe hatte es erst am Nachmittag erfahren, es an Hugo geschrieben, und der war den ganzen Abend ausgewesen. *[2964]*

Wolf Heinrich Friedrich Karl Graf von Baudissin (1789-1878), dänischer Diplomat und Schriftsteller.

Fortsetzung des Meisters: vielmehr »Die Wahlverwandtschaften«.

Forkel und Zelter: Johann Nikolaus Forkel hatte 1802 die erste Bach-Biographie veröffentlicht; Zelter pflegte die Musik J. S. Bachs in der von ihm geleiteten Berliner Singakademie.

Hamlet: Die Aufführung fand am 17. Mai statt.

Fridolin oder Der Gang nach dem Eisenhammer: szenische Bearbeitung der Schillerschen Ballade von Franz von Holbein.

die Tiecksche Büste: die 1801 von Friedrich Tieck gefertigte Gipsbüste, von Christiane gelobt als »die beste, welche wir bis jetzt vom Geheimrat besitzen«, während der Homer-Forscher Friedrich August Wolf sie als »total verunglückt« schmähte.

Ein ausgelassen lustiger Goethe

Abeken: Ein Tag bei Griesbachs in Jena

1857

Dieser Tag sollte für mich ein freudenreicher sein. Zum Abend waren Goethe, der sich eben in Jena aufhielt, und Knebel geladen. Die Unterhaltung beim Tee war angenehm; Goethe führte meistens das Wort. Er sprach über einige alte Reisebeschreibungen, die er eben gelesen, und zwar mit großer Lebendigkeit und Anschaulichkeit. Es ist eine Wonne, zu sehen und zu hören, wie der Mann alles gleich von der eigentlich interessanten, von der menschlichen Seite auffaßt und wiedergibt. Aber beim Essen ging erst recht meine Lust an. Die Wirtin, wie sie denn immer treulich für mich sorgt, gab mir den Platz zwischen Wieland und seiner Tochter, Goethen gerade gegenüber. Da wollt' ich nun, Du hättest gesehen und gehört, wie heiter, ja wie ausgelassen lustig Goethe war; denn beschreiben läßt sich so etwas nicht; aber nie habe ich einen jungen Mann gesehen, der ein Gespräch, auch über unbedeutende Dinge, mit solcher Lebhaftigkeit und Gewandtheit geführt hätte als dieser nunmehr sechzigjährige Goethe. Er, Wieland und Knebel sind Freunde aus alter Zeit, auf Du und Du; so war das Gespräch vertraulich und zwanglos. Unter anderen kam es auch auf einige Weimarische Schauspielerinnen, an deren einer die jüngeren Frauenzimmer allerlei auszusetzen hatten, besonders in Hinsicht auf das Äußere, die Gestalt. Goethe nahm ihre Partie, und wußte so komisch darzutun, wie, wenn man an dem Körper hier ein weniges wegnähme, dort ansetzte usw., eine gar stattliche Gestalt zu Tage kommen würde, daß der alte Wieland nicht aus dem Lachen kam, wiederholt Goethen um Quartier bat, endlich niederkauerte, und die Serviette sich über den Kopf zog und gegen den Mund drückte, sei es, um den Erguß des Lachens zu hemmen, sei es, um den übrigen seine Grimassen zu verbergen. Mir fiel Horazens Varius ein (in der 8. Satire des 2. Buches, V. 63),

> qui mappa compescere risum
> Vix poterat;

was Wieland übersetzt:

> Varius konnte
> Kaum mit dem Tellertuche vor dem Munde
> Des Lachens sich erwehren.

Schwerlich aber hat Varius so gelacht wie Wieland damals. Es war eine ergötzliche Szene, zu der Knebels bekanntes Jo! Jo! trefflich stimmte.

Wieland meinte nachher, in zwanzig Jahren habe er Goethen nicht so gesehen. Das war wohl zu viel gesagt. Die Griesbach wollte wissen, Goethe habe an dem Tage die letzte Hand an die Wahlverwandtschaften gelegt. *[3018]*

Wovon Bettina phantasiert

Bettina v. Armin: Aufzeichnung

Es war in der Abenddämmerung im heißen Augustmonat, in Teplitz, er [Goethe] saß am offenen Fenster, ich stand vor ihm und hielt ihn umhalst, und mein Blick wie ein Pfeil scharf ihm ins Aug gedrückt blieb drin haften, bohrte sich tiefer und tiefer ein. Vielleicht weil er's nicht länger ertragen mochte, frug er, ob mir nicht heiß sei, und ob ich nicht wolle, daß mich die Kühlung anwehe, ich nickte, so sagt' er: »Mache doch den Busen frei, daß ihm die Abendluft zugut komme.« Und da er sah, daß ich nichts dagegen sagte, obschon ich rot ward, so öffnete er meine Kleidung; er sah mich an und sagte: »Das Abendrot hat sich auf deine Wangen eingebrennt«, und dann küßte er mich auf die Brust und senkte die Stirne darauf; – »kein Wunder«, sagte ich, »meine Sonne geht mir ja im eignen Busen unter.« Er sah mich an, lang, und waren beide still. – Er fragt': »Hat dir noch nie jemand den Busen berührt?« – »Nein«, sagt' ich, »mir selbst ist es so fremd, daß du mich anrührst.« – Da drückte er viele, viele und heftige Küsse mir auf den Hals, mir war bang, er solle mich loslassen, und er war doch so gewaltig schön, ich mußte lächeln in der Angst und war doch ganz freudig, daß mir's galt, diese zuckende Lippen und dies heimliche Atemsuchen, und wie der Blitz war's, der mich erschüttere, und meine Haare, die von Natur sich krausen, hingen herunter, er wollte Ruhe wieder, ich sah es recht in seinem Gesicht, wie er sich faßte, und sammelte mein zerstreutes Haar in der Hand, und war immer wieder still, wie wenn er hätte sprechen wollen und hatte nicht Atem. Dann sagt' er so leise erst: »Du bist wie das Gewitter, deine Haare regnen, deine Lippen wetterleuchten, und deine Augen donnern.« – Da fand ich auch meine Stimme: »Und du bist wie Zeus, du winkest mit den Brauen, und der Olympus erzittert.« – »Wenn du künftig abends dich auskleidest und die Sterne leuchten dir in den Busen wie jetzt, willst du da meiner Küsse gedenken?« – »Ja!« – »Und willst denken, daß ich ohne Zahl wie die Sterne tausendfach das Siegel meiner Liebe dir in den Busen drücken möcht'?« – »Ja!« – »Und willst denken, daß es Unvergeßliches ist, Unsterbliches, was ich in dir erlebe, willst du das glauben?« – »Ja!« sagt' ich, »ich will's glauben!« – Er ... ja wie war's doch? – Er seufzte so tief, und lehnte den Kopf an mich, und: »Verzeih mir's«, sagte er, »daß ich so ganz stark nicht bin«, und sah zu mir hinauf und drückte mir den Busen fest. – Ich reichte über ihm weg nach dem Weinlaub am Fenster, ich riß eine Weinranke ab und schlug ihm auf die Hände: »Wenn künftig die Reben Laub gewinnen und du stehst bei sinkender Nacht bei sternhellem Himmel am Fenster, einsam, willst du da meiner gedenken?« – fragt' ich. – Er sagte auch: »Ja!« – »Und willst du denken meiner Wehr gegen dich, kühner Mann, und daß ich keine Macht hab, dir zu widerstehen mit so feurigem Blick und mächtigen Worten und so großer Schönheit, die ich nie noch geahnt habe, daß sie das Antlitz durchleuchten könne, und willst dich der Schläge erinnern, die ich dir hier gebe für dein unritterlich Betragen, dem unbewaffneten Knappen solche Schmach anzutun?« – Er lachte laut auf, ließ mich los und rief: »So bändigend, und solche Unschuld – solche Gelassenheit und solche Leidenschaft! – süßes süßes Weib!« Nun muß ich Dir sagen, dem ich dies erzähle, wie er diese Worte ausrief, das machte mich taumeln, es schrie in meiner Brust vor Wehtum der Wonne, und meine Seufzer wurden zu

Lauten, ich umklammerte ihn fest. – Er war bewegt, wie wenn er die Tränen verhalte, und sagte: »Komm, ich will dir den Busen wieder zudecken«; er liebkoste sie aber wieder und fragte: »Warum meinst du, daß es Strafe verdient? – soll man nicht das Schöne umfassen? ist es nicht die Aufgabe meines Lebens? – bin ich darum nicht der Dichter?« – Ich war wieder ruhig, ich war wieder gelassen, ich war wieder listig; ich lächelte ihn an, und besann mich auf die Antwort. »Nun was hast du für Schelmerei im Sinn?« – »Umfaßt denn Gott die Welt, oder die Welt Gott?« – fragt' ich. – »Ei freilich, Gott umfaßt die Welt, und ich bin der selige Gott, den es durchdringt, daß er von seiner Welt empfunden wird, wenn er sie umfaßt.« – »So ist es denn nicht die Schönheit, die du umfassest, und trägst und umfassest die Sünden der Welt, denn ich konnte mich vergessen und dich strafen wollen, leugnend, daß du der Gott seist, der sich zu mir herabläßt.« Und ich war heimlich sehr bewegt bei all dem Scherz und mußte mich zusammennehmen, daß ich meine Worte hinwarf mit klopfendem Herzen, Du, der es liest, könntest wohl falsch von mir urteilen, ich sei kokett gewesen, nein ich war voll heiliger Scheu, es kam mir vor, wie wenn diese Scherzreden alle aus göttlichem Leben zwischen uns beiden wie Funken auffliegen, und so in eine höhere Region tanzen. Ich hab mir dies Gespräch wohl tausendmal wieder vorgebetet, jeden Abend vor dem Einschlafen erzählte ich es mir wieder und erlebte in Gedanken noch manches, was ich ihm dann am andern Tag schrieb; – aber es war noch nicht alles; – jetzt streckte er die Arme wieder nach mir und sagte: »Komm!« – und zog mich aufs Knie und drückt' meinen Kopf ans Herz und spielt' mit meinem Ohr und lehnte mit der Stirne an meiner Stirne und so lange Zeit, wo ihm Schweißtropfen auf mich niederfielen, erst küßt' ich sie auf, dann bekam ich wahrhaftig Durst darnach, und trank sie mit den Lippen auf, die Augenwimpern badete ich ihm mit meinen Lippen. – Der Schweiß perlte über seinem herrlichen Mund, den er herb geschlossen hielt, er seufzte tief, er ächzte, ich ließ mich nicht stören, ich leckte alle Schweißperlen auf, er legte die Zunge auf die Lippen, ich biß sie ganz leise, ich biß auch in die Lippen, er drückte mich an seine Wangen, und meine Tränen liefen ihm über das Antlitz; er sagte wieder: »Weib! Weib! wenn du wüßtest, wie süß du bist, dann! ja dann erst könntest du's begreifen, wie streng die Fesseln sind, die deine Unschuld mir anlegt, daß ich's nicht vermag, sie zu zerreißen.« *[3245]*

Bettina von Arnim (1785-1859), Schriftstellerin, verheiratet seit 1811 mit Achim von Arnim. Der Bericht, der sich auf den Aufenthalt in Teplitz 1810 bezieht, liegt in fünf handschriftlichen Fassungen vor und wurde von Bettina nicht veröffentlicht.

Geschenke für die Sänger

K. Eberwein: Erinnerungen

Die Übungen der Hauskapelle wurden unter meiner Leitung mit großem Eifer fortgesetzt. Wie früher war Donnerstag abends Probe, nach der man meistens zu einem fröhlichen Mahle zusammenblieb; Sonntag morgens Aufführung vor großer, guter Gesellschaft, begleitet von irgend einem Frühstück.

Anfangs machte mich Goethes Gegenwart in den Proben befangen. Ich fürchtete ihn durch öftere Repetitionen oder Bemerkungen über Einteilung und Vortrag zu ermüden. Als er aber darüber weder Unlust noch Mißbehagen blicken ließ, vielmehr selbst beim Einstudieren seiner Lieder, hinsichtlich des Vortrages, eine nicht zu besiegende Zähigkeit an den Tag legte, bis wir das Rechte getroffen hatten, so gewann ich allmählich den Mut, die Direktion nach Pflicht und Überzeugung zu handhaben.

Hochbeglückt, unsern verehrten Meister für so manche Unbill, die er unsertwegen erduldete, durch unsere geringen Kräfte einigermaßen entschädigen zu können, kam es keinem zu Sinn, unsere Leistungen in seinem Hause als einen Dienst zu betrachten, der eines Lohnes würdig wäre. Um so angenehmer war die Überraschung, als die Geheimerätin im Auftrag ihres Gemahls uns zum Weihnachtsfeste ansehnlich beschenkte. Unsere Sängerinnen erhielten Putzsachen, die sie um so höher schätzten, weil sie von Goethe kamen. Mich hatte der Meister ganz besonders gut bedacht. *[3364]*

Die Übungen fortgesetzt: Eberwein war 1809 acht Monate in Berlin gewesen.

zum Weihnachtsfeste: 1809.

Seine Exzellenz und die Kinder

G. Moltke: Goethe-Reminiszenzen

1882

Der große Dichterfürst Goethe, unter dessen berühmter Leitung die Weimarsche Hofbühne stand, wollte meinem Vater besonders wohl, und oft kamen an ihn Einladungen ins Goethesche Haus; denn die Exzellenz war für Musik und Gesang bei geselliger Unterhaltung sehr empfänglich. Bei einer solchen Gelegenheit sprach die Frau Geheimrätin, Goethes Gattin, die eine große Kinderfreundin war, zu meinem Vater den Wunsch aus, sein Söhnchen, für das sie ein lebhaftes Interesse fühle, einmal bei sich zu sehen. Frau von Goethe, die, wie gesagt, viel Herz und Liebe für die kleine Kinderwelt besaß, empfing mich überaus freundlich. Erst war ich etwas schüchtern, aber Liebkosungen, Kuchen und süßer Wein stimmten mich gar bald heroischer.

Im Umsehen war ich ihr erklärter Liebling, der im Theater

sogar auf der Brüstung der Goetheschen Parterreloge Platz nehmen durfte. Sr. Exzellenz, der gestrenge Herr Gemahl, waren erst nicht damit einverstanden, aber die unwiderstehliche Bitte der Frau Geheimrätin siegte, und liebreich sorgte sie dafür, daß der verzogene Günstling hübsch ruhig saß, und mit den Absätzen der Schuhe nicht auf der Holzwand unter der Logenbrüstung herumtrommelte. Mitunter waren wir Schauspielerkinder von unserer mütterlichen Gönnerin, Frau von Goethe, recht zahlreich eingeladen, dann ging's natürlich nicht allzu ruhig her. So trat einstmals, als die prächtige Frau in ihrer großen Gutmütigkeit dem Kinderlärm nicht zu steuern vermochte, der empörte alte Diener zornfunkelnd heran und schrie: Der Geheimbderat könne den verfluchtigen Spektakel nicht länger ertragen. Kurze Zeit blieb's ruhig, sobald uns aber der Cerberus aus den Augen war, wurde lustig weiter spektakelt.

Plötzlich aber trat die allgefürchtete Exzellenz im langen Hausrock selber herein, in gemessenem Schritt, voll majestätischer Haltung, die Hände auf dem Rücken. Rasch flüchteten wir Kinder zu unserer guten Fee, die mich kleinen Unband liebreich umschloß. Da aber der gefürchtete Herr beim Anblick dieser komischen Gruppe nur lächelnd mit dem Finger drohte und gar nicht schalt, fing ich mutwilliges Bürschchen an zu kichern. Der Gestrenge setzte sich und rief:

»Kleiner Molke! (das t in meinem Namen war ihm eine grausame Härte), komm einmal her zu mir.« Etwas zaghaft ging ich zu ihm, er aber nahm mich freundlich auf sein Knie, und fragte: »Was habt ihr kleinen tollen Kobolde denn eigentlich getrieben, weshalb der störende Lärm?« Sogleich bekam ich wieder Courage und sagte, wir hätten getanzt und gesungen, im Garten Haschemännchen gespielt, wären dabei tüchtig herumgesprungen, an der Laube empor geklettert und hätten den Herlitzchenbaum geplündert.

»Was, meine Herlitzchen, die ich selbst so gern genieße, hast du kleiner Schlingel mir stibitzt? I, das ist ja recht schön!«

Mit einem wohlwollenden Backenstreich entließ mich der gestrenge Herr, und Frau von Goethe schickte uns Kinder sofort nach Haus, mit dem Bedeuten, daß wir künftig artiger sein müßten. *[3366]*

Karl Gustav Moltke (1806-1887), Schauspieler.

meinem Vater: dem Opernsänger Karl Melchior Jakob Moltke, seit 1809 in Weimar.

Herlitzchenbaum: Baum der Kornelkirsche.

Was Frau von Schiller schmerzt

Charlotte v. Schiller an Prinzessin Caroline

27. Januar 1811

Gestern war ich recht erstaunt. Als ich in des Meisters Loge komme, wo noch niemand war, finde ich – raten Sie, was? Vier brennende Lichter und einen Teetisch. Die Lichter und das Öffnen der Türe hatte Sensation gemacht; alle Köpfe waren nach der Loge gerichtet, wo ich ganz betroffen und bescheiden stand.

Der Meister kam und die Gemahlin, die einen heftigen Katarrh hatte, und deswegen waren diese Anstalten getroffen; die vielen Lichter waren aber ohne Befehl hingestellt, und ich war recht froh, als nur eins blieb. Heute ist die Frau Gemahlin so krank, daß sie zu Bette liegt, doch waren wir dort, wo prächtige lateinische Gesänge erschallten, und ganz ernsthaft.

Ich darf es manchmal gar nicht sagen, wie mich doch des Meisters Lage einengt und im Innern schmerzt; denn mir deucht, ich fühle zuweilen in seiner Seele, daß er irre in sich ist. Welcher Dämon hat ihm diese Hälfte angeschmiedet? Es gehört zu den Rätseln der Menschen-Bestimmung. *[3387]*

Charlotte von Schiller (1766-1826), die Witwe des Dichters.
  Caroline Luise Erbprinzessin von Mecklenburg-Schwerin (1786-1816). Am 26. Januar wurde Mozarts »Die Entführung aus dem Serail« aufgeführt.

Ja, ja, schön, hem, hem

S. Boisserée an seinen Bruder Melchior

3. Mai 1811

Ich komme eben von Goethe, der mich recht steif und kalt empfing, ich ließ mich nicht irremachen und war wieder gebunden und nicht untertänig. Der alte Herr ließ mich eine Weile warten, dann kam er mit gepudertem Kopf, seine Ordensbänder am Rock; die Anrede war so steif vornehm als möglich. Ich brachte ihm eine Menge Grüße: »recht schön«, sagte er. Wir kamen gleich auf die Zeichnungen, das Kupferstichwesen, die Schwierigkeiten, den Verlag mit Cotta und alle die äußern Dinge. Ja, ja, schön, hem, hem. Darauf kamen wir an das Werk selbst, an das Schicksal der alten Kunst und ihre Geschichte. Ich hatte mir einmal vorgenommen, die Vornehmigkeit ebenso vornehm zu begegnen, sprach von der hohen Schönheit und Vortrefflichkeit der Kunst im Dom so kurz als möglich, verwies ihn darauf, daß er sich durch die Zeichnungen ja selbst davon überzeugt haben würde, – er machte bei allem ein Gesicht, als wenn er mich fressen wollte. Erst als wir von der alten Malerei sprachen, taute er etwas auf, bei dem Lob der neugriechischen Kunst lächelte er; er fragte nach Eyck, bekannte, daß er noch nichts von ihm gesehen hatte, fragte nach den Malern zwischen ihm und Dürer und nach Dürers Zeitgenossen in den Niederlanden; daß wir gerade so schöne Bilder hätten, weil überhaupt die Kunst in Niederland viel edler und gefälliger als im übrigen Deutschland gewesen, leuchtete ihm ein; ich war in allen Stücken so billig, wie Du mich kennst, aber auch so bestimmt und frei wie möglich und ließ mich gar nicht irremachen durch seine Stummheit oder sein »ja, ja, schön, merkwürdig«. Ich gab großmütig meine Gedanken über den Gang der Malerei durch die Einwirkung von Eyck zum besten, jedoch mit aller Vorsicht, zugleich aber ließ ich nicht undeutlich merken, daß man eben bei der noch ganz frischen Entdeckung, die wir das Glück gehabt zu machen, seine Gedanken noch nicht gerne ausspreche; ich gab sie auch nur in allgemeinen Zügen, das ließ er sich alles sehr wohl und behaglich einlaufen. Endlich war von Reinhard die Rede, das Gespräch führte zu unserm gemeinschaftlichen Besitz von Apollinarisberg, von seinen Verhältnissen zur Regierung, zu seiner Frau, so daß ziemlich das Wesentlichste berührt wurde, das machte den alten Herrn freundlicher, das Lächeln wurde häufiger, er lud mich auf morgen zu Tisch; erinnerte mich noch zum Erbprinzen zu gehen, ich müßte den Herrschaften die Zeichnungen zeigen, er wolle alles schon einleiten.

Ich kündigte ihm Cornelius' Zeichnungen an, das gefiel ihm, ich schickte sie ihm nach Tisch; ich wollte ihm nur mit ein paar Worten sagen, daß sie in altdeutschem Stil seien, aber er wurde abgerufen; es kam ein anderer Besuch, er gab mir einen oder zwei Finger, recht weiß ich es nicht mehr, aber ich denke, wir werden es bald zur ganzen Hand bringen. Als ich durchs Vorzimmer ging, sah ich ein kleines, dünnes, schwarz gekleidetes Herrchen in seidenen Strümpfen, mit ganz gebücktem Rücken zu ihm hinein wandeln, da wird er wohl seine Vornehmigkeit haben brauchen können! Ist es ein Wunder, wenn ein Mensch, der sein ganzes Leben hindurch von Schmeichlern und Bewunderern umringt, und von Klein und Groß wie ein Stern erster Größe angestaunt und gepriesen wird, am Ende auf solche hoffärtige Sprünge kommt, die aber auch gleich aufhören, sobald ihm jemand gegenüber steht, der zwar das eminente Verdienst hochachtet, seinem eigenen Wert aber nicht alles vergibt. *[3426]*

Sulpiz Boisserée (1783-1854), Kunstgelehrter und Kunstsammler.
  Melchior Boisserée (1786-1851), Kunstsammler und Kunst-händler.
  Lob der neugriechischen Kunst: Gemeint ist die Romanik.
  kleines . . . Herrchen: Der Wiener Bankier und Musiker Franz von Oliva hatte einen Brief Beethovens an Goethe überbracht, in dem Beethoven die Übersendung seiner Musik zu »Egmont« ankün-digte.

Toll wie unsre ganze Zeit

S. Boisserée an seinen Bruder Melchior

6. Mai 1811

Mit dem alten Herrn geht mir's vortrefflich, bekam ich auch den ersten Tag nur einen Finger, den andern hatte ich schon den ganzen Arm. Vorgestern, als ich eintrat, hatte er die Zeichnungen von Cornelius vor sich. Da sehen Sie einmal, Meyer, sagte er zu diesem, der auch hereinkam, die alten Zei-ten stehen leibhaftig wieder auf! Der alte kritliche Fuchs murmelte (ganz wie Tieck ihn nachmacht, ohne die geringste Übertreibung), er mußte der Arbeit Beifall geben, konnte aber den Tadel über das auch angenommene Fehlerhafte in der altdeutschen Zeichnung nicht verbeißen. Goethe gab das zu, ließ es aber als ganz unbedeutend liegen, und lobte mehr, als ich erwartet hatte. Sogar der Blocksberg gefiel ihm; die Bewegung des Arms, wo Faust ihn der Gretchen bieter, und die Szene in Auerbachs Keller nannte er besonders gute Ein-fälle. Vor der Technik hatte Meyer alle Achtung, freute sich, daß der junge Mann sich so herauf gearbeitet habe. Ich gab zu verstehen, daß Cornelius sich über seinen Beifall doppelt freuen würde, weil er bei dem schlechten Licht, worein sich manche Nachahmer des Altdeutschen gesetzt, gefürchtet, diese Art allein würde ihm schon nachteilig sein. Gäbe aber nun Goethe etwas dergleichen Lob, so wäre das umso mehr wert, weil man dabei von der höchsten Unbefangenheit überzeugt sei, und daher könne er auch mit umso besserem Nachdruck und Erfolg die wirklichen Fehler rügen.

Bei Tisch kam die Rede auf allerlei, auf Lezay, auf Reinhard; Sie haben der Prinzeß Stephanie Ihre Zeichnungen gezeigt, Reinhard hat mir etwas davon verraten! Ich fragte ihn nach dem Diego von Kettenburg, das ist ein Schillerus redivivus, antwortete er, eine Stimme aus dem Grabe, ganz ohne Kraft und Mark! Je weiter wir ins Essen und Trinken kamen, desto mehr taute er auf. Nach Tisch wurde auf dem Flügel gespielt, ein Baron Oliva von Wien, Kapellmeister, wenn ich recht gehört, trug einiges vor, es war das kleine, höfliche Männchen von tags zuvor. In dem Musiksaal hingen Runges Arabesken, oder symbolisch-allegorische Darstellungen von Morgen, Mittag, Abend und Nacht. Goethe merkte, daß ich sie aufmerksam betrachtete, griff mich in den Arm und sagte: Was, kennen Sie das noch nicht? Da sehen Sie einmal, was das für Zeug ist, zum Rasendwerden, schön und toll zugleich. Ich antwortete: ja ganz wie die Beethovensche Musik, die der da spielt, wie unsere ganze Zeit. Freilich, sagte er, das will alles umfassen und verliert sich darüber immer ins Elementarische, doch noch mit unendlichen Schönheiten im Einzelnen; da sehen Sie nur, was für Teufelszeug, und hier wieder, was da der Kerl für Anmut und Herrlichkeit hervorgebracht, aber der arme Teufel hat's auch nicht ausgehalten, er ist schon hin, es ist nicht anders möglich, was so auf der Kippe steht, muß sterben oder verrückt werden, da ist keine Gnade. Ich schreibe Dir dieses Gespräch nur, um Dir die Vertraulichkeit und den schönen Eifer des alten Herrn zu schildern. Du kannst denken, daß es viel mannigfaltiger war und sehr vieles dabei wechselseitig zur Rede kam. Von diesen Blättern selbst kannst Du Dir unmöglich eine Vorstellung machen, sie sind, einmal die Absicht und Art zugegeben, so wunderwürdig schön, wie in unsern Tagen nichts gemacht worden, ich will sie zu kaufen suchen und nach Köln mitbringen. Nachher kamen wir auf die Philosophie, auf Deutschland, auf unsere Aussichten, auf deutsche Bildung zu sprechen. Er sagte: Sie glauben nicht, für uns Alte ist es zum Tollwerden, wenn wir da, so um uns herum, die Welt müssen vermodern und in die Elemente zurückkehren sehen, daß, weiß Gott wann, ein neues daraus erstehe! Und doch, sagte ich, ist es noch der einzige Trost, daß wir Jungen, als Leichenträger, gleichsam das Bessere, was in der Pest noch übrig bleibt, die alten Schätze der Bildung zu retten suchen, und mit der Zeit, vielleicht erst in unsern Enkeln die Schulmeister und so auch die Herren der jungen Völker werden, die uns einst beherrschen sollen, alle anderen Hoffnungen und Bestrebungen sind leer. Was Sie da aussprechen, das ist das Rechte, sagte er, aber die Dinge so anzusehen, dazu gehört Charakter, denn zur Resignation gehört Charakter. –

Es ist natürlich nicht möglich, solche Gespräche in ihrer ganzen Folge wiederzugeben, zumal nicht in der Eile, in der ich schreiben muß, denn gleich geht die Post ab, ich zeichnete Dir nur einiges von den allgemeinsten Zügen, wie es mir gerade einfiel. [3427]

er ist schon hin: Philipp Otto Runge war am 2. Dezember 1810 in Hamburg gestorben, 33 Jahre alt. Die vier Kupferstiche der »Tageszeiten« entstanden 1803.

Der Alte wurde ganz gerührt

S. Boisserée

8. Mai 1811

Am Mittwoch fand ich ihn morgens im Garten, wir sprachen über Cornelius, [dar]über, daß er ihm geschrieben und Dürers Handzeichnungen empfohlen, ich hatte ihm schon tags vorher nachmittags im Garten gesagt, welche Freude allgemein sich geäußert über sein freies (Sünden) Bekenntnis und Genugtuung gegen Dürer bei Gelegenheit dieser Randzeichnungen und wie schön ihm diese frische jugendliche Beweglichkeit, die er in das Alter gerettet – anstehe usw. Ja es sei gut, daß man alt würde, habe er bei diesen Randzeichnungen bemerkt, sonst hätte er den Dürer [nicht] eigentlich kennen [gelernt], und sei es ihm auch wieder lieb, daß er alt geworden, sonst hätte er das altteutsche Bauwesen nie recht kennen gelernt – erwiderte er.

Nachmittags nach Tisch saßen wir allein; er lobte recht mit aller Wärme und allem Gewicht meine Arbeit, ich hatte das erhebende Gefühl des Siegs einer großen schönen Sache über die Vorurteile eines der geistreichsten Menschen, mit dem ich in diesen Tagen recht eigentlich einen Kampf hatte bestehen müssen, ich hätte ihn gewiß nicht errungen, wäre ich nicht durch so genaue Bekanntschaft mit meinem Gegner, mit dessen Gesinnungen ich besonders durch Reinhard sehr vertraut war, gar trefflich vorbereitet gewesen, ich gewann hauptsächlich dadurch – was auch meiner eigenen innersten Neigung und Überzeugung am gemäßesten ist –, daß ich rein die Sache würken ließ, und immer nur auf die Gelegenheit bedacht war, wo und wie ich sie am besten würken lassen konnte; [er] äußert sich auch ganz demgemäß über das Werk: Ja was Teufel, man weiß da, woran man sich zu halten hat; die Gründlichkeit und Beharrlichkeit, womit die Sache bei uns verfolgt ist, zeigt, daß es lediglich um die reine Wahrheit, und nicht darum zu tuen, zu wirken und Aufsehen zu erregen. Ich fühlte die uns im Leben nur selten beschiedene edele Freude, einen der ersten Geister von einem Irrtum zurückkehren zu sehen, wodurch er an sich selber untreu geworden war, es konnte keinen wohltätigeren wahreren Beifall für mich geben, ich sagte ihm, wie ich es erkenne, wie hoch ich seinen Beifall schätze, der diese Kunst gewissermaßen ein für allemal abgefertigt gehabt, wie sehr mich ein so ernster wahrhafter Beifall und Erkenntnis – meines Strebens um [in] der Sache – entschädige für den oft fast schmerzhaften, nie aber das Herz erfreuenden, leider unentbehrlichen Beifall der großen Welt, zumeist der Fürsten, die gewöhnlich jedem Hanswurst und Schauspieler denselben schenken.

Ich sprach, wie eben meine Stimmung mir es eingab, ich weiß nicht, wie ich die Worte setzte, sie mußten meine Bewegung kundgeben, denn der Alte wurde ganz gerührt davon, drückte mir die Hand und fiel mir um den Hals. Das Wasser stand ihm in den Augen. *[3432]*

Das bibelschöpferische Volk

L. A. Frankl: Wahrheit aus Goethes Leben

1882

Der böhmische Edelmann S. v. L. [Simon von Laemel] befand sich gleichzeitig mit Goethe in dem Kurorte [Karlsbad] und pflegte auf einer im einsamen Walde gelegenen Bank auszuruhen. Goethe, der vorüberkam, gesellte sich grüßend zu ihm. Herr v. S. tat, als ob er den Dichter nicht kenne, und erwähnte, um dies in Karlsbad, wo Goethe von aller Welt gekannt war, glaubwürdig zu machen, daß er erst hier angekommen sei. Goethe mochte an dem lebenserfahrenen Gespräche des feingeistigen Mannes, der in seiner Aussprache die jüdische Herkunft merken ließ, Gefallen gefunden haben. Sie fanden sich ohne Verabredung öfters an derselben Stelle und zu gleicher Stunde zusammen. »Erst jetzt«, äußerte Herr v. S., »weiß ich, daß ich die seltene Ehre habe, mit Seiner Exzellenz, dem Herrn Minister von Goethe, zu sprechen.« Dabei stand er auf und verbeugte sich tief: »Ich bin der Bankier S. aus Prag.« – »Eine ausnehmend merkwürdige Stadt!« sagte Goethe, ohne auf die Erkennungsszene einzugehen und sich niederlassend. »Die Synagoge, wenn sie auch nicht so alt ist, wie die gerne übertreibenden Juden meinen, ist ein interessanter gotischer Bau, vielleicht aus dem zwölften Jahrhunderte. Und der Friedhof mit seinen ehrwürdigen Monumenten! Er verdiente gezeichnet und die Inschriften erhalten zu werden. Im Laufe der Zeiten geht so Ehr- und Denkwürdiges doch verloren.« Ein jüdisches Thema war so angeklungen, und Herr v. S. sagte ohne jede Vermittlung: »Der Schiller, Euer Exzellenz! hat uns Juden mit seiner Abhandlung: ›Die Sendung Mosis‹ sehr weh getan, und was das Schlimmste ist, er hat uns gekränkt, weil er die Sache gar nicht verstanden hat.« Goethe, ohne in eine Meinungsäußerung einzugehen, doch bei dem Thema bleibend, äußerte: »Der Eindruck, den ich in früher Jugend in meiner Vaterstadt empfing, war mir ein mehr erschreckender. Die Gestalten der engen und finsteren Judenstadt waren mir gar befremdliche und unverständliche Erscheinungen, die meine Phantasie beschäftigten, und ich konnte gar nicht begreifen, wie dieses Volk das merkwürdigste Buch der Welt aus sich heraus geschrieben hat. Was sich allerdings in meiner früheren Jugend als Abscheu gegen die Juden in mir regte, war mehr Scheu vor dem Rätselhaften, vor dem Unschönen. Meine Verachtung, die sich wohl zu regen pflegte, war mehr der Reflex der mich umgebenden christlichen Männer und Frauen. Erst später, als ich viele geistbegabte, feinfühlige Männer dieses Stammes kennen lernte, gesellte sich Achtung zu der Bewunderung, die ich für das bibelschöpferische Volk hege, und für den Dichter, der das hohe Liebeslied gesungen hat. Beide Bücher haben mich mannigfach beschäftigt.«

Die Zeit rückte heran, wo Goethe den Kurort zu verlassen beschloß. Herr v. S. erbat sich von dem Dichter ein Autograph in einer eigentümlichen Form. »Erlauben, Exzellenz, daß ich Ihnen zur Erinnerung an Böhmen einen echten Melniker Wein nach Weimar schicke, den Exzellenz die Güte haben werden, mittels Quittung als empfangen zu bestätigen; diese wird dann mein Autograph sein.« Beide Männer schieden, sich herzlich die Hände drückend. *[3478]*

Ludwig August Frankl (1810-1894), österreichischer Schriftsteller.

Simon von Laemel (1766-1845), Bankier und Kaufmann in Prag.

merkwürdige Stadt!: Goethe ist nie in Prag gewesen, er kann das Erwähnte also nur aus Beschreibungen gekannt haben.

Synagoge: die »Altneu-Synagoge« aus dem 13. Jahrhundert.

Friedhof: ebenfalls aus dem 13. Jahrhundert.

Schiller: Die Jenaer Vorlesung »Die Sendung Moses« war 1790 in der »Thalia« gedruckt worden.

Judenstadt: Über das Frankfurter Ghetto berichtet Goethe im 4. Buch von »Dichtung und Wahrheit«.

das hohe Liebeslied: »Das Hohelied Salomonis«, nach der lateinischen Fassung und Luthers Übersetzung von Goethe selber bearbeitet.

Ein verrückter Bücherschreiber

Knebel an seine Schwester

16. Juli 1811

Wir haben nun öftere Besuche. Goethe und Wieland sind zugleich hier, doch wird letzterer mit Ende der Woche wieder abreisen...

An unsern Freund Wilhelm Blomberg in Lemgo – habe ich in diesen Tagen auch eine etwas sauersüße Antwort erteilen müssen. Goethe, den ich den Brief lesen ließ, sagte, ich hätte alles darin vereint, was man gegen dergleichen Anforderungen äußern könne, nämlich das Höfliche, Grobe und Schweigende. Ich habe ihm mit *einem* Wort gesagt, daß ich sein Buch nicht verstünde, und nun habe ich ihm meine Gedanken über die einem Schriftsteller notwendige Klarheit und Deutlichkeit gegeben. Es sind jetzt so viel ganz verrückte Bücherschreiber, daß man es nicht denken sollte; alle wollen Originale sein und was Außerordentliches sagen. Goethe seufzt darüber und sagt, ihr Talent bestehe in der Verrücktheit, und wenn man ihnen diese nähme, so bleibe ihnen fast nichts übrig... Sonst haben wir auch noch eine andre Erscheinung vor einigen Tagen hier gehabt, nämlich den Maler Friedrich aus Dresden... Goethe preist sein Talent, aber beklagt, daß er damit auf irrem Wege ginge. *[3501]*

Wilhelm Blomberg: Wilhelm von Blomberg hatte 1811 »Satiren über das göttliche Volk« veröffentlicht.

Maler Friedrich: Caspar David Friedrich war am 9. und 10. Juli in Jena mit Goethe zusammengetroffen.

Krach mit Arnims

Charlotte v. Schiller an Prinzessin Caroline

19. September 1811

Seit vierzehn Tagen sind Arnims hier. Er ist graziös, liebenswürdig wie sonst, schreibt aber, unter uns gesagt, auch wie sonst und schreitet nicht vor; doch muß man ihn lieb haben und die einzelnen Aperçus seiner geistigen Geburten auch. Mit seiner Frau ist er so graziös und mild, daß es mich freut. Die Frau ist recht geistreich und lebendig, und erzählt vortrefflich. Sie ist viel stiller geworden, als sie sonst war, und da kann ich auch mit ihr fortkommen. Sie liebt den Meister auf eine rührende Weise, aber denken Sie nur, daß ihr die dicke Hälfte [am 13. September] das Haus verboten, de but en blanc eine Zänkerei in der Ausstellung angefangen und ihr gesagt hat, sie würde sie nicht mehr sehen usw. Die Bettina ist eigentlich bloß des Meisters wegen hier, freute sich auf ihn, sehnte sich ihn zu sehen, und seit diesem Vorfall nimmt er auch keine Notiz von ihr. Sie hat ihm vorgestern geschrieben, gesagt, sie wollte der Frau ihr Betragen ganz vergessen, er würde ihr immer lieb bleiben, und er antwortet nicht, kommt nicht! *[3537]*

Christiane von Goethe und Bettina von Arnim hatten am 13.9. 1811 gemeinsam eine Ausstellung mit Werken von Johann Heinrich Meyer besucht. Bettinas abfällige Bemerkungen führten zu einem heftigen Streit zwischen den Frauen, bei dem Christiane schwer beleidigt wurde. Goethe verbot den Arnims darauf das Haus.

de but en blanc: ohne Überlegung.

Eine tollgewordene Blutwurst

Marie Helene v. Kügelgen an Volkmanns

12. Oktober 1812
Ich muß Euch noch einiges von der Frau von Arnim erzählen,
die mir als das originellste Wesen erschienen ist... Als sie vor
einem Jahr den heftigen Streit mit der Goethe hatte, der
so viel Aufsehen machte, hat sie in ganz Weimar erzählt: es
wäre eine Blutwurst toll geworden und hätte sie gebissen.
Und wirklich soll die Goethe keinem Ding so ähnlich sehen
als einer Blutwurst. *[3538]*

Marie Helene von Kügelgen (1774-1842), Ehefrau des Malers Gerhard von Kügelgen in Dresden.

Öffentliche Schimpfreden

Arnim an Goethe

(19. oder 20. September 1811)
Empfangen Euer Exzellenz bei meiner auf morgen bestimmten Abreise den innigsten Dank für alle Zeichen Ihrer Güte
gegen mich und meine Frau. Es bedarf keiner Versicherung,
wie leid es mir getan, daß die öffentlichen Schimpfreden,
welche die Frau Geheimrätin über meine Frau ergossen, und
die Folgen derselben auf die Gesundheit meiner Frau und auf
das Stadtgespräch eine Trennung des Umgangs in den letzten
Tagen notwendig machten. Euer Exzellenz könnte mir vielleicht heimlich den Vorwurf machen, daß ich durch zweck-
mäßige Beruhigung zur rechten Zeit die fatale Szene auf der
Ausstellung hätte hindern sollen, ich kann mich dagegen
leicht rechtfertigen. Frau v. Pogwisch ist mein Zeuge, daß ich
bis zu dem lärmenden Auszuge der Frau Geheimrätin aus

den Zimmern nichts... vernommen – sie hatte vorher wiederholt mit uns allen bei Lächerlichem gelacht –, weil ich im Nebenzimmer stand, meine Frau fand ich darauf bleich und zitternd wieder zwischen einer Menge Unbekannten, die sich teilnehmend um sie bemühten und sie ausfragten. Es war also nichts zu machen, als meine Frau eilig aus der neugierigen Menge herauszuführen und durch eine Bewegung den Schrecken zu vertreiben. *[3539]*

Die Frau Gemeinerätin

Pauline Gotter an ihre Mutter

25. September 1811

Arnims sind von Weimar fort, und ich habe Euch eine köstliche Geschichte von ihnen zu erzählen: einen Zank betreffend zwischen Bettina und der Frau Gemeinerätin: Ihr lacht Euch tot, wenn Ihr's hört. Dank sei's der Vulpiade, ich habe nun nichts mehr von dieser Nebenbuhlerin zu befürchten. Goethe hat sie nicht wieder sehen wollen! *[3541]*

Die dicke Hälfte

Charlotte v. Schiller an Prinzessin Caroline

3. Oktober 1811

... die ganze Stadt ist in Aufruhr, und alles erdichtet oder hört Geschichten über den Streit mit Arnims. Da die Bettina mit der dicken Hälfte doch viel war im Anfang und mit einer andern Macht [Frau v. Heygendorf?] auch, so mag eine unendliche Tiefe des Klatsches entstanden sein, da die beiden Damen sich doch des Theaters wegen nicht lieben. Wer da alles hineinverflochten ist, weiß der Himmel. Ich kann nichts tun, als schweigen und dem Meister dadurch zeigen, daß ich in kein unwürdiges Licht gegen ihn mich stellen mag, aber auch mir nichts vergeben kann. *[3542]*

Er wird oft an seinen Körper erinnert

W. v. Humboldt an seine Frau

15. Juni 1812

Ich schreibe Dir in Goethes Stube, liebe, teure Li, weil ich immer mit ihm zusammen bin, ohne jedoch bei ihm zu wohnen...

Auch in Goethen spürt man das Alter sehr. Nicht im Geistigen. Er ist noch ebenso munter, so rüstig, so leicht beweglich zu Scherz und Schimpf, in welch letzterem er sich gegen die neuen Sekten, besonders die christkatholische, mit großem Wohlbehagen ergeht. Allein man sieht, daß er oft an seinen Körper erinnert wird. Mitten in Gesprächen, auch die ihn interessieren, unterbricht er sich, geht hinaus, ist sichtbar angegriffen.

Gestern machte ich einen langen Spaziergang mit ihm, aber er mußte sich alle paar tausend Schritt setzen und ausruhen. Der Spaziergang war sehr schön. Wir gingen um ½ 7 aus, erreichten die höchste Bergspitze, von der man durchaus alles übersieht, bei Sonnenuntergang, sahen die Sonne scheiden und gingen im Mondschein zurück... der gestrige Abend ist mir unendlich viel gewesen, seit zwei Jahren der erste recht in dieser Art erquickende und belebende. Und doch ist Goethe mit mir übereingekommen, wie ich mit ihm, daß die Natur hier nirgends schön ist, daß man erst in sie durch seine eigenen Nebengefühle hineintragen muß, was man nachher in ihr finden will, daß aber das Schöne nur jenseits der Berge ist...

Goethe grüßt Dich sehr, sehr herzlich und spricht viel davon, daß Du einmal eine Zeit mit ihm hier leben solltest. Etwas Trauriges ist seine Art, sich nach und nach einzuspinnen. Er will nicht nach Wien, nicht einmal nach Prag, von Italien hat er auf ewig Abschied genommen. Also Weimar und Jena und Karlsbad! immer und alljährlich! Wenn der Mensch am Ende so werden muß, wenn es unabänderlich ist, daß die regesten Säfte endlich so stocken, so muß man sich wenigstens da einspinnen, wo man sicher ist, daß jede Art der Größe im gleichen Kreise mit uns ruht...

Ich habe mit Goethe sehr viel interessante Gespräche gehabt, vorzüglich über Shakespeare, über den er ganz neue und sehr interessante Ideen hat, auch über Calderon, von dem er noch mehr hält, dann über tausend andere Gegenstände...

Stolberg hat mir... sehr gut und besser als sonst gefallen. *[3618]*

nur jenseits der Berge: d. h. in Italien.

So ungeheuer allein

W. v. Humboldt an seine Frau

17. Juni 1812

Die Wolzogen ist nicht, wie mir Goethe fälschlich gesagt hatte, in Aschaffenburg, sondern in Bauerbach. Sie soll den 20. nach Weimar kommen...

Bei Weimar fällt mir Riemer ein. Weißt Du, daß er auch bei Goethe nach neun Jahren seine alten Verrücktheiten bekommen und deshalb das Haus verlassen hat? Goethe wollte nicht recht mit der Sprache heraus, ob es Liebe oder Haß gewesen sei, sagt aber, daß nichts mehr mit ihm anzufangen gewesen sei, und er selbst darüber wohl ein halbes Jahr fast ganz verloren hat. Goethe hat so gut als gar nichts Dichterisches in den letzten zwei Jahren gemacht, wie er selbst sagt. Er ist aber fast fertig mit einem neuen Teil seines Lebens, aus dem er mir auch einiges vorgelesen hat. Wenn er es erlebt, in die späteren Zeiten zu kommen, so wird es, wie man nicht leugnen kann, interessant werden. Denn er wird zugleich alle seine Urteile über deutsche Literatur in dem Buche niederlegen. Sein ganzer Umgang mit Schiller soll ausführlich berührt werden, und er meint, daß er eben deshalb keinen Beruf gefühlt habe, für die Ausgabe der Werke einen Beitrag zu liefern. Es ist Goethen sehr schade, so ungeheuer allein zu sein, denn so viel Menschen er auch vorübergehend sieht, ist er mit keinem vertraut und hat mir versichert, daß, wenn er Meyer und mich ausnähme, im ganzen weiten Deutschland niemand sei, mit dem er eigentlich frei reden möge und könne. Er versauert wohl vielleicht nicht so, aber er verknöchert und verhärtet wirklich und wird auch entsetzlich intolerant und im Gespräch maniertiert. Er hatte, wie Du weißt, immer gewisse Lieblingsausdrücke, die halbsagend waren und ihm eigentlich als Aushilfe galten, wenn er zu träge war, seine Ideen recht bestimmt auszudrücken. Aber noch nie habe ich den Gebrauch davon so häufig als diesmal bemerkt. Er begleitet sie auch jetzt mehr mit Mienen und muß einem, der nicht daran gewöhnt ist, sehr wunderbar vorkommen. Von meinen Sprachuntersuchungen war nur den ersten Tag einmal flüchtig die Rede. Er fand aber so viel Interesse daran, daß er den folgenden fast von nichts anderem gesprochen hat. Weimar, Karlsbad und Rom, versichert er, sind die einzigen Orte, wo er leben möge, auf Rom habe er Verzicht geleistet, und dies sei die größeste Handlung seines Lebens.

Das Leben in Karlsbad muß schrecklich sein. Vom Physischen rede ich nicht. Von den Gütern der Erde mehr zu kosten, als die notdürftigste Lebensunterhaltung erfordert, habe ich bis zu meiner Rückkunft nach Wien ganz aufgegeben. Aber in Karlsbad ist nun der sogenannte Sprudel, an dem man ein bis zwei Stunden lang trinkt, auf einem Brettergerüst, das ungefähr 50 Menschen faßt. Dahinter ist eine schmale hölzerne Brücke, dann enge, fast nie von der Sonne beschienene Straßen, die Allee ist ziemlich weit. Auf diesen Brettern befindet sich nun Goethe alle Morgen mit der Elisa [von der Recke], Tiedge, Geßler, die er alle nicht leiden kann, zusammen. Er nennt diesen Teil des Karlsbader Lebens selbst eine verruchte Existenz. Zu den Annehmlichkeiten Weimars, die er mir auch einmal hergezählt hat, rechnet er auch »das Frauchen«. Das ist eins der schrecklichsten Dinge in der Ehe, daß Mann und Frau (je nachdem der eine oder andre überwiegend interessiert ist) sich durch Gewohnheit und die Befriedigung kleiner physischer Bedürfnisse so herabstimmen, daß sie das Mittelmäßige und sogar das Gemeine gut und selbst unentbehrlich finden. *[3619]*

seine alten Verrücktheiten: Anspielung auf die Zeit, als Riemer Hauslehrer bei Humboldts war.

neuer Teil seines Lebens: Der zweite Band von »Dichtung und Wahrheit« erschien 1812.

Der Geheimrätin Grazie und Huld

Louise Seidler an Pauline Schelling

4. März 1813

Leider bin ich ziemlich von Knebels verbannt; das vorigen Winter von ihm gemachte Porträt hat, Gott weiß, warum, seine Frau geärgert, und nun trage ich noch immer von ihr die Strafe meines Vergehens. Da lobe ich mir die Geheimrätin [Goethe], die ist nicht so streng und eifersüchtig; die trägt mir hübsch auf, ihren Mann zu unterhalten, und gibt mir trotz allen gemachten Porträts alle Zeichen ihrer Huld und

Gnade. Ernsthaft: ich möchte mir diese auch nicht verscherzen. Ich lerne immer und immer mehr ihren Wert, ihre Notwendigkeit einsehen. Carl hat dies unter anderem empfunden. Er ist fort, und nun behilft sich der gute Mann mit der Köchin, und John, an Riemers Stelle – ein kleines, hageres, häßliches, stilles, aber nicht so still und klein sein wollendes Wesen, von dem ich nicht recht begreife, wie es der Geheimrat um sich dulden kann – hilft vielleicht das Fehlende ersetzen. Er ist wenigstens Scharwenzel im Haus, und seine übrigen geistigen Einmischungen werden von dem alten Herrn so in aller Grandezza übersehen, daß ich dies wohl voraussetzen darf, ohne eben eine sehr große Sünde zu begehen. Riemer wird, glaube ich, von allen Seiten sehr vermißt, denn die Geheimrätin bittet ihn oft dringend und mit aller ihrer möglichsten Grazie und Huld, ihren Mann nicht zu verlassen, vierzehn Tage lang da zu essen usw. Übrigens ist dieser ganz der Alte. *[3687]*

Louise Seidler (1786-1866), Malerin.
 Carl: der Diener Johann David Eisfeld. Er wurde am 26. Oktober 1812 entlassen.
 Scharwenzel: Mädchen für alles.

Der Mann ist euch zu groß!

E. M. Arndt:
Erinnerungen aus dem äußeren Leben

1840

Auch Goethe kam, und besuchte mehrmals das ihm befreundete Körnersche Haus. Ich hatte ihn in zwanzig Jahren nicht gesehen; er erschien immer noch in seiner stattlichen Schöne, aber der große Mann machte keinen erfreulichen Eindruck. Ihm war's beklommen, und er hatte weder Hoffnung noch

Freude an den neuen Dingen. Der junge Körner war da, freiwilliger Jäger bei den Lützowern; der Vater sprach sich [am 21. April 1813] begeistert und hoffnungsreich aus, da erwiderte Goethe ihm gleichsam erzürnt: »Schüttelt nur an Euren Ketten, der Mann ist Euch zu groß, Ihr werdet sie nicht zerbrechen.« *[3708]*

Ernst Moritz Arndt (1769-1860), Schriftsteller und Historiker.
der Mann ist Euch zu groß: Napoleon.

Mit Kopien heizen

C. G. Carus:
Lebenserinnerungen und Denkwürdigkeiten

1865

[Über den Besuch des Kupferstichkabinetts in Dresden in den Jahren 1819 und 1820.] Was auf der Gemäldegalerie niemals von mir versucht worden war, das Zeichen nach besonders mich interessierenden Werken, hier übte ich es häufig. War doch da eher eine Annäherung an das Original möglich als dort, wo das massenweise Kopieren mir oft genug so lästig gefallen war, daß manchmal ein Einfall Goethes mir ganz plausibel erscheinen konnte, als von welchem man erzählt, wie er einst [am 22. April 1813?] bei Wahrnehmung der Unmöglichkeit, die damalige Galerie gegen Winterkälte zu schützen, ausgerufen habe: »Man solle doch im Winter hier mit den Kopien heizen, die im Sommer gemacht worden!« *[3709]*

Carl Gustav Carus (1789-1869), Arzt und Maler in Dresden.

Als Goethe zum Kaffee kam

Marie Helene v. Kügelgen: Tagebuch

24. April 1813

Des Kaisers und Königs Einzug brachte schon von früh an
Menschen zu uns, die sich unsrer Fenster bedienen wollten.
Der erste von diesen war Goethe. Er fand mich mit den Kindern noch allein und war sehr liebenswürdig, das heißt wir
genierten einander nicht. Ich trug ihm den Sessel vor das Mit-
telfenster hin – ich war zu bewegt, um sprechen zu können.

Nun aber füllte sich das Zimmer, und so ging es fort bis
zwei Uhr – ich war sehr müde – dabei die beständige Janitscharenmusik gerade unter den Fenstern. Als sie nun endlich kamen und alle Glocken läuteten – als sie zu Pferde in der
Allee hielten, gerade unter unseren Fenstern, und nun die vielen tausend Stimmen wie in einem lang gehaltenen Schrei sie
begrüßten – als die unzähligen Geschwader vorbeizogen und
die Musik – das Geschrei, die wehenden vaterländischen
Fahnen – die mich mehr als alles andere rühren – da war ich
wirklich ermattet. Und nun mußten wir zu Mittag essen und
die schwarze Tante, die nicht durchs Gedränge fort konnte,
zu Mittag bei uns behalten. Goethe ging gleich nach Tisch
von uns, um zu schlafen, und ich hing wie eine überreife
Kornähre vornüber und ließ mich vollends zerarbeiten bis
um 4 Uhr, da Goethe erwachte und zum Kaffee kam. *[3712]*

Des Kaisers und Königs Einzug: Zar Alexander I. von Rußland und
König Friedrich Wilhelm III. von Preußen zogen am 24. April in
Dresden ein.

   die schwarze Tante: vielleicht Sara Grotthus.

Der Husar und der Hypochonder

F. v. Schwanenfeld:
Aus den Denkwürdigkeiten
eines alten Soldaten

1862

Es war in den letzten Tagen des Monats im Juni im Jahre
1813, nach Abschluß des Waffenstillstandes, als der Husarenoffizier v. S. fröhlich und wohlgemut in Teplitz einzog,
um hier ein lahmes Bein und ein fast erblindetes Auge inso-
weit wieder herzustellen, daß er noch zu einem neuen Feldzuge tauglich wäre. Die Stadt war überfüllt mit Gästen;
kaum fand er ein Unterkommen in dem Gartenhause der
Töpferschenke, halb über, halb unter der Erde, ein kleines
Stübchen mit dem Fenster nach dem Garten. Hier schlug er
sein Hauptquartier auf und suchte sich so gut wie möglich im
engen Raume einzurichten; – ein Stuhl, ein Tisch, ein Bett,
das war hinreichend für den muntern Husaren, und der Leser
wird im Verfolg dieser Geschichte bald wahrnehmen, welches Glück dem Rittmeister aus seiner soldatischen Genüg-
samkeit mit dieser schlechten Wohnung erblühte...

Es war an einem schönen Sommermorgen, als der Rittmeister einen ihm ganz unbekannten schönen alten Mann auf
der Gartenbank vor seinem kleinen Fenster sitzen sah. Ein
Bedienter brachte einen Krug mit Wasser, legte ein Buch auf
den Tisch und entfernte sich. Der Unbekannte schenkte sich
ein, trank und überließ sich, wie es schien, seinen Gedanken,
denn er hielt das Buch in der Hand, ohne zu lesen. Unverwandt blickte er in die Nebelgebilde, nach dem durchbre-
chenden blauen Äther des Himmels. Unser Husar sah dies
mehrere Tage sehr gleichgültig an, ohne daß es ihm irgend
einfiel, von dem Treiben des fremden Mannes Notiz zu nehmen. Doch endlich verdroß es ihn, das wenige Licht seiner

Stube alle Morgen durch die Figur verdunkelt zu sehen. Er betrachtete den Mann näher; der schöne Kopf, die edlen Züge, ein gewisses Etwas in der ganzen Erscheinung zog ihn an; er konnte dem inneren Drange nicht widerstehen, er mußte, gut oder übel, mit dem Alten Bekanntschaft machen, öffnete demnach sein Fenster und sagte ihm den freundlichsten guten Morgen. Doch dieser von einem Schnauzbart aus düsterm Kellerloche gebotene »gute Morgen« sprach nicht an. Ein Ehrfurcht gebietender, streng verweisender, beinahe verächtlicher Blick war die Antwort auf die kühne Anrede. »Störe mich in meinem Nachdenken nicht, Du Maulwurf!« schien er sagen zu wollen. Doch der Rittmeister ließ sich nicht abschrecken durch die zürnende Miene, sondern versuchte sogleich, im Geist eines wahren Husaren, einen neuen Angriff.

»Sind Sie Hypochonder?« erscholl es abermals aus dem kleinen Fenster zu den Füßen des großen Unbekannten, und als auch auf diese Frage nur ein halber Blick und keine Antwort erfolgte, wurde dieselbe Phrase mit donnernder Stimme, in ziemlich herausforderndem Tone wiederholt. –

Nun endlich entfuhr den Lippen des Mannes ein Laut.

»Sonderbar!« war das einzige Wort, welches unwillkürlich und gleichsam wie zu sich selbst gesprochen seiner Brust entfuhr; – und der Rittmeister erwiderte lächelnd die geflügelten Worte: »Ja wohl, sonderbar; Sie sind krank und sitzen hier im kalten Morgennebel, trinken Ihren Brunnen allein, still und stumm. – Da wollt' ich lieber Dinte in Gesellschaft saufen, – und würde eher gesunden. Wissen Sie wohl, daß ich große Lust hätte, mit Ihnen Händel anzufangen?« Die Augen des Fremden gingen groß auf und durchbohrten fast den Redenden. – »Wenn Sie mit Ihrem Heldengesicht mir nur nicht so ungeheuer wohl gefielen«; dabei überströmte ein mildes, unbeschreibliches, doch göttliches Lächeln des edelsten Selbstgefühls das schöne Antlitz. – »Bei solchem Gebrauche der Kur müssen Sie ja krank werden, wenn Sie es nicht schon sind.« –

Das Gesicht des Unbekannten wurde inzwischen immer freundlicher, und der Rittmeister, wie durch eine magnetische Kraft zu ihm hingezogen, kroch auf allen Vieren aus seinem kleinen Fenster heraus, stellte sich vor ihn hin und redete ihn also an:

»In meinem Leben habe ich mich schon einmal schlagen müssen, weil ich nicht begreifen konnte oder wollte, wie man so ein Philister sein könnte, eine Flasche Champagner allein zu trinken; – was fang' ich aber mit Ihnen an, der mir seit drei Tagen Sonne und Licht raubt, vor meinem Fenster sitzt, allein seinen Brunnen trinkt und kein freundliches Wort für mich hat? – ›König, geh mir aus der Sonne!‹ ist nicht genug gesagt, ich will philosophischer sein als Diogenes; stehen Sie auf, geben Sie mir Ihren Arm, wir wollen miteinander promenieren; ich will Ihnen Geschichten erzählen, Geschichten von schönen Mädchen, vernagelten Kanonen, Feldherren, Überfällen, unmenschlich tugendhaften Frauen, und wenn der Teufel der Hypochondrie Sie nicht bald verläßt, so soll er mich dafür holen.«

Das edle Antlitz des Fremden nahm den freundlichsten Ausdruck von Wohlgefallen an; er lächelte, reichte seinen Arm und sagte: »Lassen Sie uns gehen. – Sie sind Offizier?«

Rittmeister. Ja, ja! ich bin einer und gehöre zu den Truppen, welche keinen Feldprediger brauchen, um in den Himmel zu kommen.

Unbekannter. Also Husar? Das wird den Großherzog von Weimar recht interessieren. – Sie haben die Schlachten von Groß-Görschen und Bautzen mitgemacht?

Rittmeister. Ja wohl! – Doch lassen wir das; – darüber mochte man selbst Hypochonder werden. Sprechen wir lieber von anderen Dingen und mischen wir, wie Goethe, Wahrheit und Dichtung in unsere Unterhaltung.

Unbekannter. Kennen Sie Goethe?

Rittmeister. Ob ich ihn kenne! – Ich liebe ihn zärtlich, ich weiß ihn halb auswendig. Sein Tasso ist mein steter Begleiter.

Unbekannter. Was halten Sie von seinem Werther?

Rittmeister. Ach, das wag' ich nicht zu sagen!

Unbekannter. Nun, – doch genieren Sie sich nicht um meinetwillen.

Rittmeister. Werther ist meiner Ansicht nach ein wahrer Lumpenkerl. – Solche Charaktere sind meiner Natur so schnurstracks zuwider, daß ich mir gar kein Urteil darüber anmaßen will. – Ich habe die Leiden gelesen und fortgelegt, – das verstehst du nicht, – dachte ich.

Unbekannter. Da gefallen Ihnen die Räuber von Schiller wohl besser?

Rittmeister. Allerdings; Schiller ist der Mann der Soldaten; er erweckt in der Brust uns den Mut und feuert die Seele zu Taten an. – Doch das nützt Ihnen nichts. – Haben Sie das schöne blonde Mädchen, dem Salon des Schloßgartens gegenüber, zur »Stadt Dresden«, gesehen? Ein himmlisches Geschöpf! Der alte Prinz de Ligne hielt ihr in zarter Jugend Vorlesungen über die Kunst zu lieben, und, wie es scheint, nicht ohne Nutzen. Die ganze anwesende Männerwelt liegt schmachtend zu ihren Füßen. – Haben Sie nicht auch schon sehnsüchtige Liebesseufzer nach ihrem Fenster ausgestoßen? – Ja, ja, jetzt fällt mir's ein. – Sie standen gestern mit einem kleinen, dicken Forstmanne am bekannten Eisengitter und lugten hinüber nach der holdblühenden Blondine, – nicht wahr?

Unbekannter. Wir hatten unsere Promenade beendigt und waren im Begriff, nach Hause zu gehen; aber – wo waren denn Sie?

Rittmeister. Ich? Ich faulenzte im Hauptquartier, wie so viele andere anderswo.

Unbekannter. Sie scherzen! –

Rittmeister. Vielleicht, vielleicht auch nicht. – Die Wahrheit liegt in der Mitte; – ich kann Ihre Frage auch umgekehrt beantworten: ich rekognoszierte den Feind und suchte seine Hauptstellung zu umgehen.

Unbekannter. Bravo! sehr gut! – und der Feind?

Rittmeister. Der Feind, Herr Hypochonder, der brauchte seine allerliebsten Sammetpatschen, um jeden Überfall abzuwehren, bis endlich Schamade geblasen wurde. – Verstehen Sie diesen Ausdruck? –

Unbekannter. Nicht ganz – allein der Großherzog –

Rittmeister. Ich bitte, lassen wir den in seinem Athen an der Ilm mit Goethe lustwandeln; der Großherzog schlägt nicht mehr unsere Schlachten – und das Ideal meines Feldherrn habe ich auch bei Lützen den ganzen Tag vergebens gesucht. – Ich hatte die unvermutete Ankunft von vier Kavallerie-Regimentern auf dem Schlachtfelde zu melden. – Ich eilte zu allen Befehlshabern, aber keiner wollte befehlen. Der eine klagte über Rücken- und Seitenschmerzen ob des erhaltenen Prellschusses, – der andere meinte, er beobachte bloß, der dritte fluchte russisch auf die Preußen, und der vierte war nicht in der Laune, fröhlich zu sein. Das Korps des Vize-Königs drängte ihn, – so entledigte er sich denn seiner Wut durch einige kräftige Flüche und eine allgemeine Einladung. – »Wer den Karren in den D- geschoben hat, kann ihn auch herausziehen« – war des Helden kräftiger Bescheid. – So eilte ich denn, enttäuscht von meinen Idealen, trauernd über das mit Toten bedeckte Schlachtfeld, und erreichte noch zeitig genug mein Regiment, um bei der unglücklichen Kavallerie-Attacke, die man morgens und nicht abends hätte unternehmen sollen, wie alle übrigen in den verdammten Graben zu fallen und in einen chaotischen Wirrwarr zu geraten. – Sehen Sie, das nennt man eine Schlacht mitmachen.

Unbekannter. Das Bild, welches Sie mir da geben, ist in der

Tat neu; ich danke Ihnen, Herr Doktor Husar; jetzt muß ich in mein Bad; aber morgen hoffe ich eine große Portion von Ihren Mixturen einzunehmen, und vielleicht noch einen Freund mitzubringen, der gern dergleichen zu sich nimmt. – Sie erlauben doch? oder wollen Sie sich noch mit mir schlagen?

Rittmeister. Umarmen möcht' ich Sie!

Der Unbekannte drückte dem Rittmeister sehr freundlich die Hand, sagte: »Auf Wiedersehen« – und ging.

Am folgenden Morgen, als die Strahlen der Sonne kaum den Schläfer erweckt hatten, klopfte man schon an sein Fenster und rief: »Herr Doktor, der Hypochonder ist da; heraus! heraus!« In möglichster Eile beendete der Rittmeister seine Toilette, schlüpfte behende zum Fenster heraus, faßte den neu erworbenen, nun schon alten Freund unter den Arm und begann neue Erzählungen von Liebe und Krieg.

Eine Stunde mochte so vergangen sein, da kam ein Fremder in den Garten, den der Rittmeister seinem Aussehen nach für einen Forstmann oder Gutspächter hielt, grüßte mit einem »guten Morgen« und redete den Hypochonder mit einem »da bin ich« wie einen alten Bekannten an. Dieser wandte sich zu dem Rittmeister und sagte, gleichsam ihn dem Fremden vorstellend: »Mein gütiger Doktor.« Der Rittmeister lächelte zu dem Scherze und erwiderte: »Wollen Sie mir helfen, ihm den Teufel der Hypochondrie auszutreiben?«

Fremder. Ach Gott, der hat mich auch in seinen Krallen, und ich wünschte, Sie möchten . . .

Rittmeister. Ho, ho, mein Herr, Sie sehen mir viel zu behaglich aus, um etwas für Sie tun zu können; ich müßte Ihnen Diners geben, und dazu habe ich kein Geld.

Nun ergriff ein gewaltiger Kitzel die beiden Fremden, und sie wollten sich schier ausschütten vor Lachen, bis endlich der Neuhinzugetretene mit den Tränen in den Augen sagte:

»Ich denke, Ihre Medizin ist vortrefflich, sie wirkt augenblicklich, wie Sie sehen.«

Der Rittmeister war mit Geist und Gemüt zu sehr mit dem ganzen Wesen seines gestrigen Freundes beschäftigt, um weiter, als es eine flüchtige Artigkeit erforderte, von dem neuen Ankömmling Notiz zu nehmen, er duldete ihn gleichsam nur, seine Seele hing fortwährend an dem Auge des sonderbaren Mannes, welcher ihn, wie mit einem unsichtbaren Zauber, unwiderstehlich an sich zog. –

Die Unterhaltung nahm nun in der Art ihren Fortgang, daß die beiden Fremden vorzüglich als Fragende auftraten und über die Ereignisse der Campagne belehrt sein wollten.

Was der Rittmeister hier alles erzählte, gehört nicht zu dieser Geschichte, genug, er ließ sich bereit finden, über das, was er in diesem interessanten Feldzuge gesehen und gehört, Auskunft zu geben, auch manch lustiges Anekdötchen mit einzuflechten, und die Eigentümlichkeit seiner Darstellungsweise schien den Fremden so wohl zu gefallen, daß die Zeit rasch vorüber flog, bis ein Bedienter zum Bade abrief. Die Herren entfernten sich mit der Bitte, morgen wiederkommen zu dürfen. – Der Rittmeister lud sie aufs freundlichste dazu ein. – So vergingen denn mehrere Tage in gleicher Unterhaltung; die Fremden fanden sich regelmäßig jeden Morgen ein, zuerst der Hypochonder, nach einer Stunde der Forstmann. Man schwatzte und fragte, ward immer freundlicher und bekannter, und, nicht zufrieden mit der Morgenunterhaltung, suchte man sich auch im Schloßgarten auf, bis endlich die Stunde schlug, wo das Schicksal müde ward, dem Husaren-Rittmeister so hohe Gunst zu erweisen und genießen zu lassen.

Einer seiner Freunde, ein Dichter und vermeintlicher Schöngeist, ereilte ihn eines Tages im Garten-Salon, in dem Augenblick, als er eben von den beiden sich getrennt, packte ihn mit nervigem Arm, und es entwickelte sich folgendes Gespräch.

Jener. Lieber Bruder, entschuldige – ich hab' eine große Bitte.

Rittmeister. Bitte? Freund, das Leben ist ein Traum; Träume sind Schäume, und hab' ich kein Geld, so haben's andere Leute.

Jener. Du bleibst immer der Alte; – diesmal brauche ich dein Geld nicht, aber habe die Freundschaft und mache mich mit Goethe bekannt.

Rittmeister. Mit Goethe? was fällt Dir ein? Ich kenne den Dichterfürsten nicht. – Ist er hier? – und glaubst Du Dichterling, daß ich prosaischer Mensch mit dem großen Manne Vetterschaft gemacht, weil ich in glücklichen Stunden bisweilen die kurzen und langen Silben zähle nach seiner italienischen Weise?

Jener. Sprich einmal vernünftig, wenn Du kannst, ich bitte, laß einen Augenblick die Narrenspossen und das ewige Necken! Du mußt doch Goethe kennen, da Du schon mehrere Tage hier mit ihm herumspazierst. – Alle Welt spricht davon – alle Welt wundert sich ja darüber.

Rittmeister. So, wundert sich die Welt? – Das freut mich, laß sie sich wundern. – Brüderchen, wundere Dich! Ich, der Barbar, der Baschkir, wie Du mich zu nennen beliebst, ich wandle Arm in Arm mit Goethe! und soll Dich dem Dichter unsterblicher Werke, dem großen Manne präsentieren? Herrlich! prächtig! schön! sehr schön! – nur schade, daß es nicht wahr ist.

Jener. Du weißt also nicht, daß die Herren, welche Dich soeben verließen, Goethe und der Großherzog von Weimar sind?

Rittmeister. Nein, auf Ehre, davon hat meine Seele nichts geahnt!

Jener. Nun das ist stark! Wer da glaubt, wird selig; ich darf nicht zweifeln an Deinem Wort, doch entschuldige, begreifen kann ich es nicht.

Rittmeister. Ich auch nicht, lieber Bruder. – Doch nun fallen mir die Schuppen von den Augen; der Zufall oder vielleicht meine Etourderie, ein unnennbares Etwas, das mir in dem Gesicht eines mir Unbekannten auffiel und mich anzog, machte mich mit Goethe bekannt. Dieser teilte den Vorfall dem Großherzog mit, und die Neugierde lockte denselben, mich auch kennen zu lernen. Beide amüsierten sich in ihrem Inkognito an meiner Freimütigkeit und Laune, und da auch ich Unterhaltung fand, so haben wir denn ganz gemütlich manche Morgenstunde miteinander verlebt.

Jener. O Barbar! Baschkir! Wenn man mit Menschen mehrere Tage zusammen ist, so fragt man doch, wer sie sind. – Man lebt doch nicht mit aller Welt so in den Tag hinein!

Rittmeister. Warum nicht? wenn uns die Leute wohl gefallen, und wir die angenehme Empfindung haben, auch ihnen zu gefallen? – Eure Berliner Vorsichts-Höflichkeit: »Mit wem hab' ich denn die Ehre zu sprechen?« bekommt man mit zehn Pferdekraft nicht aus mir heraus. – Die Kehle ist mir förmlich verrammelt in solchen Fällen. – Ich denke gleich, mein reicher Oheim in Warschau enterbt mich, wenn er dergleichen von mir hört; denn er sagt immer: »Wir Preußen gäben keinem Menschen eine Antwort, ohne diese alberne Redensart vorangehen zu lassen.«

Jener. Etwas Wahres ist an der Sache; indes vergiß meine Bitte nicht und präsentiere mich, wo möglich, morgen.

Rittmeister. Den Teufel auch! – ich wollt', Du wärst, wo der Pfeffer wächst, mit Deiner Präsentations-Wut! Jetzt ist der Spaß zu Ende. Meiner Laune sind Fesseln angelegt und ich hasse alle Sklaverei. – Mich wandelt die größte Lust an, sogleich abzureisen, brauchte ich nur nicht meine Augen so notwenig zur nächsten Campagne. Ich muß bleiben und alsbald Seiner Königlichen Hoheit dem Großherzog von Weimar, sowie dem großen Dichter meine untertänigste Aufwartung machen. – Das ist eine schöne Geschichte!

So weit das Zwiegespräch der beiden Freunde.

Der Rittmeister, nun einmal in Kenntnis gesetzt über die Personen, tat die Schritte, welche Anstand und Höflichkeit erforderten. – Seine Königliche Hoheit waren höchst gnädig und freundlich, lachten noch nachträglich recht herzlich über das Inkognito und manche Erzählung, luden zur Tafel, und Goethe empfing in Gala. – Doch, trotz aller dieser Ehren, hatte das neue Verhältnis nicht das Angenehme des ersteren; wenigstens der Rittmeister empfand es lebhaft, und Seine Königliche Hoheit, wie Goethe verhehlten es nicht, daß die gänzliche Unbefangenheit des Gedankens wie des Wortes ihnen in den Morgenunterhaltungen mit dem Rittmeister besonders Vergnügen gemacht. – Auch klagte Goethe mehr scherzend über die Rückkehr seiner Hypochondrie. Seine Königliche Hoheit überhäuften indes den Rittmeister mit Beweisen Ihres gnädigen Wohlwollens und ließen ihm endlich noch bei seiner Abreise ein Schreiben an den Kaiser Alexander einhändigen, welches eine Rekommandation der Frau Erb-Großherzogin für den Rittmeister enthalten sollte, damit derselbe ein Streif-Kommando bekäme, um seine dem Großherzog mitgeteilte Idee, Napoleon inmitten seiner Armee aufzuheben, in Ausführung bringen zu können. *[3729]*

Franz von Schwanenfeld (1784-1863), preußischer Husarenoffizier.

Schlachten von Groß-Görschen und Bautzen: Bei Groß-Görschen (Lützen) am 2. Mai und bei Bautzen am 20./21. Mai besiegte Napoleon die preußisch-russische Armee.

mit einem kleinen, dicken Forstmanne: Herzog Carl August, der sich als passionierter Jäger gern als Förster kleidete.

Schamade geblasen: das Zeichen zur Ergebung gegeben.

Vize-Königs: Eugène de Beauharnais, Napoleons Stief- und Adoptivsohn, trug den Titel eines Vize-Königs von Italien.

Etourderie: Dummdreistigkeit.

Was Napoleon Spaß macht

K. G. v. Weber: Tagebuch

10. August 1813

Auf der Rückreise [von Teplitz] traf ich auf der Post in Peterswalde mit dem Geheimen Rat von Goethe zusammen, bekanntlich dem großen Verehrer von Napoleon. Ich fragte ihn: Was sagen Sie nun zu Napoleons Lage? Er antwortete ruhig: »Er ist wie ein gehetzter Hirsch; das macht ihm aber Spaß.« *[3733]*

Karl Gottlieb von Weber (1773-1849), Präsident des Landeskonsistoriums in Dresden.

Unwillig über Deutschlands Befreiung

W. v. Humboldt an seine Frau

26. Oktober 1813

Ich wohne hier wieder nach alter Art bei Goethe, der Dich herzlich grüßt, und da wir lange miteinander aufgewesen sind, so mußt Du mir verzeihen, wenn ich vielleicht kürzer als gewöhnlich bin. Der Geheimrat trägt den Annen-Orden, die Legion ist beiseite gelegt, wie es scheint. Allein die Befreiung Deutschlands hat noch bei ihm keine tiefe Wurzel geschlagen. Er glaubt zwar ernstlich daran, aber stellt mit vielen Umschweifen, unbestimmten Phrasen und Gebärden vor, daß er sich an den vorigen Zustand einmal gewöhnt habe, daß alles da schon in Ordnung und Gleis gewesen sei und der neue nun hart falle. Die Verheerungen der Kosaken, die wirklich arg sind, nehmen ihm alle Freude an dem Spaß. Er meint, das Heilmittel sei übler als die Krankheit, man werde der Knechtschaft loswerden, aber zum Untergehn. Ich habe mich wenig darauf eingelassen, diese Dinge zu bestreiten, es kam mir mehr darauf an, es zu kennen und aus ihm zu hören. Übrigens sieht er's sehr locker und lose an. Die Weltgeschichte, meint er, habe auch diesen Spaß haben müssen. Alles dies wird den kleinen Mädchen, wenn sie es hören, ein Greuel sein und ist auch sehr arg. Sonst aber ist Goethe eine wunderschöne Natur, mit der ich immer unendlich gern bin.

[3776]

Die unpassende Ehrenlegion

W. v. Humboldt an seine Frau

27. Oktober 1813

Ich bin heute früh von Goethe aus Weimar weggefahren...

Von Goethe könnte ich Dir noch lange erzählen. Er hat den Feldzeugmeister Colloredo zur Einquartierung gehabt, der auf Goethes Kosten alle Tage 24 Personen zu Tisch gehabt hat. Die Geheimrätin versicherte, das koste 2 bis 300 Taler, und der Koch hätte ihr noch gesagt, daß sie sehr geizig wäre. Wie Colloredo gekommen ist, hat Goethe noch die Legion getragen, und Colloredo hat ihm gleich gesagt: »Pfui Teufel, wie kann man so etwas tragen!« Heute früh hat er mich ernsthaft konsultiert, was er tragen solle, man könne doch einen Orden, durch den einen ein Kaiser ausgezeichnet habe, nicht ablegen, weil er eine Schlacht verloren habe. Ich dachte bei mir, daß es freilich schlimm ist, wenn man für das Ablegen der Legion keine besseren Gründe hat, und wollte ihm eben einen guten Rat geben, als er mich bat, zu machen, daß er einen österreichischen Orden bekäme. Es ist närrisch, daß wir immer dazu bestimmt sind, daß die Leute uns in das Vertrauen ihrer kleinen Schwachheiten setzen. Die Goetheschen tun mir umso mehr leid, als er äußerst gut und freundschaftlich mit mir ist. *[3777]*

österreichischen Orden: Goethe hatte am 14. Oktober 1808 von Napoleon das Ritterkreuz der Ehrenlegion und am 15. von Zar Alexander den russischen Sankt-Annen-Orden verliehen bekommen. Den österreichischen Leopoldi-Orden (Kommandeurkreuz) bekam Goethe aber erst am 1. August 1815.

Opium für die jetzige Zeit

Louise Seidler an Pauline Schelling

12. Dezember 1813
Von Goethe kann ich Dir wenig Erfreuliches mitteilen; diese unruhigen Zeiten haben seine Behaglichkeit gestört, und das empfindet er übel, und soll es auch wiederum empfinden lassen. Ich war neulich [am 19. November] auch mittags bei ihm und empfand es doch auch etwas, ob er gleich die Güte selbst war und mir drei herrliche Stunden mit der Mitteilung einiger Mappen Handzeichnungen und alter herrlicher Kupferstiche schenkte, denn er war weniger lebhaft als sonst. Auch meinte er: »man müsse sich auf alle Art zerstreuen, und er arrangierte jetzt seine Kupferstiche nach den Schulen; das sei Opium für die jetzige Zeit.« Nimm dies, wie Du willst: mir war es leid, daß Er für die jetzige Zeit, die freilich lastenvoll, aber doch überall groß und herrlich ist, Opium will. Auch meinte er: »es sei unrecht von den Studierenden und Professors, mit in den Kampf ziehen zu wollen, da jetzt schon so viel geschehe, dadurch Wissenschaften gestört etc. etc. würden.« Übrigens ließ er sich nicht weiter über die Sachen aus, aber daß er nicht dafür enthusiasmiert ist, beweist er

doch auch, indem er seinem Sohn verweigert, sich unter die Freiwilligen zu stellen, der es wünscht, und in kein gutes Licht durch sein Bleiben gesetzt wird. *[3803]*

Bach im Bett gehört

Zelter an Ch. L. F. Schultz

29. Juni 1814

In Berka habe ich [vom 24. bis zum 28. Juni] nebenher einige artige Gedichte für die Liedertafel in Musik gesetzt, unter welchen die Fischpredigt des Heiligen Antonius von Padua nicht schlimm ist. Gelegentlich werde ich sie mit abgehen lassen. Endlich ist der Brunneninspektor in Berka (ein Mann von unendlicher Faßlichkeit und kubischen Vermögens) zugleich Organist, führt ein Frauchen bei sich, nicht dicker als eine Stopfnadel, einen guten Madeira und Steinwein und spielt Sebastian Bachsche Sachen wenig schlechter als Forkel in Göttingen. Von dieser Fleischkuppel, woran die biegsamsten Finger hängen, läßt sich Goethe alle Abend eine Stunde lang Bachsche Stücke vorspielen, legt sich jedoch vorher zu Bette, indem er behauptet: man müsse der Bachschen Musik nicht merken lassen, daß man zuhöre, da sie für sich selbst musiziere; andere Musik, meint der seltsame Mann, setze gern Zuhörer voraus, vor denen sie erscheine, um gewisse Serviteurs und Bücklinge zu machen. *[3963]*

Christoph Ludwig Friedrich Schultz (1781-1834), Jurist und preußischer Staatsrat.

der Brunneninspektor: Gemeint ist der Badeinspektor Johann Heinrich Friedrich Schütz (1779-1829) in Bad Berka, der zugleich als Organist amtierte. Goethes Tagebuch vermerkt unter dem 13. und 15. Juni, daß Schütz ihm Werke von Bach vorgespielt habe.

Patriarchenluft

»Das Portrait ist trefflich gearbeitet,
wenn der Herr nur nicht so spitz-
findig aussähe.«

(Goethe am 7. Juni 1824)

Ölgemälde von Karl Joseph Raabe
(1814)

Immer den Teller schrecklich voll

Antonie Brentano: Erinnerungen

Später nach dem Tode meines Vaters, wo ich so sehr krank wurde, war ich mehrere Male nacheinander in Karlsbad, wo ich auch Goethe kennen lernte. Dieser war überhaupt auch mit meiner Familie in Frankfurt sehr befreundet und wohnte einmal einige Wochen in unserm Hause auf unserm Landgut in Winkel [1. bis. 8. September 1814]. Das war aber die Zeit, wo schon seine Vergötterung angefangen hatte, und er war im ganzen sehr stolz und geizig mit seinen Worten. Es war immer, als sei es ihm unangenehm zu denken, man wolle all seine Worte gleich auffassen, um sie drucken zu lassen. Jeden Morgen zog er da seinen weißen flannelleten Schlafrock an, legte die Hände auf den Rücken und wanderte den langen Bogengang, der fast bis an den Rhein reichte, auf und ab. Während diesem Gange war er nicht gerne gestört und gab kaum Antwort, wenn er gefragt wurde. Zu Tische zog er sich dann immer sehr sorgfältig an und war dann ganz herablassend. Er schöpfte sich immer seinen Teller schrecklich voll Speisen, die er aber meistens immer liegen ließ, ohne sie zu genießen, was mir als Hausfrau immer das unbehagliche Gefühl hervorrief, als sei ihm nichts gut genug zubereitet. Von unsrem guten Rheinweine konnte er aber ganz fürchterlich viel trinken, besonders von dem Elfer, und mein Mann machte ihm oft eine große Freude mit dem Geschenk eines Fäßchens Wein. *[4055]*

Antonie Brentano (1780-1869), verheiratet mit dem Frankfurter Kaufmann Franz Dominicus Brentano.

Elfer: Der Jahrgang 1811 galt als »Jahrhundertwein«, bekannt als »Kometenwein« wegen des Erscheinens des Halleyschen Kometen 1811. Goethe hat dem »Elfer« im West-östlichen Divan ein Gedicht gewidmet; E. T. A. Hoffmann liebte diesen Wein über alles.

Nicht immer und überall Hausfrau

Antonie Brentano: Erinnerungen

Eines Tages auch saß Goethe neben mir bei Tisch, und als der
Bediente irgend eine ungeschickte Bewegung mit einem Prä-
sentierbrette machte, sprang ich auf, ihm gleichsam als Hülfe
die Arme entgegenstreckend; da schob mich Goethe abweh-
rend auf meinen Stuhl zurück, und sagte ruhig: »Man muß
nicht immer und überall Hausfrau sein wollen.« Er hatte
sehr recht, und ich habe es mir mein Lebtag gemerkt, denn
wenn man manchmal seine Ruhe bewahrt bei irgend einer
Ungeschicklichkeit, so merken es die Gäste nicht, während
durch irgend eine Kundgebung der Hausfrau gerade die Aufmerksamkeit derselben auf den unerwünschten Zwischen-
fall geleitet wird. *[4056]*

Ein unsagbarer Eindruck

S. Boisserée an Amalie v. Helvig

23. Oktober 1814
Diesmal hätte ich recht viel zu erzählen, denn da gehörte
auch alles dazu, was während dem vierzehntägigen Besuch
von Goethe in unserer Bildersammlung verhandelt worden;
wie er bei uns in dem großen Zimmer der Amtmännin gewohnt und wie er sich sonst in Heidelberg gehabt hat...
Seitdem nun selbst der alte Heidenkönig dem deutschen
Christkind hat huldigen müssen, sind wir gar voll des süßen
Übermuts; daß dieser Berg aber zum Tal gekommen ist,
haben wir mit den schönen Zeichnungen von Ihnen und
Ihrer Schwester Luise zu danken, er war davon noch ganz
entzückt, nur mit Strafreden müssen Sie ihn hart angegan-

gen haben, denn darob vernahmen wir öfters fernes Donnern und lagerten sich, mit der Frau von Staël zu reden, häufig Gewölke an seinem Fuß, während das Haupt, unerschütterlich ruhig und heiter, immer Beifall zollte den erfreulichen Dingen, die er von Ihnen gesehen.

Was jedoch die Bilder selber für einen Eindruck auf unsern Freund gemacht haben, ist unsagbar, und was er darüber geäußert, wäre heute zu weitläufig, einstweilen mögen Sie nur wissen, daß er den Meister Eyck jetzt immer im Munde führt und Hemmelink [Memling] und Meister Schoreel [Scorel] hoch leben läßt; so nennen wir nämlich seit einer diesjährigen Reise nach Brabant mit Bestimmtheit den Maler vom Tod der Maria. *[4067]*

Anna Amalia von Helvig (1776-1831), Schriftstellerin und Übersetzerin.

Was sind wir dumm!

S. Boisserée an Dr. Schmitz

24. Oktober 1814

Nun laß mich Dir von Goethe erzählen; daß er volle vierzehn Tage bei uns gewohnt hat, wirst Du wissen, daß wir aber durch diesen längern Umgang, der in jeder Hinsicht sehr lehrreich und erfreulich für uns war, sein ganzes Vertrauen erworben und ein sehr enges Verhältnis mit ihm geknüpft haben, weißt Du noch nicht. Es ist die Rede davon, über unsere Sammlung, über unser Bemühen um das altdeutsche Bauwesen, und über die Art und Weise, wie wir dazu gekommen, eine eigene kleine Schrift zu schreiben. Ei der Teufel (sagte er mir mehrmal), die Welt weiß noch nicht, was Ihr habt, und was Ihr wollt, wir wollen's ihr sagen, und wir wollen ihr, weil sie es doch nun einmal nicht anders verlangt, die goldenen Äpfel in silbernen Schalen bringen; wenn ich nach Haus komme, mache ich ein Schema, das schicke ich Euch, damit Ihr Eure Bemerkungen dazu machen und sehen könnt, was für Materialien mir allenfalls noch abgehen, die schickt Ihr mir, die Redaktion behalte ich, und es müßte seltsam zugehen, wenn wir nicht etwas recht Schönes zustande brächten; es ist schwer, so was zu schreiben, aber ich weiß den Weg ins Holz, laßt mich nur machen, um Ostern komme ich wieder, dann bringe ich es mit, und ist's Euch recht, so lassen wir es bei Mohr und Zimmer drucken.

Ich teile Dir hier nur das Resultat, und zwar recht in Bausch und Bogen, mit, denn sonst hätte ich Dir so viel zu schreiben, daß ich nicht fertig würde, Du kannst Dir nun das Übrige ziemlich denken. Um recht zu begreifen, welchen gewaltigen Eindruck unsere Bilder auf den alten, rüstigen Freund gemacht haben, mußt Du wissen, daß er nie einen Johann von Eyck, und überhaupt außer Cranach und wenige Dürer keine altdeutschen Bilder gesehen hatte. Ach Kinder, rief er fast alle Tage aus, was sind wir dumm, was sind wir dumm, wir bilden uns ein, unsere Großmutter sei nicht auch schön gewesen; das waren andere Kerle als wir, ja Schwernot! die wollen wir gelten lassen, die wollen wir loben und abermals loben! Die verdienen, daß Fürsten und Kaiserinnen, daß alle Nationen kommen, und ihnen huldigen! – Jeden Tag, nur einige, wo wir uns mit dem Bauwesen beschäftigten, ausgenommen, war er morgens um acht Uhr im Bildersaal und wich nicht von der Stelle, bis zur Mittagszeit, da wurde dann alles besprochen, und mußten wir ihm alles Geschichtliche und unsere Ansichten und Bemerkungen sagen, wogegen wir die seinigen hörten. Er war mit unsrer ruhigen, philosophisch-kritischen Betrachtung der Kunstgeschichte sehr zufrieden, und ich kann sagen, daß ich über den Gang der Kunstgeschichte recht viel von ihm gelernt habe. So wie wir jetzt miteinander stehen, denke ich noch manches von dem alten Meister zu lernen, besonders im Schreiben; ich habe schon mit ihm darüber gesprochen, und ich werde ihm nächstens den Entwurf zu einer Abhandlung schicken, damit er mir seine Bemerkungen macht. *[4068]*

volle vierzehn Tage: Goethe hatte Heidelberg am 9. Oktober verlassen.

Mohr und Zimmer: Verlag in Heidelberg.

Bauwesen: Gemeint sind die Zeichnungen für die Vollendung des Kölner Doms.

Lieber einen Paß lesen

R. M.: Aus J. B. Bertrams Unterhaltungen

1864

Bertram … wußte auch sonst wohl gar manches lustige Geschichtlein von Goethe und anderen zu erzählen, das dem Gedächtnis erhalten zu werden verdient. Wir lassen einige davon in derselben zwanglosen aphoristischen Weise folgen, wie wir sie aus seinem Munde gesammelt haben …

Jeden Abend, erzählte Bertram, ließ Goethe seinen Bedienten zu sich auf die Stube kommen, um Rechnung mit ihm abzuhalten über alle Ausgaben des Tages, die größten wie die kleinsten, und für den folgenden Tag den vorläufigen Etat im Ausgabebuch festzustellen. Als Bertram über diese haushälterische, dem Materiellen zugewendete Sorgfalt des Dichters seine Verwunderung äußerte, sagte Goethe: »Wenn die Prosa abgetan ist, kann die Poesie um so lustiger gedeihen. Man muß sich das Unangenehme vom Halse schaffen, um angenehm leben zu können, und der Schlaf bekommt nur um so besser.«

Goethe aß schön und appetitlich, während es, wie Bertram bemerkte, widerwärtig gewesen sein soll, Friedrich Schlegel essen zu sehen, der mit einer unangenehmen äußern Manier aß, indem er sich alles genau, selbst mit der Lorgnette, besah und gegen seine Frau allerlei zu tadeln hatte...

Aus den frühen Mitteilungen schon wissen wir, daß Goethe in Heidelberg allmorgendlich die Schloßruine besuchte. Dorthin wünschte er gleich am andern Tage nach seiner Ankunft geführt zu werden, doch so, daß er kein Aufsehen errege, da man ihm, wie er vernommen, schon überall auflauere. Die Boisserées versprachen, ihn durch den Thibautschen Garten dorthin zu bringen, was auch geschah. Sie begleiteten ihn ein Stück des Weges hinauf und ließen ihn dann allein, wie es sein Wunsch war. Inzwischen hatte oben auf der Bank bereits ein anderer Gast Platz genommen. Dies war Schwarz, der Geheime Kirchenrat und Verfasser des bekannten Werkes über die Erziehungslehre, der zufälligerweise erfahren hatte, daß Goethe in Heidelberg sei und früh die Schloßruine besuchen wolle. Er war ihm auf diese Weise zuvorgekommen, und als Goethe erschien, redete er denselben auch sogleich an, und pries sich glücklich, ihn endlich zu sehen, und fragen zu können, was er denn eigentlich mit dem Wilhelm Meister beabsichtigt habe; er habe ihn gewiß für ein Erziehungs-Institut geschrieben. Goethe, der dem unzeitigen Frager nicht ausweichen konnte, fügte sich in das Unvermeidliche, indem er erwiderte: »Das habe ich bis jetzt selbst nicht gewußt; doch nun leuchtet es mir vollkommen ein. Ja, ja, ich habe den Wilhelm Meister für ein Erziehungsinstitut geschrieben, und ich bitte Sie, dies ja überall in der Welt bekannt zu machen!«

Schwarz war entzückt über die neue Entdeckung, und lief sogleich in ganz Heidelberg umher, um seinen Bekannten mitzuteilen, daß Goethe nun wisse, warum er den Wilhelm Meister geschrieben habe.

Goethe pflegte in Heidelberg die Sonnenuntergänge von der Höhe einer Pfarrei herab zu beobachten, und bei dieser

Gelegenheit seinen Gefühlen im Anblick des erhabenen Naturschauspiels dem ihn begleitenden Freunde Sulpiz Boisserée gegenüber in der ergreifendsten Weise Ausdruck zu geben. Man wußte das in der Stadt. Als nun eines Abends Goethe wieder einmal mit seinem Freunde die Höhe hinanstieg, um die Sonne untergehen zu sehen, hatten ein paar Frauenzimmer, die ihn dabei zu belauschen wünschten, sich hinter das Gebüsch versteckt. Goethe bemerkte sie, tat aber nicht, als ob dies der Fall sei, und als er oben angekommen war, begann er einen so abschreckenden Sermon über das Altwerden der Sonne, die anfange, fahl und bleich auszusehen, daß es nicht lange dauerte, und die Gestalten hinter dem Busch waren verschwunden. Nie war, erzählte Sulpiz später seinen Bekannten, Goethe größer, seelenvoller in seinen Betrachtungen, als an diesem herrlichen Abende, nachdem die unberufenen Lauscherinnen sich entfernt hatten.

Wir wissen aus Goethes eigenen Bekenntnissen, daß er jede Maske, auch die des liberalistischen Indifferentismus, annehmen konnte, um sich dahinter gegen Pedanterie und Dünkel zu schützen. »Es kommt nur auf mich an«, sagte er eines Tages bei den Boisserées, »mit jeder Gesellschaft, wie sie auch sei, in guter Art fertig zu werden. Vermute ich in ihr einfältige und dumme Leute, so stelle ich mir vor, daß es lauter geistreiche seien, dann erhebe ich sie zu mir, und zwinge sie, auch ihren Geist leuchten zu lassen; und umgekehrt, wenn ich zu jemanden komme, der sich einbildet, mehr zu sein und zu wissen, als die andern Menschenkinder, dann denke ich mir das Gegenteil, und behandle ihn auch so, indem ich ihn beschäme und nötige, seine Nase nicht mehr so hoch zu tragen.« Goethe suchte alles, was in Leben und Dichtung ihm entgegentrat, möglichst unter dem ästhetischen Gesichtspunkt zu fassen. »Wenn etwas auch nicht schön ist«, pflegte er zu sagen, »so müssen wir doch so viel Phantasie haben, um es schön zu finden.«

Zudringlichkeit und Hochmut waren ihm so verhaßt, als Gespreiztheit und Ziererei. Als Frau v. Humboldt in geselligem Kreise ihn fragte, ob sie ihm nicht ihr Töchterlein vorführen dürfe, die gerade etwas deklamieren wollte, brummte er ein verdrießliches »Ja!« Die Kleine trat auf, und deklamierte mit vieler Selbstgefälligkeit Stücke aus der Jungfrau und Maria Stuart. Goethe saß dabei mürrischen Gesichts, vor sich hinsehend, ohne ein Wort zu sagen. Als sie fort waren, rief er:»Welche Unverschämtheit, wäre dieser kleine Balg nicht wert, daß man ihm die Rute applizierte? Stellt sie sich da so keck vor mich hin, und deklamiert mir diese Geschichten vor!«

Einst war Goethe zu Voß eingeladen. Als sie bei Tisch saßen, wird Voß herausgerufen, und führt verabredetermaßen einen jungen Dichter, Kunz mit Namen, der für Almanachs gearbeitet hatte, herein, stellt ihn vor, und setzt ihn neben Goethe. Dieser Kunz war, ich weiß nicht mehr aus welchem kleinen deutschen Staate. Goethe ergriff das Wort, und sagte:»Nun, Ihr Fürst ist ein strenger Herr; es soll schwer halten, dort einen Paß zu bekommen. Könnten Sie mir wohl einen solchen zeigen?«»O, ja wohl! Sehr gern!« Und damit holte Kunz aus der Seitentasche seines Rockes den Paß. »Bitte, leihen Sie ihn mir bis morgen«, sprach Goethe, »es ist ein merkwürdiges Stück; das muß ich ein wenig sorgfältiger mir anschauen.« Wer war glücklicher, als der junge Dichter; er sah sich schon bei Goethe, eingeladen von ihm, und seines Schutzes teilhaftig. »Wissen Sie«, sagte später Goethe zu einigen seiner Gäste, die sich über diese Paßliebhaberei wunderten, »warum ich mir das Papier geben ließ? Ich sah aus Kunz' anderer Rocktasche ein Paket Gedichte gucken, und lieber wollte ich den Paß lesen, als die!«

Goethe las sehr gut, aber nur selten vor. Es war daher großer Jubel im Hause bei den Boisserées, als er ihnen ankündigte, daß er in der nächsten Abendgesellschaft etwas von

sich vorlesen wolle. Melchior meldete dies Bertram mit dem
Bedeuten, daß er dabei erscheinen müsse. Bertram antwortete: »Laßt mich nur machen!« und begab sich zu Goethe,
indem er sagte: »Muß ich heut' abend erscheinen?« – »Muß
ich heut' abend erscheinen! Was heißt das?« fragte dieser.
»Ich muß Ihnen gestehen, Herr Geheimrat«, erwiderte Bertram, »daß Sie mir keinen größeren Possen spielen können,
als wenn Sie etwas vorlesen. Ich habe keine Ruhe dazu, es mit
anzuhören.« »Gehen Sie ohne Gewissensbisse in pace!« antwortete Goethe, indem er die Arme zu einem Kreuze übereinander legte.

Der Professor des Zivil- und Kriminalrechts Christoph
Reinhard Martin in Heidelberg hatte einen schönen Garten,
wohin Goethe öfter kam, als sich in jener Stadt aufhielt. Sie
saßen beide im Gartenhause. Martin klagte, daß man die
schönen hohen Waldbäume in der Nähe seines ländlichen
Sitzes auf Befehl der Regierung habe abschlagen lassen, und
hielt letzterer gerade keine Lobrede. »Wie lange dauert es
denn«, fragte Goethe, »bis die Bäume wieder herangewach-
sen sind?« »Ja, eben das ist's, mindestens zwanzig bis fünf-
undzwanzig Jahre«, antwortete Martin. »Nun«, sagte Goethe, »dann haben Sie ja noch lange Zeit, um sich wieder zu
ärgern.« [4072]

Johann Baptist Bertram (1776-1841), Jurist und Kunstsammler.

seinen Bedienten: Carl Wilhelm Stadelmann (1782-1845), in
Goethes Diensten 1814/15 und dann von 1817 bis 1824.

Werkes über die Erziehungslehre: »Die Erziehungslehre« in vier
Bänden, erschien von 1804 bis 1813. Ihr Verfasser Friedrich Chri-
stian Heinrich Schwarz (17766-1837), Professor der Theologie in
Heidelberg.

ihr Töchterlein: Adelheid.
in pace: in Frieden.

Wie man einen Kaiser fängt

E. Genast:

Aus dem Tagebuche eines alten Schauspielers

1862

Es wurde den Schauspielern Zeit genug zum Memorieren ihrer Rollen gewährt; darum verlangte aber auch Goethe, daß jeder bei der ersten Theaterprobe seiner Aufgabe mächtig sei; er konnte sehr heftig werden, wenn einer sich eine Nachlässigkeit darin zu Schulden kommen ließ.

Bei der ersten Theaterprobe zur »Zenobia« [am 27. Januar 1815] sollte Unzelmann, welcher den Soldaten spielte, das Unglück treffen, Goethes Zorn zu erregen. Er war einer der fleißigsten Schauspieler und ein Liebling Goethes, aber er gehörte auch zu denen, die sich durch ein Zorneswort des Meisters nicht einschüchtern ließen.

Bei jener Probe nun trat Unzelmann mit der Rolle in der Hand auf die Szene und las dieselbe ab. Sogleich ertönte mächtig Goethes Stimme aus seiner Loge, die sich im Hintergrund des Parterre befand: »Ich bin es nicht gewohnt, daß man seine Aufgabe abliest!« Unzelmann entschuldigte sich mit dem Bemerken, daß seine Frau seit mehreren Tagen krank daniederliege und er deshalb nicht zum Lernen hätte kommen können. »Ei was!« rief Goethe, »der Tag hat vierundzwanzig Stunden, die Nacht mit eingerechnet!« Unzelmann trat bis in das Proszenium vor und sagte: »Ew. Exzellenz haben vollkommen recht! Der Tag hat vierundzwanzig Stunden, die Nacht mit eingerechnet; aber ebenso gut, wie der Staatsmann und Dichter der Nachtruhe bedarf, ebenso gut bedarf ihrer der arme Schauspieler, der öfters Possen reißen muß, wenn ihm das Herz blutet. Ew. Exzellenz wissen, daß ich stets meiner Pflicht nachkomme; aber in solchem Falle bin ich wohl zu entschuldigen!« Diese kühne Rede erregte allgemeines Erstaunen, und jeder stand erwartungsvoll, was nun kommen würde. Nach einer Pause rief Goethe mit kräftiger Stimme: »Die Antwort paßt! Weiter!«

In dieser Probe sollte noch ein Unglücklicher an die Reihe kommen, und dieser Unglückliche war ich.

Ich spielte den Hauptmann der Zenobia, der den Aurelianus gefangen zu nehmen und nur wenige Worte zu sprechen hat. Mit großer Sicherheit trat ich aus der vierten Kulisse heraus und schritt mit Würde über die Bühne, um die Heldentat, die Gefangennahme des Aurelianus, zu vollbringen. Da ertönte es: »Schlecht! So nimmt man keinen Kaiser gefangen. Noch einmal!« Ich kam also noch einmal, dann zum dritten, vierten und fünften Mal, und immer blieb der Ausspruch derselbe, nur daß er bei jeder Wiederholung markiger wurde. Ganz zerknirscht wagte ich endlich die bescheidene Frage: »Exzellenz, wie soll ich's denn nur machen?« – »Anders!« war die belehrende Antwort. Ja, das war leicht gesagt, aber wie? Mein Herr Papa, der seinen Sitz rechts im Proszenium hatte, warf mir schon längst ingrimmige Blicke zu; ja der hatte gut werfen, ich hätte mich lieber selbst hinauswerfen mögen, um der Qual und Schande zu entgehen. So trat ich denn den schauerlichen Gang zum sechsten Mal an, um dem Willen Goethes nachzukommen und es »anders« zu machen, aber es blieb beim Alten. Da rief der Gewaltige: »Ich werde Dir es vormachen.« Nach einer Weile betrat er in seinem langen blauen Radmantel, den Hut halb schräg auf seinem Jupiterhaupte, die Bühne. Er nahm mir das Schwert aus der Hand, stellte mich als Zuschauer in den Vordergrund der Bühne und kam nun mit einem martialischen Gesicht und – ich kann's nicht anders bezeichnen – mit Hahnenschritten im raschesten Tempo auf den Aurelianus losgestürzt, das Schwert drohend über dessen Haupte schwingend. Das war allerdings ganz anders, wie ich es gemacht hatte, aber ich wußte nun, wie er es wollte, und ahmte ihm treu nach. Da kniff er mich mit dem Zeige- und Mittelfinger, wie seine Art war, wenn er seine Zufriedenheit zu erkennen geben wollte, in die Backe, daß ich hätte laut aufschreien mögen, und ging dann wieder hinab in seine Loge. Mein Vater wandte sich mit einem sarkastisch-freundlichen Lächeln gegen mich und flüsterte mir über die Achsel zu: »Ich breche Dir den Hals, wenn Du es so machst!« Ich stand da, wie gewisse Tiere am Berge, der Papa aber fuhr fort: »Wenn wir nach Hause kommen, werde ich Dir schon erklären, wie es Goethe meint.«

Bei der Hauptprobe dieses Stücks [am 29. Januar] sollte Goethe nochmals in Harnisch gebracht werden. Sein Prinzip war, diese gleichsam als die erste Vorstellung zu betrachten; darum durfte kein Unberufener während der Handlung auf der Szene stehen oder auch nur den Kopf aus der Kulisse stekken. Letzteres Verbrechen ließ sich in dieser Probe ein ästhetischer Maschinist mit einem gewaltig dicken Schädel zu Schulden kommen. Sogleich donnerte Goethe herauf: »Herr G'nast! schaffen Sie mir den ungehörigen Kopf aus der ersten Kulisse rechts, der mit unanständiger Neugier sich in den Rahmen meines Bildes drängt.« [4118]

Heut ist ja Ihr Geburtstag

W. Grimm an seinen Bruder Jacob

20. November 1815

Als ein [Goethes] Geburtstag in Frankfurt war, hat von den Hausleuten niemand etwas erwähnt, nur bei Tisch hat sich auf dem Main eine schöne Waldhornsmusik hören lassen, und als er gefragt: was ist das? hat bloß sein Bedienter geantwortet: »Ei Herr Geheimer Rat, heut' ist ja Ihr Geburtstag.« Während der Zeit haben sie ihm in sein Zimmer eine Schüssel mit köstlichem Obst, wie Ananas usw., schön geordnet aufgestellt, daneben echt persisches Zeug (weil er gerade mit den orientalischen Sachen beschäftigt ist), wo ich nicht irre, auch einen Dolch hingelegt, und wie er hineingetreten ist, beobachtet. Anfangs, wie er es gesehen, ist er ganz ängstlich gewesen, hat hin- und hergeblickt und gemeint, es sei jemand versteckt, der nun glückwünschen werde, dann ins Nebenzimmer gesehen, ob etwa da Leute sich dazu versammelt hätten, und als dann endlich alles leer und still gewesen, hat ihn diese Aufmerksamkeit bis zu Tränen gerührt. *[4201]*

Wilhelm Grimm (1786-1859), Germanist.
Jacob Grimm (1785-1863), Sprach- und Altertumsforscher.

Dem Johannisberger tüchtig zugesprochen

L. E. Grimm: Erinnerungen aus meinem Leben

Ich freute mich sehr, [am 5. September 1815] im Brentanoschen Haus in der Sandgasse in Frankfurt [vielmehr bei Guaitas] Wilhelm zu finden; er sagte: »Heute mittag kommen Goethe und Savignys zu Tisch, da siehst du sie!« – Ich war sehr begierig auf Goethe, den ich noch nie gesehen hatte. Bei Tisch hatte er den obersten Platz zwischen Damen. Savigny stellte mich ihm vorher vor. Es war bei Tisch eine Art feierlicher Munterkeit. Es war eine große Tafel; die Familie von Guaita und Senator Thomas waren noch dabei. Eine Stunde nach Tafel sagte der Wilhelm: »Der Goethe wünscht deine Skizzenbücher! Und was du noch von Zeichnungen von Kassel hast, nimm mit!« Wir gingen zu ihm, und da sah ich dann von Kopf bis zu Fuß den berühmten Mann. Er war nicht groß, aber gut proportioniert, hatte einen kleinen Ministerbauch und war schwarz angezogen, reichte uns beiden die Hand und war sehr freundlich, sprach langsam. Wir setzten uns dann alle drei, und er sprach zuerst mit Wilhelm über gelehrte Sachen. Sein Gesicht war von Tisch, wo er dem Johannisberger Eilfer gehörig zugesprochen hatte, ganz rot. Wie er meine Bücher bemerkte, sagte er: »Ah, da bekommen wir auch etwas von der Kunst zu sehen!« – Er betrachtete die Skizzen, Bildnisse und Landschaftsstudien alle und sehr langsam. *[4210]*

Ludwig Emil Grimm (1790-1863), Maler und Radierer, der jüngere Bruder von Jacob und Wilhelm.

Das soll nicht aufkommen!

S. Boisserée

11. September 1815

... mittags bei Thomas. Auf dem Heimweg begegnet mir in der Fahrgasse Goethe, maulaffend, nimmt mich mit, wir gehen in das Münster, ins Konklave usw. Der üble geringe Eindruck des Gebäudes in der Jugend wird ihm begreiflich. Wir wandern durch die Messe am Main; alle Landschaften werden bedacht, die ihre Produkte und Waren hierher senden. Freude, daß die Welt, das Leben für Bedürfnisse sich immer gleich bleiben. Ein Trost für die Seelenwanderer. Die Savigny hatte mir gerade über dasselbe geklagt, als ich einige Tage früher mit ihr durch die Buden gegangen. Es sei doch schrecklich, die Tausend von Kinder-Trommeln usw. zu sehen, das habe sie in ihrer Kindheit ebenso gesehen und bleibe immer dasselbe, das sei gar zu langweilig. Wir kamen endlich zum Kranen. Goethe fragte nach allen Kisten und Fässern, was darin, wandte sich an einen jungen Schiffer, der war von Linz, sprach ganz kölnisch; wir wanderten unter die Bäume, wo der Wein gelegt zu werden pflegt, und endlich nach Haus.

Es kömmt die Rede auf die Zeichnungen von Cornelius,

Overbeck usw. bei Wenner, die ich sehen soll, da fehlt an allen etwas.

Jetziger Zustand der Kunst – bei vielem Verdienst und Vorzug große Verkehrtheit – Maler Friedrich, seine Bilder können ebenso gut auf den Kopf gesehen werden. Goethes Wut gegen dergleichen, wie sie sich ehemals ausgelassen, mit Zerschlagen der Bilder an der Tischecke – Zerschießen der Bücher usw. Da habe er sich nicht enthalten können, mit innerem Ingrimm zu rufen, das soll nicht aufkommen, und so habe er irgend eine Handlung daran üben müssen, um seinen Mut zu kühlen. Ich erinnere an Jacobi, Woldemar etc. Er: ja deswegen haben die Hamburger, die Reimarus usw. mich nie leiden können, immer nur gesagt, ich sei ein scharfsinniger Mensch, hab' dann und wann gute Einfälle. Der Reimarussche Teetisch sei im Privatisieren ein Stichwort der Weimarer Heiden. – In Frankfurt viele Kunstsammlungen – mehr als ich gedacht usw., viel Leben, Handel, Bewegung, ließ sich da wohl eine schöne Würksamkeit für uns denken. Goethe meinte dagegen, wir müßten durchaus nach Köln – auch ließ sich in solchen Dingen allein mit einer monarchischen Regierung was Rechts ausrichten.

Seine Ansicht der altdeutschen Kunst und Behandlung derselben an einem Beispiel gezeigt, die Darbringung im Tempel von Eyck [Roger van der Weyden]. – Hier die Tradition Unterlage, würkt gleichsam als Folie, in dem Gemütlichen, Natürlichen und Vernünftigen, welches alles mit der höchsten Fertigkeit und Talent in Nachahmung der Natur und Behandlung der Farbe verbunden. Das Bild befriedigt die Forderung des Natürlichen, Gemütlichen, Vernünftigen; die Tradition tritt zurück, dient als bloße Folie. *[4222]*

Münster: Dom.
Konklave: die bei der Kaiserwahl durch die Kurfürsten benutzte Seitenkapelle (Wahlkapelle) im Frankfurter Dom.

Maler Friedrich: Caspar David Friedrich. Goethe war mit Friedrich 1811 in Jena zusammengewesen, nachdem er ihm 1810 einen ersten Besuch in seinem Dresdner Atelier abgestattet hatte. Für die Weimarer Kunstsammlungen hat Goethe mehrere Werke des Malers und Zeichners angekauft. Aber sein Urteil über Friedrich blieb zeitlebens ambivalent.

Darbringung im Tempel: aus dem Dreikönigsaltar des Rogier van der Weyden (München, Alte Pinakothek).

Goethe lernt Arabisch

W. Grimm an Arnim

31. Oktober 1815

Von den Bildern der Boisserée hatte ich mir alles mögliche Gute vorgestellt... Eine solche Farbenpracht in solcher Wahrheit habe ich noch nie gesehen. Vor dem großen Bild Eycks hat Goethe lange schweigend gesessen, den ganzen Tag nichts darüber geredet, aber nachmittags beim Spaziergang gesagt: »Da habe ich nun in meinem Leben viele Verse gemacht, darunter sind ein paar gute und viele mittelmäßige, da macht der Eyck *ein* solches Bild, das mehr wert ist, als alles, was ich gemacht habe.« ... Wir haben die drei Tage fast nur die Bilder gesehen, der alte Herr kam einmal und zeigte sich ganz gnädig. Er liest jetzt vor und erklärt mit Vergnügen den chinesischen Roman Haoh Kiöh Tschwen, hat ein Päckchen Gedichte in der Art des persischen Hafis gemacht und lernt beim Paulus Arabisch. *[4257]*

Die Einsamkeit wird immer größer

Riemer an Frommann

9. Juni 1816

Sonach werden Sie unmittelbar unterrichtet worden sein von dem Schicksal, was unsern teuern Geheimrat betroffen hat. Der Tod gleicht alles aus, und so müssen wir mit Anteil und Bedauern gestehen, daß es ein hartes und schreckliches Ende war, welches die Frau genommen, ob man gleich voraussehen konnte, daß es über kurz oder lang so kommen müßte.

Das Detail weiß Goethe selber schwerlich so wie wir, und zu seinem Glücke bleibe es ihm ferner verhüllt. Bei seiner Art, zu sein und zu leben, wird er sie nur zu oft vermissen. Ob er gleich gefaßt erscheint und von allem andern spricht, so überfällt ihn doch mitten unter anderm der Schmerz, dessen Tränen er umsonst zurückzudrängen strebt. Die Einsamkeit wird immer größer werden, sobald der Sohn erst wieder seinen Geschäften und – Vergnügungen nachgeht. Denn außer Meyern und mir sieht er nur wenige und selten; und wir können gerade in den einsamsten Stunden am wenigsten um ihn sein. Auch wird die ökonomische Gesinnung des Sohns ziemlich alles von ihm entfernen, was ihn zerstreuen und aufheitern könnte. Ein Aufenthalt in Jena und dann eine Reise nach Teplitz wird also wohl das Beste und Wirksamste sein, um sein unschätzbares Leben uns länger zu fristen. *[4349]*

von dem Schicksal: Christiane war am 6. Juni 1816 gestorben.

Ihr Mann ist fast untröstlich

Ch. A. Vulpius an N. Meyer

11. Juni 1816

Ihre Freundin, meine Schwester, ist nicht mehr. Der Tod
hat ihrer kraftvollen Gesundheit in einem schrecklichen
Kampfe von fünf Tagen das Leben abgekämpft. Sie starb
am 6. (ihrem Geburtstage, in ihrer Geburtsstunde) Mittag
12 Uhr an Blutkrämpfen der schrecklichsten Art, für sie,
und uns. Sie können sich vorstellen, wie zerstört alles bei
uns ist und umhergeht. Alle weinen, und ihr Mann ist fast
untröstlich. *[4351]*

Geweint hat er laut über sie

W. Grimm an Arnim

2./4. Juli 1816

Den Tod von Goethes Frau hatte ich in Kösen schon gehört, Riemer sagte mir und die Schopenhauer auch, daß er
schrecklich gewesen; niemand hat die Krämpfe mit ansehen
können, und Mägde und Weiber haben nicht dableiben können, weil sie, wie das geschieht, auch davon ergriffen worden. Geweint hat er laut über sie, und das wäre auch unnatür-
lich gewesen, wenn er es nicht getan hätte. *[4354]*

Lotte in Weimar

Clara Kestner an ihren Bruder August

29. September 1816

Er [Onkel Ridel] fing denn auch bald an von Goethe zu sprechen, dem er durch seinen Sohn, der sein Kollege ist, hatte
sagen lassen, daß Mutter kommen würde; er hatte ihm antworten lassen, daß er sich sehr dazu freue, welches Mutter
ihm nicht so recht zugetraut hatte, doch der Onkel machte,
nach seiner liebenswürdigen Art, uns ein viel angenehmeres
Bild von ihm, als wir uns gemacht hatten, und versicherte,
daß er ihn schon öfter gerührt gesehen hätte, und glaubte,
daß er es bei diesem Wiedersehen auch sein würde. Nach dem
wir nun drei Tage hier waren, also am Mittewochen
[25. September], da Goethe durch den Onkel erfahren, daß
Mutter hier sei, ließ er den Onkel par Karte mit seiner sämtlichen Familie freundschaftlich zum Essen einladen; Mutter
hätte ihn gern erst einmal allein gesehen, doch da dies für
Goethe eine überaus große Artigkeit sein sollte, so wurde zu-
gesagt. Nun kannst Du denken, wie mir Unbedeutenden es
zu Mute war, vor diesem großen Mann erscheinen zu sollen,
und in seinem eignen Hause, welches doch noch viel schlimmer war, als wenn er zu uns gekommen wäre, doch was half
es, das Herzklopfen mußte überwunden werden. Mutter
war auch nicht ganz à son aise und wollte erst mit dem Onkel
vorausgehen und wir dann nachkommen, doch hieraus
wurde nichts, indem der große Mann uns seine Equipage
schickte, uns abzuholen. Wir fuhren also hin, und wurden
unten an der Treppe von dem Sohn empfangen; im Vorsaal
kam er selbst uns entgegen, doch treuer dem Bilde, was ich
durch Dich von ihm hatte, als dem, was uns der gute Onkel
gab, denn Rührung kam nicht in sein Herz; seine ersten
Worte waren, als ob er Mutter noch gestern gesehen: es ist

doch artig von Ihnen, daß Sie es mich nicht entgelten lassen, daß ich nicht zuerst zu Ihnen kam (er hat nämlich etwas Gicht im Arm). Dann sagte er: Sie sind eine recht reisende Frau, und dergleichen gewöhnliche Dinge mehr. Mutter stellte mich ihm vor, worauf er mich einiges fragte, unsre Reise betreffend und ob ich noch nie in dieser Gegend gewesen sei, welches ich doch ganz unerschrocken beantwortete. Darauf gingen wir zu Tisch, wohin er Mutter führte und auch natürlich bei ihr saß, ihm gegenüber der Onkel und ich daneben, so daß ich ihm ganz nahe war und mir kein Wort und kein Blick von ihm entging. Leider aber waren alle Gespräche, die er führte, so gewöhnlich, so oberflächlich, daß es eine Anmaßung für mich sein würde zu sagen, ich hörte ihn sprechen oder ich sprach ihn, denn aus seinem Innern oder auch nur aus seinem Geiste kam nichts von dem, was er sagte. Beständig höflich war sein Betragen gegen Mutter, und gegen uns alle, wie das eines Kammerherrn; der Onkel entschuldigte ihn, wie ich mich ziemlich freimütig über ihn äußerte, mit seiner Steifigkeit und selbst Blödigkeit; erstere hat er nun physisch und freilich diesen Tag auch geistig im höchsten Grade, denn alle sagten, er sei so liebenswürdig gewesen, wie sie ihn beinahe nie gesehen. Nach Tisch fragte ich nach einer sehr schönen Zeichnung, die immer meine Augen auf sich zog, er ließ sie mir herunternehmen und erzählte mir sehr artig die Geschichte davon; sie war von einer Dame, Julien dachte er mit großer Auszeichnung und besonders ihres Talents. Darauf ließ er eine Mappe holen, und zeigte Mutter ihr und des seligen Vaters und Eurer fünf Ältesten Schattenrisse auf einem Blatt; Du siehst aus allem diesen, er wollte verbindlich sein, doch alles hatte eine so wunderbare Teinture von höfischem Wesen, so gar nichts Herzliches, daß es doch mein Innerstes oft beleidigte. Seine Zimmer sind düster und ungewöhnlich eingerichtet, hier und da stehen Vasen, und die Wände sind mit Zeichnungen dekoriert, worunter jedoch, meiner Ansicht nach, außer der genannten nichts Ausgezeichnetes war. Der Sohn, welcher die Honneurs machte, scheint ein ziemlich unbedeutender Mensch zu sein, er sieht seinem Vater in den Augen ähnlich, hat aber eine sehr flache Stirn, übrigens ist er eher hübsch als häßlich. Dieser war ausgezeichnet artig gegen Mutter, führte sie in den Garten, wohin wir folgten; er ist nicht von Bedeutung, der Eingang aber ist sehr hübsch, indem er durch eine Art Laube, die schon an dem Hause anfängt, den Garten mit einem Gartenzimmer vereinigt, worin sehr viele Büsten der berühmtesten Schriftsteller unserer Zeit und die hiesige herzogliche Familie aufgestellt sind. Auch Goethens und seiner Frauen Büste steht darin, von der wir abscheuliche Dinge hören, mit denen ich mein Papier nicht beflecken werde; gottlob, daß sie tot ist, und doch, sollte man es glauben, ehrt er ihr Andenken mit Rührung. Nachdem wir nun alles gesehen, fuhren wir nach Haus, er entschuldigte sich, daß er nicht ausgehen könne, indem er auch bei Hof abgesagt habe. Wir werden ihn nun wohl nicht öfterr sehen, welches mir leid tun sollte, da ich ihn gern einmal sähe, daß ich ihn mit seinen herrlichen Kindern reimen könnte, welches ich bisher noch nicht gekonnt; zuweilen fiel mir bei Tisch eine schöne Stelle aus seinen Gedichten ein, ich sah ihn darauf an, konnte aber keine Ähnlichkeit finden. *[4371]*

Clara Kestner (1793-1866), Tochter von Charlotte Kestner, geb. Buff.

dem Bilde, was ich durch Dich von ihm hatte: August Kestner hatte Goethe am 30. August 1815 in der Gerbermühle bei Frankfurt besucht, wo sich Goethe damals als Gast der Willemers aufhielt.

Julien: von Egloffstein.

Teinture: Anstrich.

Gartenzimmer: das sog. Büstenzimmer.

Leider wackelt der Kopf

Charlotte v. Schiller an Knebel

9. Oktober 1816
... Graf O'Donell aus Wien... Goethe sagt auch von ihm, daß er keinen liebenswürdigern Menschen kenne; und das ist wahr!...

Ich habe das Original der Lotte gesehen, die jetzt hier ist und Goethe nach zweiundvierzig Jahren zum ersten Mal sah! Sie ist Kammerrat Ridels Schwägerin, eine Hofrätin Kestner aus Hannover, eine sehr hübsche Frau, wohl weit in Sechzigen. Bedeutende Augen und schöne Gestalt hat sie sich erhalten und ein schönes Profil, aber leider wackelt der Kopf, und man sieht, wie vergänglich die Dinge der Erde sind. Sie hat Goethe auch sehr anders gefunden. Sie ist geistreich, gebildet und nimmt großes Interesse an den Weltbegebenheiten. Sie hat acht Kinder, die alle schon in der Welt wirken und leben. Ihr Mann ist tot. Die Geheime Kammerrätin Ridel, die im »Werther« als naseweise Blondine bezeichnet ist, saß auch ganz gesetzt und ruhig neben uns... *[4377]*

Laßt mir meinen Kaiser in Ruh!

Varnhagen: Denkwürdigkeiten

1842
[Zusammentreffen mit Carl August in Paris 1814]. Ich wünschte zu wissen, was Goethe mache, und wie er wohl die neuste Wendung der Dinge aufnehme; der Herzog aber sagte etwas empfindlich, Goethe schreibe ihm nicht. Mit der Napoleonsverehrung würde es jetzt wohl aus sein, meinte einer der Anwesenden; der Herzog wandte sich

rasch um, und erwiderte: »O ganz und gar nicht, da kennen Sie Goethe nicht.« Und er hatte recht; ich hörte nach einiger Zeit, daß er, als man in seiner Gegenwart auf den Gefallenen heftig losgezogen, erst einige Zeit geschwiegen, dann aber mit strenger Ruhe gesagt habe: »Laßt mir meinen Kaiser in Ruh!« *[4427]*

Karl August Varnhagen von Ense (1785-1858), Schriftsteller.

Gegen die Verspottung der Juden

K. Eberwein: Goethe als Theaterdirektor

1856

Parodien klassischer Werke waren ihm [Goethe] ein Greuel. Über Wurms Bestreben, die Juden von der Bühne herab dem Gespötte preiszugeben, geriet er in Zorn und sagte: »Es ist schändlich, eine Nation, die so ausgezeichnete Talente in Kunst und Wissenschaft aufzuweisen hat, gleichsam an den Pranger zu stellen! Solange ich das Theater zu leiten habe, dürfen derartige Stücke nicht gegeben werden!« *[4456]*

Wurms Bestreben: Der Schauspieler Albert Aloys Ferdinand Wurm hatte sich mit der Darstellung des Jacob in der antisemitischen Posse »Unser Verkehr« von Carl Sessa so sehr den Zorn der Berliner Juden zugezogen, daß er 1815 Berlin verlassen mußte. In Weimar gastierte er in dieser Rolle am 27. April 1822, als Goethe die Theaterleitung schon niedergelegt hatte.

Strenge gegen seine Schauspieler

C. G. Beck: Besuch bei A. Schopenhauer

März 1857

Ich... frug ihn, ob er den Aufführungen im Weimarischen Theater unter Goethes Leitung beigewohnt habe. »Ich war oft dort«, erwiderte er, »und sah treffliche Darstellungen. Aber die Dekorationen waren bisweilen recht mangelhaft... Überhaupt lag das Kostüm noch recht im Argen: Macbeth und Wallenstein waren mit demselben Purpurmantel bekleidet. Andrerseits hielt Goethe wieder strenge darauf, daß die Stücke im Kostüm ihrer Zeit zur Darstellung kamen. Die Schauspielerinnen waren damals, wie ja die Frauenzimmer überhaupt, voll dummer Eitelkeit und nur darauf bedacht, durch glänzende Toilette die Herzen der Männer zu erobern. So erschien einmal eine Schauspielerin, eine wunderschöne Blondine, für deren Reize Goethe nicht unempfindlich war, als Minna von Barnhelm in einem sehr kleidsamen Hütchen, wie sie gerade damals Mode waren. Goethe, der bei der Probe immer auf der vordersten Bank saß, um genau dem Spiele der Künstler zu folgen, stürzte wütend auf die Bühne, riß ihr das Hütchen vom Kopf, warf es auf die Erde und schrie in höchster Entrüstung, indem er mit den Füßen auf dasselbe stampfte: »Steht Ihnen das Meisterwerk unseres Lessing nicht höher als Ihre verfluchte Eitelkeit!« Goethe herrschte überhaupt mit einer wahrhaft despotischen Strenge über seine Künstler. Er rügte jede Nachlässigkeit, jede falsche Auffassung oder Übertreibung, manches Mal in recht derber Weise. Es wurde ihm aber auch oft schwer genug, sie von ihrem Dialekt und Naturalismus zu befreien und sie an das richtige Sprechen der Jamben, und das tragische Pathos, wie sie die jetzt zur Aufführung kommenden Werke forderten, zu gewöhnen, dafür war aber auch das Ensemble auf der

Weimarer Bühne ein vortreffliches. Seine Schauspieler sprachen, trotz seiner oft gegen sie angewendeten maßlosen
Strenge, stets mit der größten Hochachtung von seiner Büh-
nenleitung...« [4464]

Aufführungen im Weimarischen Theater: im Winter 1813/14.

Minna von Barnhelm: Es kann sich nur um Proben zu der Aufführung am 20. November 1813 handeln.

Die besten Hosen sind zerfleischt

C. Stadelmann an Th. Kräuter

14. Mai 1817
Wohl befinde ich mich, aber in traurigen Umständen, wir
sind auf acht Tage nach Jena gegangen, aber es sind bereits
acht Wochen, ich leide an allen Notdürftigen Mangel, alles
geht in Stücken, an den Stiefeln keine Sohlen, sogar die Vor-
schuhe nicht mehr brauchbar, meine besten Hosen sind zer-
fleischt, andere habe ich nicht, schon sind dreieinhalb Monat
verflossen, daß ich in Dienst bei Seiner Exzellenz bin, und
habe weiter noch nichts von den versprochenen Livreestük-
ken als Rock und Hut. Worinne ich in dem schreckliche
Aprilwetter habe paradieren müssen. Welche dadurch freilich sehr gelitten haben. Ferner habe ich den Tag 8 Groschen,
aber jeden will ich loben, der imstande ist, bei dieser Zeit mit
8 Groschen auszukommen, ich, der gewiß sich mit wenigen
gerne begnügt, kann es nicht dahin bringen, 10 Groschen
sind an Abend immer fort, und so habe ich schon über
4 Reichstaler verloren, die mir jetzt viel Schaden tun, Barth
[Goethes Kutscher] hat Sachen bekommen, solange ich da
bin, ich bin vertrostet worden, Barth hat 1 Reichstaler
10 Groschen als Geschenk bekommen, ich habe zugesetzt,
auch ist ihm jetzt wieder versprochen worden, und ich er-

halte nicht einmal das Nötigste, was mir versprochen ist, dergleichen Sachen können mir auf keinen Fall gleichgültig sein, ich muß von morgens 4 1/2 Uhr auf den Füßen sein und komme des Nachts öfters vor 1 Uhr nicht zu Bette, wenn ich mich niederlege, hat Barth ausgeschlafen, wenn ich schon 1 1/2 Stunde auf den Füßen bin, ruht Barth noch sanft in den Federn, und doch werde ich in allen Stücken nachgesetzt, woran das liegt, kann ich nicht begreifen, aber ich hoffe, daß es die Zeit aufklären wird. Diese Lage macht mir den Aufenthalt in Jena wirklich schwer, doch wage ich nicht, den Herrn Geheimenrat mit Klagen schwer zu fallen, da ich mir alle Mühe gebe, seinen Aufenthalt so angenehm als möglich zu machen, auch wollte ich dieses Klagelied bloß für Sie gesungen haben. [4469]

Carl Wilhelm Stadelmann (1782-1845), Goethes Diener 1814/15 und von 1817 bis 1824.
　　Theodor Kräuter (1790-1856), Bibliothekar und seit 1818 Goethes Privatsekretär.
　　Barth: Johann Georg Barth (1793-1825) war von 1816 bis 1822 Goethes Kutscher, dann Gastwirt in Jena.

Goethes kranker Fuß

C. Stadelmann an Th. Kräuter

27. Mai 1817

Ich unterstehe mich, Ihnen etwas zu melden, wo ich bis jetzt noch nicht weiß, ob es erlaubt ist, doch geht es mir mit an und liegt mir zugleich als Pflicht ob, für den Gesundheitszustand Seiner Exzellenz Sorge zu tragen. Ich ging am Ersten Feiertag [Pfingsten, 25. Mai] mit den Herrn Geheimen Rat an Abend nach Hause, wo Sie unterwegs über Schmerz im hohlen Fuß klagten, wir kamen nach Hause, er legte sich zu Bett, am andern Morgen fand es sich, daß der Fuß beträchtlich geschwollen war, der Herr Hofmedicus Rehbein war glücklicherweise den Abend vorher hier [in Jena] angekommen und wollte den Herrn Geheimerat den andern Tag besuchen, als er ihn in diesen Zustande fand und natürlich sehr willkommen war, da grade die Häupter der medizinischen Fakultät verreist waren. Er verschrieb ein Räucherwerk und zum Einreiben; auch Socken von Wachstaffet wurden gemacht, keinen Schmerz empfinden Sie nicht, aber ein Spannen der Geschwulst, diesen Morgen fand ich, daß auch der andere Fuß etwas angelaufen war, und ließ gleich noch einen Sock von Taffet machen, aber leider ist er noch nicht gebraucht, so geht es auch mit den Einreiben und Räuchern, seit diesen Morgen habe ich nicht wieder damit kommen dürfen, trotzdem daß ich mehrere Mal daran erinnert habe, der Herr Geheimerat glaubt, es soll sich von selbst geben, aber das wird langsam gehn, der Herr Hofmedicus ist noch hier, und ich muß aufrichtig gestehen, daß ich den Herrn Geheimen Rat deshalb bei ihm verklagt habe, er will diesen Abend wiederkommen und es den Herrn Geheimerat ans Herz legen. Der Himmel gebe seinen Segen, daß ich ihm recht bald die Stiefeln wieder anziehen kann. Dürfte ich Ihnen bitten, daß Sie so gefällig wären und das Mädchen bei den Schneider wegen meiner Livree und bei Meister Schick wegen den Stiefeln schickten, ob sie noch nicht fertig sind, ich leide wirklich Mangel und wünschte diese Sachen so bald als möglich ... Morgen, so Gott will, zieht der Herr Geheimerat in das Haus an den Botanischen Garten. *[4471]*

Bei großen Herren ohne eignen Willen

Th. Kräuter an seine Frau

10. Juli 1817

Es ist traurig, wenn man um große Herren herum ist, da verliert man so ganz seine Selbstständigkeit, darf keinen eignen Willen mehr haben, genug, man ist ihr Fangball, den sie nach ihrer Willkür herumwerfen, wie sie wollen. Mit allem diesen will ich nur so viel sagen, daß ich künftigen Sonnabend, auf den ich so sehnlich hoffte, *nicht* komme. Der Herr Geheimerat, der sich seit einigen Tagen nicht ganz wohl fühlte, ließ diesen Morgen, meine Vorstellungen beachtend, den Herrn Geheime Hofrat Stark rufen, und dieser hat ihm die Reise nach Weimar und folglich auch mir den Flug in die Arme meines geliebten Weibchen untersagt. Der böse Mann! *[4479]*

Umsonst besoffen!

E. Genast:
Aus dem Tagebuche eines alten Schauspielers

1865

Ich konnte [1833] unmöglich Karlsbad verlassen, ohne die Räume zu sehen, in denen Goethe öfters gewohnt hatte; sie waren vermietet, aber der Inhaber gestattete mir freundlich den Eintritt. Der Salon mit seinen vier Fenstern, von denen zwei nach der Wiese, zwei nach dem Gebirge hinausgingen, erinnerte mich an eine Anekdote von Goethe, die zwar als unwahr angegriffen wird, deren Wahrheit ich aber durchaus nicht bezweifeln kann, da sie Hofrat Rehbein (Goethes Hausarzt) selbst erzählt hat.

Der treue Diener Goethes, Karl, erhält am 27. August [1818] früh Befehl, zwei Flaschen Rotwein nebst zwei Gläsern heraufzubringen und in den obenerwähnten, sich gegenüberliegenden Fenstern aufzustellen. Nachdem dies geschehen, beginnt Goethe seinen Rundgang im Zimmer, wobei er in abgemessenen Zwischenräumen an einem Fenster stehen bleibt, dann am andern, um jedesmal ein Glas zu leeren. Nach einer geraumen Weile tritt Rehbein, der ihn nach Karlsbad begleitet hatte, ein.

Goethe. Ihr seid mir ein schöner Freund! Was für einen Tag haben wir heute und welches Datum?

Rehbein. Den siebenundzwanzigsten August, Exzellenz.

Goethe. Nein, es ist der achtundzwanzigste und mein Geburtstag.

Rehbein. Ach was, den vergesse ich nie; wir haben den siebenundzwanzigsten.

Goethe. Es ist nicht wahr! Wir haben den achtundzwanzigsten.

Rehbein (determiniert). Den siebenundzwanzigsten!

Goethe. (klingelt, Karl tritt ein). Was für ein Datum haben wir heute?

Karl. Den siebenundzwanzigsten, Exzellenz.

Goethe. Daß Dich – Kalender her! (Karl bringt den Kalender.)

Goethe. (nach langer Pause). Donnerwetter! Da habe ich mich ja umsonst besoffen. – Letzteres konnte für alle, die ihn kannten, nur als eine humoristische Phrase gelten, denn Goethe betrank sich nie. *[4605]*

Wilhelm Rehbein (1776-1825), Goethes Hausarzt.

Wie schrieb Homer seine Werke?

Julie v. Egloffstein: Aufzeichnung

16. März 1819

Nach einem Konzert, das unsre Erwartungen nicht hinlänglich befriedigte, fuhren wir zu Goethens. Der alte Herr empfing uns *ganz besonders* zärtlich und entwickelte, als wir bald darauf mit ihm am traulichen Eßtisch saßen, seine ganze Liebenswürdigkeit in Scherz und Ernst aufs allerreizendste. O wie hinreißend, wie unwiderstehlich ist dieser Mann, wenn er in heitrer Gemütlichkeit sich zwischen seinen Kindern und Freunden bewegt – bald das Größte und Höchste ins Gespräch verflechtend – bald sich scherzhaft wieder zu dem Kleinsten und Unbedeutendsten herabneigend – und jedem einen neuen Wert, eine neue Bedeutung verleihend –! –

Anfangs drehte sich die Unterhaltung um die Begebenheiten des Tags – es wurden einige Worte über das Konzert gesagt – dann erzählte Goethe, welchen herrlichen Schatz alter Broschüren aus dem 16. Jahrhundert er in Jena aufgefunden hätte – die von der Bluthochzeit und mehreren interessanten Begebenheiten aus früherer Zeit handelten und mit den allerwunderlichsten Holzschnitten verziert seien und damals statt Zeitungen gedient hätten. – Natürlich drang sich mir hier der Wunsch auf zu erfahren, seit wann eigentlich Zeitungen eingeführt und eine bestimmte Ordnung und Form darin beobachtet würde und wie es die Menschen vordem gehalten hätten, und Goethe befriedigte ihn auf die allergenügendste Weise. Er erzählte mir nämlich, wie die Kaufleute mit ihren Spekulationen stets die politischen Ereignisse als Hebel oder Hemmketten betrachtet und sich deshalb untereinander in Briefen Nachricht darüber erteilt hätten. Diese Briefe seien zu weiterer Mitteilung späterhin gedruckt worden – aber lange Zeit sei hingegangen, ehe man auf den Ein-

fall gekommen wäre, eine fortlaufende Reihe von Tages-
blättern einzusetzen und damit auch ohne besondere Erscheinungen oder Erlebnisse in der politischen Welt fortzu-
fahren. – Dieser Gegenstand leitete uns dann weiter zurück
in die entferntesten Zeiten der erwachenden Kultur zu der
Erfindung der Schrift überhaupt, und ich warf Goethe die
Frage auf: wie Homer seine Werke eigentlich geschrieben
habe? –

Diese Frage, mein liebes Engelchen, sagte er, kann nur
durch weitläufige Erzählungen beantwortet – oder vielmehr
verneint werden. – Nun setzte er uns auseinander, daß Homer aller Vermutung nach gar nicht existiert und folglich gar
nicht geschrieben habe –. Die Welt sei geneigt, in allem die
Persönlichkeit zu lieben – und deshalb schreibe sie einem
Einzigen so große Gabe zu – wahrscheinlich aber hätten
mehrere aufeinander folgende Dichter jene Gesänge zustande gebracht und durch mündliche Überlieferung weiter
befördert – bis dann endlich einer auf den gescheuten Gedanken gekommen sei, sie aneinander zu reihen und zu re[digie-
ren], dem denn auch der größte Ruhm gebühre –.

Während diesem Gespräch, das eigentlich mehr zwischen
Goethe und mir stattfand – hatten die übrigen die heitersten
Witze untereinander über den jungen Nicolovius gemacht,
und Goethe nahm sich seines Großneffens endlich mit Lebhaftigkeit an – mich auffordernd, ihn jenen beiden Damen,
die sich um ihn stritten, Linchen und Ottilien nämlich, ab-
spenstig zu machen – er selbst gab mir darauf die besten
Anschläge an die Hand, wie ich die Aufmerksamkeit dieses
höchst originellen und schweigsamen jungen Menschen auf
mich lenken könnte, und forderte zuletzt seinen Sohn auf,
sich mit mir zu verbünden, indem ja dem Mephistopheles
nichts unmöglich sei, was List und Bosheit verlange. – Linchen meinte, ich könne es immerhin versuchen – denn es
werde mir nichts helfen – indem noch keiner sie und mich zu-

gleich geliebt habe – als einmal ein Narr –– Ei Kinder! steht
– rief Goethe – auch ich liebe Euch beide zugleich – und so
könnt Ihr Euch denn rühmen, daß Euch nicht nur ein Narr,
sondern auch ein gescheuter Mann auf gleiche Weise geliebt
– etc. etc. *[4657]*

Nicolovius: Franz N. (geb. 1797), der zweite Sohn von Goethes
Nichte Marie Annaluise N., geb. Schlosser.
   Mephistopheles: August hatte beim Maskenzug vom 18. Dezem-
ber 1818 den M. dargestellt.

Und die ewigen Madonnen!

W. v. Humboldt an seine Frau

30. Juli 1819
Den Nachmittag [26. Juli] fuhr ich nach Weimar. Lolo war,
wie ich wußte, nicht da, und Goethe, hatte man mir gesagt,
sei entweder in Jena oder schon in Karlsbad.
   Ich ging also zu Gersdorff, dem Geheimrat Fritsch und
Riemer. Ich fand keinen ... Wie ich nun so in der Stadt her-
umschlenderte und schon mit Gedanken umging, noch den
Abend abzureisen, kam ich von ungefähr an Goethes Haus,
ging hinein, und siehe da, er war ruhig zu Hause! Er war zwei
Tage früher von Jena zurückgekommen. Ich brachte den
ganzen Abend nun mit ihm zu. Er war heiterer und mitteilen-
der und ungezwungener, als ich ihn lange gefunden habe,
und es hat mich wirklich sehr gefreut, ihn noch einmal so zu
sehen. Er hat seinen Divan eben vollendet, noch einen Anhang in Prosa über den Orient dazu gemacht, und sprach mit
vieler Liebe von dieser Arbeit. Im Gesicht und in der körperlichen Haltung gealtert fand ich ihn wohl, allein schwach
oder kränklich im geringsten nicht, er sprach namentlich
über sein Alter, schien aber noch auf ein sehr hohes zu

rechnen. Das einzige, was ich mit einer Art Schmerz an ihm bemerkte, ist, daß er doch in seinem einsamen Leben sich so in sich zu vertiefen, in allen seinen Ideen, ohne in neuere Ansichten einzugehen, ehern zu werden und sich so zu beschränken scheint. So merkte ich deutlich, daß er mit der Kunst der Deutschen in Rom doch im Grunde unzufrieden ist. Er erwähnte Fohrs Kopf, von Amsler gestochen, den er besitzt. Er lobte außerordentlich das eigentlich Technische des Stichs. Aber zugleich fand er sehr viel Mängel daran und im Grunde eine falsche Manier in Zeichnung und Behandlung. Einiges, das er von Wilhelm Schadow gesehen hatte, tadelte er auch. Dann setzte er hinzu: »Und die ewigen Madonnen!« Hierin liegt es nun eigentlich. Die eingewurzelte Abneigung gegen das Christentum in ihm macht ihm diese ganze Richtung verhaßt, und vermutlich hält er auch das Suchen und Auffinden der höchsten Kunst in den Zeiten vor Raffael für einen kränkelnden Geschmack, ob er sich gleich darüber nicht aussprach. Von dem wohltätigen Einfluß, den Deine Anwesenheit in Rom auf die Künstler ausgeübt hat, sprach er unaufgefordert mit großer Lebendigkeit. Aus ein paar kleinen Zügen sehe ich auch, wieviel Zeit er so mit Sammlungen und Aufzeichnungen zubringen muß, die eigentlich weiter gar keinen Wert haben. So erzählte er mir, er habe gerade an demselben Tag in seinem Tagebuch von 1810 gefunden, daß ich damals bei ihm gewesen sei. Er wußte gar nichts diesmal von meinem Kommen und mußte also nur dies Tagebuch von selbst studiert haben. Um ein Gewitter, das einige Tage vorher in Weimar und Jena gewesen war, war er so intrigiert, daß er mich lange ausfragte, ob ich nichts davon bemerkt hätte, und ließ am Ende auch sein Tagebuch kommen, um Tag und Stunde genau zu bezeichnen. Über die äußeren politischen Dinge habe ich ihn sehr gut gefunden; gegen keine Seite erbittert; er scheint das eigentlich ganz beiseite liegen zu lassen, ohne sich darum zu bekümmern, was bei seiner Denkart und in seiner Lage gewiß das Vernünftigste ist.

Da man nach altem Gebrauch bei ihm immer zu Abend essen muß, so war beim Essen sein Sohn, seine Schwiegertochter und deren Schwester. Die erste ist nicht hübsch, gefiel mir aber mehr als die andere, obgleich diese hübscher, nur sehr dick ist. Die Kinder waren entzückt über Berlin, wo sie gewesen waren, und lobten alles. Ich höre hier [in Berlin], daß man sie sehr fetiert hat. Allein einen ordentlichen Schreck hat man der jungen Frau beigebracht. Als die Szenen aus Faust in Monbijou gegeben worden sind, hat man sie und ihren Mann hingebeten, und wie der Erdgeist erscheint, diesen, und zwar wie?, erscheinen lassen. Einen kolossalen, hell erleuchteten Kopf Goethes selbst in leibhafter Ähnlichkeit. Es soll umso schrecklicher ausgesehen haben, weil man deutlich gesehen hat, daß es nur ein Kopf war, der nun wie vom Rumpf getrennt erschien.

Als ich von Goethen zu Hause ging, fand ich, es mochte 11 Uhr sein, Riemern auf der Straße, der mir auflauerte, um mich zu sprechen. Ich ging also noch ein wenig mit ihm in den Straßen herum. Er hatte zwei Bände eigener Gedichte, schrecklich zu hören!, unterm Arm, mit denen er mich beschenkte. Sonst war er sehr liebenswürdig und scheint nützlich beschäftigt. Er empfiehlt sich Dir sehr angelegentlich. Er wünscht sich aus Weimar weg und hat mich sehr gebeten, ihm, wenn es anginge, eine Anstellung hier oder sonst bei uns zu verschaffen...

Apropos! ich habe Goethen gesagt, daß Du Dein Manuskript über die spanischen Bilder wieder zu haben wünschtest, nur auf sechs Monate, dann sollte er es zurückbekommen. Dies letzte habe ich versprochen, weil ich sonst nicht traue, daß er die Sache gibt. Wir lassen, wenn wir sie erhalten, eine Abschrift machen. *[4716]*

Kunst der Deutschen in Rom: Gemeint sind damit die von Goethe mehr und mehr verabscheuten sog. »Nazarener«.

Fohrs Kopf: Carl Philipp Fohr, 1818 im Tiber ertrunken.

zwei Bände eigener Gedichte: von Riemer unter dem Pseudonym Silvio Romano 1816 und 1819 veröffentlicht.

Ohne Liebesglück

Caroline v. Humboldt an ihren Mann

7. August 1819

... es freut mich, daß Du Goethen noch so ein paar ruhige Stunden gesehen und genossen hast. Ich kann mir den alten Herrn in seiner Burg recht lebhaft denken.

Manchmal kann es mich so recht schmerzen, daß bei solch einer reichen Natur das Glück einer uneigennützig ganz sich hingebenden Liebe ihm doch wohl in dem Lauf langer Jahre nicht geworden ist. Mir ist es immer, als wenn Schiller das ausschließlicher zuteil geworden, sich darum auch etwas Heiligeres, die Zukunft still Verehrenderes in ihm entwickelt hätte. Aber eine ungeheuer kräftige Gestalt steht er unter dem Menschengeschlecht da, gleichsam sich anreihend an die erhabenen Göttergestalten griechischer Mythe. An seinem Physischen möchte ich, könnte ich, seine Entfernung von allen christlichen Ideen entwickeln, vielleicht auch an diesem Mangel und nicht Empfangen aufopfernder Liebe. Das alles hängt tief in ihm zusammen. – Wenn er von meinem guten Einwirken auf die Künstler in Rom weiß, so ist das unstreitig durch Louise Seidler. Sie ist mit ihm in direkter Korrespondenz, und sie war mir sehr gut. *[4717]*

Louise Seidler: Sie war seit dem Oktober 1818 in Rom, die einzige Frau unter den Nazarenern, zu denen sie selbst aber nicht gehörte.

Nicht reich in sich beschäftigt

W. v. Humboldt an seine Frau

16. August 1819

Über Goethe schreibst Du sehr schön und richtig. Liebe hat ihm immer gefehlt, er hat sie schwerlich empfunden, und die rechte ist ihm nicht geworden. Allein der wahre Grund dazu ist doch wohl das früh in ihm waltende, schaffende Genie und die Phantasie gewesen. Wo sich die Natur einen solchen eigenen und inneren Weg bahnt, da wird es wohl unmöglich, sich einem anderen Wesen in der Wirklichkeit uneigennützig hinzugeben, und ohne das ist keine Liebe denkbar. Man muß sich immer erst verlieren, um sich schöner und reicher wieder zu empfangen. Aber eine Leere läßt es dann freilich im Leben zurück, und ich glaube nicht, daß außer den Stunden und Zeiten des glücklichen Hervorbringens Goethe eigentlich glücklich oder reich in sich beschäftigt ist. *[4718]*

Der Schrecken der Giftmischer

F. F. Runge: Mein Besuch bei Goethe im Jahre 1819

Im Jahre 1819 war ich von Hamburg aus, nach dreijährigem Aufenthalt in Berlin und Göttingen, nach Jena gegangen, um hier in Natur- und Heilkunde mein Wissen zu vermehren und womöglich den Doktorhut zu erwerben...

Man kann sich leicht denken, was ein Mann, wie Döbereiner, auf mich für einen Einfluß hatte. Ich stellte mich ihm als *Schüler* vor, in der Erwartung, einen *Lehrer* zu finden; ich fand mehr, ich fand einen *Freund*. Meine chemischen Untersuchungen der *Giftpflanzen,* die ich schon in Göttingen begonnen hatte, gedachte ich in Jena zu vollenden und legte Döbereiner die bis dahin gewonnenen Ergebnisse vor. Er war freudig erstaunt, als ich ihm sagte, daß ich nicht nur imstande sei, das Giftwirkende des Bilsenkrauts (Hyoscyamus), der Tollkirsche (Belladonna) und des Stechapfels (Datura) für sich als einzelne Stoffe darzustellen, sondern auch das Mittel gefunden habe, das Vorhandensein dieser Giftstoffe in Speisen und Getränken, sowie in damit vergifteten Tieren und Menschen nachzuweisen...

Ich ging nun, aus dem Jenaer Pflanzengarten einiges Bilsenkraut zu holen. Döbereiner hatte indes Spinatblätter besorgt, und nun bereiteten wir einen Spinat nach gewöhnlicher Art, nur mit dem Unterschied, daß auf je zehn Spinatblätter ein Bilsenkrautblatt genommen wurde. Nachdem die Blätter sorgfältig gewaschen, mit siedendem Wasser abgebrüht und fein gehackt und etwas Fleischbrühe und Schmalz hinzugesetzt worden, wurde das Ganze so vollständig gar geschmort, als wenn es im Ernste gespeist werden sollte.

Während dieser Zeit hatte ich in das Auge einer der Katzen [die als Versuchstiere dienten] etwas von dem *Brühwasser* des Krautgemenges gebracht. Da grüne Pflanzenblätter beim Brühen mit heißem Wasser eine bedeutende Menge ihres Saftes von sich geben, so mußte in das Wasser auch Saft vom Bilsenkraut übergegangen und folglich durch Katzenaugen zu entdecken sein. Wir wurden in unserer Erwartung nicht getäuscht, denn es stellte sich bald eine sehr bedeutende Erweiterung des Sehlochs ein.

Dies bewies deutlich genug den Übergang des Bilsengiftstoffes ins Brühwasser. »Vielleicht«, sagte Döbereiner, »finden wir nun nichts im Spinatgericht, wie man ja auch Giftschwämmen ihr Gift durch siedendes Wasser entziehen kann.« – »Ja, dann muß es aber gründlich zu wiederholten Malen geschehen. Hier haben wir nur einmal rasch gebrüht, und sicher werden wir im fertigen Spinatgericht noch viel Gift auffinden.«

Dies war denn auch in der Tat der Fall. Es wurde etwas vom fertigen Spinatbrei in ein leinenes Läppchen getan und stark ausgepreßt. Vom gelbgrünen Saft wurde nach sorgfältiger Abnahme des Fettes ein weniges ins Auge der ersten Katze gebracht. Es dauerte nicht eine halbe Stunde, so zeigte sich die Wirkung durch Verwandlung der schmalen Sehspalte in ein ganzes rundes Sehloch.

Ich hatte die Genugtuung, daß Döbereiner mir seinen ganzen Beifall zollte und mir beim Abschied dankte für »die höchst belehrenden Versuche«. »Sie sind von der höchsten Wichtigkeit«, sagte er, »und noch heute abend werde ich Goethe davon erzählen.«

Goethe! Goethe! dachte ich, als ich nach Hause ging in Begleitung meiner drei Kätzchen, die das Mädchen in der Schürze hatte, dem Goethe will er von meinen Giftversuchen erzählen! Wird dieser Mann Sinn haben für etwas, was wohl einen Polizeimann entzücken, einen gestrengen Richter begeistern könnte? Aber der Schöpfer des »Faust« verweist dich mit deinen Katzen in die Hexenküche und damit gut.

Wie hatte ich mich geirrt! Schon am andern Tage nachmittags stand Döbereiner unter meinem Fenster und rief zu mir hinauf: »Ich habe nicht lange Zeit, aber ich komme in einer für Sie wichtigen Angelegenheit. Ich war bei Goethe, sprach ihn gestern und sprach ihn jetzt. Er will Sie durchaus kennen lernen und Ihre Versuche selbst sehen. Gehen Sie hin. Morgen nachmittag erwartet er Sie. Versäumen Sie es ja nicht. Eine solche Gelegenheit kommt alle hundert Jahre nur einmal vor.«

Ich kann nicht leugnen, daß nach diesen Worten ein ganz eignes Beben mein junges Wesen durchrieselte. Ich kannte bis dahin von Goethes Leistungen nur weniges, aber seinen »Faust« wußte ich auswendig, und dieses war übergenug, den unschätzbaren Wert des Wunsches dieses Mannes zu würdigen, der sich herabließ, einem unbedeutenden Studenten, mit seiner Katze unterm Arm, Audienz zu geben.

Und so war es denn auch buchstäblich. Als ich nachmittags [am 3. Oktober] im entliehenen schwarzen Frack (damals eine Seltenheit in Jena), mit einem auf gleiche Weise angeschafften Philisterhut und meiner Katze unterm Arm über den Marktplatz schritt, wurde ein allgemeiner Aufstand. Die Burschen, die gruppenweise herumstanden, kehrten auf den Ruf: »*Dr. Gift*« sich plötzlich gegen mich und vertraten mir in meinem höchst abenteuerlichen Aufzuge den Weg. »Laßt mich zufrieden«, sagte ich mit einem Ernste, wie er mir in späteren Jahren nie wieder gelungen ist, zu zeigen, »*ich habe einen wichtigen Gang, ich gehe zu Goethe!*«

Man ließ mich gehen, ohne auch nur einen schlechten Witz mir nachzurufen. Ich verdankte dies teils der allgemeinen Beliebtheit, der ich mich als »lustiger Bursch« erfreute, teils aber auch dem Spitznamen »Dr. Gift«, weil man wußte, daß ich immer in Giftpflanzen wühlte und eifrig bestrebt war, etwas Nützliches zu leisten. Ein eifriges Streben wird, wenn es auch lächerliche Seiten darbietet, selten verhöhnt. Der »Dr. Gift« war also eigentlich kein Spitzname, sondern ein Ehrentitel für mich.

Zu meinem Glücke wußte ich gar nicht, daß Goethe Wirklicher Geheimer Staatsminister war, und hatte auch, obgleich man mir gesagt hatte, ich müßte ihn »Exzellenz« nennen, gar keinen Begriff von dem, was man *Hofzwang* oder Etikette nennt. Ich trat also, nachdem ich mich dem Kammerdiener zu erkennen gegeben, mit größter Ungezwungenheit ins Empfangszimmer ein, in welchem bald darauf auch Goethe erschien.

Wie unser Willkommen gewesen, kann ich nicht sagen. Die schöne, hohe, mächtige Gestalt trat mir mit einem so überwältigenden Eindruck entgegen, daß ich ihm zitternd die Katze hinreichte, gleichsam, als wollte ich mich damit verteidigen. »*Ach so*«, sagte er, »*das ist also der künftige Schrecken der Giftmischer? Zeigen Sie doch!*«

Ich bog nun den Katzenkopf so, daß die Tageslicht-Beleuchtung beide Augen gleichmäßig traf, und mit Erstaunen bemerkte Goethe den Unterschied an beiden Augen: neben der *schmalen Spalte* in dem einen Auge fiel das *große runde Sehloch* in dem andern um so mehr auf, da vermöge einer etwas starken Gabe fast die ganze Regenbogenhaut sich zurückgezogen hatte und unsichtbar war.

»Womit haben Sie diese Wirkung hervorgebracht?« fragte Goethe. – »Mit Bilsenkraut, Exzellenz! Ich habe den unvermischten Saft des zerstampften Krauts ins Auge gebracht, darum ist die Wirkung so stark.« – »Döbereiner hat mir gesagt«, bemerkte Goethe, »daß die Arten der Gattung Belladonna und Datura auf ganz gleiche Weise wirken, wie die von Hyoscyamus, und daß Sie gefunden haben, der das Auge so sehr verändernde Stoff befinde sich *in allen Teilen* der Pflanze, von der Wurzel bis zur Blüte, Frucht und Samen. Wie verhält es sich mit *anderen* Pflanzen, besonders solchen, die eine verwandtschaftliche Gestalt haben?« – »Ein mir befreundeter Arzt, Dr. Carl Heise, hat, veranlaßt durch die auffallende Wirkung der genannten Pflanzen, eine sehr umfassende Arbeit unternommen und durchgeführt und dadurch bewiesen, daß nur die Pflanzen der oben genannten Gattungen eine den Augenstern erweiternde Kraft besitzen. Alle anderen Pflanzen, deren er unzählige in ihrer Einwirkung aufs Katzenauge versuchte, zeigten sich völlig wirkungslos, ausgenommen einige, die aber das Gegenteil bewirkten, nämlich eine *Verengerung* oder Verkleinerung des Sehlochs, zum Beispiel *Aconitum*.« – »Ei«, sagte Goethe, »da könnte man ja auch auf diese Weise das echte Gegenmittel gegen die schädlichen Wirkungen der Tollkirsche usw. entdecken. Versuchen Sie dies doch einmal und lassen Sie von den beiden entgegengesetzt wirkenden Pflanzen nacheinander oder gleichzeitig etwas aufs Katzenauge einwirken, und beobachten Sie den Erfolg. Die Sache hat ihre Schwierigkeiten, aber Sie werden sie schon überwinden. Nun sagen Sie mir aber, wie sind Sie auf diese eigentümliche Art von organischer Chemie gekommen?«

Diese Frage hatte mir schon Döbereiner vorgelegt, aber ich war nicht dazu gekommen, sie ihm ausführlich zu beantworten. Es war mir daher angenehm, es hier bei Goethe zu tun, da ich voraussetzen konnte, sie würde seine regste Teilnahme und Aufmerksamkeit in Anspruch nehmen. Ich begann nun meine Erzählung.

»Im Jahre 1810 wurde ich, ein Pfarrerssohn vom Lande bei Hamburg, nach Lübeck gesandt und in die Ratsapotheke in die Lehre getan. Es war eine kriegerisch bewegte Zeit, und Napoleon bereitete seinen Einfall in Rußland vor. Alle irgend Wehrfähigen wurden unter die Fahnen gerufen, und bei der Widerwilligkeit, unter dem Wüterich zu dienen, wurde es immer schwerer, sich einen Stellvertreter zu erkaufen.

Durch Empfehlung meines Oheims hatte ich Zutritt in einige vornehme Familien erhalten, und der Sohn von einer derselben wurde bald mein Freund. Eines Abends kam er in größter Bestürzung in die Apotheke und klagte mir sein Leid, daß er übermorgen sich stellen und, da er ohne alle körperliche Fehler sei, wahrscheinlich Soldat werden müsse. ›Ich möchte mir die Hand verstümmeln, um nicht in diesen schändlichen Krieg zu ziehen‹, seufzte er. – ›Das ist nicht nötig!‹ bemerkte ich. ›Vertrauen Sie mir, ich glaube imstande zu sein, Sie auf ganz kurze Zeit so zu verstümmeln, daß man Sie ohne weiteres laufen läßt.‹ – ›Was wollen Sie denn mit mir vornehmen?‹ – ›Ich mache Sie *blind* auf vierundzwanzig Stunden.‹ – ›Wie wollen Sie das anfangen?‹ – ›Hören Sie mich. Vor etwa acht Wochen hatte ich nach ärztlicher Vorschrift eine Arznei zu bereiten, wo eingekochter Bilsenkrautsaft in Wasser aufzulösen war. Es geschah dies in einer Reibschale, und aus Unvorsichtigkeit spritzte mir ein Tropfen der Auflösung ins Auge. Ich empfand keinen Schmerz und bemerkte anfangs keine Veränderung, bis endlich ein Jucken und Flimmern im Auge mich zum Spiegel trieb. Wie groß war mein Erstaunen, als ich die eingetretene Veränderung meines Auges sah! Die Regenbogenhaut war fast gänzlich verschwunden, und das Auge sah genau so aus, wie das eines Menschen, der am *schwarzen Star* leidet. Auch die Sehkraft war ungemein geschwächt, was ich erst bemerkte, als ich das gesunde Auge schloß. Ich weiß nicht, wie es zuging, daß mich dieser mißliche Zustand meines Auges nicht ängstlich machte. Er hielt mehrere Tage an. Endlich aber kam die Sehkraft wieder und mit ihr die naturgemäße Ausbreitung der Regenbogenhaut, so daß nun beide Augensterne wieder *gleiche* Größe hatten und alles wieder in den vorigen Zustand zurückgekehrt war. Sehen Sie, eine solche Krankheit will ich Ihnen auf beiden Augen hervorbringen, und es müßte wunderbar zugehen, wenn Sie nicht schon nach oberflächlicher Besichtigung als *unbrauchbar zum Dienst* entlassen würden.‹

Nach einigen leicht beseitigten Einwürfen entschloß sich mein Freund zu dieser damals gewiß sehr verzeihlichen Betrügerei und rettete dadurch sein Leben; denn von allen, die aus Lübeck mit nach Rußland geschleppt wurden, sind nur wenige wiedergekehrt. Seine zeitweise Blindheit dauerte etwa sechsunddreißig Stunden, sie verging schmerzlos und hinterließ auch nicht die geringsten nachteiligen Folgen.«

Nachdem Goethe mir seine größte Zufriedenheit sowohl über die Erzählung des durch *scheinbaren schwarzen Star* Geretteten, wie auch über das andere ausgesprochen, übergab er mir noch eine Schachtel mit *Kaffeebohnen,* die ein Grieche ihm als etwas ganz Vorzügliches gesandt. »Auch diese können Sie zu Ihren Untersuchungen brauchen!« sagte Goethe. – Er hatte recht; denn bald darauf entdeckte ich darin das wegen seines großen Stickstoffgehaltes so berühmt gewordene »*Koffein*«.

Nun entließ er mich. Ohne recht zu wissen wie, war ich zur Tür hinaus und die Treppe hinunter, als Goethe mir noch nachrief: »Sie vergessen Ihren Famulus!« und der Diener mir den kleinen Kater in den Arm legte, der während unserer Unterredung ruhig auf dem Sofa gesessen hatte. *So war ich also wirklich bei Goethe gewesen,* hatte ein Glück genossen, dessen ganze umfangreiche Bedeutung mir erst klar wurde, als ich beim Nachhausegehen von Bekannten und Freunden mit unverkennbar neidischen Augen betrachtet und mit Fragen bestürmt wurde. Sonderbarerweise fragte man mich nicht, was Goethe eigentlich von mir gewollt und was es mit der Katze für eine Bewandtnis habe, sondern nur, wie er mich empfangen, ob er freundlich oder ernst gewesen, ob er mir einen Stuhl angeboten und dergleichen mehr. Ich konnte über alles dies gar keine Rechenschaft geben. So vertieft, wie ich in meinen Gegenstand war, und so teilnehmend und aufmerksam Goethe mich anhörte, wie blieb mir da wohl Zeit zur Beobachtung unwesentlicher Nebendinge? Ich habe nichts Schroffes, Abstoßendes bemerkt, worüber so viele klagen, und was sie sicher selbst verschuldeten. Bei Angaffungsbesuchen, der Plage berühmter Männer, über die sich schon Voltaire beschwerte, mag Goethe oft genug kalt und zurückhaltend gewesen sein. Die Leute brachten ihm nichts, sie wollten nur empfangen. Ich aber spendete mit vollen Händen und fesselte seinen tief eindringenden, naturforschenden Blick an Dinge, für ihn ganz neu, und deren Bedeutung ihm doch auf der Stelle klar war. Goethe war nicht nur Dichter, sondern auch ein sinniger Naturforscher! *[4728]*

Friedrich Ferdinand Runge (1795-1867), Mediziner und Chemiker, Entdecker des Koffein und des Anilin.
 Aconitum: Eisenhut, Familie der Hahnenfußgewächse.

Goethe – ein alter Schwede?

B. v. Beskow: Wandererinnerungen

1833

In Weimar angelangt, zögerten wir natürlich nicht, die uns von Freifrau von Helvig an Goethe mitgegebenen Briefe abzuliefern. Am folgenden Morgen [20. November 1819] kam ein Diener zu uns, der uns mitteilte, daß »Seine Exzellenz« uns um 11 Uhr denselben Vormittag zu sehen wünschte. Wie sehr es mich auch nach dieser, wie mir dünkte, merkwürdigen Stunde meines Lebens verlangt hatte, fühlte ich mich doch ganz schüchtern bei dem Gedanken an ein tête à tête mit Goethe. Ich musterte in meinem Kopfe alle dienstbaren Gedanken, die mir jetzt invalider als sonst erschienen. Überdies wollte die Sprache sich nicht fügen, und Goethes Äußerung von sich, daß er nur das Verdienst besäße, *gut* Deutsch zu schreiben, ermunterte mich eben nicht. Zuletzt ließ ich alle grübelnden Vorbereitungen fahren, welche gewöhnlich auch, wie die Beredsamkeit der Abderiten, selten die Eigenschaft besitzen, recht angebracht zu sein, und mit dem Ausruf Falstaffs, als er die Flucht nahm: A plague of all cowards, setzte ich mich in die Mietskutsche.

Es war gleichwohl, als wären wir in eine andere Welt entrückt, wie wir in seine Wohnung eintreten, und ich vergaß alle kleinlichen Gedanken, um das zu betrachten, was mich umgab. Flur und Treppen waren mit Bildern nach antiken Mustern geschmückt. Vor dem Eingang zu Goethes Zimmer steht mit großen Buchstaben der Gruß der Alten: Salve! Wir warteten einige Augenblicke in einem Vorgemach. Auf dem Tische sah man Antiken und Vasen, auch die Wände waren mit Gemälden und Handzeichnungen geschmückt, unter welchen einige von ihm selbst. Während ich ein Porträt in Öl von Winckelmann betrachtete, öffnete sich die Tür, und

Goethe trat ein. Er empfing uns mit der zuvorkommendsten Artigkeit, und nachdem wir Platz genommen, wurde die Unterhaltung fortgesetzt, meist über literarische Sachen und die Bühne. Jede denkwürdige Begebenheit auf dem Gebiete der Literatur in allen Ländern Europas ist ihm bekannt, er folgt den Momenten der intellektuellen Entwicklung mit rastloser Aufmerksamkeit, und mit Recht singt Oehlenschläger von ihm:

> Denn gleich der Zeit hebt er sein großes Auge
> Auf alles, was da lebt und sich entwickelt.

Gleich beim ersten Anblick glaubt man einen König von Natur zu schauen. In seiner Jugend war er ein Apoll an Schönheit, nun hat sein Antlitz, die majestätische Stirn, das feurige Adlerauge und die zugleich stolze und milde Herrschermiene den Ausdruck eines weltgebietenden Jupiterkopfes angenommen. Seine stattliche Gestalt ist kaum merkbar von den Jahren gebeugt, und obgleich er seine siebzig Winter erreicht hat, scheint er noch von der Kraft und Wärme der Jugend erfüllt zu sein. In seinem Verkehr merkt man den vollendeten Hofmann und Weltmann, erhaben durch die Überlegenheit des Geistes. Das Zeremonielle, Zurückhaltende und Ministerartige, das man seinem Wesen anmerkt, ist begründet in seiner Stellung, da er ein Menschenalter hindurch in Gemeinschaft fast mit allem gelebt hat, was Europa Großes und Ausgezeichnetes besitzt, wie er auch als Geheimer Staatsminister den höchsten Rang im Staate innehat, und diese seine Art harmoniert mit seinem imposanten Äußeren. Weit davon entfernt, gekünstelt zu sein, scheint dies Wesen ihm ganz angeboren zu sein. Es ist außerdem leicht erklärlich, daß er sich den meisten, besonders unbekannten Fremden gegenüber nur mit einer gewissen Vorsicht äußern kann, da er so oft den Fall gehabt hat, seine Worte, bisweilen halbverstanden und entstellt, in Reisebeschreibungen und Zeitungen wiedergegeben zu sehen. Übrigens ist die Art seiner mündlichen Mitteilung ebenso klassisch wie sein Stil. Wenn man ihn sprechen hört, findet man seine Poesie wieder, eine reine und klare Weltanschauung, eine Würde voll Behagen, eine tiefe Ruhe und freundliche Heiterkeit. Mit Leichtigkeit geht er von dem einen Thema auf das andere über, mischt, ehe er schließt, gewöhnlich eine Hauptreflexion ein, die über das Ganze Licht verbreitet, verbindet es auf eine angenehme Art mit dem Vorhergehenden und leitet daraus ein neues Gesprächsthema ein. Als wir Abschied nahmen, sagte er: Wir sehen uns heute abend bei meinen Kindern. Goethes Privatleben ist ebenso glücklich und sonnig wie seine schriftstellerische Laufbahn gewesen. Sein häuslicher Frieden wird vom Sohne und dessen Enkeln verschönert. August v. Goethe ist verheiratet mit Ottilie v. Pogwisch, einer ausgezeichneten, interessanten und liebenswürdigen Frau, angebetet von ihren Freunden und von allen hochgeschätzt. Von ihnen erfuhr ich, daß die Familie Goethe eigentlich aus Schweden stammt, woher der Stammvater der deutschen Linie ausgewandert ist. Von welcher Provinz, wußten sie nicht. Dies ist mithin der erste Dichtername schwedischen Ursprungs in Deutschland. Der zweite ist Matthisson. Auf Goethes Einladung fanden wir uns abends bei seiner Familie ein. Ottilie liebt sehr die Musik. Die schwedischen Volkslieder interessierten sie besonders, und ich mußte ihr versprechen, die von Geijer und Afzelius herausgegebene Sammlung zu schicken. [4738]

Bernhard Freiherr von Beskow (1796-1868), schwedischer Dramatiker.
»*Verdienst ... gut Deutsch zu schreiben*«: »Nur ein einzig Talent bracht ich der Meisterschaft nah. Deutsch zu schreiben.« (Venezianische Epigramme 29).

Abderiten: wohl nach Wielands gleichnamigem Roman.

A plague of all cowards: einen Henker für jeden Feigling (der er selbst ist).

dessen Enkeln: Der jüngere, Wolfgang Maximilian, wurde erst 1820 geboren.

aus Schweden stammt: Goethes Vorfahren stammten aus Thüringen, Franken und Hessen; von schwedischen Ahnen ist nichts bekannt. Entweder hat v. Beskow die Mitteilung mißverstanden, oder August und Ottilie haben sich einen Scherz erlaubt.

von Geijer und Afzelius herausgegebene Sammlung: »Svenska-folkvisor«.

Zeit der Einsamkeit

»Sibyllinisch mit meinem Gesicht
Soll ich im Alter prahlen!
Je mehr es ihm an Fülle gebricht,
Desto öfter wollen sie's malen!«

(Goethe am 12. August 1826)

Porzellangemälde von Ludwig Sebbers
(1826)

Von antiquierter Musik

J. Ch. Lobe: Aus dem Leben eines Musikers

Ich hatte mich [etwa Mitte April 1820] mit der Bitte um ein Empfehlungsschreiben an Zelter schriftlich an Goethe gewendet, da ich den Mut nicht fand, mein Gesuch mündlich vorzubringen; er ließ mir aber sagen, daß ich den andern Tag um 12 Uhr zu ihm kommen möge, da er mich zu sprechen wünsche.

Es würde keinen uninteressanten Beitrag zu dem Kapitel von den gemischen Gefühlen in der Psychologie abgeben, wenn ich den ungeheuern Wirrwarr von Schreck und Freude schildern könnte, der mein Inneres diesen und den folgenden Tag durchströmte. Ich beginne aber meine Erzählung gleich mit dem Momente, als ich mit dem stärksten Herzschlag, den ich je in meinem Leben gehabt, und mit einem vom dichtesten Nebel der Befangenheit umflorten Kopfe vor dem Dichterfürsten stand.

Er durchschaute meinen miserablen Zustand mit dem ersten Blick, und begann, um einen sprechfähigen Menschen aus mir zu machen, mit gewinnendster Freundlichkeit zu fragen, wann ich abzureisen gedenke.

Ich wußte, daß er nach Karlsbad reisen werde, und hatte deshalb mein Gesuch lange vor den Theaterferien eingereicht, in denen ich erst Urlaub erhalten konnte. Dies war der Gedanke, den ich ihm zu erwidern hatte, den ich aber so verwirrt vorbrachte, daß ich fürchten mußte, er werde mich als unzurechnungsfähig sogleich entlassen. Aber er war in einer seiner liebevollsten Stimmungen und fuhr sogleich fort:

»Ein Brief an Zelter geht morgen ab. Ich werde Ihrer darin gedenken, und Sie mögen bei ihm einsprechen, wann Sie können, er wird Sie freundlich aufnehmen. Indessen habe ich Sie sprechen wollen, um den Zweck Ihrer Reise näher kennen zu lernen, sodann auch, um Ihnen einige Aufträge zu erteilen. Sagen Sie mir zunächst, was Sie von einem Besuch bei Zelter hoffen und wünschen.«

Diese so nachsichtsvolle Rede fing an, eine beruhigende Wirkung auf mich zu machen, es tauchte allmählich etwas Fassung in mir auf, und ich erwiderte mit weniger gedrückter Stimme und Redeweise, daß ich vor allem den Wunsch hege, einer Aufführung oder wenigstens einer Probe der Singakademie beiwohnen zu dürfen, über deren treffliche Leistungen so viel Rühmliches verlaute.

»Ich konnte mir's denken«, bemerkte Goethe, »allein das ist nicht so leicht, und meine Empfehlungen haben nicht jederzeit den gewünschten Erfolg gehabt. Ob es gleich Zelter nicht an Bereitwilligkeit fehlt, so stehen doch die Umstände nicht ganz in seiner Gewalt. Indes Sie sind jung, und die Jugend hat Glück.«

Ach, nicht jede! klagte es in meinem Innern, ohne daß ich dem Gedanken Ausdruck zu geben gewagt hätte. Goethe las ihn offenbar in meinem Gesicht, denn er fuhr sogleich fort:

»Oder glauben Sie an den Ausspruch nicht?«

Ich hatte so viel Mut gewonnen, um die Erwiderung zu wagen, daß der Gedanke wahr sein müsse, da Exzellenz ihn ausspreche. Aber alles habe Ausnahmen, und mir komme es zuweilen vor, als gehöre ich zu derartigen Ausnahmen.

Da nahm sein Gesicht einen ernstern Ausdruck an, und er bemerkte: »Eine solche Äußerung höre ich von keinem Menschen gern, am allerwenigsten von jungen Leuten, die noch gar nicht wissen, was zu ihrem Glück dienen kann. Zudem deutet sie auf hohe Ansprüche und auf Verzagtheit zugleich. Damit verbittert man sich das Leben und schwächt den guten Mut zum Handeln.«

In der Gefahr kommt die Fassung. *Diese* Wendung des Gesprächs war für mich, der ich Goethe vergötterte, eine große Gefahr. Ich fühlte, daß ich sie durch eine gute Antwort beseitigen müsse, und erwiderte deshalb sogleich mit einer ehrfurchtsvoll dankbaren Miene, indem ich zum ersten Mal den Kopf hob und ihm offen in sein Jupiterauge blickte: Verzeihen Ew. Exzellenz meine Bemerkung. Die Lehre schon, deren Sie mich würdigen, muß ich ja als ein Glück erkennen, denn sie wird mir zeitlebens im Gedächtnis bleiben; ich werde mich derselben dadurch würdig zu machen suchen, daß ich sie stets mit gutem Mut zu befolgen trachten will.

Bei dieser Antwort nahmen seine Züge wieder den frühern freundlichen Ausdruck an, und er entgegnete beruhigend: »Halten Sie diesen Entschluß fest, und Sie werden gut dabei fahren. Und da Sie guten Rat annehmen, so will ich Ihnen mitteilen, worin meine Aufträge bestehen, wovon Sie jedoch keine Mitteilung an andere machen wollen.«

»Ich wünsche nach Ihrer Rückkehr von Berlin ein getreuliches Referat über die dortigen Zustände von Ihnen zu vernehmen, über das öffentliche Leben, soviel Sie es zu beobachten Gelegenheit finden, über die Personen, mit denen Sie etwa in Berührung kommen, namentlich über Theater und Musik. Ich erhalte zwar von Zelter gute Schilderungen, aber er ist alt und Berliner. Sie sind jung und Weimaraner. − Haben Sie schon früher Reisen gemacht?«

Es ist meine erste, Exzellenz, erwiderte ich, und ich würde auch diese nicht unternehmen können, wenn ich nicht hoffen dürfte, auf der Berliner Bühne in den Zwischenakten als Virtuos mich produzieren und durch das Honorar die Reisekosten gewinnen zu können.

»Gut«, sagte er, »so werden die Eindrücke um so frischer auf Sie wirken. Lassen Sie sich nicht durch ihre Neuheit übermannen und zur Überschätzung verleiten. Beobachten Sie mit Unbefangenheit, legen Sie den Dingen nichts von dem Ihrigen bei und unter. Sie werden hoffentlich Wolffs dort besuchen. Merken Sie, wie es diesen in Berlin gefällt und wie sie in Berlin gefallen. Sie finden ferner zu der Zeit der Ferien

Unzelmann dort gastierend. Ich wünsche zu erfahren, wie er von dem Berliner Publikum aufgenommen wird.«

Nicht ohne einigen Stolz auf dieses Vertrauen, das mir der verehrte große Mann zeigte, versprach ich, das Geforderte zu erfüllen, soweit es meine Kräfte nur irgend gestatten würden.

»Es wird gut sein«, fuhr Goethe fort, »wenn Sie sich vorläufig ein möglichst ausführliches Schema aller der Dinge notieren, denen Sie Ihre Aufmerksamkeit zuwenden wollen, mit Hauptrubriken und Unterfragen. Schreiben Sie zum Beispiel unter ›Theater‹ als spezielle Fragen: Stück? Dichter? Schauspieler? Aufnahme des Publikums? Wirkung auf mich? Und da Sie mir geschrieben, daß Sie in Gesellschaft zweier Kameraden reisen, auch ›Wirkung auf diese?‹ usw. Sie entgehen damit der Gefahr, Umstände zu übersehen; Ihre Beobachtungen erhalten Vollständigkeit usw. Führen Sie überdies, wie dort, so auch unterwegs, ein genaues Tagebuch, worin Sie alles, auch das scheinbar Geringfügige aufzeichnen. Es gibt nichts, über das sich nicht interessante Beobachtungen anstellen ließen. Gewöhnen Sie sich also, über *jede* Erscheinung eine Betrachtung oder mehrere zu machen, und wo Ihnen solche nicht im Augenblicke kommen wollen, da schreiben Sie wenigstens in Ihr Tagebuch: ›Hier sind Betrachtungen anzustellen.‹ Was der Geist heute nicht, gibt er morgen oder später.«

Goethe mochte an meinen immer glücklicher strahlenden Augen erkennen, daß ein für seine Lehren empfängliches Menschenkind vor ihm stehe, und es ist ja bekannt, daß er in solchen Fällen und bei sonst guter Stimmung gern von seinen geistigen Schätzen mitteilte. Er nahm stets lebhaftes Interesse für die bildungsdurstige Jugend, und ganz besonders für junge Künstler. Seine Neigung aufzuklären, anzutreiben, auf die bezüglichen rechten Wege aufmerksam zu machen, vor falschen Richtungen zu warnen, war immer groß und nahm mit den Jahren zu. Einen Beleg dazu findet man in dem Gespräch mit Eckermann, worin er diesem erzählt, was er dem Maler Preller angedeutet, als dieser behufs seiner weitern Ausbildung nach Italien reiste.

Danach wird man auch das, was *ich* hier aufzuzeichnen habe, keineswegs unwahrscheinlich finden, wenn ich auch bemerken muß, daß dieses Gespräch mein erstes mit ihm war, und er früher wohl kaum etwas anderes von mir gewußt hatte, als daß ich Virtuos sei. Allein eben deshalb hatte ich vorher an ihn geschrieben, mich ihm selbst zu empfehlen.

Ich hatte in meinem Schreiben auf manches, was mich beschäftigte und interessierte, hingedeutet, und nicht mit Unrecht gehofft, daß er weiteres darüber vernehmen wollte. Und so geschah es. War ihm doch jeder Mensch ein Phänomen, das er durchdringen und aus dem er herauszulocken trachtete, was ihn irgend interessieren konnte, und ihn interessierte ja alles. Ich selbst habe ihn einmal eine halbe Stunde lang in seinem Garten, mit auf den Rücken übereinander gelegten Händen, stehen und ein winziges Schlänglein beobachten sehen, das, in einer halb mit Wasser gefüllten Glasglocke hin- und herhuschend, sich seines Lebens zu freuen schien.

»Ich sehe«, begann er weiter, »aus Ihrem Schreiben, daß Sie sich mit mancherlei Gegenständen beschäftigen, für welche die Musiker sich in der Regel nicht interessieren.«

Ich wagte darauf den Einwurf: daß dies vielleicht in frühern Zeiten seltener der Fall gewesen, daß aber in neuerer Zeit gerade Musiker nach vielseitiger Bildung strebten, wie ja unter anderm schon die vielen Komponisten und Virtuosen bewiesen, die auch mit der Feder nicht ungeschickt umzugehen wüßten.

Ich nannte Reichardt, A. E. Müller, unsern frühern Kapellmeister, C. M. von Weber u. a. m.

»Nun gut! Auch Sie haben, wie ich merke, Versuche in der

Art gemacht, ohne studiert zu haben. Denn Sie sind, wenn ich nicht irre, 1811 in der Kapelle angestellt worden. Wie alt waren Sie damals?«

Vierzehn Jahre, Ew. Exzellenz.

»Also aus der Schule in die Kapelle!«

Ach, und *wie* aus der Schule, Exzellenz! Ich würde erröten müssen, wenn ich sagen sollte, was ich in der Schule gelernt, oder vielmehr nicht gelernt habe.

»Ihr Schreiben an mich war gut abgefaßt. Wie haben Sie Ihren Stil gebildet?«

Exzellenz, wie Franklin es mit dem Addisonschen Zuschauer, habe ich es mit einigen Ihrer Werke gemacht, sie gelesen, den Inhalt gemerkt, nach einiger Zeit diesen in eigenen Ausdrücken nachgeschrieben, das Geschriebene dann mit Ihrer Schrift verglichen, und so in das Wesen Ihres Stils einzudringen gesucht.

»Nicht übel, und welche Werke von mir haben Sie auf diese Weise durch- und nachgearbeitet?«

Zuerst den ganzen Werther.

»Nun«, sagte Goethe lächelnd, »da haben Sie eben keine glückliche Wahl getroffen. Stil und Ausdrucksweise dieser Produktion haben ein eigentümliches Gepräge, das nicht wohl nachzuahmen ist, und auch nicht nachgeahmt werden soll.«

Ich habe auch die Propyläen und die Wahlverwandtschaften, dann Wielands Agathon, Schillers prosaische Aufsätze und mehrere andere Werke auf dieselbe Weise nachgeschrieben.

»So mag's gehen«, sagte Goethe, »und ich muß Ihren Fleiß loben. – Sie sind also auch, wie ich vernommen, mit der Komposition einer Oper beschäftigt. Von wem ist der Text?«

Schüchtern und halblaut sagte ich, daß ich mir ihn selbst habe machen müssen, da ich niemand gefunden, der mir einen hätte liefern wollen.

»Und Sie sind damit zustande gekommen?«

Ich bin bereits mit der Komposition desselben beschäftigt.

»So werden wir ja wohl später Gelegenheit finden, den Versuch kennen zu lernen. Aber haben Sie sich nicht zu viel aufgebürdet? Die Komposition einer Oper verlangt einen großen Fond von Kraft und Ausdauer, sollte nicht ein gut Teil davon schon bei Verfertigung des Textes verzehrt worden sein? Fühlen Sie bei der Komposition keinen Abgang derselben?«

Meine Lust ist groß, erwiderte ich, arbeiten mein Glück, und obwohl ich von Jugend auf kränklich war, kann ich mir doch große Arbeitspensa zumuten. Zudem, fügte ich lächelnd hinzu, hat der Text wohl meine Geduld, aber keine besondere geistige Kraft in Anspruch genommen. Ich habe mir die dramatischen Handwerksgriffe zu abstrahieren gesucht und danach einen Text gemacht, die poetische Kraft konnte nichts dabei tun, denn die besitze ich nicht.

»Auf alle Fälle«, sagte Goethe freundlich, »haben Sie viel Willenskraft gezeigt, wenn Sie das Unternehmen fort und zu Ende führen. Werden Sie in Berlin etwas von Ihrer Komposition produzieren?«

Die beiden Stücke, die ich vorzutragen wünsche, wenn ich zu Gehör komme, sind von meiner Komposition.

»Und wie steht es mit Ihren Hoffnungen auf Erfolg? Sagen Sie mir das offen.«

Der tiefe Menschendurchdringer wollte aus meiner Antwort erfahren, welche Art von Künstlernatur vor ihm stehe, ob eine arrogante oder eine verzagte. Ich hatte mich indessen nicht lange zu besinnen, ich kannte mich, oder glaubte mich wenigstens zu kennen, und sprach mich ganz ohne Rückhalt aus.

Was meine Kompositionsversuche betrifft, sagte ich, so glaube ich während der Arbeit und kurz nach ihrer Vollendung, daß ich etwas ganz Ausgezeichnetes zutage gefördert habe. Bald nachher kommt sie mir jedoch sehr schwach vor, und dann versinke ich in eine trostlose Stimmung und zweifle an meinem Talent. Nach einiger Zeit wachen Drang und Hoffnung wieder auf, mit der Hoffnung, den nächsten Versuch vollkommener zu machen, es wiederholt sich das vorige Spiel, und so, setzte ich seufzend hinzu, ist es mir mit allen meinen Versuchen ohne Ausnahme ergangen.

»Das«, sagte Goethe, »ist im ganzen kein übles Zeichen. Wer mit seinen Produktionen stets zufrieden ist, wird nicht weit kommen. Allein man kann auch zu weit gehen, und durch höhere Forderungen an sich, als man im Augenblick praktisch zu erfüllen die Kraft hat, den schaffenden Geist ängstlich machen und paralysieren.«

Goethe lenkte hierauf das Gespräch wieder auf Zelter und fragte dann, was ich von seinen Kompositionen halte?

Das wäre wohl für manchen eine verfängliche Frage gewesen, denn bekannt war, wie viel Goethe auf seinen Freund hielt.

Ich kannte aber Goethe aus seinen Schriften hinlänglich, um zu wissen, daß er aus den Meinungen anderer ihre Anschauungsweise kennen lernen wollte, und jede mit großer Toleranz gelten ließ, wenn sie nicht gerade zu abgeschmackt war. Ich fand daher gar kein Bedenken, die meinige unverhohlen auszusprechen und bemerkte: Ich kenne von Zelter nur seine Liedkompositionen. In der geistigen Auffassung erscheinen sie mir bedeutend und treffend ausgedrückt, aber ihre Form ist antiquiert.

»Erklären Sie mir das näher«, versetzte Goethe.

Unsere Musiksprache, fuhr ich fort, ist seit Haydn und Mozart eine blühendere, sprechendere und anmutigere geworden. Die Melodie ist bei Zelter immer charakteristisch deklamiert, akzentuiert und rhythmisiert, aber seine Tonfiguren – Nächstverwandte der Schulzeschen und Reichardtschen – sind jetzt veraltet. Dies fällt bei einfachen Singmelodien, die sich besonders dem Volkston nahe halten, nicht auf, aber es tritt stark hervor beim Akkompagnement. Das Zeltersche ist selten etwas mehr als die nötige Erfüllung der Harmonie und die Ergänzung und Ausgleichung des rhythmischen Flusses. Die Neueren haben es in ihren bessern Werken zur Mitsprache des Gefühls erhoben. Wenn Exzellenz den Versuch machen wollen, Baß und Mittelstimme manches Zelterschen Liedes ohne die Melodie spielen zu lassen, so werden Sie kaum etwas von einer mit dem Gefühl sympathisierenden Regung vernehmen; dasselbe Experiment mit einem Mozartschen, Weberschen, Beethovenschen Liede angestellt, zeigt etwas anderes; da fühlt man oft schon Leben und Regung des bezüglichen Gefühls auch ohne die Melodie, und doch ist dieses erst ein Lallen. Die Musik wird hoffentlich dahin gelangen, daß jede Nebenstimme einen Beitrag, sei er auch gering, zu dem Ausdruck des Gefühls liefert.

Ich war ins Feuer gekommen und erschrak jetzt fast über meine lange Rede. Doch hatte mir Goethe mit etwas geneigtem Haupte und nachdenklichem Blick aufmerksam, und, wie ich mir schmeichle, nicht ohne Interesse zugehört; blieb auch, nachdem ich innehielt, einen Augenblick sinnend stehen. Plötzlich ging er an den Flügel, der in dem Empfangszimmer stand, öffnete ihn und sagte: »Machen Sie mir das vorgeschlagene Experiment gleich selbst. Was man deduziert, muß man, wenn's wahr und klar ist, auch durch Tatsachen erhärten können.«

Ich spielte zuerst das Akkompagnement eines Zelterschen Liedes, dann, wenn ich mich recht erinnere, das zu dem Klärchens aus Egmont: »Trommeln und Pfeifen«, – und endlich die Melodien zu beiden.

»Gut«, sagte Goethe, nachdem ich geendet, »die Welt bleibt nun einmal nicht still stehen, wenn uns ihr Weiterschreiten auch zuweilen aus der Gewohnheit reißt und uns unbequem wird. Denn ich will Ihnen nicht verhehlen, daß mich Ihre Beispiele nicht so getroffen haben, als ich von Ihrem neuen Prinzip erwartete, das auch gelten mag, wenn es die Musik überhaupt erfüllen kann. Aber darin liegt für euch Jüngere eben der gefährliche Dämon. Ihr seid schnell fertig mit der Kreierung neuer Ideale, und wie steht's mit der Ausführung? Ihre Forderung, daß jede Stimme etwas sagen soll, klingt ganz gut, ja man sollte meinen, sie müßte schon längst jedem Komponisten bekannt gewesen und von ihm ausgeübt worden sein, da sie dem Verstande so nahe liegt.«

»Aber ob das musikalische Kunstwerk die strenge Durchführung dieses Grundsatzes vertragen könne, und ob dadurch nicht andere Nachteile für den Genuß an der Musik entstehen, das ist eine andere Frage, und Sie werden wohl tun, wenn Sie dieselbe fleißig nicht bloß durchdenken, sondern auch durchexperimentieren. Es gibt Schwächen in allen Künsten der Idee nach, die aber in der Praxis beibehalten werden müssen, wenn man durch Beseitigung derselben der Natur zu nahe kommt, und die Kunst unkünstlerisch wird.«

Diesen Gedanken verstand ich nicht. Ich wagte daher zu sagen: Wenn mich Ew. Exzellenz doch würdigen wollten, diesen Ausspruch durch einige erklärende Worte meinem Verständnis nahe zu bringen!

»Es findet sich wohl später einmal Gelegenheit«, versetzte Goethe. »Einstweilen denken Sie selber darüber nach. Nichts übt den Geist mehr, als das Bemühen, Rätselhaftes zu ergründen. Man kommt dabei oft auf Dinge, die man auf gebahntem Wege nach einem klare Ziele nicht gefunden haben würde.«

Und indem er eine freundliche Kopfbewegung machte, die mir sagte, daß ich entlassen sei, setzte er noch hinzu: »Vergessen Sie nicht, mich nach Ihrer Zurückkunft von Berlin zu besuchen.«

Ich versprach's, drückte meinen innigsten Dank für seine Güte ehrfurchtsvoll aus und empfahl mich.

Das war eine der glücklichsten, und ich darf sagen für mein künftiges Streben relativ einflußreichsten Stunden meines Lebens. *[4761]*

Johann Christian Lobe (1797-1881), Mitglied der Weimarer Hofkapelle (Flötist), Komponist und Musikschriftsteller.
   Gespräch mit Eckermann: vom 5. Juni 1826.
   Addisonschen Zuschauer: »The Spectator«, 1711/12 herausgegeben von Joseph Addison.
   der Schulzeschen (Tonfiguren): von Johann Peter Abraham Schulz (1747-1800).
   Komposition einer Oper: Lobe hat fünf Opern komponiert, die sämtlich in Weimar aufgeführt worden sind.
   »Trommeln und Pfeifen«: »Die Trommel gerührt«, vertont von Beethoven.

Arbeiten im Schlafrock

Grüner

26. April 1820

Am 26. April 1820 kam Goethe nach Eger und schickte seinen Reisepaß zur Vidierung nach Karlsbad auf das Egerer Polizeiamt, welches ich damals als Magistratsrat zu verwalten hatte. Er hatte sein Absteigequartier im Gasthofe zur goldenen Sonne genommen, wobei er auch bei seinen späteren Besuchen Egers blieb, und stets die Zimmer Nr. 1 und 2 im ersten Stockwerke des gedachten Gasthofes bewohnte. Da ich den großen Mann aus seinen Werken kannte, glaubte ich ihm meine Ehrfurcht darbringen zu sollen. Ich ließ mich durch seinen Bedienten Stadelmann melden, und wurde sogleich vorgelassen, und nachdem ich Goethen mit großer Ehrerbietung den vidimierten Reisepaß überreicht hatte, richtete er an mich verschiedene Fragen, die auf den Kammerberg, und auf die Kleidertracht, Sprache und Geschichte des Egerlandes Bezug hatten. In betreff des Kammerberges erzählte ich, daß der Kreishauptmann Baron Erben zu Elbogen Einleitung getroffen habe, um mit einem Versuchsschachte niederzugehen, wozu auf der Fläche des zu Straßenschotter ausgegrabenen großen Raumes, ehemals Zwergloch genannt, der Ort angewiesen wurde; und bemerkte, daß ich, falls Seine Exzellenz es wünsche, das Resultat dieser Nachforschung über das, was in der Tiefe gefunden wurde, vorlegen könne.

In betreff des Egerlandes und seiner Bewohner bemerkte ich, daß ich seit meiner Anstellung als Magistrats- und Kriminalrat zu Eger, nämlich seit 1807, mich mit den ältesten Landeseingeborenen über ihre Sitten und Gebräuche, ihre Haus- und Landwirtschaft besprochen, auch die Pfarrer und Schullehrer hierüber vernommen, und darüber ein eigenes Werkchen verfaßt hätte. Müßte ich nicht befürchten, sagte ich, die kostbare Zeit damit zu rauben, so würde ich mir die Freiheit nehmen, die Zusammenstellung zum Durchblättern anzubieten. – Sie machen mir damit viel Vergnügen, erwiderte Goethe, und es war löblich von Ihnen, so zu verfahren, denn wenn man in Ihrem Wirkungskreise auf seine Untergebenen erfolgreich und wohltätig wirken will, so ist es zweckmäßig, sich zu bestreben, sie näher kennen zu lernen.

Wie Sie wissen, äußerte er weiter, reise ich nach Karlsbad, daher behalte ich mir vor, auf der Rückreise das Nähere mit Ihnen zu besprechen. Erhalten Sie mich in freundlichem Andenken, – worauf Goethe von meinen herzlichen Wünschen begleitet nach Karlsbad abfuhr.

Goethes Persönlichkeit machte auf mich einen unbeschreiblichen tiefen und angenehmen Eindruck; seine Gestalt, der Ton seiner Stimme, sein freundlich sich herabneigendes Benehmen, das zugleich Zutrauen und Ehrfurcht einflößte, weckten in mir eine wahre Sehnsucht nach dem baldigen Erscheinen des Tages seiner Rückkehr.

Goethe war von hohem Wuchse, von starkem robusten Körperbau, das bräunliche Haar war wenig gebleicht, die Stirne hoch gewölbt, das Auge noch frisch und feurig, die Gesichtsfarbe weiß und gerötet. Die Züge im Gesichte waren stark, das Kinn etwas hervortretend, der Hals bedeutend fleischig, kurz es herrschte ein ausgezeichnet richtiges Verhältnis zwischen allen Gliedmaßen seiner kraftvollen imponierenden Gestalt. Gewöhnlich trug er einen dunkelblauen, bis an die Waden reichenden Überrock, zuweilen auch schwarzen Frack und Beinkleider von gleicher Farbe. Seine Kleidungsstücke waren ziemlich nach der Mode, doch nicht auffallend, und so gemacht, daß er sich leicht darin bewegen konnte. Eine feine weiße oder schwarzseidene Weste, ein weißbatistnes Tuch um den Hals schmal zusammengelegt und beide Enden durch eine Vorstecknadel verbunden, durften nicht fehlen. Seiner Vollblütigkeit wegen, die sich in dem geröteten Antlitze kundgab, hatte er sich angewöhnt, das Halstuch sehr locker zu tragen. In seiner Wohnung pflegte er den Hals ganz frei zu halten und im Schlafrocke zu arbeiten. Bei Ausfahrten zu Exkursionen wurde auch im Sommer der Mantel mitgenommen, der einen stehenden mit rotem Samt gefütterten Kragen hatte, so daß äußerlich ein roter Saum von eines Viertelzolls Breite zu sehen war. Ordenszeichen trug er nur bei feierlichen Anlässen.

Während Goethes Aufenthalt in Karlsbad ordnete ich am Kammerberge (Kammerbühl) die Ausgrabungen nach den vorkommenden Schichten an, ließ auch mein Manuskript über Sitten und Gebräuche der Egerländer abschreiben, um alles bei seiner sehnlichst erwarteten Ankunft vorzulegen. [4765]

Joseph Sebastian Grüner (1780-1864), Magistrats- und Polizeirat in Eger.

Kammerberg: Goethe hatte 1808 einen Aufsatz »Der Kammerberg bei Eger« verfaßt.

ein eigenes Werkchen: »Über die ältesten Sitten und Gebräuche der Egerländer«.

Welch ein großer Mann wohnt hier!

J. Chr. Lobe: Aus dem Leben eines Musikers

1859

[Nach Rückkehr aus Berlin etwa Mitte Juli 1820.] Ich hatte nach Goethes Rat nicht allein auf der Reise, sondern auch in Berlin ein Tagebuch geführt, glaubte gehörig vorbereitet zu sein, und freute mich auf die Unterredung mit dem außerordentlichen Manne. Als aber der Tag kam, an welchem ich ihn sprechen sollte, überfiel mich mein altes Übel, die Schüchternheit, und stieg, je näher die Stunde rückte, in erschreckenden Graden. Was hell in meinem Kopfe dargelegen hatte, wie die Gegenstände in einem erleuchteten Saale, fing an, sich zu verdunkeln, es war, als würde von einem unsichtbaren Geisteratem eine Kerze nach der andern ausgeblasen, und als mich meine zögernden Schritte endlich an die Tür des Goetheschen Hauses [vielmehr seiner Wohnung in Jena] geführt, waren alle bis auf die letzte verlöscht. Während der Bediente mich anmeldete, stand vor der Tür nur mein hämmerndes Herz.

Aber auch diesmal verscheuchte der Zauber des Empfangs meine peinliche Verlegenheit. Ohne auf eine Eintrittsformel von meiner Seite zu warten, begann Goethe sogleich: »Ich habe gute Nachrichten über Ihr Auftreten in Berlin erhalten. Zelter spricht sich sehr anerkennend über Ihre Leistungen als Virtuos und Komponist aus und findet den Beifall, den Sie gefunden, vollkommen gerechtfertigt. Ich gratuliere.« Und als ich auf diese gütige Rede mit nichts als einer stummen

Verbeugung zu antworten wußte, fuhr er mit der Frage fort, wie es mir zumute gewesen, als ich vor dem fremden Publikum der großen Stadt erschienen.

Ich erwiderte, daß ich den ganzen Tag und bis zum Heraustreten auf die Bühne die schrecklichste Angst empfunden habe, als aber das Orchester das Tutti begonnen, mir der Mut plötzlich gekommen sei wie den Soldaten in der Schlacht.

»Ja«, sagte er lächelnd, »die Natur reagiert nicht bloß gegen die leibliche Krankheit, sondern auch gegen die geistigen Schwächen; sie sendet in der steigenden Gefahr stärkern Mut. Die Kriegshelden mögen besonders davon zu erzählen wissen. Wie war Zelter?« fragte er.

Ich erzählte, daß ich mich eines außerordentlich freundlichen Empfangs von ihm zu erfreuen gehabt habe, wie freilich mit Exzellenz gütiger Empfehlung zu erwarten gewesen. Doch sei mir in Berlin angst vor dem Besuch gemacht worden; der – etwas derben Natur des Mannes wegen.

»Ja«, sagte Goethe, »er hat sich bei den Berlinern in Respekt zu setzen gewußt; er wird seine Gründe gehabt haben. Das Völkchen besitzt viel Selbstvertrauen, ist mit Witz und Ironie gesegnet und nicht sparsam mit diesen Gaben. Haben Sie diese Erfahrung auch gemacht?«

Ich bemerkte, daß mich meine Unbedeutendheit davor geschützt; denn außer einigen gutmütigen Witzen hätte ich nichts dergleichen wahrgenommen, im Gegenteil überall freundliches Entgegenkommen gefunden.

»Ein Zeichen«, sagte Goethe, »daß Sie mit Bescheidenheit aufgetreten sind. Berichten Sie mir zuerst, welche Stücke Sie in Berlin gesehen.« Er setzte sich und bedeutete mir, dasselbe zu tun, woraus ich mit geheimer Freude schloß, daß er zu einer längeren Unterhaltung geneigt sei. Erst nach wiederholter Einladung nahm ich gegenüber auf einem Stuhle Platz.

Ich nannte »Ferdinand Cortez« [von Spontini], »Emilia

Galotti«, »Deodata« von Kotzebue, mit Chören, Liedern usw. von Anselm Weber, »Die Zauberflöte«, worin Unzelmann den Papageno gegeben, »Die Entführung aus dem Serail«, Unzelmann als Pedrillo, »Die falsche Prima Donna« und »Das letzte Mittel« [von Frau v. Weißenthurn]. Auch dem Konzert eines Klaviervirtuosen habe ich beigewohnt.

»Wie sind Ihnen die Schauspieler und Sänger im Verhältnis zu den unserigen erschienen?«

Ich habe, erwiderte ich, im ganzen keinen Unterschied gefunden. In den Stücken, die ich gesehen, waren die Fächer alle mit geschickten Leuten besetzt, eine hervorragende Größe, als welche mir Iffland in seinen Gastdarstellungen bei uns erschienen ist, fand ich nicht darunter. Doch glaube ich eine Eigenschaft der Berliner Künstler hervorheben zu müssen, deren Mangel an den unserigen mir durch den Vergleich mit jenen erst aufgefallen ist.

»Welche?« fragte Goethe.

Mehr Plastik in den Stellungen und Bewegungen aller dortigen Darsteller. Der Anblick der von ausgezeichneten Tänzern ausgeführten großen Ballette mag wohl günstigen Einfluß ausüben.

»So ist es«, sagte Goethe. »Da aber dieses Bildungsmittel für äußere anmutige Repräsentation nur an wenigen Bühnen vorhanden sein kann, so sollten alle, welche sich der Schauspielkunst widmen wollen, vorher tüchtige Tänzer, Fechter werden, vor allem sich im Zeichnen und Malen üben.«

Ich bemerkte dazu, daß mir der Mangel jener Plastik an unserm Unzelmann, als ich ihn mit den Berliner Schauspielern habe agieren sehen, ganz vorzüglich und fast widerwärtig, besonders sein watschelnder Gang, aufgefallen sei, daß ich dagegen an Wolff diesen Abfall nicht bemerkt, und er sich in dieser Hinsicht in Berlin wohl gebessert habe.

»Das letztere ist ein Irrtum«, sagte Goethe, »Wolff war von Haus aus eine noble Natur, und er brachte edle und anmutige Körperhaltung schon mit, als er bei uns die Bühne betrat. Zudem zog ihn sein ernstes Wesen mehr zum Tragischen. Der Komiker, und zu solchem besitzt Unzelmann allein Talent, ist mehr auf groteskes Figurenspiel angewiesen. Welche Vorstellung«, fragte er darauf, »hat Ihnen am besten gefallen?«

Dem Musiker, versetzte ich, »Ferdinand Cortez«.

»Erzählen Sie mir davon«, sagte Goethe.

Ich muß mir zu bemerken erlauben, daß es die erste Vorstellung war, die ich in Berlin sah. Den mächtigen Eindruck kann ich Euerer Exzellenz freilich nicht beschreiben. Alles war mir neu, und alles erschien in einer Größe und Vortrefflichkeit, die ich bis dahin nicht geahnt hatte.

»Begreifen Sie darunter auch die Ausführenden, oder nur die reichere und glänzendere äußere Ausstattung?« fragte Goethe.

Bei uns, erwiderte ich, sind die Hauptfächer besser besetzt. Unser Bassist Stromeyer und unsere Sängerin Frau von Heygendorf stehen im Gesange, letztere auch im Spiel höher. Den Schmelz unsers Tenoristen Moltke habe ich ebenfalls nicht wiedergefunden. Unser Orchester darf sich wohl auch mit jedem andern in der exakten Ausführung messen. Aber die numerische Stärke des Berliner, verbunden mit der vortrefflichen Ausführung unter Spontini, der sein Werk selbst dirigierte, ergriffen mich wunderbar. Das Orchester war mit dreißig Violinen, zehn Cellis, sieben Kontrabässen, sechs Klarinetten usw. besetzt. Als Spontini erschien, in dem überfüllten Hause eine lautlose Stille eintrat, und auf einen Wink des Kommandostabes die ganze Orchestermasse mit dem Thema der Ouvertüre in kriegerischen Enthusiasmus ausbrach, stürzten mir die Tränen in die Augen, ja ich schluchzte so, daß ich das Taschentuch vor das Gesicht halten und den Kopf hinter die Brüstung der Galerie zurückziehen mußte, da die Nebensitzenden verwundert auf mich sahen.

Goethe lächelte und sagte: »Solcher Natur sollten alle vor der Bühne sein, dann würde sich der Künstler seiner gelungenen Mühen freuen. Das Glück jener Stunden zeigt sich jetzt noch in Ihren Augen.«

Ich schlug bei diesen Worten des Dichterfürsten die Augen beschämt zu Boden, denn ich hatte hastig und mit verstärkter Stimme gesprochen, und glaubte in seinen Worten und Mienen eine leise Ironie über meine Darstellung zu bemerken.

Goethe mochte wohl erraten, was in mir vorging, denn er fuhr mit Freundlichkeit fort: »Es ist das beneidenswerte Glück der Jugend, die Eindrücke in aller Frische und Kraft zu empfangen und zu genießen. Bei zunehmender kritischer Erkenntnis versiegt allgemach die Quelle jener ungetrübten Freuden. Jeder Mensch ist ein Adam, denn jeder wird einmal aus dem Paradiese – der warmen Gefühle vertrieben.«

Mit Ausnahme von wenigen Glücklichen, wagte ich, mich ehrfurchtsvoll vor Goethe verbeugend, hinzuzusetzen, die Weisheit sammelten und sich doch die Gefühle der Jugend ungeschwächt erhalten.

Ich hätte diese meine jungendliche plumpe Äußerung gegenüber dem größten und gefeiertsten Geiste des Jahrhunderts gern in das Meer der vergessenen Dummheiten versenkt; da sie aber Veranlassung gibt, einen kleinen Beitrag zur Charakteristik dieses außerordentlichen und auch jetzt noch in mancher Beziehung verkannten Mannes zu liefern, so habe ich sie nicht verschweigen wollen. Goethe ließ mein albernes Kompliment an sich vorübergehen, ohne durch Wort oder Miene Mißfallen kund zu geben. – Und das hat mir den Vorgang so tief ins Gedächtnis gedrückt und mich gerührt, so oft ich daran gedacht. Daß ein derartiges Kompliment von einem unbedeutenden jungen Menschen läppisch erscheinen mußte, unterliegt keinem Zweifel. Auch hat Goethe ähnliche Armseligkeiten von bedeutenderen Personen wohl derb zurechtgewiesen; aber er sah seine Leute an. Wäre in meiner Äußerung nur der leiseste Anklang von jener anmaßenden Einbildung bemerkbar gewesen, ihm etwas Geistreiches und Verbindliches sagen zu wollen, so würde er dem unangenehmen Eindruck, den es auf ihn gemacht, sicherlich Ausdruck gegeben haben. Es würde ihm zumute geworden sein, wie mir, als ein fremder Virtuosenkollege, dem ich einst auf einer Wanderung durch die Stadt Goethes Haus zeigte, emphatisch ausrief: »Welch ein großer Mann wohnt hier!« Die treuherzige, aus der Seele quellende Begeisterung, die Ehrfurcht und Liebe, die sich in meinen Zügen und Augen gewiß unverkennbar offenbarten, sagten ihm jedoch, daß meine Äußerung unwillkürlich aus einer warmen jugendlichen Seele geflossen sei, und die Natur ehrte er im kleinsten Zuge, wie in ihren erhabensten Erscheinungen. Er tolerierte also mein ungeschicktes Kompliment und fragte, als hätte er es gar nicht vernommen, was ich über die theatralische Darstellung der Oper weiter zu berichten wisse.

Ich schilderte ihm ausführlich die Pracht der Dekorationen, den Reichtum, die geschickten und anmutigen Evolutionen des eingewebten Balletts, die der Natur treu nachgeahmte Anordnung und Ausführung des Szenischen, den Zug zum Beispiel der Krieger des Cortez bei Nacht über das Gebirge, Fußvolk, Reiterei, Artillerie usw.

Goethe hörte aufmerksam zu, seine sinnenden Augen schienen auf die fernen Gegenstände selbst zu sehen, und seine freundlichen Züge drückten die Freude an den bunten Bildern aus, die meine Schilderungen an seiner Einbildungskraft vorüber führten.

Als ich geendet hatte, äußerte er: »Ja, das ist der Vorteil reicher Mittel, daß die Intentionen der schaffenden Künstler die würdige Ausführung finden können, während bei einer kleinen Bühne die Phantasie des Anordners überall durch knappen Raum beschränkt wird, mit einem Dutzend Soldaten große Schlachten, Volksszenen, mit gewendeten und un-

geflickten Gewändern neue Kostüme, mit einer vorhandenen vaterländischen Walddekoration die Pracht einer tropi-
schen Vegetation darstellen muß. Indessen die Sache hat
auch ihre Nachteile. Was hat Ihnen an Spontinis Musik vorzüglich gefallen?«

Ich erwiderte, daß mich zunächst die außerordentliche
Kraft, die südliche Glut, Wahrheit und Plastik des Aus-
drucks mächtig ergriffen habe.

»Was verstehen Sie unter Plastik des musikalischen Aus-
drucks?« fragte Goethe.

Den bestimmten Anschlag und das Festhalten eines jeden
Gefühls im ganzen und jeder Regung im einzelnen, erwiderte
ich. Ist zum Beispiel die Zärtlichkeit zu schildern, so ist sogleich mit dem ersten Takte die Zärtlichkeit da, und so lange
die Empfindung dauert, ist jede Note und jeder Klang, sind
Zeichnung und Kolorit, Melodie und Begleitung ohne das
Hereinschimmern einer andern Gemütsfarbe vorhanden.
Tritt kriegerischer Mut auf, so verkünden ihn die ersten
Töne und Klänge aufs bestimmteste und schärfste. Und so
fließt nirgends etwas Unbestimmtes ein, jedes ist ganz, was es
seiner Natur nach sein soll und muß.

»Ich habe das bei der Vestalin allerdings auch empfunden«, sagte Goethe.

Zu dieser Plastik, fuhr ich fort, trägt außerordentlich viel
bei die Kürze, Gedrängtheit und Einfachheit der Konstruk-
tion aller einzelnen Gedanken, sowie der ganzen Form. Es
sind die einfachsten, die man sich denken kann.

»Das mag sein«, sagte Goethe. »Gleichwohl kann ich
nicht leugnen, daß die Musik zur Vestalin mir nicht zu geräuschvoll erscheint, und mich bald ermüdet. Empfinden Sie
das nicht auch bei seiner Musik?«

In den ersten Proben, versetzte ich, kam mir das Gefühl. Es
verschwand aber bald, und jetzt erscheint mir die Instrumentation nicht mehr zu geräuschvoll, sondern nur als ein safti-

ges und blühendes Kolorit. Auch Mozarts Musik wurde im Anfang für überladen erklärt, was doch jetzt niemand mehr findet.

»Es muß doch aber eine Grenze geben«, sagte Goethe, »über die hinaus man nicht gehen kann, ohne dem Ohr unerträglich zu werden.«

Die gibt es ganz gewiß, versetzte ich. Allein daß ein großer Teil der Hörer jetzt schon die Spontinische Musik verträgt, dürfte beweisen, daß sie diese Grenze noch nicht überschritten hat.

»Es mag so sein«, sagte Goethe; »doch fahren Sie fort in Ihrem Referat. Was haben Sie mir von Emilia Galotti zu berichten?«

Das war eine schreckliche Vorstellung für mich, versetzte ich.

»Wie das?« fragte Goethe.

Das Publikum, fuhr ich fort, führte zu dem Trauerspiel auf der Bühne ein Lustspiel auf, das mir das Herz zerriß. Es gastierte ein Wiener Schauspieler als Marinelli. Er schien die Rolle nicht schlecht zu spielen; allein er sprach im Wiener Dialekt und dazu auch, als habe er – den Schnupfen. Kaum hatte er angefangen zu sprechen, so wurde das Auditorium unruhig; bald fing man an zu scharren, zu lachen, und dies wiederholte und steigerte sich bei jedem Auftreten des Unglücklichen, so daß er zuweilen durch den Rumor gänzlich unterbrochen wurde. Kam von den mitspielenden Personen eine Äußerung auf Marinelli vor, die auf den Gast bezogen werden konnte, so geschah's im Publikum. So bei den Worten der Gräfin: »Armer Sünder!«, wo allgemeines Gelächter und Bravorufen ausbrach. Der Arme fiel dann gänzlich aus seiner Rolle, schlug die Augen wehmutig beschämt zu Boden und faltete wie um Mitleid bittend die Hände. Ich konnte das Elend nicht mit ansehen, verließ das Schauspielhaus und fragte mich verwundert, ob ich in Berlin im königlichen Schauspielhause gewesen sei!

»Nun ja«, sagte Goethe, »und weil wir die Roheit und Rücksichtslosigkeit der Menge kennen, und, um solche Skandale zu vermeiden, alle Mißfallensbezeigungen bei uns nicht dulden, wirft man uns Beschränkung der Freiheit vor. Der ausbleibende Applaus ist Demütigung genug für den Künstler.«

Hier fuhr ich etwas keck mit der Bemerkung heraus, daß, wenn ich zu befehlen hätte, auch keinerlei Art von Beifallzeichen gegeben werden dürfe. Denn es werde alle Illusion und Stimmung, in welche mich Dichter und Darsteller versetzt, durch das Händeklatschen und Bravorufen zerrissen.

Auch auf den Schauspieler äußere es einen nachteiligen Einfluß, denn er müsse, um den Applaus hervorzurufen, Mittel anwenden, die oft mehr auf die Masse der Zuschauer berechnet seien, als aus dem Wesen der Rolle hervorgehen. Die meist outrierten Abgänge zeigen das.

Der letztere Grund schien Goethe zu gefallen; er nickte beifällig mit dem Haupte. Doch bemerkte er dazu: »Es wäre wohl gut, wenn diese Sitte von Haus aus nicht bestünde. Da sie aber einmal vorhanden, so ist sie nicht mehr ohne Nachteil zu beseitigen. Der Schauspieler ist daran gewöhnt und bedarf ihrer als Sporn. Er würde ohne die Hoffnung auf diesen hörbaren Lohn ermatten.«

Übrigens, setzte ich hinzu, habe ich bei dieser Gelegenheit bemerken können, in welcher Achtung Wolff bei den Berlinern steht. Er spielte den Grafen Appiani. Mochte der Tumult noch so arg sein, sobald Wolff erschien, trat allgemeine Stille ein, und rauschender Applaus erschallte bei seinem Abgange.

»Das«, sagte Goethe, »söhnt mich einigermaßen wieder mit den Berlinern aus. Die Gewalt einer edeln Natur ist freilich groß. Und ich habe noch keinen zweiten Schauspieler gesehen, der durchgängig sich eine solche Würde in allen seinen Rollen bewahrt hätte, als Wolff. Selbst in der Darstellung der gemeinsten Charaktere schimmerte bei aller Wahrheit der ihm angeborne Adel seines Wesens durch. Sprachen Sie nicht auch von Deodata?« frug Goethe weiter. »Welchen Eindruck machte das Kotzebuesche Ritterstück auf Sie?«

Einen dramatischen Genuß habe ich davon ganz und gar nicht gehabt. Da aber Ew. Exzellenz verlangt haben, daß ich meine Gedanken unverhohlen ausspreche, so muß ich zu meiner Schande gestehen, daß mir an diesem Abende die Bedeutungslosigkeit des Stücks fast willkommen war; denn da mich kein Interesse an die Handlung fesselte, konnte ich meine Aufmerksamkeit auf die Szenerie richten, deren Pracht noch weit über die im Cortez hinaus ging. Es war kein dramatischer, aber ein vollkommener Panoramengenuß. Eine Mondscheinszene im Walde zum Beispiel war von einer Vortrefflichkeit, daß ich ganz und gar nur Auge war und kaum weiß, was dabei auf der Szene vorgegangen ist. Die Eroberung und Verbrennung einer Burg erschien mir als das Vollkommenste, was die Bühne zu leisten fähig sei. Ich wäre daher auch nicht imstande, Ew. Exzellenz eine Relation des Inhalts dieses Schauspiels zu geben.

»Ich finde das sehr natürlich«, äußerte Goethe, »aber auch sehr bedauerlich. Die guten Leute bedenken nicht, wohin die übermäßige äußere Pracht zuletzt unausbleiblich führen muß. Das Interesse für den Inhalt wird geschwächt und das Interesse für den äußern Sinn an dessen Stelle gesetzt. Doch es wird sicherlich auch wieder eine Reaktion eintreten. Ich werde es freilich nicht erleben, vielleicht Sie nicht. Erst müssen die Dekorationsmaler und Maschinisten dem Publikum nichts Neues mehr bieten können, das Publikum von dem Prunk bis zum Ekel übersättigt sein. Dann wird man zur Besinnung kommen und das jetzt zurückgedrängte Echte wieder hervorgeholt, auch gutes Neues hinzugeschaffen werden.«

Kommt es so, wie Ew. Exzellenz sagen, bemerkte ich, so bleibt doch die Lektüre für jeden übrig, der sich nicht in den Pfuhl des Gemeinen mit stürzen will.

»Ja«, sagte Goethe, »die Buchdruckerkunst ist ein Faktor, von dem ein zweiter Teil der Welt- und Kunstgeschichte datiert, welcher von dem ersten ganz verschieden ist; daher wir auch mit Folgerungen aus dem ersten auf den zweiten Teil nicht mehr auskommen.«

Dieser Gedanke überraschte mich durch seine für mich gänzliche Neuheit. Ich erwartete gespannt eine Erörterung desselben. Leider ging Goethe gleich zu weiteren Fragen über die andern von mir genannten Stücke über, und ich konnte nichts tun, als die neue Ansicht in mir festzuhalten, um sie gelegentlich selbst weiter zu untersuchen.

»Wie war«, fragte Goethe, »die Musik von Anselm Weber zu Deodata?«

Sie schien mir, antwortete ich, dem Sujet angemessen und durchaus in dem Totalton des Rittertums gehalten zu sein.

»Danach«, sagte Goethe, »wäre ja Weber unter die größten Komponisten zu zählen. Nichts setzt eine stärkere Phantasie und Dichtungskraft voraus, als den Schein eines dem Stoff entsprechenden Totaltons über ein ganzes Werk zu verbreiten.«

Ich habe jedoch, sagte ich, bei dieser Gelegenheit die Bemerkung gemacht, daß diese große Eigenschaft einem Kunstwerke unter gewissen Umständen ohne alles Verdienst von seiten des Künstlers eingeprägt werden kann.

»Wie das?« fragte Goethe.

Anselm Webers Stil, wenn ich nicht lieber sagen soll Manier, erwiderte ich, ist eine Nachahmung des Gluckschen, Reichardtschen, überhaupt der älteren Meister. Seine Musik zu dem Ritterstücke scheint aus dem glücklichen Umstande hervorgegangen zu sein, daß seine künstlerische Subjektivität mit dem Gegenstande zusammentraf. Seine Manier hat von Haus aus etwas Altertümliches. Er würde der modernsten Handlung denselben musikalischen Totalton geben müssen und sich keineswegs in einen andern umstimmen können.

»Das mag wohl sein«, sagte Goethe. »Und was haben Sie von dem ›Letzten Mittel‹ zu berichten?«

Fast etwas Ähnliches, erwiderte ich, wie von der Weberschen Musik. Es war die vollkommenste theatralische Vorstellung, die ich in meinem Leben gesehen habe, bis auf die kleinste Rolle vollkommen. Obwohl ich nun außer Wolff keinen der anderen Mitspieler jemals gesehen hatte, so kann ich doch nicht annehmen, daß alle gleich große Schauspieler sein sollten. Ich glaube daher annehmen zu müssen, daß ein besonders günstiger Zufall jeder Rolle die dafür geeignetste äußerliche Persönlichkeit sowohl als auch die innere Subjektivität zugeteilt habe, wodurch eine seltene Natürlichkeit durchgängig in das Ganze kam.

»Das ist eine gute Bemerkung«, sagte Goethe. »Solche glückliche Zufälle gibt es allerdings, nur gehören sie leider unter die seltenen Ausnahmen.«

Obwohl ich an Goethe noch keine Ermattung des Interesses an der Unterhaltung spürte, besorgte ich doch schon längere Zeit, ihn zu langweilen; ich bemühte mich daher, meine Referate immer kürzer zu machen, und überging deshalb manches. Als er nach der Zauberflöte fragte, bemerkte ich darüber und über die Entführung aus dem Serail bloß, daß in diesen beiden Opern theatralische Ausstattung wie Spiel und Gesang ungleich schlechter als bei uns ausgefallen seien. Unzelmann, der in ersterer als »Papageno«, in letzterer als »Pedrillo« gastiert, habe keinen besonderen Erfolg errungen. Auch sei das Orchester weit geringer besetzt gewesen, als bei der Spontinischen Oper. Beide Werke seien gegen die anderen Vorstellungen, die ich gesehen, aufs äußerste abgefallen. Das Ärgste aber, was mir in künstlerischer Hinsicht vorgekommen, habe ich in dem Konzert eines Klaviervirtuosen erlebte.

Hier verlangte Goethe eine ausführliche Schilderung, um sich, wie er sagte, den Zustand genau vergegenwärtigen zu können.

Ich schalte hier ein, daß ich Goethe die Namen der bei dem Konzert Beteiligten nannte, sie aber aus Gründen, die man billigen wird, hier verschweige. Daß das Konzert, begann ich, von keiner berühmten Künstlerautorität ausging, wußte ich. Der Konzertgeber ist ein außer Berlin ganz unbekannter Klavierlehrer schon in vorgerückten Jahren. Das Lokal war ein länglicher, schmaler Saal, dessen eine Hälfte das Orchester, die andere Hälfte ein nicht sehr zahlreiches und, wie mir schien, auch nicht sehr gewähltes Auditorium einnahm. Das erste, was mir unangenehm auffiel, war ein nonchalantes, fast geringschätzendes Benehmen des Dirigenten (ein königlicher, jetzt verstorbener Musikdirektor). Wie ein Pfau stolz vor dem Publikum hin- und herschreitend, präludierte er auf seiner Violine wohl eine Viertelstunde ganz laut. Nach der ziemlich mittelmäßig ausgeführten Ouvertüre trat eine Dilettanten-Sängerin vor in einer solchen Angst, daß die Notenpartie in ihren Händen sichtbar zitterte. Obgleich ihre Stimme nicht übel war, so vermochte das arme Wesen doch keinen Ton natürlich hervorzubringen. Sie tremolierte durchgängig und so auffallend, daß es zuweilen in förmliches Meckern überging. Sie mochte sonst eine den Berlinern bekannte achtbare Person sein, denn das Publikum ließ sich die Produktion gefallen und applaudierte sogar ein wenig am Schlusse. Ich habe in meinem Leben keinen komischeren Vortrag gehört, und nur das Mitleid mit der Armen hat meine Lachmuskeln in Ruhe gehalten. Hierauf setzte sich der Konzertgeber selbst an den Flügel, und das Tutti zu einem

Hummelschen Konzert begann. Nach ungefähr zwanzig bis dreißig Takten des ersten Solos war er mit dem Orchester so vollständig zerfallen, daß – aufgehört und vom Solo an noch einmal begonnen werden mußte. Mir fuhr der Schreck in alle Glieder, und ich glaubte, der Virtuos müßte vor Scham in Ohnmacht sinken. Aber nichts weniger. Er blieb ruhig, als sei das eine ganz natürliche Sache, kam auch ohne ein zweites solches Unglück durch, aber fast immer in Zwiespalt des Tempos mit dem Orchester. Und wie viel Noten er fallen gelassen oder falsch gegriffen, weiß ich nicht zu sagen. Als habe ein neckischer Kobold die Anordnung des Konzerts behufs immer komischerer Steigerung übernommen, trat nun ein alter Bratschist mit Variationen auf. Hier triumphierte endlich die Komik. Der Mann arbeitete die nichtswürdige altmodische Komposition mit einem solchen Aufand äußerer burlesker Mimik und Gestikulation ab, daß ein ironisch donnernder Beifallssturm am Ende dieser Produktion gar nicht aufhören wollte, worüber der Alte sehr glücklich zu sein schien. Im zweiten Teil trat die Sängerin und nach ihr der Konzertgeber in ähnlicher Weise wieder auf. Doch ich fürchte Exzellenz zu langweilen, und –

»Nein«, fiel Goethe ein, »fahren Sie fort. Kam denn gar keine gute Produktion zum Vorschein?«

Ein Virtuos machte eine schöne Ausnahme, und zwar auf meinem Instrumente. Er war ein ausgezeichneter Künstler.

»Nun«, sagte Goethe, »da wünsche ich zu erfahren, in welchem Verhältnis Sie ihn zu sich gefunden haben.«

Diese Frage tat mir außerordentlich wohl; denn ich konnte daraus entnehmen, daß mir Goethe Selbstkenntnis und Ehrlichkeit zutraute.

Ich antwortete nach meiner innersten Überzeugung: In dem Firlefanz der Finger mag ich etwas mehr leisten können, in schönem Ton, mannigfaltigster Nuancierung, Schattierung scharf ausgeprägtem Gefühlsausdrucke ist er mir unendlich überlegen, und hat meine Abneigung gegen mein Virtuosentum nur noch mehr gesteigert. Es ist ein qualvoller Zustand, zu wissen und fühlen, wie ein Tonstück vorgetragen werden sollte, und dann doch etwas ganz anderes, Matteres zum Vorschein zu bringen.

»Machen Sie nicht zu große Ansprüche an sich und täuschen sich selbst?« fragte Goethe.

Ich bitte um Verzeihung, Exzellenz, erwiderte ich, von Täuschung kann nicht die Rede sein, wenn man an andern bemerkt, daß sie haben, was einem fehlt.

»Wenn Sie glauben, sich richtig zu beurteilen, so würde ich raten, eine Tätigkeit aufzugeben, die Ihnen keine Befriedigung gewähren will.«

Wenn es auf mich ankäme, erwiderte ich, so hätte ich das längst getan. Zunächst hätte ich studiert.

»Hm!« sagte Goethe, »das alte Lied vom falschen Platze!« Ich erschrak.

»Nein, nein«, sagte Goethe, der es bemerkte, gütig, »ich meine es im Ernst. Die Welt sähe anders aus, wenn ein jeder in sein ihm zusagendes Element käme. Das soll nun einmal nicht sein. Nur wenigen fällt dieses Los.« Goethe sprach noch einige Gedanken dazu aus, die ich indessen bei mir behalten will. Er äußerte sodann: »Ist Ihnen auf der Reise hin und zurück, sowie in Berlin selbst noch Bemerkenswertes vorgekommen?«

Wenig, erwiderte ich, und wohl kaum etwas, das wert wäre, vor Ew. Exzellenz angeführt zu werden.

»Erzählen Sie«, sagte Goethe, »was Ihnen aufgefallen ist. Es gibt nichts Unbedeutendes in der Welt. Es kommt nur auf die Anschauungsweise an.«

Ich bemerkte, daß mich Kriegsgeschichten sehr interessierten, und daß ich auf der Hinreise mehrfache Gelegenheit gefunden, pikante Spezialitäten über die Kriege von 1806 und 1813 aus dem Munde von Augenzeugen zu erfahren.

Goethe ließ sich die Erzählung mehrerer solcher Fälle gefallen. Ich übergehe sie hier, da sie nicht in diese Blätter gehören. Endlich frug er mich, ob ich Neigung zum Soldatenstande gehabt oder noch habe.

Niemals, erwiderte ich; im Gegenteil ist es *mir* unbegreiflich, wie irgend ein Mensch Lust dazu haben kann. Kriegsgeschichten dagegen lese und höre ich mit großer Begierde.

Goethe äußerte dazu: »So kann einem also eine Sache zugleich widerwärtig und angenehm sein. Widerwärtig, wenn man sie selbst unternehmen soll, angenehm, wenn man sie an anderen wahrnimmt. Wer diese Doppelgabe am ausgebreitetsten besitzt, ist der Glücklichste in dieser Welt. Er kann niemals ohne Interesse sein, folglich niemals Langeweile empfinden.«

Es wurde mir bei dieser Rede plötzlich klar, was mir bisher nur dunkel vorgeschwebt hatte, woher nämlich der ungeheure Reichtum Goethes an sentenziösen Gedanken rühre. Jedenfalls aus seiner von Jugend auf angenommenen Gewohnheit, über jede, auch die geringfügigste Erscheinung Betrachtungen anzustellen und irgend einen Allgemeingedanken daraus zu abstrahieren. Daher die Unzahl von Betrachtungen in seinen Schriften, von denen wir glauben, wir hätten sie ebenso gut finden können, weil sie so natürlich und überzeugend erscheinen. Daß wir sie aber, einmal gelesen, niemals wieder aus dem Gedächtnis verlieren, liegt in einem zweiten Grundsatz, den er sich gegeben: jedem Gedanken die klarste, anmutigste, gefälligste Form zu verleihen. Nun verstand ich auch recht den Rat, den er mir in der ersten Unterredung gegeben: über alles, was mir vorkomme, Betrachtungen anzustellen! Ja, wenn er zu diesem Rate auch seinen wunderbar hellen, durchdringenden Blick und scharfsinnigen Geist hätte mitteilen können! Es erklären sich aus diesen Abstraktionen von jedem einzelnen konkreten Falle aber auch die scheinbaren Widersprüche, denen wir zuweilen in seinen Schriften begegnen.

Das Gespräch hatte bereits so lange gedauert, und noch war mir's nicht gelungen, Goethe an die rätselhafte Äußerung zu erinnern, die er mir am Ende seiner ersten Unterredung zum eigenen Weiterbedenken auf den Weg gegeben. Aber auch heute sollte ich nicht darüber zur Aufklärung kommen.

Denn eben, als ich darauf zu kommen mir fast das Herz fassen wollte, trat der Diener ein und meldete, daß – serviert sei, worauf mich Goethe freundlich entließ. [4787]

Zelter sprach sich sehr anerkennend... aus: »Der Flötenspieler Lobe aus Weimar hat sich gestern *(5. Juli)* auf unserm Theater mit großem Beifalle hören lassen, den er auch ganz verdient. Eine reine Tonleiter durch das ganze Instrument, mit der größten Fertigkeit verbunden, wird bewundert, und auch seine eigene Komposition hat Gedankenfülle, welche nur noch die Kraft erwartet, die sich wohl auch anfindet, wenn sich das Fingergeschlecht hinlänglich wird ausgearbeitet haben« (Zelter an Goethe, 8. Juli 1820).

Aufführung unter Spontini: Gaspare Spontini war am 1. September 1819 zum »Ersten Capellmeister und General-Musikdirektor« in Berlin ernannt worden. Seine Oper »Fernand Cortez, ou la conquête du Mexique« entstand im Auftrag Napoleons, der auch das Sujet vorgegeben hatte, und wurde in Anwesenheit des Kaisers am 28. November 1809 in Paris uraufgeführt.

Vestalin: Spontinis Oper »La Vestale« (uraufgeführt am 15. Dezember 1807 in Paris) hatte Goethe zur Zeit seiner Theaterdirektion zwischen 1812 und 1816 sechsmal aufführen lassen.

Wie herrlich, ein berühmter Mann zu sein

C. E. v. Weltzien an C. v. Seidlitz

9. Oktober 1820

Soeben komme ich von Goethe und muß – noch ganz warm – es dir sogleich erzählen (daß keine Beschreibung von Heidelberg folgt, magst du entschuldigen: ich hätten diesen unvollkommenen Brief überhaupt bis Berlin liegen gelassen, wenn es mich nicht brannte, Dir von Goethe zu erzählen). Diesen hatte ich in Weimar anzutreffen geglaubt, er befindet sich aber noch immer – der fortwährend schönen Witterung wegen – in seinem Sommeraufenthalt zu Jena. Heute morgen vor 9 Uhr ging ich zu ihm, von Sivers (mit dem ich seit vorgestern zusammen bin) bis an die Türe begleitet. Ich zitterte unterwegs am ganzen Leibe, im Gefühl, daß ich zum größten und berühmtesten Manne ging, den ich ja bisher gesehen – und für den ich keine passende Materie zur Unterhaltung wußte, den man außerdem mir als stolz und patzig verschrieen hatte. Goethes Wohnung in Jena, am botanischen Garten gelegen, – ist nichts weniger hübsch, sondern sieht sehr schofelig von außen aus, dagegen sein Haus in Weimar sehr geschmackvoll eingerichtet sein soll. – Ich faßte mir endlich ein Herz, ging hinein und ließ mich anmelden. Ich wurde sogleich vorgelassen (nicht wie bei den Berliner Professoren, wo man stundenlang im *Vorhause* warten muß). – Goethe hält sich gewöhnlich in einem Zimmer, eine Treppe hoch, auf, welches blau angestrichen und mit vielen Kupferstichen behängt ist. Im Zimmer selbst sieht es ziemlich liederlich aus, alle Tische und Fenster liegen voll Kalender, Bücher etc. Nebenan stößt eine Schlafkammer, wie es scheint, in welche ich mich beim Weggehen verirrte, von Goethe aber freundlich zurechtgewiesen wurde. – Obgleich es noch früh war und Goethe vormittags nie ausgehen soll, so fand ich ihn doch ganz in Gala in seinem Zimmer allein auf- und niedergehn. Er hatte einen schwarzen feinen Frack an, worauf der große Stern der Ehrenlegion prangte, schwarze Pantalons nebst Stiefeln, eine weiße Weste und sehr feine Manschetten, so daß ich noch immer nicht begreifen kann, wie ein Mann in seinem Alter sich zu Hause solchen Zwang antut. Sein Gesicht hat ungeachtet der tiefen Furchen und Runzeln, welche zweiundsiebzig Lebensjahre hineingegraben haben, einen außerordentlichen Ausdruck, den ich aber ganz anders fand, als ich ihn erwartete: nichts von Arroganz, nichts von Menschenverachtung, sondern etwas ganz Unnennbares, wie es Männern eigen zu sein pflegt, die durch vielfältige Erfahrungen und Schicksale und gleichsam im Kampf durch das Leben gegangen sind und nun im Gefühl ihrer wohlerhaltenen Integrität mit beneidenswerter Gemütsruhe der Zukunft entgegensehn. In diesen Ausdruck mischt sich bei Goethe ein unverkennbarer Zug von Herzensgüte und zugleich ein andrer von besiegter ehemaliger Leidenschaftlichkeit, welche noch in dem unsteten Wesen seines Blicks sich offenbart. Sein großes, helles Auge heftete er während des Gesprächs oft auf mich, sowie ich aber aufblickte und seinem Blicke begegnete, wandte er diesen gleich ab und ließ ihn unstet herumschweifen. Diesem Ganzen verleiht das graue Haar einen noch größern Zauber. – Ich wurde – gegen meine Erwartung – freundlich und human aufgenommen; wir sprachen – stehenden Fußes – zuerst von Klinger, – dann von meiner Reise und dem herrlichen Rhein, wo besonders Goethe seine große Bewunderung des Doms in Köln aussprach, zuletzt von der Universität Jena. Ich brachte auch den Gruß von Morgenstern an, worauf Goethe mit einem – ich möchte sagen – schalkhaften Lächeln dankte, ohne etwas zu erwidern. Als ich aber Kurt Sprengels Gruß überbrachte, ergoß er sich in ein fast ungestümes Lob dieses großen Mannes, den er seinen lieben Freund und den ehrwürdigsten unter den medizinischen deutschen Gelehrten nannte. Er fügte hinzu, daß, wenn ich auch auf der ganzen Reise nichts weiter gesehen hätte, Sprengels Bekanntschaft allein hinreichend wäre, mich zu entschädigen. Nach 15 bis 20 Minuten empfahl ich mich und eilte, Dir dieses zu schreiben. – Der Anblick Goethes hat in mir manche eingeschlafene Gefühle geweckt; es ist doch eine herrliche Sache, ein berühmter Mann zu sein, – nicht wahr? *[4807]*

Constantin E. von Weltzien, Arzt in Dorpat.

   ganz in Gala: Goethe erwartete den Besuch von Carl August.

   Stern der Ehrenlegion: vielmehr des Falkenordens, der ihm am 30. Januar 1816 verliehen worden war (Großkreuz des Großherzoglichen Hausordens der Wachsamkeit oder vom Weißen Falken).

Er wird von Tag zu Tag jünger

Th. Kräuter an Gräfin v. Hopfgarten

26. Januar 1821

Das kostbare Geschenk, was mir von so hoher teurer Hand geworden, hat mich fast verwirrt; ich konnte nicht umhin, in der Freude meines Herzens, es Freunden und Bekannten vorzuzeigen und ihre Bewunderung zu erregen, selbst Goethe sah es und mußte den Geschmack der Hohen Geberin sowie die Berliner Kunstfertigkeit von neuem loben, er fand es äffisch-artig, und erinnerte sich bei dieser Gelegenheit, wie schon früher, mit Wärme der Hohen Gäste im botanischen Garten zu Jena. Meinen tief gefühltesten Dank dafür! in so beschränktem Zustande, worin ich lebe, wird so ein teures Geschenk Familienschatz, und kann das Andenken an die Hohe Geberin nur mit dem Geschenk selbst vergehen.

   Goethe befindet sich seit Anfang November wieder hier [in Weimar], in beliebter Gemütlichkeit; hätte der Aufenthalt im reizenden Jena, was die Nähe so vieler talentreicher Männer ihm nur noch angenehmer macht, nicht auch seine Schattenseite, wir würden ihn wenig in Weimar zu sehen bekommen, ohngeachtet die Nähe des Hofs ihn nicht belästigt, und er von allen Gliedern unserer Herrschaft fortwährend flattiert wird. Er ist den ganzen Winter nicht ein einzigmal an Hof erschienen, dagegen besuchten ihn der junge und alte Hof sehr fleißig, die Großherzogin ausgenommen, welche seit jenem unglücklichen Fall in ihrem Zimmer kaum einmal im Theater gewesen ist. Alles strebt, ihm sein Alter angenehm zu machen. Den ganzen drückenden Winter hat er nicht einen einzigen Tag im Bette zugebracht, ich finde ihn immer heiter und aufgeräumt, und alle, die ihn sehen, meinen, er werde von Tag zu Tag jünger. Er bleibt stets in Bewegung, kennt weder Sofa noch Armsessel, und außer beim Mittagsmahle sitzt er des Tags keine Viertelstunde; immer für sich selbst sprechend, geht er in den Zimmern auf und ab oder beschäftigt sich sonst stehend, wie er des Nachmittags gewöhnlich mit Betrachtung seiner Kupfersammlung tut. Abends besucht ihn gewöhnlich der Hofrat Meyer, wo die Unterhaltung mit diesem biedern lakonischen Schweizer sich meist auf Kunstgegenstände bezieht. Der kürzliche Besuch desselben in Berlin hat neuen unerschöpflichen Stoff zur Unterhaltung gegeben, den sie beide mit patriarchalischer Heiterkeit nach und nach verarbeiten. Sonst sieht Goethe noch zuweilen den Kanzler von Müller, den Oberbaudirektor Coudray und den Professor und Bibliothekar Riemer, welcher vordem, Hofmeister des jungen Goethe, mehrere Jahre in diesem Hause verlebt hat. Er hat bei herrlichen Naturanlagen und Kenntnissen seine ganze Bildung von Goethe erhalten, und ich halte ihn für seinen würdigsten Schüler. Auch Damen sieht er fleißig, von welchen ich die beiden geistreichen jungen Gräfinnen von Egloffstein allein anführe. Ein herrlicher Genuß war es mir stets, Augen- und Ohrenzeuge der Unterhaltung zu sein, wie Goethe, bei allem natürlichen bequemen Betragen, doch äußerst galant, gefällig und aufmerksam ist, voll Laune und Heiterkeit, die Damen hingegen, bezaubert von seinem Geist und seiner männlichen Grazie, mit sorgsamer Ängstlichkeit jedes Wort aufnehmen und erwidern. Gnädige Nachsicht dieser Abschweifung.

Goethes Geschäfte bleiben die alten, er führt noch eine lebendige Korrespondenz und läßt fortwährend drucken, gar mancherlei ist noch vorbereitet und angefangen. So jugendlich frisch ist noch sein Geist, daß er eben jetzt die Fortsetzung von Wilhelm Meisters Lehrjahren, nämlich dessen Wanderjahre, herausgibt, zwar war er anfänglich selbst bedenklich dabei und sprach seine Zweifel über das Gelingen dieses Wagnisses oft aus, aber er hat's begonnen und hofft noch vor der Reise nach Karlsbad, welche im Anfang des Mai fallen wird, diese beiden Bände gedruckt zu sehen. Zwei Federn, welche er bei dieser Arbeit gebraucht hat, lege wohlverwahrt bei, ich müßte mich sehr irren, wenn sie sich nicht einer huldvollen Aufnahme zu erfreuen haben sollten. Wie Goethe im Größten einzig ist, so ist er's auch im Kleinsten, und so kann ich versichern, daß Goethe mit keiner andern Feder schreiben würde, die nicht diesen auf ein Haar ähnlich sähe, sie darf weder zu lang noch zu kurz abgeschnitten sein, den Busch daran leidet er gar nicht. Beweisgründe zu dieser mir selbst neuen Wahrheit gingen mir vor kurzem durch die Hände.

Da ich einmal diese lobenswerten Eigenheiten Goethes berühre, so füge noch hinzu: daß er Eleganz, Nettigkeit und gefälliges Aussehen auch bei dem kleinsten Geschäft anzubringen sich bemüht, und, weil seine Umgebung trotz dem besten Willen ihm mit ihrem Beistande nicht Genüge leistet, vieles mit eignen Händen macht, um es nach *seiner* Art getan zu sehen. So muß ich bei Briefen, sie mögen an Vornehme oder Geringe sein, stets mich bemühen, an allen Seiten einen breiten gefälligen Raum zu lassen, und ich ernte jedesmal Lob ein, wenn es mir glückt, den Brief so einzuteilen, daß alle Seiten gleich voll sind. Alles wird unter seinen Händen zu einem Bilde. Den Brief zu brechen, versteht nur er mit dem Falzbein, so zierlich; das Tintenfaß darf nie zu voll sein, die Feder taucht er mit Vorsicht ein, kein Tropfen darf daneben fallen; das Geschriebene abzusanden, ist streng verboten, lieber stellt er sich damit eine Weile am Ofen. Mit gleicher Eleganz siegelt er alle Briefe, und damit das zusammengebrochene Blatt zu dem Couvert genau passe, muß der Buchbinder das Papier mit großer Akkuratesse beschneiden. Einen Vorrat quadratzollgroßer Blättchen hält er deswegen, um in jedem Brief eins auf die Stelle zu legen, wo das Siegel darauf gedrückt wird, er will nämlich damit vermeiden, daß das Siegellack, im Fall das Couvert etwas knapp sein sollte, nicht das beschriebene Blatt mit anklebe. Und das alles geschieht mit so viel Gewandtheit, Ruhe und Anstand, daß ich ihn auch hierin zu bewundern habe. Wie er nun gewohnt ist, immer für sich einzelne Worte zu sprechen, oder zu brummen, so höre ich meist bei solchen Gelegenheiten sein: »Nur still! – Nur ruhig!« pp. Einzelne Blätter finden Sie bei ihm nie herum liegen, wenn sie nirgends hinpassen, so klebt er von einem Bogen Papier eine Kapsel zusammen und macht eine Aufschrift drauf, und nun erst werden sie ... [unleserlich] *[4834]*

Sophie Caroline von Hopfgarten (1770-1829), Oberhofmeisterin in Weimar.

   unleserlich: reponirt.

Als die Köchin Goethe mit Wasser begoß

Henriette Hunger an?

Geehrtester Herr!
Welche Freude mein Herz Empfand Nach meinen Tode von
Ihnen so verehrt zu sehn. Ich lebe noch. Die alte Frau, die Sie
Tod denken. Mein altes Auge, hat. hat noch Einmahl auf ge-
strahlt. mein Wunsch war Es ja immer den leuten Wißen zu
lassen was ich für Göhte that. So nehmen Sie meinen Herzlichsten Dank für Ihre Güte. Mein Wunsch ist Erfüllt. Nun
will ich Ihnen genau wissen laßen das ich nicht Aufwärterin
war, ich war die Köchin bei Frommans [1818] und Göhte
war ein treuer Freund zu Fromanns alle Morgen 11 Uhr fuhr
Göhte vor Und machte Seinen Morgenbesuch Wo bei ich
auch das Unglück häte Göhte mit Eine Butte Waßer zu über-
schitten Göhte wolte mich die Thür halten aus Bescheidenheit, und ich ebenfals, ich versah Das tembo und war in fallen
und Göhte wolte mich halten und bekom die Waßerbutte auf
den Halz, ich zum Tode Erschrocken Madam und Fräulein
Fromman Kamen mit Tüchern und trockneten Ihn ab und
lachten. Göhte fuhr nach Haus um sich umzukleiden. Deshalb gab es keine Feindschafd. den andern Morgen war
Göhte wieder da und lachte. Göhte war nachden in den bot-
tahnischen Garten gezogen wolte aber nicht lange mehr in
Jena bleiben, weil Ihn das Essen aus den Speisehäusern nicht
Schmeckte. Frommans wolten Göhte jerne für sich und Jena
Erhalten, der Grund war das Eßen wie anfangen, die Madam
Fromman, Eine sehr kluge Dame sann hin und hehr. Endlich
kam sie auf Ihre Köchin das war ich. Sie ließ mich in Ihr Zimmer kommen und sagte, ich habe ein großes anliegen an Dich
was G. betrift und Du die Hauptperson bist. »Du die Hauptperson dachte ich« willst du für G. Kochen den Mittags Tisch
übernehmen. Meine Speisekammer Steht Dir ofen, Thue Es,

ich werde Dirs nimahls vergeßen nach langes Zureden gab ich mein Wort. An Göhte geschriben das ihre Köchin für Ihn den Mittags Tisch übernehmen wolte, mit Freuden Nehme ich dis An. – war die Rückantwort So kochte ich Ein halbes Jahr für den großen Mann und danke. Göhte nahm sich gegen mich nicht als wäre ich Köchin, sondern als wäre ich mehr, wenn ich mit ni emen [meinem?] Zettel kam, lag Schon was Schönes da, an zu sehn für mich, Kurz ich kam mich vor als gehörte ich der gelehrten Welt mit an. Gelegenheit hatte ich ja genug, große Männer zu sehn, ich sagte oft das Frommansche Haus ist der Sitz der gelehrten wißenschaft. Den alle großen Männer schienen sich in den Hause wohlzufühlen. Nach dem verheurathete ich mich aber Konte den Tisch für Göhte nicht mehr besorgen. Weil die gefülte Speise Kamer nicht mit ging. *[4874]*

Henriette Hunger, Köchin bei Frommanns in Jena. Ihr undatierter Brief ist an den Herausgeber einer Zeitschrift gerichtet. Zur Datierung: Am 2. Juni 1818 schrieb Goethe an August: »Im Reiche der Wirklichkeit kommen mir gute Bissen aus Madame Frommanns Küche sehr schmackhaft entgegen.«

Goethes Lebendmaske

A. Stahr: Weimar und Jena

1871

Bei Rat Kräuter, Goethes langjährigem Sekretär, sah ich [im Juli 1851] eine Büste Goethes, die zu den Seltenheiten gehört [von K. G. Weißer]. Goethe hat dazu einen Abguß über seinem Gesicht machen lassen; er tat es, wie uns Herr Kräuter erzählte, um einen armen jungen Bildhauer aufzuhelfen. Der Gesichtsausdruck ist von höchster Naturwahrheit, die Formen noch nicht schlaff hängend, sondern kräftig und machtvoll. Nur der Ernst der Züge hat etwas, das finster zu nennen ist. Als Kräuter dies einmal als das einzige bemerkte, was ihm an dem sonst vollkommen getroffenen Abbilde nicht ganz recht sei, erwiderte Goethe, der gekommen war, seinem früheren Diener in der eignen Wohnung einen Besuch zu machen: »Meinen Sie denn, daß es ein Spaß ist, sich das nasse Zeug ins Gesicht streichen zu lassen, ohne eine Miene zu verziehen? Da ist's eine Kunst, nicht noch viel unwirscher auszusehen!« *[4909]*

Adolf Wilhelm Theodor Stahr (1805-1876), Schriftsteller und Kritiker.

einen Abguß: Der Bildhauer Karl Gottlob Weißer (1780-1815), seit 1807 Hofbildhauer in Weimar, hatte am 19. Oktober 1807 auf Veranlassung des Anatomen Franz Joseph Gall Goethes Gesichtsmaske abgenommen.

seinem früheren Diener: Kräuter war vielmehr seit 1814 Goethes Sekretär, wurde 1816 Bibliothekssekretär und verwaltete 1817 Goethes Privatbibliothek.

Ein freundlicher alter Herr

Ulrike v. Levetzow: Erinnerungen

Ich lernte Goethe im Jahre 1821 in Marienbad kennen; Mutter hatte mich aus meiner Pension in Straßburg herausgenommen, um mit mir einige Monate bei meinen Großeltern [Brösigke] in Marienbad zuzubringen. Marienbad war damals noch ein kleiner, erst fast entstehender Ort, und unser Haus, »Stadt Weimar«, fast das größte und schönste. Goethe hatte dort seine Wohnung genommen, und ich kann mich noch des ersten Kennenlernens [am 29. Juli?] sehr deutlich erinnern. Großmutter ließ mich zu sich rufen, und das Mädchen sagte mir, es sei ein alter Herr bei ihr, welcher mich sehen wolle, was mir gar nicht angenehm, da es mich in einer eben begonnenen Handarbeit störte. Als ich ins Zimmer trat, wo meine Mutter auch war, sagte diese: »Dies ist meine älteste Tochter Ulrike.« Goethe nahm mich bei der Hand und sah mich freundlich an und frug mich, wie mir Marienbad gefalle. Da ich die letzten Jahre in Straßburg in einer französischen Pension zugebracht, auch erst 17 Jahre alt war, wußte ich gar nicht, wer Goethe, welch berühmter Mann und großer Dichter er sei, war daher auch ohne alle Verlegenheit einem so freundlichen alten Herrn gegenüber, ohne alle Schüchternheit, welche mich sonst meist bei neuen Bekanntschaften ergriff. Goethe forderte mich gleich den andern Morgen auf, mit ihm einen Spaziergang zu machen, wo ich ihm viel von Straßburg und der Erziehungsanstalt erzählen mußte; ich besonderst klagte, wie ich mich ohne meine Schwestern, von welchen ich zum ersten Mal getrennt sei, einsam fühle, und ich bin überzeugt, daß grade diese kindliche Unbefangenheit ihn interessierte; denn von da an beschäftigte er sich sehr viel mit mir. Fast jeden Morgen nahm er mich mit, wenn er spazieren ging, und ging ich nicht mit, brachte er mir Blumen mit, da er wohl sehr bald merkte, daß ich an den Steinen, welche er oft betrachtete, kein Interesse hatte, doch sonst mich gern unterrichten ließ; auch gegen Abend saß er oft stundenlang auf einer Bank vor der Türe, wo er mir von sehr verschiedenen Gegenständen erzählte. Als ich da wohl hörte, welch großer Gelehrte er sei, war ich schon viel zu bekannt und vertraut mit ihm, daß es mich hätte einschüchtern oder verlegen machen können; es fiel auch sicher niemandem und auch meiner Mutter nicht ein, in dem vielen Zusammensein etwas anderes als ein Wohlgefallen eines alten Mannes, welcher mein Großvater hätte sein können nach den Jahren, zu einem Kind, welches ich ja noch war, zu finden. Goethe war ein so freundlicher, liebenswürdiger alter Herr, an welchen sich ein junges Wesen wohl anschließen konnte, besonders, wenn sie ein reges Interesse an allem nahm, was er in so angenehmer Form ihr lebhaft beschrieb: Blumen, Steine, Sterne und Literatur boten reichen Stoff.

In diesem Sommer schenkte mir Goethe »Wilhelm Meisters Wanderjahre«, es war ihm das Buch als neue Auflage zur Durchsicht nach Marienbad gesandt worden. Als er es mir gegeben und ich darin zu lesen begann, fand ich, daß schon früher etwas sein müßte, da sich manches noch mir Unbekanntes begab, und als ich es Goethe sagte und ihn bat, mir doch das frühere Buch auch zu geben, meinte er, es sei nicht recht für mich, er wolle mir lieber daraus erzählen, damit ich die Wanderjahre recht verstehe. Wie oft habe ich später bedauert, mir diese Erzählung nicht aufgeschrieben zu haben, das würde sicher von viel größerem Interesse sein, als viele der Briefe und Zettel, von welchen man jetzt ein solches Wesen macht.

Als unser Kreis von Bekannten sich in Marienbad mehrte, ich auch mehrere junge Mädchen kennen lernte, ist es öfters vorgekommen, daß Goethe uns kleine Spiele angab, wenn schlechtes Wetter am Ausgehen hinderte. [Umgang bis zu Goethes Abreise am 25. August.]..*[4924]*

Ulrike von Levetzow (1804-1899), Goethes letzte Liebe.

Die Napoleonsquelle

Grüner

2. September 1821

Auf dem Wege dahin [nach Franzensbad] betrachtete Goethe den Wolkenlauf. Sehen Sie, sagte er, wie sich jene gegen Osten wieder auflösen, er gab der Wolke auch einen Namen, den ich wieder vergessen habe. Kann man, fragte ich, schon bestimmte Resultate aus dem Wolkenlaufe ziehen?

Goethe antwortete: Bisher hat sich bloß der Engländer Howard darauf gelegt; ich glaube, daß, wenn die Beobachtungen durch viele Jahre ernstlich fortgesetzt werden, auch dieser Sache etwas abzugewinnen sei.

Wir kamen zur Louisenquelle, an deren nordöstlichen Seite die Sprudelquelle in einen kleinen Ständer gefaßt ist. Sprudelquelle wurde sie wegen des gewaltigen Aufwallens des Gases genannt.

Sehen Eure Exzellenz, sagte ich, wie geistreich der kleine Mann neben Marie Louise sieht.

Geistreich, erwiderte Goethe, war er wohl in hohem Grade, wenn er nur auch in Grenzen wie hier geblieben wäre.

Ein bayrischer Gelehrter, erzählte ich, hat nach Anblick der Louisen- und Sprudelquelle ein hübsches lateinisches Gedicht auf Marie Louise und Napoleon verfaßt, welches ich, wenn Eure Exzellenz erlauben, nach unserer Zurückkunft zur Einsicht vorlegen werde. Mit dieser Louisenquelle hat es übrigens eine besondere Bewandtnis. Zum Baue der Fassung derselben wurden Sachverständige aus Prag und Bilin herbeigezogen, welche längere Zeit damit sich beschäftigten, und den Stadtrenten einen Kostenaufwand von 18 000 Gulden zufügten. Allein diese Herren waren noch auf dem Rückwege, so stürzte das Gebäude zusammen, dennoch mußten die Renten 300 Gulden Diäten an sie bezahlen. Der hiesige Zimmermeister hat unter Leitung des ärarischen Straßenkommissars die Fassung schnell und mit wenigen Kosten bewerkstelligt, und den Sprudel oder die Napoleonsquelle von der Louisenquelle getrennt. Diese Vorbedeutung ist in Wirklichkeit übergegangen.

Darauf Goethe: Nach der Schlacht von Leipzig fiel ohne bekannte Veranlassung sein Bild vom Nagel in meinem Zimmer herab; was sagen Sie dazu?

Wenn wir noch, antwortete ich, in den finsteren abergläubischen Zeiten leben möchten, so würden wir es für ein Zeichen des Himmels halten müssen, da sonst der Geburt und dem Tode großer Männer solche Zeichen vorangingen, und wer möchte Napoleon nicht unter die größten Männer zählen, die je die Erde getragen hat. Wenn ich hier die Sprudelquelle neben der Louisenquelle ansehe, denke ich mir Napoleon getrennt von seinem Sohne auf der Insel Helena, wie er hier eingeengt innerlich lebt, ohne die Grenzen überschreiten zu können. Nur ein großer Geist vermag in solcher Lage standhaft zu bleiben. Indes, seine Haft sollte ihn unschädlich machen, Millionen Menschen sind durch ihn geopfert worden.

Goethe: Lassen wir gute Wirkungen von dieser Sprudel- oder wie Sie meinen, Napoleonsquelle für die Menschheit hervorbringen.

Hierauf fuhren wir nach Eger zurück. *[4934]*

ärarischen: nach Ärar = Fiskus (österreichisch).

sein Bild vom Nagel: am 19. Oktober 1813, als die viertägige Schlacht um Leipzig von Napoleon definitiv verloren war, was aber in Weimar noch niemand wußte. Es handelte sich um ein links vom Arbeitstisch hängendes Gipsmedaillon, dessen Einfassungsrand beim Herabfallen beschädigt wurde. Goethe ließ das Portrait wieder aufhängen und auf das noch übrige Stück des Randes schreiben: »Scilicet *immenso* superest ex *numine* multum (sichtlich ist von dem unermeßlich großen *göttlichen Wesen* noch viel übrig geblieben)«.

denke ich mir Napoleon: Napoleon war bereits am 5. Mai 1821 auf St. Helena gestorben, was weder Grüner noch Goethe wissen konnten; die Nachricht erreichte London am 4. Juli, Goethe erfuhr sie in Weimar aber erst am 25. November.

Täglich drei Küsse von Goethe

F. Mendelssohn an seine Eltern

6. November 1821

Jetzt hört alle, alle zu. Heut ist Dienstag. Sonntag [4. November] kam die Sonne von Weimar, Goethe, an. Am Morgen gingen wir in die Kirche, wo der 100. Psalm von Händel halb gegeben wurde. Die Orgel ist groß und doch schwach, die Marien-Orgel ist, obwohl klein, doch viel mächtiger. Die hiesige hat 50 Register, 44 Stimmen und einmal 32 Fuß. Nachher schrieb ich Euch den kleinen Brief vom 4. und ging nach dem Elephanten, wo ich Lukas Cranachs Haus zeichnete. Nach zwei Stunden kam Professor Zelter: »Goethe ist da, der alte Herr ist da!« – Gleich waren wir die Treppe herunter in Goethes Haus. Er war im Garten und kam eben um eine Hecke herum; ist das nicht sonderbar, lieber Vater, ebenso ging es auch Dir. Er ist sehr freundlich, doch alle Bildnisse von ihm finde ich nicht ähnlich. Er sah sich dann seine interessante Sammlung von Versteinerungen an, welche der Sohn geordnet hat, und sagte immer: »Hm, hm, ich bin recht zufrieden«; nachher ging ich noch eine halbe Stunde im Garten mit ihm und Professor Zelter. Dann zu Tisch. Man hält ihn nicht für einen Dreiundsiebenziger, sondern für einen Fünfziger. Nach Tische bat sich Fräulein Ulrike, die Schwester der Frau von Goethe, einen Kuß aus, und ich machte es ebenso. Jeden Morgen erhalte ich vom Autor des Faust und des Werther einen Kuß, und jeden Nachmittag vom Vater und Freund Goethe zwei Küsse. Bedenkt! Nachmittag spielte ich Goethe über zwei Stunden vor, teils Fugen von Bach, teils phantasierte ich. Den Abend spielte man Whist, und Professor Zelter, der zuerst mitspielte, sagte: »Whist heißt, du sollst das Maul halten.« Ein Kraftausdruck! Den Abend aßen wir alle zusammen, auch sogar Goethe, der sonst niemals zu Abend ißt. Nun, meine liebe, hustende Fanny: Gestern früh brachte ich Deine Lieder der Frau von Goethe, die eine hübsche Stimme hat. Sie wird sie dem alten Herrn vorsingen. Ich sagte es ihm auch schon, daß Du sie gemacht hättest, und fragte, ob er sie wohl hören wollte. Er sagte: ja, ja, sehr gerne. Der Frau von Goethe gefallen sie besonders. Ein gutes Omen. Heute oder morgen soll er sie hören. *[4948]*

Felix Mendelssohn Bartholdy (1809-1847), Komponist.

Marien-Orgel: Orgel in der Berliner Marienkirche.

Lukas Cranachs Haus: am Marktplatz, Wohn- und Sterbehaus von Lucas Cranach d. Ä. (1472-1553).

ebenso ging es auch Dir: wohl bei Abraham Mendelssohns Besuch am 10. April 1816.

Fanny: die 1805 geborene Schwester von Felix.

Das musikalische Wunderkind

L. Rellstab: Aus meinem Leben

1861

Eines Morgens, im November [am 8. November 1821], erhielt ich eine Aufforderung, Frau von Goethe, die Schwiegertochter des Dichters, welche das Mansarden-Stockwerk des Goetheschen Hauses bewohnte, noch am nämlichen Vormittage zu besuchen. Sie empfing mich mit den Worten: »Sie werden Bekannte aus Berlin hier finden, deren Wiedersehen Ihnen Freude machen wird.« Ich riet, ich fragte, doch ohne das Richtige zu treffen, als sich plötzlich die Tür öffnete und Zelters stattliche Gestalt, damals noch in rüstiger Kraft, eintrat. Er grüßte in seiner eigentümlichen Weise mit den Worten: »Nun, da sind Sie ja auch, so finden wir Berliner uns ja alle hier in Weimar zusammen! – Ich mußte doch dabei sein, wie meinem Luther in Wittenberg das Denkmal gesetzt wurde, und da ich einmal auf dem Wege war, bin ich gleich bis hierher gefahren.«

Als wir noch in den gegenseitigen Begrüßungen und ersten Wechselworten begriffen waren, wurde die Tür des Zimmers leise geöffnet, und ein Knabe von etwa zwölf Jahren trat ein; es war Felix Mendelssohn, den ich mit Freuden erkannte. Schüchtern näherte er sich, und sein schwarzes schönes Auge blickte befangen in dem Kreise (es waren noch einige andere Herren und Damen zugegen) umher. Er vermutete wahrscheinlich Goethe selbst unter den Anwesenden, allein dieser war noch in seinem Zimmer und die Reisenden, so weit ich mich erinnere, eben erst eingetroffen. Zelter hatte zuerst Frau von Goethe begrüßt und sein junger Begleiter nun selbst suchen müssen, wohin er sich zu begeben habe, was ihn allerdings in einige Verlegenheit setzen mußte, in dem Hause, das durch den großen hochverehrten Namen des Dichters wohl einem Lebensgeübteren Scheu eingeflößt haben würde. Der Knabe wurde auch eben nicht beachtet, weil man seine außerordentlichen Eigenschaften noch nicht kannte; ich war mutmaßlich der einzige, außer Zelter, der genauer damit vertraut war. In Zelters Grundsatz lag es, gar keine Notiz von ihm zu nehmen, und so mochte denn sein begabter Zögling sich in diesen ersten Minuten ziemlich unbehaglich fühlen. Indessen schwand die Blödigkeit allmählich, und er stellte sich bald auf einen muntern Fuß mit den jüngern Damen. Bei seiner Lebhaftigkeit steigerten sich die heitern Beziehungen schnell zu mutwilligen, und, ohne von dem tiefen, bewundernswürdigen musikalischen Talent irgend etwas gezeigt zu haben, war er schon der Liebling aller geworden. Denn die geistige Gewalt, welche sich bei ihm in der Musik auf ihre höchsten Spitzen drängte, leuchtete und flammte auch in jeder andern Hinsicht schnell auf.

In dem Zimmer stand übrigens nur ein sehr veralteter Flügel; im tiefern Geschoß aber, in den Gesellschaftszimmern

Goethes, befand sich ein vortrefflicher Streicherscher Flügel, den ihm Rochlitz besorgt hatte. – Dort fanden wir uns am Abend des Tages alle wieder zusammen, denn Goethe hatte eine größere Gesellschaft geladen, um seine weimarischen Freunde, insbesondere die musikalischen, mit dem staunenswürdigen Talente des Kindes, von dem ihm Zelter den Tag über viel erzählt, auch früher schon manches geschrieben, bekannt zu machen.

Unter den Geladenen befand sich auch der weimarische Regierungsrat Schmidt, der, ein leidenschaftlicher Verehrer Beethovens, dessen Sonaten sämtlich mit Feuer und Fertigkeit spielte und sie zum größten Teile auswendig wußte. Außerdem, wenn ich mich richtig erinnere, der Musikdirektor Eberwein mit seiner Gattin, einer ausgezeichneten Sängerin, Knebel, Herr von Froriep und andere.

Zelter war, als wir andern schon versammelt waren, noch nicht zugegen, wohl aber Felix Mendelssohn, der sich scherzend, wie am Morgen, mit den Damen des Hauses unterhielt. Zelter wohnte in einem der an den Gesellschaftssaal stoßenden Zimmer. Von dort her trat er ein, in einem Zeremoniell der Kleidung, wie ich ihn in Berlin niemals gesehen, nämlich in kurzen, schwarzen seidenen Beinkleidern, seidenen Strümpfen und Schuhen mit großen silbernen Schnallen. Eine Tracht, die damals schon länger nicht mehr Sitte war, ihm aber von früherer Zeit her, als die der höchsten Festlichkeit, gewohnt sein mußte. Er, der sonst mit der Gesellschaft ziemlich obenhin zu verfahren pflegte, legte also in Goethes Haus doch einen entschiedenen Wert auf die äußern Formen. Ob rein die Ehrfurcht vor der geistigen Größe des Freundes oder wenigstens zugleich mit die vor seiner anderweitigen Lebensstellung es war, die ihn dazu bestimmte, lassen wir ununtersucht.

Jetzt erst erschien Goethe selbst; er kam aus seinem Arbeitszimmer; gewöhnlich pflegte er, wenigstens habe ich es so bemerkt, erst abzuwarten, daß die Gesellschaft versammelt sei, bevor er sich zeigte. So lange verwalteten sein Sohn und dessen Gattin die Pflichten der Wirte auf die einnehmendste Art. – Eine gewisse Feierlichkeit war von dem Eintreten des Dichters in den Kreis seiner Gäste kaum zu trennen; denn fast immer befanden sich in demselben einige, die ihn zum ersten Mal sahen, oder ihm doch nur selten nahe getreten waren; und selbst für die, welche nähern oder nächsten Umgang mit ihm pflogen, blieb das Gefühl der Verehrung ihm gegenüber das vorherrschende. Sein ganzes Wesen prägte sich auch in der äußern Erscheinung so aus, daß diese Empfindung die erste, die überwiegende, die bleibende sein mußte. Sein ernster, langsamer Gang, die kraftvollen Züge, welche viel mehr die Stärke als die Schwäche des Alters ausdrückten, die hohe Stirn, das weiße, reiche Haar, endlich die tiefe Stimme und die langsame Redeweise, alles vereinigte sich gerade zu diesem Eindruck. Er stellte sich denn auch an diesem Abend her; eine plötzliche Stille trat ein, als der Dichtergreis die Tür öffnete, jedes Auge wandte sich zu ihm, er wurde mit stummer Verbeugung begrüßt. Sein »Guten Abend« richtete sich an alle, doch vorzugsweise ging er auf Zelter zu und schüttelte ihm vertraulich die Hand. Es ist allbekannt, daß beide auf dem brüderlichen Fuß des »Du« in der Unterredung standen. Felix Mendelssohn schaute mit blitzenden Augen zu dem schneeigen Haupt des hohen Dichters hinauf; dieser aber nahm ihn mit beiden Händen freundlich beim Kopf und sagte: »Jetzt sollst du uns auch etwas vorspielen!« Zelter nickte sein Ja dazu.

Goethe trat nun zu uns andern. Eine kurze Unterredung bei der ersten Vorstellung abgerechnet, hatte ich ihn, obgleich ich mich schon über zwei Monate in Weimar befand, noch nicht weiter gesehen. Seine Erscheinung war mir also fast wie eine erste und bewegte das ehrfurchtsvolle, bewundernde, jugendliche Herz mit jener Beklemmung, die uns eine so mächtig überlegene Größe um so mehr erzeugt, je tiefer wir deren Bedeutsamkeit empfinden. Nach einigen freundlichen Äußerungen gegen mich über die Beziehungen, in die ich zu seinem Sohne und seiner Schwiegertochter getreten, in deren Hause ich seither mehrfach aus- und eingegangen war und wo namentlich Musik – Frau von Goethe sang sehr angenehm – uns öfters beschäftigt hatte, lenkte der Dichter das Wort auf Felix Mendelssohn: »Mein Freund Zelter hat mir da seinen kleinen Schüler mitgebracht, den Sie gewiß schon kenne.« Ich bejahte es. Goethe fuhr fort: »Von seinen musikalischen Anlagen soll er uns erst eine Probe geben; aber auch nach jeder andern Seite ist er außerordentlich begabt. Man hat die Lehre von den Temperamenten; jeder Mensch trägt alle vier in sich, nur in verschiedenen Mischungsverhältnissen. Bei diesem Knaben würde ich annehmen, daß er vom Phlegma das irgend möglichste Minimum, von dem Gegensatz das Maximum besitze.«

Es gehört nicht hierher, wäre mir auch kaum noch möglich, daß fernere Gespräch, welches sich hieran knüpfte, genauer zu entwickeln.

Der Flügel war geöffnet worden, die Lichte auf das Pult gestellt. Felix Mendelssohn sollte spielen. Er fragte Zelter, gegen den er durchaus kindliche Hingebung und Vertrauen zeigte: »Was soll ich spielen?«

»Nun, was du kannst!« antwortete dieser in dem obenhin streifenden Tone, dessen sich alle erinnern werden, die ihn näher gekannt: »Was dir nicht zu schwer ist!«

Mir, der ich wußte, was der Knabe leistete, für den schon damals kaum eine Aufgabe vorhanden war, die er nicht spielend gelöst hätte, erschien dies wie eine unrichtig angebrachte Unterschätzung seiner Fähigkeiten. Es wurde endlich festgesetzt, daß er frei phantasieren solle, und er bat Zelter um ein Thema.

»Kannst du das Lied: Ich träumte einst von Hannchen etc.«, fragte ihn dieser. (Diese Worte sind nicht die richtigen; ich habe das Lied musikalisch, wie seinen Wortlaut, vergessen, doch war dies ungefähr der Sinn der ersten Zeile, und es kommt, wie man nachher sehen wird, auf denselben an.)

Felix verneinte.

»So will ich es dir einmal vorspielen.«

Zelter setzte sich an den Flügel und spielte mit seinen steifen Händen (er hatte mehrere gelähmte Finger) ein sehr einfaches Lied in G-dur in Triolenbewegung. Es mochte vielleicht sechzehn Takte haben. Felix spielte es einmal ganz nach und brachte dann, indem er die Triolenfigur in beiden Händen unisono einigemal übte, gewissermaßen seine Finger in das Geleise der Hauptfigur, damit sie sich ganz unwillkürlich darin bewegen möchten. Jetzt begann er, aber sogleich im wildesten Allegro. Aus der sanften Melodie wurde eine aufbrausende Figur, die er bald im Baß, bald in der Oberstimme nahm, sie mit schönen Gegensätzen durchführte, genug, eine im feurigsten Fluß fortströmende Phantasie gab, wobei ihm Hummels Art und Weise, dergleichen Aufgaben zu behandeln, wohl am meisten vorschweben mochte. Alles geriet in das höchste Staunen; die kleine Knabenhand arbeitete in den Tonmassen, beherrschte die schwierigsten Kombinationen, die Passagen rollten, perlten, flogen mit ätherischem Hauch, ein Strom von Harmonien ergoß sich, überraschende kontrapunktische Sätze entwickelten sich dazwischen – nur die Melodie blieb ziemlich unberücksichtigt und durfte wenig mitsprechen in diesem stürmischen, glänzenden Reichstag der Töne.

Mit einem ihm schon damals eigenen richtigen Takt dehnte der junge Künstler sein Spiel nicht zu lange aus. Desto größer war der Eindruck gewesen; ein überraschtes gefesseltes Schweigen herrschte, als er die Hände nach einem energisch aufschnellenden Schlußakkord von der Klaviatur nahm und sie nunmehr ruhen ließ.

Zelter war der erste, der die Stille in seiner schon oben erwähnten fahrlässig humoristischen Weise unterbrach, indem er laut sagte: »Na, du hast wohl vom Kobold oder Drachen geträumt! Das ging ja über Stock und Block!« Zugleich lag in dem Ton die völligste Gleichgültigkeit gegen die Sache, als ob eben nichts Bemerkenswertes dabei wäre. Außer allem Zweifel hatte der Lehrer die pädagogische Absicht, dadurch der Gefahr eines zu glänzenden Triumphes vorzubeugen...

Genug, das Spiel hatte, wie es nicht anders sein konnte, die höchste Bewunderung aller erregt, und namentlich war Goethe selbst von wärmster Freude erfüllt. Er herzte den kleinen Künstler, in dessen kindlichen Zügen sich Glück, Stolz und Verlegenheit zugleich malten, indem er ihm den Kopf zwischen die Hände nahm, ihn freundlich derb streichelte und scherzend sprach: »Aber damit kommst du nicht durch! Du mußt noch mehr spielen, bevor wir dich ganz anerkennen.«

»Aber was soll ich spielen?« fragte Felix. »Herr Professor« – er pflegte Zelter bei diesem Titel zu nennen – »was soll ich noch spielen?«

Ich will nicht behaupten, daß ich genau die Ordnung der Musikstücke behalten habe, welche der junge Virtuos nunmehr spielte, denn es waren ihrer viele. Diejenigen, an welche sich Besonderes knüpfte, will ich aber erwähnen.

Goethe war ein großer Freund der Bachschen Fugen; ein Musiker aus dem Städtchen Berka, zwei Meilen von Weimar [Schütz], mußte ihm dieselben häufig vorspielen. Es wurde also auch Felix Mendelssohn die Aufforderung gestellt, eine Fuge des hohen Altmeisters zu spielen. Zelter wählte sie aus dem Notenheft der Bachschen Fugen, welches herbeigebracht wurde, und der Knabe spielte dieselbe völlig unvorbereitet, mit vollendeter Sicherheit. Welche, vermag ich nicht mehr anzugeben. Im Thema aber kam ein Triller vor, der später, als derselbe zu andern Stimmen im Baß und in der Mittelstimme wiederkehrte, zuweilen wegblieb. »Du solltest den Triller nicht weglassen«, bemerkte Zelter; »man erkennt daran das Thema so gut wieder.«

Lebhaft rief Felix: »Es ist nicht möglich, ihn zu machen! Sehen Sie nur, Her Professor, so liegen die Stimmen, so muß ich greifen!«

»Ja, wenn es nicht möglich ist«, erwiderte Zelter, »dann muß er wohl wegbleiben! – Aber vielleicht doch!« setzte er zweifelnd, in summendem Tone, hinzu. Felix Mendelssohn beharrte mit kecker Sicherheit auf seiner Meinung und hatte zuverlässig recht, denn wäre es irgend möglich gewesen, die Forderung zu erfüllen, so würde er sie erfüllt haben.

Goethes Freude wuchs bei dem erstaunenswürdigen Spiel des Knaben. Unter anderm forderte er Felix auf, ihm eine Menuett zu spielen.

»Soll ich Ihnen die schönste, die es in der ganzen Welt gibt, spielen?« fragte er mit hell leuchtenden Augen.

»Nun, und welche wäre das?«

Er spielte die Menuett aus »Don Juan«.

Goethe blieb fortdauernd lauschend am Instrument stehen, die Freude glänzte in seinen Zügen. Er wünschte nach der Menuett auch die Ouvertüre der Oper; doch diese schlug der Spieler rund ab mit der Behauptung, sie lasse sich nicht spielen, wie sie geschrieben stehe, und abändern dürfe man nichts daran. Dagegen erbot er sich, die Ouvertüre zum »Figaro« zu spielen. Er begann sie mit einer Leichtigkeit der Hand, mit einer Sicherheit, Rundung und Klarheit in den Passagen, wie ich sie nie wieder gehört. Dabei gab er die Orchestereffekte so vortrefflich, machte so viele feine Züge in der Instrumentation bemerkbar, durch mitgespielte oder deutlich hervorgehobene Stimmen, daß die Wirkung eine hinreißende war und ich fast behaupten möchte, mehr Freude daran gehabt zu haben, als jemals an einer Orchesteraufführung.

Goethe wurde immer heiterer, immer freundlicher, ja er trieb Scherz und Neckerei mit dem geist- und lebensvollen Knaben.

»Bis jetzt«, sprach er, »hast du mir nur Stücke gespielt, die du kanntest, jetzt wollen wir einmal sehen, ob du auch etwas spielen kannst, was du noch nicht kennst. Ich werde dich einmal auf die Probe stellen.«

Er ging hinaus. Wir, vorzugsweise ich, als ein älterer Bekannter aus Berlin, unterhielten uns indes mit Felix Mendelssohn und wünschten auch, daß er dieses oder jenes spielen möge ...

Goethe kam nach einigen Minuten wieder ins Zimmer und hatte mehrere Blätter geschriebener Noten mitgebracht. »Da habe ich einiges aus meiner Manuskriptensammlung geholt. Nun wollen wir dich prüfen. – Wirst du das hier spielen können?«

Er legte ein Blatt mit klar, aber klein geschriebenen Noten auf das Pult. Es war Mozarts Handschrift. Ob es uns Goethe sagte oder ob es auf dem Blatte stand, weiß ich nicht mehr, nur daß Felix Mendelssohn freudig erglühte bei dem Namen und uns alle ein unnennbares Gefühl durchbebte, was zwischen Begeisterung und Freude, zwischen Bewunderung und Ahnung schwankte, vielleicht von allem etwas hatte. Goethe, der Greis, der ein Manuskript Mozarts, des seit dreißig Jahren Bestatteten, dem zu reichster Verheißung frisch aufblühenden Knaben Felix Mendelssohn vorlegt, um es vom Blatt zu spielen – wahrlich, diese Konstellation ist eine seltene zu nennen!

Der junge Künstler spielte mit vollster Sicherheit, ohne nur den kleinsten Fehler zu machen, das nicht leicht zu lesende Manuskript vom Blatt. Sehr schwer war die Aufgabe allerdings nicht, wenigstens nicht für Mendelssohn, denn es galt

nur ein Adagio zu lesen. Aber es hatte viel Zweiunddreißig-
teile, Passagen, die genau eingeteilt sein wollten, und ein
Manuskript, wenn auch im allgemeinen deutlich, bleibt immer schwerer zu lesen als ein gestochenes Blatt. Jedenfalls
war es eine Schwierigkeit, die Aufgabe so zu lösen, wie es
geschah, denn das Stück klang, als wisse es der Spieler seit
Jahr und Tag auswendig, so sicher, so klar, so abgewogen
im Vortrag.

Goethe blieb, da alles Beifall spendete, bei seinem heitern
Ton. »Das ist noch nichts!« rief er, »das könnten auch andere lesen. Jetzt will ich dir aber etwas geben, dabei wirst du
stecken bleiben! Nun nimm dich in acht!«

Mit diesem scherzenden Ton langte er ein anderes Blatt
hervor und legte es aufs Pult. Das sah in der Tat sehr seltsam
aus. Man wußte kaum, ob es Noten waren, oder nur ein
liniertes, mit Dinte besprütztes, an unzähligen Stellen ver-
wischtes Blatt. Felix Mendelssohn lachte verwundert laut
auf. »Wie ist das geschrieben! Wie soll man das lesen?« rief er
aus.

Doch plötzlich wurde er ernsthaft, denn indem Goethe die
Frage aussprach: »Nun rate einmal, wer das geschrieben?«
rief Zelter schon, der herzugetreten war und dem am Fortepiano sitzenden Knaben über die Achsel schaute: »Das hat ja
Beethoven geschrieben! Das kann man auf eine Meile sehen!
Der schreibt immer wie mit einem Besenstiel und mit dem Är-
mel über die frischen Noten gewischt! Ich habe viele Manuskripte von ihm! Die sind leicht zu kennen!«

Ich glaube, ich gebe seine Ausdrücke ziemlich wörtlich,
trotz des Vierteljahrhunderts, das seitdem vergangen. Wer
seinen derben Humor gekannt hat, wird dieser Versicherung
nicht bedürfen. Seine Redeweise war ebenso kenntlich und
grotesk, wie Beethovens Manuskripte.

Bei diesem Namen aber war, wie ich schon eben sagte, Felix Mendelssohn plötzlich ernsthaft geworden, mehr als

ernsthaft. Ein heiliges Staunen verriet sich in seinen Zügen; Goethe betrachtete ihn mit forschenden, freudestrahlenden Blicken. Der Knabe hielt das Auge unverwandt auf das Manuskript gespannt, und leuchtende Überraschung überflog seine Züge, wie sich aus dem Chaos ausgestrichener, frisch verwischter, über- und zwischengeschriebener Noten und Worte ein hoher Gedanke der Schönheit, der tiefen, edeln Erfindung hervorrang.

Das alles währte aber nur Sekunden. Denn Goethe wollte die Prüfung scharf stellen, dem Spieler keine Zeit zur Vorbereitung lassen. »Siehst du«, rief er, »sagt' ich's dir nicht, du würdest stecken bleiben? Jetzt versuche, zeige, was du kannst.«

Felix begann sofort zu spielen Es war ein einfaches Lied, deutlich geschrieben eine kinderleichte, gar keine Aufgabe, selbst für einen mittlern Spieler. So aber gehörte doch dazu, um aus den zehn und zwanzig ausgestrichenen, halb und ganz verwischten Noten und Stellen die gültigen herauszufinden, eine Schnelligkeit und Sicherheit des Überblicks, wie sie wenige erringen werden. Ich sah verwundert mit ins Blatt und versuchte zu singen, doch manche Takte blieben, was die Worte anlangt, durchaus unlesbar, wie auch der Akkompagnist rücksichtlich der Noten einhalf und oft lachend mit dem Finger die richtige zeigte, die urplötzlich an ganz anderer Stelle gesucht werden mußte. Er aber übersah, so schien es, alles zugleich.

Einmal spielte er es so durch, im allgemeinen richtig, aber doch einzeln inne haltend, manchen Fehlgriff unter einem raschen »Nein so!« verbessernd; dann rief er: »Jetzt will ich es Ihnen vorspielen!« Und dieses zweite Mal fehlte auch nicht eine Note; die Singstimme sang er teils, teils spielte er sie mit. »Das ist Beethoven, diese Stelle!« rief er einmal dazwischen zu mir gewandt, als er auf einen melodischen Zug stieß, der ihm die eigentümliche Weise des Künstlers recht scharf auszuprägen schien. »Das ist ganz Beethoven, daran hätte ich ihn erkannt!«

Mit diesem Probestück ließ es Goethe genug sein. Daß der junge Spieler wiederum das reichste Lob erntete, welches sich bei Goethe in den neckenden Scherz versteckte, hier habe er doch gestockt und sei nicht ganz sicher gewesen, darf ich kaum hinzufügen.

Was ferner an dem Abend geschah, ist mir nicht mehr gegenwärtig. Indes Felix Mendelssohn spielte noch manches; er begleitete Frau von Goethe zum Gesang; es wurde auch vorgeschlagen, etwas zu vier Händen zu spielen, doch keiner von uns andern mochte sich dazu verstehen, in der Gewißheit, daß neben dem alles besiegenden Talent des Knaben jede andere Ausübung doch nur stümperhaft oder gar störend erscheinen mußte, und nichts dabei zu ernten sei, als Beschämung für das anmaßliche Beginnen.

Späterhin veranstaltete Goethe noch mehrere gesellige Versammlungen, zu denen er die weimarischen Freunde einlud, damit sie sich an dem Talent des Knaben staunend erfreuen möchten. Namentlich erinnere ich mich eines Sonntags vormittags, an welchem Felix besonders glücklich phantasierte, zum Teil über ein Thema von Eberwein (eine Goethesche Ballade), die seine Gattin eben zuvor gesungen.

Der Dichtergreis weissagte dem musikalischen Wunderknaben die größte Zukunft. Er sprach mit vollem, warmem Glauben davon zu mir, an den er sich in dieser Beziehung öfters wandte. Seine echte künstlerische Freude über die vielverheißende Erscheinung loderte immer wieder in frischen Flammen auf. Entschieden war der Knabe sein Liebling geworden.

Er war aber auch der Liebling des ganzen Hauses. Die Frauen und Mädchen neckten sich unablässig mit ihm, und öfters, wenn er eben am Instrument gesessen und uns das Herrlichste geboten hatte, sprang er gleich danach auf und jagte sich mutwillig mit den jüngern Damen durch die Zimmer. Einmal neckte er eins der Hoffräulein auch mit einem Blasebalg, den er irgendwo am Kamin aufgefunden, und blies ihr mutwillig in die Locken – aber ihm wurde niemand böse! *[4950]*

Ludwig Rellstab (1799-1866), Musiker und Theaterkritiker in Berlin.

Streicherscher Flügel: der von Goethe am 14. Juli 1821 erworbene und im Junozimmer aufgestellte Flügel aus der Werkstatt von Nanette und Johann Andreas Streicher (Schillers Jugendfreund) in Wien.

Regierungsrat Schmidt: Christian Friedrich Schmidt, ein Schwager von Goethes Hausarzt Rehbein.

eines Sonntags vormittags: am 11. November.

Er kann schreien wie zehntausend Streiter

F. Mendelssohn an seine Eltern

(nach dem 12.) November 1821
Ich spiele hier viel mehr als zu Hause, unter vier Stunden selten, zuweilen sechs, ja wohl gar acht Stunden. Alle Nachmittage macht Goethe das Streichersche Instrument mit den Worten auf: »Ich habe dich heute noch gar nicht gehört, mache mir ein wenig Lärm vor«, und dann pflegt er sich neben mich zu setzen, und wenn ich fertig bin (ich phantasiere gewöhnlich), so bitte ich mir einen Kuß aus, oder nehme mir einen. Von seiner Güte und Freundlichkeit macht Ihr Euch gar keinen Begriff, ebensowenig als von dem Reichtum, den der Polarstern der Poeten an Mineralien, Büsten, Kupferstichen, kleinen Statuen, großen Handzeichnungen usw. usw. hat. Daß seine Figur imposant ist, kann ich nicht finden, er ist eben nicht viel größer als Vater. Doch seine Haltung, seine

Sprache, sein Name, die sind imposant. Einen ungeheuren Klang der Stimme hat er, und schreien kann er, wie zehntausend Streiter. Sein Haar ist noch nicht weiß, sein Gang ist fest, seine Rede sanft. Dienstag wollte Professor Zelter mit uns nach Jena, und von da aus gleich nach Leipzig. (Bei Schopenhauers sind wir oft, Freitag [9. November] hörte ich Moltke und Stromeyer daselbst, hier auf dem Theater ist eine vierzehnjährige Sängerin, Fanny, die letzt im Oberon d frei faßte, stark und rein, und f hat.) Sonnabend abend [10. November] war Adele Schopenhauer (die Tochter) bei uns, und wider Gewohnheit Goethe auch den ganzen Abend. Die Rede kam auf unsere Abreise, und Adele beschloß, daß wir alle hingehen und uns Professor Zelter zu Füßen werfen sollten und um ein paar Tage Zugabe flehen. Er wurde in die Stube geschleppt, und nun brach Goethe mit seiner Donnerstimme los, schalt Professor Zelter, daß er uns mit nach *dem alten Nest* nehmen wollte, *befahl ihm, still zu schweigen, ohne Widerrede zu gehorchen,* uns hier zu lassen, allein nach Jena zu gehen und wieder zu kommen, und schloß ihn so von allen Seiten ein, daß er alles nach Goethes Willen tun wird; nun wurde Goethe von allen Seiten bestürmt, man küßte ihm Mund und Hand, und wer da nicht ankommen konnte, der streichelte ihn und küßte ihm die Schultern, und wäre er nicht zu Hause gewesen, ich glaube, wir hätten ihn zu Hause begleitet, wie das römische Volk den Cicero nach der ersten Catilinarischen Rede. Übrigens war auch Fräulein Ulrike ihm um den Hals gefallen, und da er ihr die Cour macht (sie ist sehr hübsch), so tat alles dies zusammen die gute Wirkung.

Montag um 11 war Konzert bei Frau von Henckel. Nicht wahr, wenn Goethe mir sagt, mein Kleiner, morgen ist Gesellschaft um 11, da mußt auch du uns was spielen, so kann ich nicht sagen: »Nein!« *[4952]*

Die Eberwein sang in Todesangst

Adele Schopenhauer: Tagebuch

12. November 1821

Im ganzen verlebe ich eine poetisch schöne Zeit, Goethen sehe ich recht viel, obendrein mit Zeltern, so auch den wunderbaren Felix Mendelssohn, der im zwölften Jahre nach Zelters eignem Ausspruche füglich Kapellmeister sein könnte. Das schöne, wunderbare Kind interessiert mich ungemein; er vereint zwei seltsam verschiedene Naturen in sich: die eines wilden, fröhlichen Knaben und die eines schon reifen Künstlers, der mit Bedacht Fugen, Opern, Quatuors schreibt und gründlich das Seine gelernt hat. Kommendes Jahr bleibt er noch bei Zeltern, sodann geht er mit seinen Eltern und der ebenso musikalisch gebildeten Schwester nach Italien. Glücklicher Mensch! dich erwartet wohl nur ein kurzes Ephemeren-Leben, aber Liebe, Glück und Kunst haben es aus Licht und Wärme dir gewoben! Zieh hin und sinke, wenn es sein muß, wie alles Schöne im Frühlinge dahin! –

Wenn man so die drei: Walther, Felix und Heinrich [Nicolovius] zusammen herumspringen oder tanzen und ringen sieht, so gibt es eine ganze Menge anmutiger Bilder, ich meine, ich hätte eine Familie. Mir wird unbeschreiblich wohl, wenn ich um mich sehe und die beiden Freunde Goethe und Zelter gewahre. Es läßt sich eben über alles das wenig sagen, aber viel erfreulich Schönes fühlen. – Auch in musikalischer Hinsicht war mancher Genuß bereitet, wir gaben [am 9. November] ein schönes Konzert: Stromeyer, die Eberwein und Moltke sangen, Felix spielte. Bei Goethe gestern ein musikalisches Frühstück und dabei die Gegenwart der Mara, die jedenfalls interessant ist und bleibt. Eine kleine, nicht unangenehme Frau, in der Haltung etwas von den englisch dezidierten Damen; sie hat auch lang in England gelebt. Sie spricht gleich schön Französisch, Englisch und Deutsch. Mara war ein Böhme – ich hatte immer des Namens wegen ihn für einen Italiener gehalten.

Bei Goethens Konzert spielt auch Hummel, die arme Eberwein sang in Todesangst. Goethe behielt mich den ganzen Tag dort. Der Tag brachte mich Heinrichen sehr nahe. Abends ging Ottilie und Ulrike an Hof, Doris unterhielt sich mit August, Zelter war bei meiner Mutter. Uns anderen drei zeigte Goethe Kupfer. Wir nahmen die Lombardische Schule vor, ich sah viel von Caravaggio. Mir war der Künstler fast unbekannt. Im ganzen wollte mir der Meister überhaupt einen Begriff der Richtung geben, die damals die Kunst nahm; er machte mir die großen, ungeheuren Lichtmassen bemerkbar, ihre höchst wenigen Unterbrechungen, den Effekt, den es machte, zugleich die unvermeidliche Verflächung, wenn der Maler seiner Kunst nicht vorzüglich in bezug auf Beleuchtung mächtig war. Wir sahen von Caravaggio unter anderem die Krönung der heiligen Magdalena, an der eben Guidos Manier merkwürdig vorspukte, daß man dem späteren Gange der damaligen Kunst wohl folgen konnte. Noch sahen wir Sachen von Castiglione, der so gern Herden und allerlei Tiere malt, leider schlechte Abdrücke, noch einiges von Parmegianino (Francesco Mazzuoli 1540), dessen radierte Blätter mir der Meister als von seltener Vortrefflichkeit pries. Soviel mir bekannt, arbeitete er in Correggios Manier. Einen herrlichen Stich nach Correggio sah ich zum ersten Male, einen Christus auf dem Ölberge, von oben beleuchtet; denke ihn nächstens mir wieder zu fordern. Spagnolettos sahen wir mehrere, mir ist Manier und Meister fremd, ich weiß nichts. *[4953]*

Adele Schopenhauer (1797-1849), Tochter von Johanna S., Zeichnerin und Schriftstellerin.

die Gegenwart der Mara: Elisabeth Gertrud Mara (1749-1833), Opernsängerin in Berlin.

Hummel: Johann Nepomuk Hummel (1778-1837), Komponist und einer der berühmtesten Pianisten seiner Zeit, war seit 1819 Kapellmeister in Weimar.

in Todesangst: wohl wegen der Gegenwart der berühmten Mara.

Liebhaberei an Bachschen Fugen

L. Rellstab: Aus meinem Leben

1861

Durch meinen Brief von Zelter war ich [1821] in näheren Zusammenhang mit ihm [Goethe] gekommen, war oft bei seiner Schwiegertochter aufgenommen. Ich hatte ihn bei Überreichung des Schreibens [im September oder Oktober in Jena] gesprochen, allein er war mehr in seiner vornehmen Absonderung geblieben, wiewohl er sich ganz freundlich mit mir unterhalten hatte. Er fragte manches über Berlin, über Zelter, auch über andere Zustände, behandelte aber doch die Gegenstände der Unterredung mehr wie ein Fürst, der von seiner einsamen Höhe auch von dem, was in der Welt vorgeht, Notiz nimmt. Es wurde kein ruhig dahinfließendes Gespräch mit ihm, sondern nur ein Fragen, dem man die geistige Überlegenheit wohl anmerkte, aus welchem jedoch nichts hervorging, das einem gemeinsameren Gedankenresultat angehörte. Ich war mithin nicht so befriedigt, wie ich hoffte, mußte jedoch nach Verhältnis seiner Stellung immer dankbar für die Zeit bleiben, die er mir widmete. Geschrieben habe ich in jener Zeit über den Eindruck des Gesprächs mit Goethe wohl vielerlei, was ich aber mehr als meine eigenen Gedanken, dem großen Manne gegenüber, betrachten muß, als daß es die seinigen oder gemeinsame waren.

Indessen war ein junger Poet, der einige Kraft in sich

fühlte, doch so leicht nicht von seinem Vorsatze abzubringen. Ich ließ durch einen der Choristen (Stiebritz war sein Name), die ich im Gesange unterrichtete, eine saubere Abschrift einiger meiner Gedichte anfertigen, und übersandte sie ihm mit einem Briefe. Dieser Schritt mißlang indessen ganz; ich bekam nach einiger Zeit die Gedichte durch Frau von Goethe zurückgesandt mit einem Briefe, worin sie bedauerte, daß sie dasjenige, was ich mir als höchste Hoffnung des Lebens hingestellt habe, für eine gescheiterte halten müsse, indem ihr Schwiegervater sich grundsätzlich nicht mehr in diese Art von Verbindungen einlasse, deren gewissenhafte Erfüllung ihm sein hohes Alter verbiete. Natürlich war ich sehr traurig darüber, doch im Grunde war die Art der Zurückweisung eine wohl verdiente. Denn ich hatte in meinem Schreiben gesagt, sein Wort würde ich als eine unbedingte Entscheidung hinnehmen, daß mein dichterischer Beruf ein verfehlter sei, falls er nicht seine (Goethes) Zustimmung erwerben könne; allein dies war eigentlich eine Unwahrheit. Ich fühlte mich in meinem dichterischen Leben und Treiben schon so fest, daß mich nichts hätte davon zurückhalten können. Mochte nun die Zurückweisung eine begründete sein oder nicht, fortarbeiten wollte, mußte ich; meine Zusendung war eine Überschätzung meiner Kräfte gewesen, es geschah mir recht, daß keine Folge sich daran knüpfte. – Nichtsdestoweniger blieb ich im Hause der Frau von Goethe ein ungehinderter Besucher und empfing die mehrfältigen Einladungen von Goethe selbst, zu Soireen, sehr freudig, weil er sich in diesen ganz, als sei nichts vorgefallen, unterhaltend und wohlwollend äußerte. Hier hatte ich denn nun Gelegenheit, ihn vielfältig zu beobachten. Seine edle Persönlichkeit, das Haupt voller Ausdruck und wahrer Würde, das reiche, schneeweiße Haar, die Freundlichkeit seiner Physiognomie, wenn er eine heitere Mitteilung machte, griff jeden an das Herz. Mit mir sprach er häufig von Musik, selten über etwas anderes. Er begann damit, eine freundliche Anerkennung meiner Wirksamkeit seiner Schwiegertochter gegenüber anzudeuten, und dankte mir für die Art und Weise, wie ich mein Talent, ihr zum Gesang zu begleiten, in Tätigkeit gesetzt hatte. Dann sprachen wir öfters von Beethoven, den er persönlich kannte, und stolz darauf war, Manuskripte von ihm zu besitzen. Er zog bei diesem Anlaß auch den... Geheimrat Schmidt heran, der uns eine Beethovensche Sonate vorspielen mußte. Von seiner Liebhaberei an Bachschen Fugen sprach er ebenfalls mehrfalls; es ist auch der Name des Mannes genannt worden – es war ein Organist des benachbarten Städtchens Berka [Schütz] –, der ihm nach Zelters Empfehlung viele von den Fugen Bachs vorspielte. Es mag sein, daß diese Zustände der Musik ihn besonders reizten, allein er hätte doch einer ganz andern Musikausbildung bedurft, um ein wahres Verständnis der echten, großen Fugen Bachs zu haben, welches nur die Sache des mit allen Studien Vertrauten ist, die zu diesem schwierigsten Gipfel in der Kunst führen. – Zwischen diese Gespräche mischten sich, mehr mit der Gesellschaft im ganzen, auch andere, über Malerei zum Beispiel, ein, worin oft viel Seltsames, aber auch viel Gutes gehört wurde.

Unterschied sich auf diese Weise Goethes Unterhaltung sehr von der eingehenden Tiecks und Jean Pauls, und konnte ich nicht sagen, daß ich, wie bei diesen beiden Männern, eine durchgreifende, ins Innerste der Literatur eingreifende Bekanntschaft gemacht: so blieb mit doch von jedem Abend, den ich auf solche Weise mit zehn oder zwölf Gästen in seinem Hause zubrachte, irgend etwas sehr Merkwürdiges zurück.

Beachtenswert ist mir besonders eins gewesen: die Art und Weise, wie er Frau von Arnim (Bettina), welche eines Abends [am 8. November] von Frankfurt am Main auf der Durchreise in Weimar eintraf, und gerade an einem Gesellschafts-

abend Goethe sprechen wollte, aufnahm. Es entstand eine
kleine Unruhe; ein Diener trat herein, Goethe wurde hin-
ausgerufen. Er ging offenbar ungern; nach einiger Zeit
kehrte er in Begleitung zweier Damen zurück, die den
Abend über in der Gesellschaft verweilten, und von denen
eine als Frau von Arnim vorgestellt wurde. Allein es geschah
sehr obenhin, und Goethe unterhielt sich auch wenig mit
ihr. Irre ich nicht, so war es der nämliche Abend, wo Zelter
zugegen war, indessen mag es auch ein anderer gewesen
sein. Was ich aber nachmals durch dritte Hand von den
geheimen Unterhandlungen hörte, die beim Hinausrufen
Goethes gepflogen wurden, war seltsamer Art. Frau von
Arnim war in der ernstesten Spannung mit Goethe; sie hatte
ihn durch diesen Besuch nur versöhnen wollen; er dagegen
mochte sie gar nicht in seinem Hause sehen, und die Zulas-
sung war nur in einem Augenblick erwirkt worden, wo sie
ihn überrascht hatte ...

Noch eines merkwürdigen Falles muß ich gedenken. Es
war ein Besuch der berühmten Sängerin »Mara«, die, aus
Frankreich kommend, durch Weimar reiste, und [am
11. November] bei Goethe zum Frühstück einsprach; es
wurde ihr in der Eile eine kleine Gesellschaft geladen. Goethe sagte zu ihr, er erinnere sich wohl, wie er vor fünfzig
Jahren in Leipzig jedesmal, wenn sie im Gewandhause gesungen habe, mit seinen Freunden nachher bei Pfann-
kuchen und Wein auf ihr Wohl getrunken hätte! – Ich habe
diese merkwürdige Frau nur beim Abreisen, vom Elephanten aus, gesehen, eben als sie in den Wagen stieg, und mit
Extrapost abfuhr, nach Riga, wo sie ihre letzte Lebenszeit
zubrachte. *[4954]*

Brief von Zelter: »Der empfohlene Rellstab hält sich noch in Weimar auf, um sich zum Heidelberger akademischen Leben vorzubereiten ...« (Goethe an Zelter, 14. 10. 1821).

im September oder Oktober: Rellstab befand sich seit dem 3. September in Weimar.

in Begleitung zweier Damen: Die andere war Bettinas Schwester Gunda Savigny.

Mehr als der junge Mozart

J. Ch. Lobe: Ein Quartett bei Goethe

1867

Es war anfangs November [zwischen dem 5. und 18.], im Jahre 1821, als drei Mitglieder der weimarischen Hof-Kapelle, darunter auch der Schreiber dieser Zeilen, zu dem Herrn Geheimrat von Goethe bestellt, von dem Diener in das bekannte Zimmer, vorn heraus nach dem sogenannten Plan liegend, eingeführt wurden. Drei Pulte standen an der Seite des geöffneten Flügels für uns bereit. Auf demselben lag ein Konvolut geschriebener Notenhefte. Neugierig, wie ich in Sachen der Musik immer war und noch bin, blätterte ich darin und las: Studien im doppelten Kontrapunkt; ein anderes Heft war überschrieben: Fugen; ein drittes: Kanons. Dann kam; Quartett für Klavier mit Begleitung von Violine, Viola und Cello. Auf allen Heften stand der Name: *Felix Mendelssohn-Bartholdy.* Die Noten waren mit fester zierlicher Hand geschrieben, und soviel ich bei schnellem Überblick bemerken konnte, zeigte die Mache einen tüchtig ausgebildeten Künstler. Der Name Mendelssohn als Musiker war uns unbekannt.

Während wir unsere Instrumente in die Hand nahmen und vorläufig in Stimmung mit dem Klavier setzten, trat ein langer Mann herein, den man seiner militärisch straffen Haltung nach wohl für einen ehemaligen Wachtmeister hätte halten können. Mir war er indes nicht fremd, ich hatte ihn das Jahr vorher in Berlin besucht, – es war der Professor Zelter, der bekannte Direktor der Berliner Singakademie, Goethes treuer Freund und Duzbruder.

Er begrüßte uns freundlich und mich als »alten Bekannten«. »Ich bin voraus gegangen, meine Herren«, begann er dann, »um vorläufig eine Bitte an Sie zu stellen. Sie werden einen zwölfjährigen Knaben kennen lernen, meinen Schüler, Felix Mendelssohn-Bartholdy. Seine Fertigkeit als Klavierspieler, mehr wohl noch sein Kompositionstalent werden Sie wahrscheinlich in einigen Enthusiasmus versetzen. Nun ist aber der Junge eine eigene Natur. Alles Dilettantengejauchze um ihn herum berührt ihn nicht; auf das Urteil der Musiker aber lauscht er begierig und nimmt jedes für blanke echte Münze; denn der junge Kiekindiewelt ist natürlich noch zu unerfahren, um wohlwollende Aufmunterung von verdienter Anerkennung immer gehörig unterscheiden zu können. Darum, meine Herren, wenn Sie zu einem Lobgesang angeregt werden sollten, was ich immer zugleich wünsche und fürchte, so führen Sie ihn in mäßigem Tempo, nicht zu geräuschvoll instrumentiert, und in C-dur, der ungefärbtesten Tonart, auf. Bisher habe ich ihn vor Eitelkeit und Selbstüberschätzung bewahrt, diesen vermaledeiten Feinden alles künstlerischen Fortschreitens.«

Ehe wir noch etwas auf diese einigermaßen sonderbare Anrede erwidern konnten, kam er herein gesprungen, der Felix. Ein schöner, blühender Knabe, mit entschieden jüdischem Typus, schlank und gelenk; reiches, schwarzes Lockenhaar floß ihm bis in den Nacken herab. Geist und Leben sprühten aus seinen Augen. – Er sah uns einen Augenblick neugierig an, dann trat er auf uns zu und gab jedem freundlich zutraulich die Hand, wie alten Bekannten.

Mit Felix war auch Goethe eingetreten, der unsre ehrfurchtsvolle Verbeugung freundlich grüßend erwiderte. »Mein Freund«, sagte er, auf Zelter deutend, »hat da einen kleinen Berliner mitgebracht, der uns dieser Tage große

Überraschung als Virtuose bereitete. Nun sollen wir ihn auch noch als Komponisten kennen lernen, wozu ich Ihre Beihülfe erbitte. So laß uns denn hören, mein Kind, was dein junger Kopf produziert hat.« Bei diesem Worten strich Goethe dem Knaben über die langen Locken.

Alsobald lief dieser zu den Noten, legte die Stimmen für uns auf die Pulte, die Prinzipalstimme auf den Flügel, und nahm eilig Platz auf dem Sessel. Zelter stellte sich hinter Felix zum Umwenden, Goethe einige Schritte seitwärts, die Hand auf den Rücken; der kleine Komponist warf einen feurigen Blick auf uns, wir legten die Bogen an, eine Bewegung von ihm mit dem Lockenhaupt, und das Spiel begann ...

Goethe hörte alle Sätze mit der gespanntesten Aufmerksamkeit an, ohne besondere Bemerkungen zu machen, als etwa nach dem einen Satz ein »Gut«, nach dem andern ein »Brav«, welches er mit einem freundlich beifälligen Nicken begleitete. Zelters Ermahnung eingedenk, zeigten auch wir dem Knaben, dessen Antlitz im Verfolg des Vortrags sich immer höher rötete, unsern Beifall nur durch erfreute Mienen.

Als der letzte Satz zu Ende, sprang Felix von seinem Sitz auf und blickte alle der Reihe nach mit fragendem Blick an. Er mochte nun etwas über sein Werk hören wollen. Goethe aber nahm, wahrscheinlich von Zelter gestimmt, das Wort und sagte zu Felix: »Recht brav, mein Sohn! Die Mienen dieser Herren« – auf uns deutend – »sprechen deutlich genug aus, daß ihnen dein Produkt recht gut gefallen hat. Nun geh hinunter in den Garten, man erwartet dich, und erhole und kühle dich ab, denn du brennst ja lichterloh.«

Ohne weiteres sprang der Knabe zur Tür hinaus.

Als wir unsere Blicke fragend auf Goethe richteten, ob wir entlassen seien, sagte er: »Verweilen Sie noch ein wenig, meine Herren; mein Freund und ich wünschen Ihre Ansicht über des Knaben Komposition zu vernehmen.«

Es entspann sich nun eine längere Unterhaltung, deren

speziellen Gang ich freilich nach so vielen Jahren nicht mehr anzugeben vermag, weil ich leider in meinen Tagebüchern nichts darüber aufgezeichnet finde. Manche Äußerung ist mir jedoch im Gedächtnis geblieben, da mein späteres näheres Verhältnis zu Mendelssohn mir öfter Anlaß gab, mich jenes ersten Zusammentreffens mit ihm wieder zu erinnern.

Goethe bedauerte, daß wir den Kleinen heute nur im Quartettspiel kennen gelernt hätten. »Die musikalischen Wunderkinder«, sagte er, »sind zwar hinsichtlich der technischen Fertigkeit heutzutage keine so große Seltenheit mehr; was aber dieser kleine Mann im Phantasieren und Primavistaspielen vermag, das grenzt ans Wunderbare, und ich habe es bei so jungen Jahren nicht für möglich gehalten!«

»Und du hast doch den Mozart in seinem siebenten Jahre in Frankfurt mit angehört!« sagte Zelter.

»Ja«, erwiderte Goethe, »damals zählte ich selbst erst zwölf Jahre und war allerdings, wie alle Welt, höchlich erstaunt über die außerordentliche Fertigkeit desselben. Was aber dein Schüler jetzt schon leistet, mag sich zum damaligen Mozart verhalten, wie die ausgebildete Sprache eines Erwachsenen zu dem Lallen eines Kindes.«

»Allerdings«, sagte Zelter lächelnd, »was das Fingergeschlecht betrifft, so spielt der Felix die Konzerte, mit denen Mozart seinerzeit die Welt in Erstaunen versetzte, als leichte Spielerei frisch vom Blatte weg, ohne eine einzige Note sitzen zu lassen. Aber das können jetzt viele andere noch. Bei mir handelt sich's um das schaffende Talent des Knaben, und« – sich an uns wendend – »was meinen nun die Herren zu seiner Quartett-Komposition?«

Es wurde von unserer Seite mit voller Überzeugung ausgesprochen, daß Felix viel selbstständigere Gedanken produziere, als Mozart in denselben Jahren, der damals noch nichts anderes als gewandte Nachahmungen des Vorhandenen geliefert habe. Hiernach sollte man schließen dürfen, daß die

Welt mit diesem Knaben einen zweiten Mozart in verbesserter Auflage erhalten werde, und um so sicherer, als er von blühender Gesundheit strotze und alle äußeren Umstände ihm so günstig wären.

»Möchte es so sein«, sagte Goethe. »Wer aber kann sagen, wie ein Geist sich in der Folge entwickeln mag? Wir haben schon so manches vielversprechende Talent falsche Wege einschlagen und unsere großen Erwartungen täuschen sehen. Indes davor wird diesen jungen Geist der Lehrer bewahren, den ihm das gute Glück in Zelter zugeführt hat.«

»Ich nehme es wohl ernst mit dem Jungen und halte ihn neben seinen eigenen freien Arbeiten immer bei der Stange der strengen kontrapunktischen Studien. Allein wie lange kann das noch dauern, so entläuft er meiner Zucht – ich kann ihn ja eigentlich jetzt schon nichts Wesentliches mehr lehren – und einmal frei, wird sich's erst zeigen, wohin seine eigentliche Richtung geht.«

»Ja, und überhaupt«, sagte Goethe, »ist es mit dem Einfluß des Lehrers eine problematische Sache. Das, was den Künstler groß und eigentümlich macht, kann er nur aus sich selbst schaffen. Welchen Lehrern danken denn Raffael, Michelangelo, Haydn, Mozart und alle ausgezeichneten Meister ihre unsterblichen Schöpfungen?«

»Freilich«, bemerkte Zelter, »es haben viele angefangen wie Mozart, aber noch ist ihm keiner nachgekommen.« (Beethoven wurde nicht erwähnt, und so nannten auch wir seinen Namen nicht.) »Der Felix hat Phantasie, Gefühl und tüchtige Technik, alles in eminentem Grade; er hat überall gute, zuweilen charmante, nichts weniger als Knabengedanken, aber vor der Hand ist es doch nur erst hübsche Musik, die noch auf der Erde herumkriecht, die Sprache des Genius weht noch nicht darin, darüber täusche ich mich nicht. – Meinen Sie nicht so, meine Herren?« – Da er es selbst aussprach, konnten wir ihm wohl beistimmen. Doch fügte ich hinzu: »Auch in Mozarts Knabenkompositionen war diese Sprache noch nicht zu vernehmen.«

Hier erlaubte ich mir die Frage, »ob dieses Quartett auch ganz, wie wir es gehört, von dem Kleinen herrühre.« »Ja, ja«, erwiderte Zelter, »alles eigenhändig und – *eigengeistig,* ich sage, auch ganz *eigengeistig.* Was Sie gehört haben, bringt er *jetzt* fertig, ohne jegliche Beihülfe. Ich weiß wohl, wie's die meisten Lehrer machen. Um ihre Lehrkunst zu apotheosieren, überschmieren sie die Arbeiten ihrer Schüler so lange, bis von den Gedanken der letzteren wenig oder nichts übrig bleibt, und geben's dann für die Arbeit der Scholaren aus. Das ist eine niederträchtige Schwindelei und Scharlatanerie. Sie täuschen nicht allein die Angehörigen und das Publikum, sondern auch die Schüler selbst, die sich bald einbilden, alles selbst gemacht zu haben. Es ist ein Übel, das schon manches wirklich schöne Talent verdorben und in seiner höhern Ausbildung gehemmt hat. *Den* da lasse ich gewähren, lasse ihn jetzt machen, was er jetzt machen kann; da bleibt die Schaffenslust stets frisch, weil er mit dem jedesmal Gemachten zufrieden ist und ihm die Freude am Gelungenen nicht durch die Kritik vergällt wird. Die kommt bald von selbst. Die Einsicht wächst und damit der Trieb zum Neu- und Bessermachen. Darum hat dieser zwölfjährige Bube schon mehr geschrieben, als mancher Dreißigjährige; mag's sein, wie's will, es ist da, als nötige Stufe, die keiner, auch das höchste Genie nicht, zu überspringen vermag. Behüte uns der Himmel die seltene Pflanze vor allen störenden Einflüssen, so wird sie sich gewiß als ein Prachtexemplar entfalten.«

Dies waren ungefähr die Äußerungen, deren ich mich noch erinnere. *[4958]*

Quartett für Klavier: Da das als op. 1 gedruckte Klavierquartett 1821 noch nicht vorlag (Mendelssohn vollendete es am 18. Oktober 1822), kann es sich nur um das Klavierquartett d-Moll (ohne Opus-Zahl) gehandelt haben.

Mozart ... in Frankfurt: Goethe hat Mozarts Konzert am 25. August 1763 gehört.

Heute ist Wetter für Goethe!

A. Kiesewetter an Eckermann

20. Februar 1822

Schon lange hätte ich Ihnen geschrieben, allein ich zögerte noch immer, weil ich nicht eher schreiben wollte, bis ich den großen Goethe, Ihren hohen Meister, gesehen, auf dessen Anblick ich so begierig war. Ich ging zwei Monat alle Tage vor seinem Hause vorbei, allein vergebens. Zwar war es mir eine große Freude, oft Ottilie mit ihren Kindern vor den Fenstern zu sehen. Eines Sonntags, als ich mit Herrn Sekretär Kräuter spazieren gewesen, ging ich noch hinter Goethe seinem Hause, wo sein Garten ist; die Gartentür war offen; ich lief herein; allein Goethe war nicht im Garten, nur sein Bedienter. Ich schlug die Gartentür wieder zu, weil der Bediente mich sonst gesehen hätte. Wie ich nun noch so ganz trübsinnig nachdachte, daß dieses auch vergebens sei, sah ich eine andere Gartentür offen, lief herein und sah, daß dieses des Nachbars Haus sei, wo Goethens Gartenmauer angrenzte, so daß man von hier aus seinen ganzen Garten übersehen konnte. Ich fragte den Mann dieses Hauses, ob der Geheime Rat Goethe oft in seinem Garten spazieren ginge und um welche Zeit? Er antwortete mir: alle Tage, wenn es schön Wetter sei. Die Zeit aber wäre nicht bestimmt; manchmal um 10 Uhr, sobald die Sonne irgend am Himmel hervorkäme, so sei der Geheime Rat auch da; um 12 Uhr vorzüglich; der alte Herr halte es, wie es scheine, mit den heißesten Sonnenstrahlen. Hierauf bat ich den Nachbar um Erlaubnis, daß ich seinen Garten täglich auf eine halbe Stunde besuchen könnte, um den Geh. Rat Goethe, den großen und von mir so innig verehrten Dichter, zu sehen und zu beobachten. Er antwortete: Warum nicht! Es ist doch wunderbar, lieber Freund, daß man, um einen Neger, um eine wilde Katze zu sehen, einen halben Gulden bezahlen muß, und daß man einen großen Mann in dieser Welt umsonst sehen kann! Ich ging voll Freuden nach Hause. Ich konnte diese Nacht vor Vergnügen kaum ein Auge zutun. Ich kleiner Zwerg kam mir vor, als wäre ich durch die Hoffnungen, einen großen Mann zu sehen, plötzlich eine Spanne größer geworden! Der Morgen dauerte mir, bis er kam, länger wie eine ganze Woche. Der kommende Tag brach an und brachte das schönste Wetter. Wie ich die Sonne scheinen sah, dachte ich: Ha, heute ist gut Wetter für Goethe! Es war 10 Uhr vorbei, als ich von Hause aus nach dem Garten ging. Das Herz pochte mir gewaltig, als ich ihn sah. Ich glaubte Faust und Margarethchen in einer Person zu erblicken. Ich hatte meine Augen beständig auf ihn gerichtet, um seine Gesichtszüge recht in mein Herz zu prägen. So sah ich ihn eine ganze Seigerstunde mit scharfen, unverwandten Blicken an, ohne daß er mich gewahr wurde, woran er auch nichts verloren hat. Als ich mich so eben recht in ihn vertieft hatte, spielte er mir den Possen und ging herein und und wieder herauf in seine Studierstube. Teuerster Ekkermann. Sie können versichert sein, in Goethens ganzen Wesen zeigt sich seine Größe. Er ist noch so rüstig wie ein Mann von vierzig Jahren. Sein majestätischer Gang, die gerad und aufrecht stehende Stirn, die herrliche Form seines Kopfs; das feurige Auge; die gebogene Nase; alles das ruft Faust, Margareth, Götz, Iphigenie, Tasso und, was weiß ich, was alles noch sonst mehr! Nie habe ich in diesen vorgerückten Alter einen so rüstig schönern Mann gesehn. Ich sehe ihn jetzt, wenn es schön Wetter ist, täglich in seinen Garten, und das gewährt mir ebenso viel Unterhaltung als andern, wenn sie Stunden lang an Büsten stehn und diese betrachten. Er geht gewöhnlich mit langsamen Schritten auf und ab, ohne sich hinzusetzen, und hält oft über einen Gegenstand des Pflanzenreiches, vor dem er stille steht, in seinen Gedanken eine halbe Stunde lang Betrachtungen. Könnte ich doch nur seinen Sinn und seine Gespräche erraten! Mit seines Sohnes artigen Kindern wechselt dieses Spiel ab, wenn er von den Blumen und Pflanzen zurückkehrt. Ich spreche ordentlich mit Goethe durch die Augen, obwohl er mich nicht sieht, denn ich stehe hinter dem Zaun. Das ist wunderlich, Eckermann, aber wirklich wahr! Was könnte ein sechzehnjähriger Bube wie ich wohl besseres tun! O daß Sie doch auch ein Mal hier wären an meiner Seite! Ich freue mich schon darauf, wenn es Frühling wird, wo die Knospen aufbrechen, da will ich Goethes Gespräche mit den Blumen und Vögeln belauschen und sie Ihnen aufschreiben. *[4968]*

August Kiesewetter, ein Bekannter Eckermanns aus Hannover, geb. 1806.

Johann Peter Eckermann (1792-1854), Schriftsteller, Goethes Vertrauter und Herausgeber seines Nachlasses, seit dem 10. Juni 1823 in Weimar.

Seigerstunde: volle Stunde.

Er versteckt ein Pfund Schokolade

Ulrike v. Levetzow: Erinnerungen

Im Sommer 1822 waren wir wieder mit Goethe in Marienbad, und dies Mal waren auch meine Schwestern mit, da auch sie das Erziehungshaus in Straßburg verlassen hatten. Überhaupt war in diesem Jahr der Kreis unserer Bekannten ein viel größerer, mein späterer Stiefvater, Graf Klebelsberg, war auch da; es kam Graf Kaspar Sternberg, welcher schon lange in brieflichem Verkehr mit Goethe stand, ihn aber da erst persönlich kennen lernte und zwar im Salon meiner Mutter. Goethe war wie im früheren Jahre fast immer mit uns, zu gleicher Zeit war ein Doktor Pohl, welcher lange in Brasilien gereist, er war wohl Naturforscher, dann der bekannte Chemiker Berzelius, ich glaube, ein Schwede; von noch einigen anderen Herren, fast nur Gelehrten, habe ich die Namen vergessen; diese Herren führten sehr gelehrte, aber selbst den so jungen Mädchen interessante Gespräche, und alle waren so freundlich, uns, was wir nicht verstanden, deutlich zu machen; meine jüngste Schwester Berta, die da nur erst vierzehn Jahre, interessierte sich für Mineralogie, und die von mir genannten Herren und Goethe stellten ihr eine nette Sammlung von Steinen zusammen, wo sie die meisten Steine kannte und die Namen selber aufgeschrieben auf die Steine befestigte. Dr. Pohl lieferte dazu noch einige geschliffene Halb-Edelsteine. Berta gab diese Sammlung viele Jahre später unserem Neffen Franz von Rauch, welcher sie zum Teile noch hat. Noch erinnere ich mich, daß die Herren den Versuch machten, böhmische Granaten zu schmelzen, und Berzelius, welcher es hauptsächlich vornahm, erklärte, daß die Granaten die härtesten Edelsteine nach dem Diamant seien. Ein anderes Mal rief Goethe uns zu sich, wo er auf einer langen Tafel alle Steingattungen, welche sich in der Gegend um Marienbad finden, geordnet hatte, er führte mich zu einer Stelle, wo er zwischen den Steinen ein Pfund Wiener Schokolade gelegt hatte, worauf geschrieben stand:

>Genieß das auf deine eigne Weise,
Wo nicht als Trank, doch als geliebte Speise.
G.«

Ich habe dies Papier D. Jaksch geschenkt, welcher ein so großer Verehrer Goethes ist, und der meiner lieben Mutter ihr langjähriger Doktor war. Daß Goethe die Schokolade für mich zwischen die Steine gelegt, war Scherz, weil ich den Steinen kein Interesse abgewinnen konnte.

Auch in diesem Sommer war Goethe sehr freundlich mit mir und zeichnete mich bei jeder Gelegenheit aus; oft sagte er zu meiner Großmutter, wie sehr er wünsche, noch einen Sohn zu haben, denn er müßte dann mein Mann werden, mich würde er ganz nach seinem Sinn ausbilden, er habe eine große und väterliche Liebe für mich.

Goethe schenkte mir [zum Abschied] wieder ein Buch, welches ihm geschickt wurde: »Aus meinem Leben, 2. Abteilung, 5. Teil. Auch ich in der Champagne.« Er hatte darein geschrieben:

> Wie schlimm es einem Freund ergangen,
> Davon gibt dieses Buch Bericht.
> Nun ist sein tröstendes Verlangen:
> Zur guten Zeit vergiß ihn nicht.
> Marienbad d. 24. Juli 1822.

Es wurde in dieser Zeit auch von Handschriften gesprochen, und Goethe sagte, daß er keine Schrift von Friedrich dem Großen gesehen. Da holte mein Großvater einen Brief des Königs, worin er die Patenstelle bei ihm annahm; da das Papier des Briefes gänzlich verbogen und zu zerreißen drohte, sagte Goethe, er wolle es wieder glätten und in Ordnung bringen; da er es aber bei seiner Abreise meinem Großvater nicht zurückgestellt, glaubte dieser, er würde den Brief wohl nicht wieder zurück erhalten; doch Goethe sandte ihn schon von Eger, wo er sich bei einem Bekannten von [ihm] schon öfter aufgehalten, meinem Großvater zurück. Goethe hatte den Brief auf Papier aufgezogen und auf der andern Seite dazu geschrieben:

Das Blatt, wo seine Hand geruht,
Die einst der Welt geboten,
Ist herzustellen fromm und gut,
Preis ihm, dem großen Toten.

Den Sommer 1822 waren sehr viele Menschen in Marienbad, und fast alle bemühten sich, Goethe kennen zu lernen,
und da er oft nicht aufgelegt war, neue Bekanntschaft zu machen, geschah es öfters, daß ich gebeten wurde, es zu vermit-
teln, auch schlug er mir es nie ab. *[4984]*

Du bist mein David

Lea Mendelssohn an ?

(nach dem 8. Oktober 1822)
An Goethes und Schopenhauers machten wir [am 7. und
8. Oktober] herrliche unvergeßliche Bekanntschaften. Mit
inniger Mutterfreude sah ich, daß Felix sich unter den vor-
züglichen Menschen ungemein beliebt gemacht hatte, und
gerne verdanken ihm die glücklichen Eltern die ausgezeichnete Güte, mit der sie aufgenommen wurden. Goethe, der
Vornehme, Hohe, Ministerielle, um den Würde, Ruhm,
Dichterglanz, Genie und Superiorität jeder Gattung eine
blendende Strahlenkrone bilden, vor dem gemeine Sterbliche erbangen, ist so gütig, mild freundlich, ja väterlich
gegen den Knaben, daß ich nur mit dem innigsten Dank und
freudiger Rührung mir diese beglückenden Bilder zurückru-
fen kann. Stundenlang sprach er mit meinem Mann über Felix, herzlich lud er ihn ein, wieder längere Zeit bei ihm zu
wohnen, mit sichtlichem Wohlgefallen ruhten seine Blicke
auf ihm, und sein Ernst verwandelte sich in Heiterkeit, wenn
er nach seinem Sinn phantasiert hatte. Da er gewöhnliche

Musik nicht liebt, war sein Piano seit Felix' Abwesenheit unberührt geblieben, und er öffnete es ihm mit den Worten: »Komm und wecke mir all die geflügelten Geister, die lange darin geschlummert.«

Und ein andermal: »Du bist mein David, sollte ich krank und traurig werden, so banne die bösen Träume durch Dein Spiel, ich werde auch nie wie Saul den Speer nach Dir werfen.« Findest Du das nicht von einem dreiundsiebzigjährigen Greis allzurührend? Felix, der sonst ziemlich gleichmütig gegen Lob erscheint, ist mit Recht auf Goethes Neigung stolz, und solch Gefühl kann ihn nur veredeln und heben. Auch gegen Fanny war er sehr gütig und herablassend; sie mußte ihm viel Bach spielen, und seine von ihr komponierten Lieder gefielen ihm außerordentlich, so wie ihn überhaupt erfreut, sich in Musik gesetzt zu sehen. *[5029]*

Lea Mendelssohn (1777-1842), Mutter von Fanny und Felix Mendelssohn.
Du bist mein David: nach 1. Sam. 18,10f.

Gesprächsstoff war sein Wohlbefinden

M. Löwenthal: Skizzen aus dem Tagebuch einer Reise

1825
[Über Goethe.] Nicht bloß ein Fürst der Kunst und Wissenschaft, sondern auch – und das von Rechts wegen – im Leben ein vornehmer Mann – adelig, Geheimrat, Minister, Ordensritter – zudem ein hochbetagter Greis, lebt er äußerst zurückgezogen, wohnt in den Hinterzimmern seines niedlichen Hauses, geht nie aus, und sogar so wenig zu Hofe, daß der ganze Hof vielmehr regelmäßig an gewissen Tagen zu ihm kommt. So nimmt er denn auch Besuche neugieriger Fremder begreiflich höchst selten an. Aber der glühende Jünger

konnte Weimar nicht verlassen, ohne es wenigstens versucht zu haben, den Meister zu sehen, und wider alles Erwarten gelang der Versuch [am 20. Oktober 1822]. – Die reinliche und, wie es hier gebräuchlich, hölzerne Treppe seiner Wohnung ist mit bronzierten Gipsabgüssen verschiedener Statuen ausgeschmückt; in einem an das Vorgemach anstoßenden kleinen Zimmer stehen mehrere Reihen von Büsten auf einem stufenweise sich erhebenden Gestelle; hier sah ich auch die letztlich von Rauch gefertigte Büste des Dichters, nach dem damaligen Zustande seiner Physiognomie, das gelungenste unter allen Abbildern derselben, da diese sonst sämtlich die Wangen zu voll zeigen. Ferner stehen da einige Figürchen vom Sebaldus-Grabe zu Nürnberg und auch die des ehrsamen Meisters Peter Vischer, der es verfertigte, mit Käppchen, Schurzfell und Meißel. Aus diesem Zimmer kann man über ein kleines Treppchen in den Hausgarten gelangen. In dem langen, freundlichen Empfangszimmer, in welches ich nun trat, steht ein Fortepiano; an den Wänden hängen Handzeichnungen alter Meister, und die Volpatoschen Kupferstiche der Raffaelschen Stanzen im Vatikan; auf einem Wandtischchen steht ein Erdglobus, auf einem andern eine antike Vase; in einem Eckschranke glaubte ich große Zeichnungs- oder Kupferstich-Portefeuilles wahrzunehmen; auf den Fenstern lagen Prismen und Mineralien auf beschriebenen Zettelchen. Ich hatte kaum Zeit gehabt, alles dieses flüchtig zu überblicken, als Goethe zu mir trat, in blauem Oberrock, die Hände vorne zusammengefaltet, das gepuderte Haar aus der hohen Stirne gekämmt, ein edelstes Greisenbild, sein Gang rasch, seine Haltung aufrecht, fast zurückgebogen steif – ganz so hielt sich Peter Frank, der große Arzt, in seinem hohen Alter – seine Stimme überaus tief, völlig nachhallend, eine gewissermaßen unzerstörbare Kraft der Respirations-Organe verkündigend. Er war ernst, doch freundlich und gütig. Gegenstände des kurzen Gespräches, die nicht mich selbst betrafen, waren sein Wohlbefinden; sein letzter Aufenthalt in den böhmischen Bädern; sein von Dawe gefertigtes Bildnis (hier gab er mir fast buchstäblich seine Ansicht über den Künstler, wie andere sie früher mir mitgeteilt); das »Unfügliche der Anknüpfung neuer Verhältnisse, und seiner Pflichtenvermehrung in seinem Alter« (worauf meine Bemerkung, daß er nie in Wien gewesen, ihn brachte); und »die gewaltige Masse von Musik, die in Wien sein müsse, und wozu schon die Lockung in den schönen Instrumenten liege, die man da mache« (dies auf meine Erwähnung der Schubertschen Kompositionen seiner Gedichte, die er nicht kannte). Er sprach über dies alles nur wenige Worte, und diese kurz, manches nur halblaut heraus, aber auch dies wenige gab sich in jenem Tone schön menschlicher Ruhe, mit jenem Ausdrucke des Friedens und der Befriedigung, welche jede Seite seiner Schriften so anmutig, wohltuend und liebenswürdig macht. Ich werde die Augenblicke, die ich in der Nähe dieses großen Mannes zubrachte, nie vergessen. *[5033]*

Max Ritter von Löwenthal (geb. 1799), Jurist und Schriftsteller aus Wien.

die letztlich von Rauch gefertigte Büste: Christian Daniel Rauch fertigte diese Büste im August 1820. Am 23. Oktober 1820 schrieb Zelter an Goethe: »Dein Brustbild habe ich gestern zum zweiten und heute zum dritten Male betrachtet. Es ist das von Rauch. Da ich auf den ersten Eindruck halte, so mag ich solchen wohl mit spätern Eindrücken vergleichen, und habe mich hübsch befriedigt gefunden . . . In jedem Falle hat unser Künstler gleich zum ersten Male tiefer in Dich hineingeblickt, als seine mir bekannten Vorgänger. Die meisten haben Dir ein Imponierendes zu geben gesucht, wenn ich im Verhältnisse Deines Äußern zum Innern den gebornen Reichsbürger zu finden meinte, im Konflikt mit angebornem Willen dagegen.«

Sein von Dawe gefertigtes Bildnis: das von dem Engländer George Dawe im Juni 1819 gemalte Portrait. Goethe: »Es ist in seiner Art als gelungen anzusprechen.«

Eckermann kündigt sich an

Th. Kräuter an Eckermann

6. Februar 1823

Ihre gehaltvollen, anmutigen Gedichte, für die ich nochmals
meinen herzlichsten Dank abstatte, haben auch bei unserm
großen Goethe viel Beifall gefunden, eine höchst seltene, für
Sie um so schmeichelhaftere Erscheinung, da er bei der großen Menge solcher Verehrungen nur höchst sparsam etwas
ihn Ansprechendes darinnen findet, sondern sie bald bei Seiten legt, ohne sie weiter zu beachten; Ihre Dichtungen hingegen waren oft in seiner Hand, sie lagen sehr lange auf seinem Schreibtische unter den auserwählten. Lassen Sie sich
hiedurch nicht eitel machen, sondern verfolgen Sie vielmehr
in bescheidener Demut und Anspruchslosigkeit, wie ich Sie
zu kennen glaube, die so vielen jungen Leuten abgeht, die
schön eröffnete Bahn.

Ich hätte mit wahrer Freude Ihre Poesien in Goethes
»Kunst und Altertum« aufgeführt und der literarischen Welt
vorgeführt gesehen, was Ihnen versprochen war, aber entschuldigen Sie, im Fall es auch nicht geschehen sollte, unsern
guten Goethe: zunehmende Schwäche des Alters, stets wach-
sende, sich vermehrende Geschäfte und Obliegenheiten und
was noch alles, lassen so manchen guten Vorsatz unausge-
führt; Sie würden nicht der einzige sein, dem es so ginge. Sehen Sie deshalb die Zeilen, die Sie von Goethe in Händen
haben, als die große Autorisation an, die Sie berechtigt, auf
Ihrer Bahn standhaft fortzuwandeln; vielleicht kömmt das
bessere nach! Ich darf mir, ohne zu prahlen, bei Goethe was
erlauben; deshalb habe ich ihn auch wiederholt an die Schuld
gegen Sie erinnert, er versprach sie mir auch in der Art abzu-
tragen, daß er auf einmal über mehrere der besten neuen Produkte in der Poesie sein Urteil der Welt vorlegen wolle; also

hoffen Sie, und wenn es ja nicht geschehen sollte, so trösten Sie sich mit andern, die in gleichem Falle wie Sie sind. Goethe befindet sich im allgemeinen sehr wohl; die für ihn stets Gefahr drohende Zeit, der Winter, wird uns ja endlich auch verlassen! Das ganze Jahr hindurch ist er ein rüstiger Mann, kein Vierundsiebenziger, nur der Winter rührt in ihm allen Krankheitsstoff, alle Schwäche auf, und diese Jahrszeit dürfte es auch wohl sein, welche einmal, Gott gebe recht spät! diesen großen Geist von der edlen Hülle trennte. Er sucht sich demnach auch diese Zeit durch anhaltendes, fleißiges, ja angestrengtes Arbeiten zu verkürzen, ja vergessen zu machen, und glückt es ihm, so hat er doppelten Vorteil errungen. *[5062]*

Gedichte: »Gedichte« von J. P. Eckermann, Hannover 1821. Mit handschriftlicher Widmung an Goethe.
  Zeilen, die Sie von Goethe in Händen haben: vom 2. Oktober 1821.

Goethe schwer erkrankt

F. v. Müller an Knebel

22. Februar 1823
Wie gerne möchte ich Ihnen bessere Nachrichten von unserm Goethe geben können, verehrtester Freund! dessen Krankheit Sie gewiß auch schon in diesen Tagen schmerzlich bekümmert hat! Aber leider kann man noch immer nicht sichere Hoffnung zu fassen wagen.
  Vorgestern nachmittag war er bedeutend besser, ja sogar wieder munter und an allem teilnehmend; gestern früh betäubt, entsetzlich matt, nachmittags abermals etwas besser, diese Nacht hingegen wurde das Fieber stärker, die Schmerzen in der Seite nahmen wieder zu, und man sieht sich in die-

selben qualvollen Besorgnisse zurück versetzt, die am ersten Tage der entdeckten Herzentzündung (Dienstag) auf uns einstürmten.

Was soll ich *Ihnen* über den ungeheuren Verlust sagen, der uns bedroht, *Ihnen,* der ihn mehr noch als irgend jemand zu messen und zu würdigen versteht und in tiefster Seele empfinden wird? − −

Man hält den morgenden Tag für entscheidend. O daß unsre heißesten Wünsche ihn zum gesegneten machen könnten!

Sie sollten Montags früh wieder Nachricht von mir erhalten.

Goethes kräftige Natur läßt allerdings noch einige Hoffnung − aber ich darf nicht verhehlen, daß sie, bei dem sichtbaren Rückschritt in der Besserung − nachdem vorgestern das Hauptübel schon gehoben schien − nur gering ist.

Am Montage abends sprach ich ihn noch. Er lag schon, wiewohl angekleidet, zu Bette, hatte heftigen Fieberfrost empfunden und versicherte mehrmalen, daß er kränker sei als in vielen Jahren. Doch war er noch gesprächig, freute sich der guten Kunde von Ihrem Befinden und beklagte lebhaft, Stroganows Besuch ablehnen zu müssen.

Am Dienstage früh gab sich die Gefahr seines Zustandes erst kund, worauf man ihm sogleich zu Ader ließ, und späterhin Blutigel und Vesicatorien folgen ließ. *[5076]*

Friedrich von Müller (1779-1849), Jurist, Kanzler in Weimar.

Das Alter läßt wenig hoffen

Caroline Freifrau v. Egloffstein an Julie v. Egloffstein

23. Februar 1823

Da ich die Türe nicht öffnen kann, um mein Herz durch Mitteilung zu erleichtern, so tue ich es durch die Feder, vielleicht daß es mich erleichtert. Der Zustand des großen Mannes, den wir lieben und ehren, hat sich verschlimmert, und nur wenig Hoffnung bleibt uns. Ich kann dies nicht ohne Tränen niederschreiben, da alles so lebhaft mir vor die Seele tritt, was er uns allen war. Die Nachrichten von diesem Morgen sind schlimm, sehr schlimm. Ich sitze und starre vor mich hin, o Gott, was ist alles auf der Welt. Diese Augen, aus welchen Geist und Leben sprach, werden vielleicht bald sich schließen, und blicken nur schwach und unsicher umher, die Lippen, aus welchen die lieblichste Rede tönte, bewegen sich nur mühsam, und endlich der alles umfassende Geist wird bald nur mühsam die gewöhnlichsten Dinge fassen. – Ach, liebe Julie, ich bin recht betrübt. Die Worte, so er Dir zum Abschied gab, sind wahrscheinlich die letzten, so er niederschrieb. Es ist mir höchst erfreulich, daß mein Großvaterstuhl der einzige ist, in dem er gerne sitzt. Der Groß-Herzog und Frau v. Stein haben ihm welche geschickt, aber keiner behagt ihm, und er sagte noch heute: »Die gute Oberkammer-Herrin baut sich eine Stufe im Himmel, durch die Wohltat, so sie uns erweist.« Ottilie pflegt ihm, und wacht die Nächte, sie soll sich mit großer Kraft betragen, obgleich sie keine Hoffnung hat, und weiß, was sie *verliert*. Sie muß ihm unterhalten und wie in gesunden Tagen ihm erzählen. So beklagt er, daß er Stroganow (welcher sich in Konstantinopel so brav benahm) nicht gesehen habe. Kurz, obgleich er sich sehr krank fühlt, so ist er dennoch gefaßt *wie immer,* und betrachtet das Treiben der Ärzte, als wären es Experimente, die sie an einem Fremden machen. »Probiert nur immer«, sagt er, »der Tod steht in allen Ecken und breitet seine Arme nach mir aus, aber laßt Euch nicht stören.« Der Kanzler ist außer sich, und Soret ist so betrübt, als wäre es sein Vater. Ich weiß nicht, gute Julie, ob ich Dir diesen Brief schicken werde, aber es ist mir Trost, mir einzubilden, es wäre so, und ich spräche mit Dir. –

Den Abend.

Es soll besser gehen, wenigstens sind die Anzeichen besser, die Sprache, welche fast dahin war, ist wieder kräftiger, er hat mit Walther gesprochen, und der neunte Tag wäre vorüber, er hat gehustet, und etwas ausgespuckt, das Fieber ist mäßiger, aber das Alter läßt wenig hoffen. *[5080]*

Die Wassersucht ersäuft er in Champagner

Betty Wesselhöft an Zelter

27./28. Februar 1823

Länger kann ich nicht gegen Sie schweigen, lieber Zelter, doch Dank sei's dem Himmel, daß ich den Brief, der am verwichenen Montage schon fertig an Sie dalag, wieder vernichten konnte.

Goethe ist *sehr* krank gewesen, doch gottlob! jetzt nach der Ärzte Ausspruch außer Gefahr. – Welche Tage der Angst sind das auch für unser kleines Häuflein seiner treuen Anhänger, seiner innigen Verehrer gewesen; wie viel bitterer fühlte ich noch den Schmerz, wenn ich an Sie dachte, und Ihr Bild kam in den Tagen eigentlich nie aus meiner Seele. – Da ich nicht wissen kann, ob einer im Goetheschen Hause daran denkt, Ihnen ordentlichen Bericht über die Krankheit abzustatten, wohl aber fürchten muß, daß das Gerücht manches in Berlin darüber verbreitet, will ich alles treulich erzählen, was mir davon bekannt ist.

Vor ungefähr vierzehn Tagen fühlte Goethe ein Unwohlsein, welches man jedoch nur für ein leichtes Erkältungsfieber hielt. Der Arzt riet ihm, sich ein paar Tage im Bette zu halten, das wollte er aber nicht. Sonntag vor acht Tagen, den 16., schüttelte ein heftiger Frost ihn aber auf einmal so zusammen, daß sein getreuer Stadelmann nicht genug herbeiholen konnte, um ihn zuzudecken. Die Ärzte fingen jetzt an, die Krankheit nach den Symptomen ernsthafter zu nehmen, und sprachen von einer Herzentzündung. Adele Schopenhauer, die, wie Sie wissen, immer im Goetheschen Hause ein- und ausgeht, schrieb uns am Mittwoch, dem 19., sehr besorgt. In dem Briefe aber, den wir am Sonntag, dem 23., morgens erhielten, sagte sie uns: daß die Ärzte alle Hoffnung aufgegeben hätten und der Zustand um so schrecklicher sei, da er nicht imstande wäre, zu liegen, aus Mangel an Atem, und die Beine, durch die sitzende Stellung, sehr anschwöllen. Er sah niemand mehr als die nächsten, zu seiner Pflege nötigen Personen, phantasierte mitunter, viel von den Farben; einmal haben die Umstehenden auch vermutet, daß er sich für den Griechen hielt, der die türkischen Schiffe in die Luft gesprengt hat. – Mit Furcht und Zittern erwartete man den Montag, als den neunten Tag, welchen die Ärzte für sehr entscheidend hielten. – Am Sonntag abend spät verbreitete sich hier [in Jena] allgemein die Nachricht durch einen um 6 Uhr aus Weimar gefahrenen Hofmeister aus dem Ziegesarschen Hause, Goethe sei um 5 Uhr nachmittags gestorben. Mich schaudert noch jetzt, da ich das Wort hinschreibe, und Sie können sich unsere Gefühle denken. – Einer schickte zu dem andern, um sich erkundigen zu lassen, keiner wagte mehr zu zweifeln, nach dem, was vorangegangen war; Knebel aber, obgleich er die schreckliche Nachricht auch glaubte, schickte doch Montag gegen Mittag einen Boten hinüber, weil die Post durchaus an niemand einen Brief mitgebracht hatte. – Manche heiße Träne ist hier in aller Stille an dem Tage geweint. Nachmittag 5 Uhr, als noch keine Nachricht diesem schrecklichen Gerücht widersprochen hatte, setze ich mich nieder, um Sie, teurer Freund, darauf vorzubereiten. Nie ist mir ein Brief schwerer geworden, als da ich Ihnen dies Schwert durchs Herz stoßen sollte – und doch war es mir, als dürfe ich Sie nicht ohne Nachricht lassen. – Nun ließ ich den Brief unversiegelt liegen, immer auf Knebels Boten harrend. – Endlich, gegen 8 Uhr, kommt dieser und bringt die Nachricht: daß er noch lebe und die Ärzte hofften, die höchste Krisis sei überstanden. Die Extremitäten sind schon kalt gewesen, mit einem Male hat die kräftige Natur aber wieder die Oberhand gewonnen, und aus der Betäubung wieder zum Bewußtsein gelangend, ist sein erstes Verlange am Montag abend schon gewesen, daß Ulrike ihm das Haar kämmen und in Ordnung bringen solle. – Nachher hat er zu trinken verlangt, Champagner, Bier, Kreuzbrunnen, und als der Kammerrat ihm ersteres nicht hat geben dürfen, seine Stimme so mächtig über des Sohnes Ungehorsam erhoben, daß Stadelmann, der sich einen Augenblick entfernt hatte, vor Angst wieder herbeigelaufen ist. Nicht wahr, das ist ein gute Zeichen, wenn die Galle wieder so rege wird bei euch Männern! – Dienstag lauteten die Nachrichten, deren wir habhaft werden konnten, mitunter günstig, doch widersprechend. Wir versuchten, den Frommann flott zu machen, um endlich einmal recht ordentlichen Bescheid aus Weimar zu haben, denn noch wagten wir nicht, unsern Hoffnungen Raum zu geben. Er war zwar *sehr* bekümmert um Goethe, aber doch zu dem großen Schritt nicht zu bewegen. Da kriegte endlich die Frankfurterin, die kleine artige Hofrätin Voigt, eine große Anhängerin Goethens, ihren Mann dazu, sich gestern, Mittwoch, morgens früh, nach Weimar zu begeben. Sie kam gestern nachmittags zu uns, und ihr Mann hatte geloben müssen, bei seiner Rückkehr vor unserm Hause abzusteigen, wo der Gries sich auch einfand und also das Hauptquartier war. Von diesem Hofrat Voigt habe ich nun manche der kleinen Details, die ich Ihnen schon gemeldet habe, weil Sie alles interessieren wird, was auf Goethe Bezug hat. – Voigt hatte ihn selbst nicht gesehen, weil noch niemand, auch Riemer nicht, zugelassen wird, doch war er lange im Hause gewesen und hatte sich bei beiden Ärzten, Huschke und Rehbein, erkundigt. Alle behaupten, die Gefahr sei vorüber; nun müssen wir von der guten Natur das übrige hoffen und wollen uns nicht damit quälen, daß *gewöhnliche* Naturen oft nach solchem Krankheitsanfalle Anlage zur Wassersucht bekommen.* Die wird Goethe hoffentlich im Champagner ersäufen, den man ihm Dienstag erlaubt hat, in mäßigen Portionen zu trinken. Mit dem Essen will es noch nicht recht gehen, doch stellen sich auch diese Appetitchen wieder ein, und er hat sich schon einige Gerichtchen verordnet. – Länger als Dienstag morgen hat der Großherzog sich nicht zurückhalten lassen, ihn auf ein Viertelstündchen zu besuchen; als der Dr. Rehbein dazu gekommen ist, haben sie sich angelegentlich über Stein- und Erdarten unterhalten, doch da Serenissimus etwas harthörig ist, hat der Doktor den Dolmetscher machen müssen. – Noch *ein* Lebenszeichen von Goethe. Er hat gestern morgen den Stadelmann gefragt: ob sich nicht einige Personen nach ihm hätten erkundigen lassen, und die Zettel sehen wollen. Ach, wenn der Gedanke hinreichend wäre, einen Namen aufs Papier zu bringen, hätte er die unsrigen unzählige Male darauf lesen müssen! – Es hat immer ein vom Dr. Rehbein geschriebenes Bulletin auf dem Vorsaale gelegen, und um Sie auch durch den eigenen Ausspruch des Arztes zu überzeugen, schicke ich Ihnen das gestrige mit,

---

* Man will bemerken, daß die Füße und die linke Hand noch geschwollen sind; wird sich aber schon wieder geben.

welches Voigt mir geschenkt hat. *Unleidlichkeit, Mißbehagen* etc. wird Sie nicht befremden, liebster Freund, denn ich denke Sie mir in ähnlichem Krankheitszustande auch eben nicht wie ein Lamm. – Über die Ignoranz der Ärzte soll Goethe verschiedentlich gewütet und der Dr. Rehbein sein bescheiden Teil abgekriegt haben. – Tut aber alles nichts! Ich beneide einen jeden, der zu seiner Genesung, seiner Pflege etwas beitragen kann, und sollte er es auch mit einigen wohlgemeinten Püffen erkaufen. – Wir können nun leider Gottes nichts tun als uns freuen, das wollen wir aber redlich tun, so wie mir gewiß der Montag einer der schwersten Tage meines Lebens gewesen ist. – Der arme Knebel! – Auch schon ganz mit dem Gedanken vertraut, den Freund, den Zeitgenossen verloren zu haben, setzt er sich gegen Abend, als der Bote immer nicht kommt, hin und fängt ein Gedicht an den Abgeschiedenen an, welches so beginnt: »Die Zeder ist gefallen.« – Ich ergoß mich in Klagen an Sie, weil für Sie der Schmerz dreifach durch meine Seele drang, habe aber meinen Brief wohlweislich in den Ofen gesteckt.

Dieser lange Brief, den ich mit unendlich viel leichterem Herzen schreibe, kann erst morgen abend zur Post, und da hoffe ich noch ein kleines Anhängsel machen zu können, weil wir morgen doch wohl wieder etwas erfahren. – Gibt es im Goethe-Haus keine dienstfertigen Hände, die Ihnen Bericht abstatten, so kostet es Sie nur ein paar Worte, und ich schreibe Ihnen bald wieder, alles, was ich weiß…

Den 28.
Die Nachrichten lauten ebenso günstig, doch habe ich keine besonderen Details erfahren können, selbst von Knebel nicht. – Es ist hier ein Brief von der Frau v. Hopffgarten, der bloß bestätigt, daß die Genesung fortginge. – Frommanns sitzen hier eben mit uns am Teetisch und grüßen den lieben Freund in Berlin gar *scheene*. Auch die Schwester Bohn will Ihrem

Andenken empfohlen sein, und Gries würde den allervor-
trefflichsten Gruß beifügen, sowie auch Knebel, wenn sie
wüßten, daß ich schriebe. *[5099]*

Betty Wesselhöft, lebte seit 1808 bei ihrer Schwester Johanna Frommann in Jena. – *Knebels Boten:* Dr. Weller.

Der Herr Dr. Eckermann

Riemer an Frommann

21. Juni 1823
Herr Dr. Eckermann, ein junger privatisierender Gelehrter,
von Göttingen kommend, gedenkt einige Zeit in Jena sich
aufzuhalten, um eine gewisse literarische Vorarbeit, die er
für Goethe in Auftrag übernommen, daselbst zustande zu
bringen. Er hat sich das Zutrauen des Geheimenrats erworben, und dieses dürfte leicht die beste Empfehlung sein . . .
 Goethe hat ihm die Redaktion des Manuskripts seiner früheren Rezensionen übertragen, und so ist seine Beschäftigung von der Art, daß sie einen interessanten Gegenstand der
Unterhaltung abgibt. *[5180]*

Redaktion des Manuskripts seiner früheren Rezensionen: Es handelte sich um die 1772/73 in den »Frankfurter gelehrten Anzeigen«
anonym erschienenen literarischen Kritiken Goethes, die in die neue
Werkausgabe aufgenommen werden sollten. Eckermann erhielt die
beiden Jahrgänge der Zeitschrift mit dem Bemerken Goethes: »Da
Sie meine Art und Denkungsweise kennen, so werden Sie meine Arbeiten schon aus den übrigen herausfinden.« In wenigen Tagen fand
Eckermann Goethes Arbeiten, die dieser selber nicht mehr mit letzter Sicherheit hatte identifizieren können, heraus. Diese und weitere
editorische Aufgaben löste Eckermann zu Goethes vollster Zufriedenheit. Goethe: »Ein gar guter, feiner, verständiger Mensch.« Es
war der Beginn ihrer Zusammenarbeit.

Der hohe geliebte Greis

Eckermann an E. Grosse

7. August 1823

Jetzt einiges über Goethe und mich, denn diese Dinge werden doch großes Interesse für Dich haben.

Goethe ist völlig wieder hergestellt und so gesund, wie er je gewesen. Er ist jetzt in Marienbad, Ende August erwarte ich ihn zurück und freue mich dazu.

Ich komme nun mit den wichtigen Dingen meines nahen Verhältnisses zu dem hohen geliebten Greis auf der letzten Seite meines Briefes nach, und es hätte billig das erste sein sollen, was ich Dir zugerufen hätte. Doch weil die schönen Tage und Wochen meines Beisammenseins mit Goethe nun bald zwei Monate hinter mir liegen und Eure Gedichte mich erst dieser Tage aufregten, so habe ich von diesen zuerst gesprochen. Vierzehn Tage war ich in Weimar, bis Goethe ins Marienbad ging. Einen um den andern Tag hatte ich das Glück, bei ihm zu sein. »Es ist doch gut«, sagte er eines Tages, »daß wir uns mitunter gesehen und gesprochen, man kennt sich doch einander näher.« Glückliche Zeiten waren's, schöne Augenblicke, die ich bei ihm gesessen, an seinem Anblicke mich weidend und seinen liebevollen Worten lauschend. O, es ist ein unendliches Glück, das ich Dir wünschen möchte! Um keinen Preis möchte ich es nicht genossen haben. Es dünkt mich oft, als ob ich nun fürs ganze Leben genug hätte. Ich möchte Euch sprechen und einige Winke geben, habt Ihr Eure Gedichte ihm gesendet, ich möchte den Brief sehen, denn ich glaube ihn zu kennen. Nur um einen Finger habe ich ihn gebeten, und er hat mir die ganze Hand gegeben. Ich möchte fast sagen, man muß ihn um nichts bitten, sondern ihn selbst gewähren lassen. Mir ist er in allen Dingen zuvorgekommen...

Goethes Empfehlungen haben mir hier ein angenehmes Verhältnis bereitet, denn ich habe Zutritt zu den ersten Zirkeln. Bei dem alten Major von Knebel bin ich am liebsten. *[5183]*

Ernst Ludwig Grosse (1802- nach 1832), Schriftsteller, zuerst in Deutschland, dann in England.

Ein Ränzchen aus Italien

Grüner

29. Juni 1823

[Eger.] Goethe ging mir liebevoll, mich herzlich grüßend, entgegen. Auf die verschiedenen Fragen, was ich Neues im Gebiete wahrgenommen, aufgefunden und allenfalls getauscht habe, antwortete ich:

Wenn Eure Exzellenz erlauben, so werde ich morgen Rechenschaft hierüber ablegen, worauf ich mich so sehr gefreut habe. Eure Exzellenz haben uns aber während der schweren Krankheit in außerordentliche Ängsten versetzt, und wir können es dem Herrn Sohne nicht genug danken, daß er uns von der eintretenden Genesung in Kenntnis gesetzt hat.

Darauf Goethe: Ich habe meinem Sohne ausdrücklich dazu den Auftrag gegeben, weil ich von Ihrer Teilnahme überzeugt war. Übrigens muß ich Ihnen sagen, daß ich seit dreißig Jahren mit niemandem auf einem so vertraulichen Fuße stehe, als mit Ihnen. In Weimar bin ich nicht für jeden zugänglich, ich kann mir die Zeit nicht rauben lassen, und man mag mich für stolz gehalten haben. Gerne aber lasse ich jene vor, welche ein Ränzchen aus Italien und Sizilien mitbringen, um wahrzunehmen, was seit meinem dortigen Aufenthalte sich geändert hat. *[5185]*

Der Tag des öffentlichen Geheimnisses

Ulrike v. Levetzow: Erinnerungen

Hier verläßt mich nun mein Gedächtnis; denn ich erinnere mich nicht recht, ob in diesem Jahre [1822] oder erst im darauffolgenden der Großherzog von Weimar, welcher ja so befreundet mit Goethe war, auch nach Marienbad kam; doch daß er in unserm Haus wohnte, das weiß ich, wie auch, daß das Haus noch nicht den Namen »Stadt Weimar« erhalten hatte. Ich sagte schon, daß der Großherzog sehr befreundet mit meinen Großeltern und meiner Mutter war, auch uns hatte er schon als Kinder öfters gesehen; er war mit uns allen sehr freundlich und gnädig, und er war es, welcher meinen Eltern und auch mir sagte, daß ich Goethe heiraten möchte; erst nahmen wir es für Scherz und meinten, daß Goethe sicher nicht daran denke, was er widersprach, und oft wiederholte, ja selbst mir es von der lockendsten Seite schilderte, wie ich die erste Dame am Hof und in Weimar sein würde, wie sehr er, der Fürst, mich auszeichnen wolle, er würde meinen Eltern gleich ein Haus in Weimar einrichten und übergeben, damit sie nicht von mir getrennt lebten, für meine Zukunft wolle er in jeder Weise sorgen; meiner Mutter redete er sehr zu, und später hörte ich, daß er ihr versprochen, daß, da nach aller Wahrscheinlichkeit ich Goethe überleben würde, er mir nach dessen Tod eine jährliche Pension, 10 000 Taler, aussetzen wolle. Meine Mutter hatte sich aber fest vorgenommen, keine ihrer Töchter zu einer Heirat zu überreden und zu bestimmen, doch sprach sie darüber mit mir und frug mich, ob ich mich wohl dazu geneigt fühle, worauf ich ihr erwiderte: ob sie es wünsche, daß ich es tue; ihre Antwort war: »Nein, mein Kind, Du bist noch zu jung, um daß ich Dich schon jetzt verheiratet sehen möchte; doch ist der Antrag so ehrenvoll, daß ich auch nicht, ohne Dich darüber zu fragen, ihn abweisen kann; Du mußt es Dir überlegen, ob Du in einer solchen Lage den Goethe heiraten [willst].« Ich meinte, ich brauche keine Zeit, zu überlegen, ich hätte Goethe sehr lieb, so wie einen Vater, und wenn er ganz allein stünde, ich daher glauben dürfte, ihm nützlich zu sein, da wollte ich ihn nehmen; er habe ja aber durch seinen Sohn, welcher verheiratet sei und welcher bei ihm im Haus lebt, eine Familie, welche ich ja verdrängte, wenn ich mich an ihre Stelle setzte; er brauche mich nicht, und die Trennung von Mutter, Schwestern und Großeltern würde mir gar zu schwer; ich hätte noch gar keine Lust zu heiraten. So war es abgemacht. Goethe selbst sprach nie darüber, weder mit meiner Mutter noch mit mir, wenn er mich auch seinen Liebling nannte, doch meist sein liebes Töchterchen.

Im Jahre 1823 waren wir nur kurze Zeit mit ihm in Marienbad zusammen, da meine Mutter Karlsbad brauchen mußte, wohin Goethe aber auf einige Tage kam, mit uns im selben Haus wohnte und immer mit uns war, mit uns frühstückte und speiste, uns des Abends abwechselnd vorlesen ließ, wozu meine Schwester Amelie sich nie entschließen wollte und sich sehr viel mit ihm neckte, da sie sehr lebhaft war. In Karlsbad war er auch an seinem Geburtstag [28. August] mit uns, und da meine Mutter merkte, daß er nicht wissen lassen wollte, daß es sein Geburtstag, so verbot sie auch uns, es zu erwähnen. Goethe sagte den Tag vorher, er wünsche sehr, daß wir mit ihm recht früh nach Elbogen fahren möchten und daß wir diesen Tag seine Gäste seien, wie er die ganze Zeit unser Gast gewesen. Mutter nahm es an, setzte für diesen Tag ihre Küche aus, und als Goethe um 7 Uhr früh zum Frühstück herunter kam, stand eine hübsche Tasse, auf welcher ein Efeu-Kranz, an seinem Platz; nachdem er sie eine Weile betrachtet, wandte er sich zu meiner Mutter: »Warum die schöne Tasse?« – »Damit Sie an unsere Freundschaft erinnert werden. Efeu ist ja deren Sinnbild.« Goethe reichte

der Mutter die Hand: »Wie hübsch, es soll mir ein liebes Andenken sein.« Bald fuhren wir fort, und Goethe war die
ganze Zeit sehr heiter, erzählte uns viele heitere Erlebnisse,
besonders von seinen öfteren Aufenthalten in Karlsbad;
auch in Elbogen zeigte er uns alle Merkwürdigkeiten. So kam
die Essensstunde, er hatte seinen Kammerdiener schon früher
nach Elbogen geschickt, damit er alle Vorbereitungen treffe.
Mutter aber hatte einen schönen Kuchen, einen echten Ge-
burtstags-Kuchen, und zwei Flaschen alten Rheinwein, welchen Goethe besonders liebte, mitgenommen, welche an
dem Tisch standen und Goethe gleich bemerkte: »Welch
schöner geschenkter Kuchen!« Nun erwiderte die Mutter:
»Ich muß doch auch etwas zu dem Diner beitragen, und da
wählte ich Biskuit und einen Wein, welches Sie ja lieben.« –
»Meine aufmerksame kleine Freundin! Aber welch schönes
Glas seh ich wieder hier mit Ihrem und der lieben Kinder Namen!« Wieder sagte Mutter: »Wir wollen über allem nicht
vergessen sein, und Sie sollen sich unser und auch des heutigen schönen Beisammensein erinnern und immer daran denken.« Goethe lächelte, dankte und blieb fort heiter. Zu Ende
der Mahlzeit brachte sein Kammerdiener ihm einen ganzen
Pack Briefe und Schriften, welche er zum Teil las, dabei öfters
sagte: »Die lieben Menschen sind sehr freundlich und lieb«,
wohl erwartend, daß wir fragen würden, was aber nicht geschah. So fuhren wir in heiterer Laune nach Karlsbad zurück; schon von weitem sahen wir vor dem Haus auf der
Wiese viele Menschen und daß Musik uns erwartet. Gleich
als wir ausstiegen, wurde Goethe umringt. Mutter winkte
uns, sagte Goethe gute Nacht und ging mit uns hinauf. Da es
schon spät, sahen wir Goethe erst am andern Morgen wieder, wo seine erste Frage war: »Nicht wahr, Sie wußten, daß
gestern mein Geburtstag?« Mutter sagte: »Wie sollte ich
nicht? Da hätten Sie es nicht drucken lassen müssen!« Lachend schlug er sich vor den Kopf und meinte: »So wollen

wir es den Tag des öffentlichen Geheimnisses nennen«, und so erwähnte er es auch später in den Briefen.

Ich kann nur wiederholen, was ich schon oft gesagt, es war eine schöne Zeit, welche wir mit dem so liebenswürdigen Manne verlebt haben, und die Briefe, welche er noch lange Jahre mit meiner Mutter wechselte, zeigten, daß er sie auch nicht vergessen. Sehr viel hat Goethe zu meiner und meiner Schwestern Belehrung und Bildung beigetragen, da er über so viele Gegenstände mit uns gesprochen und auch meiner Mutter manchen Wink und Rat gegeben. [5215]

in unserm Haus: dem Haus der Großeltern Brösigke.

daß ich Goethe heiraten möchte: Goethe selber hat brieflich bei Ulrikes Mutter um die Hand ihrer Tochter angehalten.

kurze Zeit ... in Marienbad: vielmehr über einen Monat.

Karlsbad ... auf einige Tage: Goethe war dort vom 25. August bis 5. September.

in den Briefen: »Es war ein schöner Tag des öffentlichen Geheimnisses!« Goethe an Ulrike von Levetzow am 10. September 1823.

Die Familie sind Spieler

Caroline v. Wolzogen an Caroline v. Humboldt

24. September 1823

Alle Welt trägt sich mit Goethens Liebesgeschichte, und seine Familie fürchtete sogar eine Heirat. So toll ich diese fände, so freut mich doch die Jugendkraft des Herzens an ihm, sich noch verlieben zu können. Wie es bei ihm immer war, der Wert des Gegenstandes liegt bloß in seiner Vorstellung, denn eigentlich soll gar nichts Vorzügliches daran sein. Die Familie sind Spieler und sehr spekulativ, doch denke ich, zur Heirat soll er sich nicht fangen lassen. Mit seiner Gesundheit geht es indessen nicht gut. Vielleicht hast Du ihn selbst noch gefunden in einem der Bäder. *[5218]*

Heiraten wäre doch gar zu toll

Gries an Abeken

2. November 1823

Er [Goethe] kam gegen Michaelis von seiner Badereise zurück und blieb einige Tage hier [in Jena]. Er schien sich sehr wohl zu befinden, kam mir aber älter vor, als vor der Reise; freilich sah ich ihn diesmal nur bei Licht. Im Innern aber scheint er nicht gealtert zu haben, denn die hundertzüngige Fama erzählt, er habe sich in Marienbad förmlich – verliebt, und zwar in ein junges siebzehnjähriges Mädchen, eine Fräulein von Levetzow, die ein wahres Wunder von Schönheit sein soll. In Weimar geht man so weit, zu behaupten, er werde sie heuraten; aber das wäre doch gar zu toll. *[5253]*

Die schöne polnische Pianistin

F. v. Müller an Julie v. Egloffstein

25. Oktober 1823

Madame Szymanowska, die schöne Polin, die unvergleichliche Klavierspielerin, von der Goethe sich im Bade so angezogen fühlte, an die er das herrliche Gedicht machte, ist mit ihrer Schwester seit gestern früh hier und wird wohl sechs bis acht Tage, auf ihrer Reise nach Paris und Florenz, hier verweilen. Gestern abend waren wir mit ihr bei Goethe; Line kam noch ganz spät dazu von Gotha, wohin sie mit ihrer Fürstin gereist war.

Madame Szymanowska ist weniger schön, als hübsch, aber von unbeschreiblicher Anmut, etwa dreißig Jahre alt, eine schlanke, bewegliche Gestalt, höchst lebhaft und doch ohne alle Unruhe, voll Phantasie und doch höchst einfach und natürlich, von der behaglichsten Gutmütigkeit und doch voll Entschlossenheit und Bestimmtheit in ihrem ganzen Wesen. Wie ihr Spiel nur ein wahres *Spiel* mit Tönen, ohne Kunst und Anstrengung, scheint, als ob ihr erster Anschlag gleich die Saiten alle so schöpferisch belebte, daß sie wie von selbst tönen und klingen und ihre Finger sie nur leicht zu ordnen und zu lenken brauchen, – so scheint sie auch das Leben und seine Verhältnisse gleichsam vom Blatt weg zu spielen und ungesucht lauter Akkorde um sich her unwillkürlich zu schaffen und zu wecken. Der Aufschlag ihrer Augen hat etwas Zauberisches und Kindliches zugleich, und ein *milderes* Feuer, als aus ihnen nicht blitzt, sondern vielmehr sanft leuchtet, können Sie sich kaum denken.

Ihre kindliche Verehrung für Goethe spricht sich aufs einfachste, ohne alle Ziererei, aus, und so findet man sein Bild von ihr, »Daß sie wie die heiterste Ätherluft sei, die einen rings umfließe, ohne daß man sie greifen könne«, wohl passend. Gar artig sagte der kleine Wolf von ihr, sie gefalle ihm doch noch besser wie die große Juno (die neue Büste meinend), und er wollte gar nicht essen, um ihr noch länger zuzuhören. *[5302]*

Goethe lebt von Bier und Semmel

W. v. Humboldt an seine Frau

17. November 1823

Gestern bin ich von 9 Uhr morgens bis nach 11 abends ununterbrochen nicht herausgekommen... Nach Tisch besuchte ich Carolinen und Goethe...

Heute war den Morgen, den ich zwischen Carolinen und Goethe teilte, Ruhe, weil der Großherzog auf der Jagd war. Den Nachmittag besuchte ich wieder Goethe... Goethe hat auf nichts Appetit, nicht auf Bouillon, Fleisch, Gemüse, er lebt von Bier und Semmel, trinkt große Gläser am Morgen aus und deliberiert mit dem Bedienten, ob er dunkel- oder hellbraunes Köstritzer oder Oberweimarisches Bier, oder wie die Greuel alle heißen, trinken soll. Doch geht er meist in eine andere Stube dazu, wenn ich da bin. Die Scheu geht doch in einer menschlichen Brust nicht ganz aus.

Über seine Gesundheit war man heute und gestern bedenklicher als früher, ich glaube aber mit Unrecht. Mir schien er eher besser. Unmittelbare Gefahr ist bei diesem Übelbefinden nicht, nur die, daß dieser Husten Anzeige anfangender Brustwassersucht sei oder Ursach davon werde. Er sprach heute manchmal sehr schön, er zeigte mir auch ein Gedicht, das er im Frühjahr gemacht hat und das nun im neuesten Heft von Altertum und Kunst gedruckt wird. Es ist indischen Inhalts, ein Gegenstück zur »Bajadere«, und heißt »Der Paria«. Parias sind die unterste Kaste der Indier. Es ist sehr schön, sehr künstlich und merkwürdig, weil er den Stoff vierzig Jahre mit sich herumgetragen, ihn auf alle Weise zu behandeln versucht hat, und erst jetzt damit fertig geworden ist. Ob es aber so gefallen wird, wie die »Bajadere«, zweifle ich doch. Der Stoff wird vielen widrig sein, ich vermute auch Dir. Mündlich mehr davon. – Es ist schrecklich, daß die Ursach von Goethes Krankheit höchstwahrscheinlich eine einzige Erkältung ist, von der ich Dir auch mündlich erzählen werde. Er kann nicht genug sagen, wie wohl und tätig er vorher war. Es ist peinlich zu hören, daß er alle Augenblick Ach Gott! ach Gott! sagt. Doch ist das mehr Angewohnheit. Denn er klagt nicht über Schmerzen. *[5332]*

Carolinen: Caroline von Wolzogen.

Die Marienbader Elegie

W. v. Humboldt an seine Frau

Du wirst, liebe Seele, zuerst von Goethes Gesundheit hören
wollen. Ich weiß aber in der Tat nicht, was ich Dir eigentlich
davon sagen soll. Das ist leider nur zu gewiß, daß er immer
noch einen starken, trockenen Husten hat, daß er nicht arbeiten kann und fast nichts zu essen und zu trinken vermag
als Bier und Brot. Die Nächte hatte er bisher so gut als gar
nicht geschlafen, die letzte ist besser gewesen, aber aus einer
Ursach, die ich wirklich schlimmer als das Übel finde. Er ist
nämlich gar nicht zu Bett gegangen, sondern auf seinem
Stuhl, wie bei Tage, sitzen geblieben. Die Unruhe, nicht arbeiten zu können, der Verdruß, aus schöner Stimmung durch
eine Erkältung, wie er wenigstens glaubt, in diesen leidenden
Zustand versetzt zu sein, die Besorgnis, daß dies noch lange
dauern könne, wirken sehr, sein Übel oder doch die Empfindung davon zu vermehren. Die Ärzte behaupten, daß ich
gleichfalls dazu beitrüge, weil es ihn so verdrieße, nicht
ordentlich mit mir reden zu können. Andere meinen, ich
heiterte ihn auf. Ich wünschte, er hätte mir von seinem Übelbefinden Nachricht gegeben. Ich wäre dann erst nach Bur-
görner gegangen und hätte ihn dann ordentlich genossen,
was freilich jetzt nicht der Fall sein kann. Die wichtigste
Frage aber, wie gefährlich oder bedenklich nun sein Übel eigentlich ist, weiß ich kaum zu beantworten, glaube mich indes nicht zu irren, wenn ich sage, daß es für jetzt zwar nicht
gefährlich ist, aber es gewiß werden muß, wenn es noch
Wochen hindurch so anhält.

Heute früh habe ich eine himmlische Stunde bei ihm zugebracht, die ein reicher Lohn für die ganze Reise ist. Ich
muß Dich aber sehr bitten, niemandem ein Wort davon zu

sagen, weil er äußerst geheim damit tut. Ich habe Dir erzählt, denke ich gewiß, daß er mich neulich hatte den »Paria« lesen lassen. Gestern gab er mir ein Buch des »Divans«, zu dem er mehreres neu hinzugedichtet hatte. Es war sehr Hübsches darunter, doch nichts, was einen bei Goethes früheren Sachen verwundern konnte. Heute gab er mir ein eigen gebundenes Gedicht, eine Elegie. Ich sah schon, daß sie sehr zierlich und sorgfältig äußerlich in Band und Papier behandelt war. Sie war ganz von seiner Hand geschrieben, er sagte mir, es sei die einzige Abschrift, die davon existiere, er habe sie noch niemandem, ohne Ausnahme, gezeigt und werde sie noch lange nicht, vielleicht nie drucken lassen. Er habe sich aber auf meine Ankunft gefreut, weil er vorher wisse, ich werde mit ihm fühlen. Er sagte das alles in einem bewegteren und sich mehr erschließenden Ton, als ihm sonst eigen war. So fing ich an zu lesen, und ich kann mit Wahrheit sagen, daß ich nicht bloß von dieser Dichtung entzückt, sondern so erstaunt war, daß ich es kaum beschreiben kann. Es erreicht nicht bloß dies Gedicht das Schönste, was er je gemacht hat, sondern übertrifft es vielleicht, weil es die Frische der Phantasie, wie er sie nur je hatte, mit der künstlerischen Vollendung verbindet, die doch nur langer Erfahrung eigen ist. Nach zweimaligem Lesen fragte ich ihn, wann er es gemacht habe. Und als er mir sagte: »Vor nicht gar langer Zeit«, war es mir klar, daß es die Frucht seines Marienbader Umganges war. Die Elegie behandelt nichts als die alltäglichen und tausendmal besungenen Gefühle der Nähe der Geliebten und des Schmerzes des Scheidens, aber in einer so auf Goethe passenden Eigentümlichkeit, in einer so hohen, so zarten, so wahrhaft ätherischen und wieder so leidenschaftlich rührenden Weise, daß man schwer dafür Worte findet ...

Nach der Lesung spann sich nun ein Gespräch darüber an; die Person wurde nie genannt, aber es war eigentlich immer von ihr die Rede, und es sei nun, daß sie noch sehr, wie ich glaube, in seiner Seele herrsche oder nicht, so ist gewiß, daß ohne sie diese wirklich himmlischen Verse nie entstanden wären, und damit hat sie denn ein bleibendes Verdienst. Denn es gibt doch eigentlich nichts Höheres, als ein Gefühl, selbst welches es sei, wahrhaft gelungen in Poesie vorgetragen.

Ich konnte mich nicht enthalten, ihm zu sagen, daß ich wirklich erstaunt wäre, [in] ihm noch diese Jugendlichkeit des Talents und des Gefühls, da solchem Gedicht ein wirkliches zugrunde liegen müsse, zu finden, und daß diese Geistes- und Phantasiestärke wahrhaft Gewähr leiste, daß, wenn nicht ein Zufall ihn dahinraffe, er noch für lange Jahre Lebenskraft besitze, und wirklich hätte ich nie gedacht, daß er dessen noch fähig sei. Er sagte darauf selbst, daß man wohl damit dem Leser den Geburtstag des Dichters zu raten aufgeben könne. In keiner Silbe des Gedichtes ist des Alters erwähnt, aber es schimmert leise durch; teils darin, daß alles darin so ins völlig Hohe und Reine gezogen ist, teils in der umfassenden Fülle der Naturbetrachtung, auf die hingedeutet ist, und die Reife der Jahre fordert.

Goethe wurde über das Gedicht, von dem er selbst sehr naiv sagte: »Ich habe nicht aufhören können, es so lange zu lesen, bis ich es nun auswendig weiß; ich habe mir auch darin nachgesehn, warum soll man sich solche Genüsse versagen?« er wurde, wollte ich sagen, über das Gedicht und meine Freude daran so gehoben, daß er, sein Übel vergessend, mit ganz ungewöhnlicher Heiterkeit sprach und sicher lange fort gesprochen hätte, wenn nicht der Großherzog plötzlich hereingetreten wäre. Dieser suchte mich auf, um mir bei dem schönen Sonnenschein, den wir heute hatten, das Palmenhaus in Belvedere zu zeigen, das ich neulich bei dunklem Wetter gesehen hatte.

Es ist mir sehr klar geworden, daß Goethe noch sehr mit den Marienbader Bildern beschäftigt ist, allein mehr, wie ich ihn kenne, mit der Stimmung, die dadurch in ihm aufgegangen ist, und mit der Poesie, mit der er sie umsponnen hat, als mit dem Gegenstand selbst. Was man also vom Heiraten und selbst von Verliebtheit sagt, ist teils ganz falsch, teils auf die rechte Weise zu verstehen. Nur glaube ich doch, daß die Einförmigkeit, vielleicht sogar die geringe Erfreulichkeit des Familienkreises ihm, nach der lebendigeren Regung in Böhmen, nicht wohltut, und daß ihm dies Gefühl mehr lastet, weil seine Krankheit ihm den gewohnten Trost beständiger Beschäftigung raubt, wozu denn zufällig auch der Mißmut kommt, mir nicht das alles selbst lesen und wahrhaft darüber sprechen zu können . . .

Caroline, Lolo und Goethe, der oft von Dir spricht, grüßen Dich herzlich. *[5338]*

Buch des »Divans«: Gemeint ist das »Buch des Paradieses«.

noch niemandem . . . gezeigt: Eckermann bekam die Handschrift bereits am 27. Oktober vorgelegt.

vielleicht nie drucken lassen: Im Druck erschien die »Marienbader Elegie« im 3. Band der Ausgabe letzter Hand 1827.

Haß auf alle christlichen Sujets

W. v. Humboldt an seine Frau

21. November 1823

Goethen fand ich gestern morgen sehr schwach. Er hatte die Nacht wieder nur im Lehnstuhl zugebracht, und die Augen fielen ihm alle fünf Minuten zu, wobei dann sein Kopf gleich auf seine Brust sank. Dann hob er ihn wieder und öffnete die Augen, und so ging es die ganzen Stunden, die ich da war. Dazwischen sprach er aber wieder mit Lebendigkeit. Er sagte mir auch einiges über seine Lage, wovon mündlich. Er braucht eine außerordentliche Erheiterung, glaube ich, in dieser Einförmigkeit seines Lebens. Eine solche würde, meiner Meinung nach, einen sehr glücklichen Einfluß haben. Ich habe ihm allerlei Vorschläge gemacht, allein es wird wohl beim alten demungeachtet bleiben. Die Ärzte behaupten, daß es mit seiner Krankheit nichts zu sagen habe. Ich kann leider diese Meinung nicht teilen. Sein Leib ist offenbar geschwollen. Er nimmt fast lauter flüssige Nahrung zu sich. Die schlaflosen Nächte und der Husten matten ihn außerordentlich ab. Man erwartet jetzt sehr gute Wirkung von Blutegeln, die man ihm in der Nierengegend gesetzt hat. Ich konnte ihn deshalb gestern nachmittag nicht mehr sehen und habe nicht von ihm Abschied genommen. Ich werde aber, wenn ich übermorgen von hier [Rudolstadt] abreise, wieder über Weimar gehen, weil der Weg über Jena gar zu schlecht sein soll, und dann nur Goethen und Carolinen besuchen ...

Ich sagte Dir, glaube ich, noch nichts von Schadows Madonna. Der Großherzog, der sie gekauft, liebt sie sehr. Sie stand einige Tage auf einer Staffelei im Versammlungssaal des Schlosses, und alle waren damit zufrieden. Auch Goethen wurde sie geschickt. Öffentlich und gegen den Großherzog lobt er sie sehr: »Artig, reinlich, nett, sauber, lieblich, anmutig« und wie alle seine »Artigkeitswörter« heißen. Unter vier Augen hat er mir aber seine Theorie über diese Art Bilder auseinandergesetzt. Er teilt alle Bilder in die ein, die zur Bilderwelt, und die, welche zur Natur gehören. Bei den ersten hat der Maler nur andere Bilder vor Augen gehabt, bei den letzten die wahre, volle und doch idealische Natur. Dies Bild rechnet er zu den ersten. Die Madonna sei keine Mutter, keine Amme, keine Wärterin, sondern eben eine Madonna, wie man sie so gemalt zu finden pflege usf. Giotto und Cimabue hätten wirklich die Natur ergriffen, da ihre Vorgänger nur byzantinische Bilder nachgemacht hätten. Unter ihren Nachfolgern sei wieder viel von dieser Malerei nach Bildern gewesen. Raffael habe zuerst wieder die Natur ergriffen, darum müsse man aber nun nicht die vor ihm, sondern ihn Nachahmende zum Muster nehmen.

Van Eyck ist ihm auch einer, der bloß nach Bildern gemalt hat. Es scheint mir darin viel Vorurteil zu sein, und ein Teil davon liegt auch darin, daß er eigentlich Haß auf alle christlichen Sujets, besonders auf Madonnen, hat. Über diese seine Ansicht des Christentums schreibe ich Dir ein andermal mehr. *[5341]*

Das Unwesen des Biertrinkens

W. v. Humboldt an seine Frau

25. November 1823

In Weimar habe ich bei meiner Rückkunft aus Rudolstadt [am 23. November] nur Carolinen und Goethe gesehen. Mit Goethe war es ungefähr, wie ich ihn verlassen hatte. Er muß immer die Nächte auf dem Stuhl bleiben, ist daher matt, hat keinen Appetit und hustet noch viel. Einige Besserung aber fand ich darin, daß er wenigstens auf dem Stuhl die Nächte geschlafen und nur abends und morgens gehustet hatte, daß er auf die Blutegel Erleichterung im Unterleib verspürte, daß er wenigstens die »Tausend und eine Nacht« las und weniger Bier trank, wie mir auch sein Bedienter mit Freuden erzählte, der dies Unwesen auch mit Bedauern sah. Auf diese Weise ließe sich wohl Besserung hoffen. Dagegen hat der Geheime Hofrat Herscher [Huschke], der aber nicht sein eigentlicher Arzt ist, Carolinen gesagt, daß das Hauptübel in den Nieren sitze, daß eine bereits ganz zerstört und die andere auf dem Wege dahin sei, daß Wassersucht mithin die unfehlbare

Folge sei. Er glaube nicht, daß er länger als ein Jahr leben könne. Was soll man nun für wahr halten? Prophezeiungen dieser Art sind doch oft falsch, und wie will man wissen, daß eine Niere ganz zerstört ist? Ich bleibe dabei, daß, wenn wir heute den 25. April schrieben, Goethe bald besser sein würde, und daß Aufheiterung, mannigfaltigerer und seiner Individualität mehr zusagender Umgang ihre Wirkung nicht verfehlen könnten.

Ich kann nicht leugnen, daß ich mit wahrer Wehmut von ihm geschieden bin. Ich habe seine noch immer sehr schöne Stirn, die so das Bild eines freien, weiten, unbegrenzten Geistes entfaltet, mehrere Male, da er eben saß und ich ihn nicht aufstehen lassen wollte, geküßt, und ich zweifle, daß ich ihn je wiedersehe. Es geht unendlich viel mit ihm dahin, meinem Glauben nach mehr, als je wieder in deutscher Sprache aufstehen wird.

Mir hat er in diesen Tagen, wie zerstreut und durch seine Krankheit gestört unser Umgang war, viel Freundschaft und wahres altes Vertrauen bezeigt, und wohltätig ist gewiß mein Wiedersehen, mein Eingehen in die Sachen, die er mir wies, meine große Freude an der, die ihm die liebste ist, auch gewesen. Ich möchte es für vieles nicht hingeben, die Reise gemacht zu haben. *[5345]*

Noch immer ein Verehrer alles Schönen

Gries an Abeken

2. Januar 1824

Die Heuratsgedanken werden dem alten Herrn [Goethe] wohl vergangen sein, wenn er sie jemals gehabt hat. Vermutlich haben Sie schon durch die Zeitungen erfahren, daß er gegen Ende November wiederum recht gefährlich krank gewesen ist. Es war sein gewöhnlicher Zufall, der aber diesmal die Ärzte besorgter machte, weil er zu ganz ungewöhnlicher Zeit eintrat. Der Februar ist Goethes mensis fatalis, und der 24. ist noch nicht vorüber. Für jetzt aber ist er völlig hergestellt und arbeitet wie gewöhnlich. Als Goethe am schlimmsten war, kam Zelter nach Weimar und erschrak nicht wenig; denn er war in Holland gewesen und wußte nichts von der Krankheit. Gewiß hat die Gegenwart dieses trefflichen Freundes, den Goethe unter allen Lebenden wohl am meisten und vielleicht allein liebt, zu seiner Herstellung das Beste beigetragen. An häuslicher Aufheiterung mag es ihm sonst wohl ziemlich fehlen. August kann dem Vater doch nur wenig sein, und Ottilie hat von ihrer Namensschwester nichts, als eben den Namen. (Sie ist eben jetzt nach Berlin gereist, bloß um sich im Karneval zu amüsieren; denn die Familie Levetzow ist gar nicht nach Weimar gekommen.)

Eine junge Polin, Szymanowska, wunderschön, höchst anmutig und vielleicht die erste Klavierspielerin unsrer Zeit, kam im November nach Weimar. Goethe, noch immer ein eifriger Verehrer alles Schönen, machte sich viel mit ihr zu tun, sah sie oft bei sich, ließ sich von ihr vorspielen usw. Dieser Anstrengung schreibt man die Veranlassung der Krankheit zu; wenigstens soll sein ehemaliger Diener (jetzt hiesiger Bauinspektor), der durch Goethes Biographie unsterblich gewordene Paul Götze, der sich die alten Kammerdienerrechte zu bewahren gewußt hat, bei dem ersten Unwohlsein zu ihm gesagt haben: »Ja, Ihr Exzellenz, Polnisch geht es jetzt nicht mehr mit uns.«

Zelter blieb mehrere Wochen in Weimar, kam aber während der Zeit zweimal herüber [nach Jena]. Er ist noch immer der Alte; kräftig, heiter, derb, geistreich, in jeder Hinsicht ein höchst ausgezeichneter Mensch. Als Goethe in der Besserung war, schrieb Zelter an Betty Wesselhöft, Goethe habe ein

Liebesgedicht gemacht, voll von Glut, Blut, Mut und Wut, herrlicher als eins seiner Jugendgedichte. Dieses habe er (Zelter) ihm dreimal hintereinander vorlesen müssen. Endlich habe Goethe gesagt: »Ihr lest gut, alter Herr!« – »Das war ganz natürlich«, fügt Zelter hinzu; »aber der alte Narr wußte nicht, daß ich dabei an meine eigene Liebste gedacht hatte.« – Das sind doch noch ein paar alte Herren, wie sie sein sollen! Zelter ist ungefähr zehn Jahre jünger als Goethe. *[5390]*

mensis fatalis: Unheilsmonat.
der 24.: Anspielung auf Zacharias Werners Schicksalsdrama »Der 24. Februar«.
   Namensschwester: der Ottilie in den »Wahlverwandtschaften«.
   Paul Götze: Johann Georg Paul Götze (1761-1835), Hausdiener und Reisebegleiter Goethes, als solcher mehrfach in der »Campagne in Frankreich« erwähnt, seit 1803 Wegbaukommissar in Jena.

Die Krankheit hat ihn offenbar neu belebt

Soret an Dumont

15. Februar 1824

Meine engste und ohne Frage wichtigste Beziehung ist die zu dem berühmten Goethe; ich habe Ihnen davon schon mehrfach erzählt und komme immer mit demselben Vergnügen darauf zurück. Dieser Verkehr ist keineswegs eingeschlafen, im Gegenteil, er hat mit der Zeit an Intimität zugenommen, und wenn ich das Glück habe, eine freie Stunde mit ihm unter vier Augen zu verleben, kehre ich stets ganz beladen mit geistigen Schätzen von ihm zurück. Wenn Goethe sich im Gespräch erschließt, ist er gewöhnlich guter Laune, und er legt Wert darauf, seine Ansichten in einer möglichst originellen Form vorzubringen. Die *Wahrheit* liegt ihm am Herzen, aber je fester er von der Richtigkeit seiner Worte überzeugt ist, um so lieber kleidet er sie in ein Paradoxon. Oft will er aber auch seine Gedanken erraten sehen und verbirgt sie gleichsam hinter einem Schleier, er zwingt den Hörer stets zu Aufmerksamkeit und Nachdenken; dann ist er allerdings oft schwer zu verstehen, besonders wenn einem die Fülle der Beziehungen nicht völlig gegenwärtig ist. Mit Redensarten hat man bei ihm kein Glück, man liefe Gefahr, auf dem Äquator zu landen, während er ruhig am Nordpol bleibt, und doch fehlt ihm von dem, was man geistreiche Unterhaltung nennt, wahrlich nichts; im Gegenteil, ich bin wenigen Menschen mit einer derartigen geistigen Beweglichkeit begegnet.

Sie halten es wohl kaum für möglich, daß seine beiden letzten Krankheiten, und noch dazu bei seinem Alter, seine Geisteskraft keineswegs geschwächt, sondern offenbar neu belebt haben! Es ist aber unbestreitbar, daß in der ersten Zeit meines hiesigen Aufenthalts seine Gedankenwelt lange nicht so reich, sein Geist nicht so klar war wie jetzt. Seinen nächsten Freunden fiel das ebenso auf wie mir. Vielleicht waren das nur die Anzeichen einer bevorstehenden Krankheit. Im vergangenen Herbst waren Wiederholungen im Gespräch und fixe Ideen bei ihm nichts Seltenes; jetzt merkt man davon nichts mehr. Seit Jahren hat er keine Verse mehr gemacht, die so viel Beifall fanden, wie eine Art Madrigal auf eine berühmte Pianistin, deren Spiel wir vor drei Monaten hier in Weimar bewundern durften. Obgleich er schon wieder an einem Rückfall in seine vorige Krankheit litt, haben ihn die schönen Augen und das Talent der Dame zu einigen noch unveröffentlichten Stanzen begeistert, die ein Beweis sind für die Jugendfrische seiner Phantasie. Ich lasse eine ganz getreue Übersetzung hier folgen...

Ich besitze ein kostbares Schriftstück, nämlich die französische Übersetzung dieses Gedichts, die Goethe selbst für Frau Szymanowska verfaßt hat, denn diese versteht nicht eben viel Deutsch. Die Übersetzung ist ziemlich frei, an zwei oder drei Stellen hat der Autor seinen Gedanken durch einen andern ersetzt, ist aber dabei stets Dichter geblieben. Der letzte Vers der ersten Stanze ist sogar im Französischen besser; es heißt da: »Et les sens n'apperçoivent plus qu'un monde effacé«, die Ohnmacht, über die er klagt, ist dadurch richtiger bezeichnet als im Original. Diese Übersetzung ist meines Wissens die einzige, die Goethe je gemacht hat; ich erhielt sie durch einen gemeinsamen Freund Goethes und der Frau Szymanowska [Kanzler v. Müller]. Der Dichter selbst behielt, glaube ich, keine Abschrift davon.

Ich fürchte, Sie zu ermüden, sonst würde ich noch den Inhalt einer Unterhaltung wiedergeben, die ich neulich mit ihm hatte über seine literarischen und wissenschaftlichen Arbeiten; mein heutiges Schweigen darüber läßt sich schnell gutmachen, Sie brauchen nur ein Wort zu sagen, mein lieber Onkel, und ich schwatze wie eine Elster. [5411]

Frédéric Jacob Soret (1795-1865), aus Genf, Prinzenerzieher in Weimar.

Pierre Etienne Louis Dumont (1759-1829), Genfer Philosoph, Politiker und Schriftsteller.

Bei Tisch war er jugendlich heiter

Eckermann an Johanne Bertram

12. März 1824

Goethe hat mich diese Zeit sehr in Anspruch genommen. Ein neues Heft von Kunst und Altertum haben wir schon wieder im Druck. Ich habe auch etwas dazu geschrieben in bezug auf ein neues Trauerspiel, das unter dem Titel *Der Paria* in Berlin erschienen ist. Ich habe bei dieser Gelegenheit die Verhältnisse des Paria auseinandergesetzt, und Goethe hat einen schönen Anhang dazu geschrieben in bezug auf den französischen Paria und *sein* Gedicht. Wenn Du, liebes Kind, alle diese hübschen Sachen demnächst lesen wirst, so wird Dir denn auch über Goethes schönes Gedicht kein Zweifel bleiben. Dieser Tage habe ich auf Goethes Anregung zu des berühmten Staatsrat Thaers Jubiläum bei Berlin einige Festgedichte gemacht, die ich Goethen diesen Morgen zugesendet habe. Die Sachen sind mir gelungen, und ich werde morgen, wenn ich zu ihm gehe, sicher gelobt werden. Goethe ist sehr munter, vorgestern mittag bei Tisch aß er in Hemdsärmeln und war sehr jugendlich heiter. Bei Tische teilte er manches mit mir und gibt mir von seinem Teller. Wenn ich abends komme, läßt er gleich eine Bouteille Wein bringen. Der alte Hofrat Meyer trinkt keinen. Kanzler v. Müller Zuckerwasser. Goethe und ich trinken dann alleine. Ottilie ist von Berlin zurück und weiß viel zu erzählen. Nicolas Kompositionen werde ich nun dieser Tage Ottilien geben, damit sie sie dem Alten vorsinge. Dann werde ich auch gleich an Nicola schreiben . . .

Nachschrift: Ich habe mir die Haare abschneiden lassen und sehe sehr lustig aus. Goethe stutzte. Ich habe meine Freude darüber. *[5432]*

Johanne Bertram (1801-1834), Eckermanns Verlobte und spätere Ehefrau.

französischen Paria: Tragödie von Casimir Delavigne.

vorgestern mittag: Nach Goethes Tagebuch war es vielmehr der 9. März.

Wie beim Feuerlöschen erkältet

K. H. Ritter v. Lang: Memoiren

1842

Auf der Rückreise [nach Bamberg, etwas Mitte des Jahres 1825] ging's über Heiligenstadt und Erfurt, eine bedeutende

Stadt mit einem romantischen Dom, nach Weimar, wo ich mich vom Teufel verblenden ließ, mich bei seinem alten Faust, dem Herrn von Goethe, in einem mit untertänigen Kratzfüßen nicht sparsamen Brieflein anzumelden. Ich war angenommen um halb eins. Ein langer, alter, eiskalter steifer Reichsstadtsyndikus trat mir entgegen, in einem Schlafrock, winkte mir, wie der steinerne Gast, mich niederzusetzen, blieb tonlos an allen Seiten, die ich bei ihm anschlagen wollte, stimmte bei allem, was ich ihm vom Streben des Kronprinzen von Bayern sagte, und brach dann in die Worte aus: »Sagen Sie mir, ohne Zweifel werden Sie auch in Ihrem Ansbacher Bezirk eine Brandversicherungsanstalt haben.« Antwort: »Jawohl.« – Nun erging die Einladung, alles im kleinsten Detail zu erzählen, wie es bei eintretenden wirklichen Bränden gehalten werde. Ich erwiderte ihm, es komme darauf an, ob der Brand wieder gelöscht werde oder Ort oder Haus wirklich abbrenne. »Wollen wir, wenn ich bitten darf, den Ort ganz und gar abbrennen lassen.« Ich blies also mein Feuer an und ließ alles verzehren, die Spritzen vergeblich sausen, die Herren Landrichter vergeblich brausen: rücke andern Tags mit meinem Augenscheine aus, lasse den Schaden einschatzen, von der Schatzung so viel als möglich herunterknickern; dann neue Schönheitsbaurisse machen, die in München Jahr und Tag liegen bleiben, während die armen Abgebrannten in Baracken und Kellern schmachten, und zahle dann in zwei, drei Jahren das abgehandelte Entschädigungssümmlein heraus. Das hörte der alte Faust mit an und sagte: »Ich danke Ihnen.« Dann fing er weiter an: »Wie stark ist denn die Menschenzahl von so einem Rezatkreis bei Ihnen?« Ich sagte: »Etwas über 500 000 Seelen.« – »So! so!« sprach er, »hm! hm! das ist schon etwas.« (Freilich mehr als das Doppelte vom ganzen Großherzogtum Weimar.) Ich sagte: »Jetzt, da ich die Ehre habe, bei Ihnen zu sein, ist dort eine Seele weniger. Ich will mich aber auch wieder dahin aufmachen und mich empfehlen.« Darauf gab er mir die Hand zum Abschied, dankte mir für die Ehre meines Besuches und geleitete mich zur Tür. Es war mir, als wenn ich mich beim Feuerlöschen erkältet hätte. *[5761]*

Karl Heinrich Ritter von Lang (1764-1835), Historiker, 1815 Kreisdirektor in Ansbach.
  Kronprinzen von Bayern: seit Oktober 1825 König Ludwig I.
  Rezatkreis: nach den beiden Quellflüssen der Rednitz, der fränkischen und der schwäbischen Rezat, benannter Landkreis.

Ein Windbeutel sind Sie!

K. Kaupp: Bericht

1907

[Über seinen Vater Gottlieb Kaupp, der zu Goethes Zeit Bäkkergeselle in Weimar war.] Es war in der Osterwoche [vor dem 26. März] des Jahres 1826. In Weimar rüstete sich alles in den Häusern, um sich auf das Fest würdig vorzubereiten und die üblichen Osterstollen rechtzeitig dem Bäcker zuzustellen. Eines Morgens nun sagte der Hofbäckermeister N. zu einem seiner Gesellen: »Gottlieb, zieh dich sauber an und gehe zum Geheimrat Goethe, um den Kuchenteig fertig zu machen.« Gottlieb kam dem Auftrage nach. Im Hause Goethes angekommen, wurde er von den Damen in eine mit allem Nötigen versorgte Stube geführt, in der er seine Arbeit verrichten sollte. Die Damen überreichten Gottlieb ein weißes Arbeitskleid, welches er, nachdem er sich die Hände gewaschen hatte, anziehen mußte, und dann ging er an sein Geschäft. Mitten in der Arbeit ging die Tür auf, und im Schlafrock betrat Goethe das Zimmer. Goethe begrüßte den Gesellen freundlich, und während er der Behandlung des

346

Kuchenteiges zusah, unterhielt er sich leutselig mit dem etwas befangenen Bäcker. Im Begriffe, das Zimmer zu verlassen, fragte Goethe: »Bäcker, was sind Sie für ein Landsmann?«, worauf Gottlieb erwiderte, er sei ein Schwabe. »Sie, ein Schwabe; ein Windbeutel sind Sie!« meinte lächelnd Goethe und verließ die Stube.

Nachdem nun Gottlieb sein Werk vollendet hatte und nach Hause zurückgekommen war, wurde er von seinem Meister nach den Erlebnissen im Hause des Geheimrats gefragt. Gottlieb berichtete und erzählte auch, daß ihn der Herr Geheimrat einen Windbeutel genannt habe, während er doch die Wahrheit gesagt, und wenn er auch den schwäbischen Dialekt nicht spräche, er doch ein geborener Schwabe sei.

Darauf sagte der Hofbäcker: »Gottlieb, du mußt ja heute nachmittag wieder zum Geheimrat, und wenn er dann wieder in die Stube kommt, dann erzähle ihm aus deiner Vergangenheit, damit er Aufklärung über dich erhält.« – Als nun Gottlieb zum zweiten Male sich in Goethes Haus einstellte, wurde ihm von den Damen gesagt, er brauchte nicht den Arbeitskittel wie heute morgen anzuziehen, könne gleich an die Zubereitung des Teiges gehen, da er ein sauberer, reinlicher Mensch sei. –

Wie der Hofbäcker vorausgesagt hatte, stellte sich Goethe zum zweiten Male ein, um der Tätigkeit des Bäckergesellen zuzuschauen. Da faßte sich nun unser Gottlieb ein Herz und sagte, der Herr Geheimrat habe ihn heute morgen einen Windbeutel genannt, wahrscheinlich deshalb, daß er sich als Schwabe bezeichnet habe und doch den schwäbischen Dialekt nicht spräche; wenn der Herr Geheimrat erlaubte, wolle er von seiner Vergangenheit etwas erzählen. Goethe nickte lächelnd, worauf Gottlieb erzählte, er sei geboren 1807 zu Holzhausen bei Sulz am Neckar; seine Eltern haben sieben Kinder gehabt. Eines Tages sei ein Onkel aus Minden zum

Besuch gekommen, und dieser habe, da er kinderlos war, ihn, Gottlieb, mit nach Westfalen genommen, damit er dort an Kindes Statt erzogen würde. Als er, so erzählte Gottlieb weiter, seinen schwäbischen Geburtsort verlassen habe, sei er acht Jahre alt gewesen, und so käme es, daß er nicht mehr den schwäbischen Dialekt spräche; jetzt sei er auf der Wanderschaft und würde seine Heimat wieder besuchen. Goethe hörte freundlich der Erzählung zu und verließ dann das Zimmer.

Der Kuchenteig war fertig, und Gottlieb schickte sich an zu gehen, als ihm von der Dame bedeutet wurde, er möge zum Herrn Geheimrat ins Zimmer kommen. Gottlieb kam der Aufforderung nach, und nun trat der Olympier dem einfachen Bäckergesellen freundlich entgegen, reichte ihm ein großes Glas Wein mit den Worten: »Mein lieber Bäcker, wir wollen uns wieder vertragen, trinken Sie dies Glas Wein, aber verschlucken Sie sich nicht!« – Gottlieb trank den Wein und fand auf dem Grunde des Glases einen Doppeltaler. Hocherfreut verließ er das Goethesche Haus. [5811]

Karl Kaupp, nähere Angaben fehlen.

Ferdinand Hiller spielt bei Goethe

F. Hiller: Briefe an eine Ungenannte

1877

Es war im Jahre 1825, als ich nach Weimar geschickt wurde, um bei Hummel meine musikalischen Studien fortzusetzen. Ich war ein vierzehnjähriger, ziemlich ernster, etwas altkluger Knabe, aber voll Enthusiasmus für Kunst und Poesie. Der Unterricht des trefflichen Meisters, an dem ich bald mit ganzer Liebe hing, war mir die größte Freude, – aber ein anderer

Name war es, der mir unaufhörlich vor der Seele stand und sich bis in meine Träume senkte, – der Name Goethe. Der Gedanke, in derselben Stadt mit diesem Manne, mit diesem Halbgott zu sein, – die Frage, ob es mir wohl je vergönnt sein würde, ihn zu sprechen, – die Begierde, ihn zu sehen, verfolgten mich auf Schritt und Tritt. Da ich jeden Tag zu Hummel ging und mein Weg mich vor Goethes Haus vorüberführte, trat ich den Gang stets mit jener innern Bewegung an, mit welcher ein Liebender nach der Wohnung der Angebeteten schleicht. Zögernden Schrittes spähte ich, ob sich der alte Herr, wie man ihn nannte, nicht am Fenster zeigen werde, – und wirklich gelang es mir ein paarmal, seine hohen Züge freilich mehr zu ahnen, als zu schauen.

Unter den Lehrern, die ich haben durfte, ja, haben mußte, da ich der Schule allzu früh entlaufen, befand sich auch Dr. Eckermann, welchen Sie aus seinen Gesprächen mit Goethe kennen...

So weit gelangt mit der Rückschau nach den »schwankenden Gestalten« aus jener weit entlegenen Zeit, fiel mir ein, daß sich gerade aus dem ersten Jahre meines Aufenthaltes in Weimar ein Tagebuch finden müsse. Und ich fand es, – und gerade mein erstes Eintreten in Goethes Haus mit solch schul-exerzitienhafter Genauigkeit beschrieben, daß ich nichts Besseres zu tun weiß, als Ihnen eine Abschrift davon mitzuteilen...

»Donnerstag, den 30. März 1826. Der merkwürdigste Tag meines Lebens. Ich sprach Goethe. – Schon oft hatte Dr. Eckermann mit Goethe über mich gesprochen, und ich wäre wohl jedenfalls über kurz oder lang zu ihm geführt worden. Heute früh kam Eckermann zu mir und verkündete mir mit heiterer Miene, daß ihn Goethe soeben habe rufen lassen und ihm gesagt habe, er solle mich heute abend zum Tee mitbringen. Meine Freude, meinen in-

nern Jubel kann ich nicht beschreiben, – der Gedanke an den
großen Abend, den ich vor mir hatte, wie auch eine gewisse
innere Beklommenheit machten mich ziemlich unfähig, den
Tag über etwas Ernsthaftes zu unternehmen. Eine gewisse
Beklommenheit, sage ich, denn ich dachte, Goethes Anblick
würde mich niederschlagen und befangen machen. Mit lau-
tem Herzklopfen trat ich um 6 ½ Uhr mit Dr. Eckermann ins
Goethesche Haus, nach dessen Fenstern ich oft so sehnsüch-
tig hinaufgeblickt. Als ich in die herrlich ausgeschmückten
Gemächer trat, fand ich viele der schönsten hiesigen Damen
in vollem Putze. Goethe kam uns sogleich sehr freundlich
entgegen; er war schwarz und sehr reinlich angezogen und
trug einen großen Orden auf der Brust. Er steht jetzt im acht-
undsiebenzigsten Lebensjahre, und noch ist sein Gang und
seine Haltung gerade, schön und edel, aus seinen Augen
blitzt jugendliches Feuer. Eckermann stellte mich vor, Goethe bezeigte in freundlichen Worten seine Freude, mich zu
sehen, und weg war alle meine Herzensangst, ganz unerschrocken und unbefangen stand ich da vor dem herrlichen
Greise. Er befragte mich über meinen früheren, über meinen
jetzigen Lehrer der Musik, über meinen hiesigen Aufenthalt,
die Dauer desselben und dergleichen mehr. Goethe spricht
langsam, sehr deutlich, man merkt ein gewisses Pathos, das
sich aber in der Freundlichkeit, mit welcher er zu mir sprach,
verlor. Einige unbedeutende Gespräche mit der Frau Hofmarschall von Spiegel und der jungen Frau von Goethe, Goethes Schwiegertochter, folgten. Ich war vergnügt, zu sehen,
daß man diese Woche (ich war in einem Theaterkonzert aufgetreten) mit meinem Spiel zufrieden war. Als ich nachher,
einige skizzierte Zeichnungen, die an der Wand hingen, betrachtend, stehen blieb, trat Goethe zu mir. Diese Zeichnungen, meinte er, und das war ungefähr der Hauptinhalt des
Gesprächs, hätten am Abend ein unscheinbares Aussehen,
betrachte man sie bei Tage näher, so erkenne man ihren be-

deutenden Wert. Sie seien meistenteils Originalien älterer italienischer Meister, seien ihm werte und vergnügliche Erinnerungen an Italien, von woher er diese und viele andere mitgebracht. Ich erwähnte einiger Zeichnungen von seiner Hand, die Schwerdgeburth gestochen, was er beifällig aufnahm und nur bemerkte, daß sie bei ihrer Kleinheit im Stich nicht ganz korrekt ausfallen konnten. Seine Schwiegertochter kam und wünschte, indem sie um Verzeihung bat, daß es so früh geschehe, ich möchte etwas spielen. ›Die anwesenden Damen, die alle auf einen Ball gingen und nur mein Spielen abwarteten, und ihr Schwiegervater wünschten mich zu hören.‹ Ich spielte das erste Allegro des a-moll-Konzerts von Hummel. Goethe sagte darauf zu einer der anwesenden Damen: ›Aus dem Schwenken der Federn auf Ihrem Hute sehe ich, wie gut es Ihnen gefiel.‹ Die Dame sagte mir selbst, man gebe ihr schuld, den Kopf zu schütteln, wenn ihr etwas gefiele. Ich sprach mit Goethe jetzt nochmals einige Worte über seinen trefflichen Flügel. Die anwesenden Damen entfernten sich nun alle, bis auf eine einzige, die Gräfin (Hofdame) Caroline von Egloffstein. Folgende Männer blieben: der Kanzler von Müller, der Präsident Peucer, der Ober-Appellationspräsident von Ziegesar, Dr. H. Schütz, Professor Riemer, Dr. Eckermann, Geheimer Medizinalrat von Froriep, Hofrat Lessort [Soret], Hofmeister des kleinen Prinzen, und Hofadvokat Haase (Dichter). Die Männer verteilten sich. Ich sprach einiges mit Dr. Schütz ... Später versammelte sich ein kleiner Kreis um die Gräfin von Egloffstein, zu welchem ich mich auch gesellte. Man sprach viel und manches Bedeutende über Macbeth und die Aufführung in dieser Woche. Goethe kam später zu uns und sprach über manches, unter anderem sagte er: ›Die Exposition im ersten Teil des Macbeth ist eine der größten, die je gemacht worden.‹ Dann sprach er von einem englischen Stück, Faust, das zu den Zeiten Shakespeares geschrieben worden sei, – des Namens des Autors erinnerte er sich im Augenblicke nicht, aber er erzählte einiges vom Sujet und nannte das Stück sehr gut. Goethe stand plötzlich auf und ging auf mich zu. ›Nun, mein lieber junger Mann‹, sagte er, indem er mir freundlich auf die Schulter klopfte, ›kommen Sie und spielen uns noch ein wenig, Sie werden sehen, wie dann alle die Männer sogleich herauskommen werden.‹ Ich phantasierte – wo ich den Mut dazu im Augenblick hernahm, kann ich nicht begreifen. Goethe setzte sich dem Klavier gegenüber und hörte sehr aufmerksam zu. Ich flocht ein Thema aus Don Juan ein. Nach dem Spielen bezeigte mir Goethe abermals in sehr freundlichen Worten seine Zufriedenheit, indem er das Ganze durchging, besonders hinsichtlich der Ausarbeitung des Themas. Ich sprach nachher noch mit einigen bedeutenden Männern, besonders dem Präsidenten von Ziegesar. Es entfernten sich nun noch einige aus der Gesellschaft, und es blieb nur ein kleiner Kreis mit der Gräfin von Egloffstein. Goethe begann zu sprechen, und sprach von dieser Zeit an (es war nach 8 Uhr) bis um halb zehn beinahe ganz allein und fortwährend. Er erzählte die lustigsten Anekdoten von sich, den Prinzen von Gotha und tausend anderen, und das alles auf die interessanteste, ich möchte sagen, liebenswürdigste Art. Zum Nacherzählen sind wenige geeignet, jedoch behielt ich unter anderen folgende:

Der verstorbene Herzog von Gotha (bekanntlich zuletzt etwas verrückt) hatte stets eine Pieke auf Goethe, ohne daß derselbe wußte, wie und warum. Endlich, als der Herzog Goethe einmal besuchte, erzählte er ihm die Ursache dieser Art von Groll. Goethe habe, als er früher einmal am Gothaschen Hofe gewesen, jenem Herzog und seinem kleinen Bruder (damals Kinder) die Köpfe mit den Händen gerieben und dabei gesagt: ›Ihr Semmelköpfe, was wird denn einst aus Euch werden?‹

Seit sich der Herzog nun so entladen hatte, war er so freundlich wie möglich.

In Karlsbad, wo jener Herzog mit Goethe zu gleicher Zeit war, hatte derselbe stets einen Spiegel, den er allen Truthähnen vorhielt und sich unendlich an der Wut der armen Tiere erfreute.

Als derselbe Herzog einen Sommer in einem Orte unweit Jena, wie gewöhnlich, im Bette zubrachte, beurlaubte sich der Präsident von Ziegesar von ihm, um Goethen zum Geburtstage zu gratulieren. Der Herzog hieß ihn noch warten, alle Leute aus dem Zimmer hinausgehen und schloß sich ein. Nachher übergab er dem Herrn von Ziegesar ein höchst sonderbares Gedicht, begleitet von zwei Düten Dragée und einer Flasche sehr seltenen Weines. Im Gedichte waren diese Geschenke auf eine mystische Art angedeutet. Ziegesar bat Goethen nach Überreichung dieser Dinge um ein Gegengedicht an den Herzog, worin aber auch angedeutet werden müsse, daß er diese Geschenke erhalten habe, sonst traue der Herzog nicht. Goethe verfertigte ein ebenso sonderbares Gedicht, worin er auf eine noch mystischere Art das Erhalten jener Geschenke und seinen Dank dafür zu verstehen gab. Beide Gedichte müsse er noch haben.

So erzählte der große Mann noch vielerlei, während die anderen schwiegen und lachten. Man beurlaubte sich; Goethe erwiderte auf meinen Dank freundlichst, es habe ihn sehr gefreut, mich bei sich gesehen zu haben, – wonnetrunken eilte ich nach Hause. – Man sagte mir, daß Goethe lange nicht immer bei so gutem Humor sei, wie er es heute gewesen, – schon viele wurden durch sein großartiges Wesen so verblüfft, daß sie kaum zu sprechen wußten. Ich kann mir es daher zum besonderen Glück anrechnen, so in sein Haus gekommen zu sein, ihn in so günstiger Laune getroffen und ihn einen ganzen Abend in einem solchen Kreise gesehen und gehört zu haben.

Freitag, den 31. März 1826.

Als ich heute bei Dr. Eckermann war, erzählte mir derselbe von seinem kleinen Gespräche mit Goethe, mich betreffend. ›Bringen Sie uns den jungen Mann heute abend‹, sagte Goethe, ›aber bringen Sie ihn erst später, um 8 Uhr. Unser Freund ist noch so jung, er wird Langeweile haben.‹ Keineswegs, erwiderte Eckermann, er wird sich sehr wohl befinden. ›Desto besser‹, meinte Goethe, ›so bringen Sie ihn gleich.‹ – Die Damen wurden erst später geladen; da einige derselben nicht im Konzerte waren, sollten sie mich spielen hören.«

So weit das Tagebuch, verehrte Frau. *[5819]*

Ferdinand Hiller (1811-1885), Musiker und Musikschriftsteller.

»*schwankenden Gestalten*«: Zitat aus der Zueignung zu Faust I.

Zeichnungen ... die Schwerdgeburth gestochen: radierte Blätter nach Handzeichnungen von Goethe, hrsg. von C. A. Schwerdgeburth. Weimar o. J. (1821).

a-moll Konzerts von Hummel: das Allegro moderato, der erste Satz des Klavierkonzerts a-Moll op. 85 von Johann Nepomuk Hummel.

Dr. H. Schütz: wohl Johann Heinrich Friedrich Schütz, Organist aus Berka.

Namens des Autors: Christopher Marlowe.

Prinzen von Gotha: August Emil Leopold und sein zwei Jahre jüngerer Bruder Friedrich IV., ersterer Herzog von Sachsen-Gotha und Altenburg bis 1822, der zweite bis 1825. Im folgenden muß also der erstere gemeint sein. Die gleiche Anekdote bei Eckermann unter dem 26. September 1827.

Ort unweit Jena: wohl Drakendorf.

Präsident von Ziegesar: Anton Freiherr von Ziegesar (1783-1843).

kleinen Gespräche mit Goethe: vom Vortage.

Der herzlose Lama von Weimar

Amelie v. Stein an F. v. Stein

10. August 1826

Die Mutter und noch mehr ihre Stimme wird täglich schwächer und das Gehör schwerer, eine Spazierfahrt nach dem Webicht, wobei sie mühsam aus und in den Wagen kommt, ist noch ihre einzige Freude, oder, wie sie sagt, noch die einzige Zeit, wo sie keine Schmerzen fühlt – nach einer solchen war es, wo wir auf der Brücke an einem gelben Wagen vorbeifuhren, in welchem der Lama von Weimar behaglich neben seiner Schwiegertochter saß, welche, wie Du wissen wirst, ein entsetzliches Unglück zu Pferde oder vielmehr vom Pferde herunter hatte, sie war so zerstoßen und entstellt, daß allein ihr Mund mehrere Male genäht werden mußte – die Bekannten und Freunde wachten an ihrem Bett, der Lama aber, um sich keinen unangenehmen Eindruck zu machen, ließ ihr sagen, daß er sie erst sehen wollte, wenn sie hergestellt sein würde, und dann sollte sie das Kleid anlegen, was sie zuletzt, als sie bei ihm war, trug... *[5823]*

Amelie von Stein, Ehefrau von Carl von Stein (1765-1837).

Goethe in Gold

S. Boisserée an seinen Bruder Melchior

5. Juni 1826

Vorgestern um sieben Uhr habe ich erst von Goethe Abschied genommen, und gestern abend um acht Uhr war ich schon hier [in Frankfurt] im Schwanen. Ich hatte die größte Mühe, mich von dem Alten loszureißen; obschon ich die Abreise dreimal verschoben hatte, so bat er mich doch wiederholt, ich möchte bleiben. »Wir kommen so jung nicht mehr zusammen; Sie glauben nicht, wie wohltätig Ihr Besuch mir ist; es wird immer besser, je länger Sie da sind, verweilen Sie noch, überlegen Sie es.« Mit diesen und andern herzlichen Ausdrücken setzte er mir zu, als ich ihm am Donnerstag abend versicherte, daß die entscheidende Lage unserer Verhältnisse mich zur Rückkehr nach Frankfurt nötigte. Und ich kann Euch versichern, daß es mir sehr schwer wurde, den Platz auf dem Schnellwagen zu bestellen; wie gerne wäre ich dafür zum Alten gegangen und hätte gesagt: ich bleibe so lange, bis Sie über die Abreise selber entscheiden! Als ich vom Großherzog Abschied genommen hatte, und zu ihm kam, ergab er sich mit den Worten: »Ich traue Ihnen zu, lieber Sulpiz, daß Sie nicht anders können!«

Der Abschied endlich war so herzlich wie der Empfang, die Tränen traten dem herrlichen Greis in die Augen, und ich riß mich schnell aus seinen Armen mit dem Ausdruck des lebhaftesten Wunsches, ihn wieder zu sehen. Mein Gefühl widersprach diesem Wunsch nicht, es steigerte denselben vielmehr zur Hoffnung, denn das nicht bedenkliche Drüsenübel abgerechnet, ist der alte Herr noch so kräftig, daß er ein hohes Alter erreichen kann!

Der alte Freund hatte mir beim Abschied ein Päckchen mit der Weisung übergeben, dasselbe erst in Stuttgart zu eröffnen. Da ich noch lange nicht dahin zurückkehre, öffnete ich es hier, und fand darin mehrere Medaillen, darunter die seinige in Gold. [5851]

Alles schon dagewesen

F. v. Müller

24. Juni 1826

Herrlicher Sommerabend im Garten bei Goethe. Die Stadt-
musici spielten trefflich auf. Der neue Arzt Vogel, Riemer
und Coudray waren da, später der Sohn und noch die Ober-
kammerherrin. Als »Einsam bin ich, nicht alleine«, die herrliche, seelenvolle Melodie aus Preziosa von Weber gespielt
wurde, war Goethe unzufrieden. »Solche weichliche, senti-
mentale Melodien deprimieren mich; ich bedarf kräftiger
frischer Töne, mich zusammenzuraffen, zu sammeln. Napoleon, der ein Tyrann war, soll sanfte Musik geliebt haben;
ich, vermutlich weil ich kein Tyrann bin, liebe die rauschen-
den, lebhaften, heitren. Der Mensch sehnt sich ewig nach
dem, was er nicht ist.«

Als ich die Galopka einen Totentanz für die Damen genannt hatte, hielt er mir halb ernst-, halb scherzhaft einen
langen Strafsermon. Ebenso, als ich von Salvandys Diatriben
gegen die *Minister* sprach.

Die Langbeinischen Gedichte auf Haydn und Mozart
lobte er zwar, setzte aber hinzu: es sei alles, nur keine Poesie.

Als ich von der Behauptung des Journal des Débats sprach,
daß eine Melodie aus dem Freischütz Motive aus Rousseaus
Musik enthalte, schalt er solches Nachgrübeln von Paral-
lelstellen. Es sei ja alles, was gedichtet, argumentiert, gesprochen werde, allerdings schon dagewesen, aber wie könne
denn eine Lektüre, eine Konversation, ein Zusammenleben
bestehen, wenn man immer opponieren wolle: das habe ich
ja schon im Aristoteles, Homer und dergleichen gelesen.
Kurz, er war ziemlich negierend, ironisch, widersprechend.
Oben im Zimmer ging er noch ein Koenigsches Drama [Ot-
tos Brautfahrt] kritisch durch, das ihm Coudray mitgeteilt.

Im ganzen verwarf er es, obschon einzelne Schönheiten und Talent des Verfassers anerkennend. *[5864]*

Salvandys Diatriben: die Streitschrift »Le ministère et la France« von Narcisse Achille Comte de Salvandy (1795-1856), Paris 1824.
Langbeinischen Gedichte: »Sämtliche Gedichte« von August Friedrich Ernst Langbein (1757-1835).
Journal des Débats: französische Tageszeitung (gegründet 1789). Die erwähnte Behauptung steht in einer Rezension vom 28. Dezember 1824, in der jedoch nicht von Rousseau, sondern von Rossini (»Othello«) die Rede ist.

Der Dritte im Bunde mit Homer und Shakespeare

Fürst Pückler: Briefe eines Verstorbenen

1831

[Über seinen Besuch bei Goethe am 15. September 1826. Pückler als fiktiver Herausgeber der Briefe eines Freundes.] Diesen Abend stattete ich Goethe meinen Besuch ab. Er empfing mich in einer dämmernd erleuchteten Stube, deren *clair obscur* nicht ohne einige künstlerische Koketterie arrangiert war. Auch nahm sich der schöne Greis mit seinem Jupiters-Antlitz gar sittlich darin aus. Das Alter hat ihn nur verändert, kaum geschwächt, er ist vielleicht weniger lebhaft als sonst, aber desto gleicher und milder, und seine Unterhaltung mehr von erhabener Ruhe als jenem blitzenden Feuer durchdrungen, das ihn ehemals, bei aller Grandezza, wohl zuweilen überraschte. Ich freute mich herzlich über seine gute Gesundheit, und äußerte scherzend, wie froh es mich mache, unsern Geister-König immer gleich majestätisch und wohlauf zu finden. »O, Sie sind zu *gnädig*«, sagte er mit seiner immer noch nicht verwischten süddeutschen Weise, und lächelte norddeutsch, satirisch dazu, »mir einen solchen

Namen zu geben.« »Nein«, erwiderte ich, wahrlich aus vollem Herzen, »nicht nur König, sondern sogar Despot, denn Sie reißen ja ganz Europa gewaltsam mit sich fort.« Er verbeugte sich höflich, und befrug mich nun über einige Dinge, die meinen früheren Aufenthalt in Weimar betrafen, sagte mir dann auch viel Gütiges über M[uskau] und mein dortiges Streben, mild äußernd, wie verdienstlich er es überall finde, den Schönheitssinn zu erwecken, es sei auf welche Art es wolle, wie aus dem Schönen dann immer auch das Gute und alles Edle sich mannigfach von selbst entwickele, und gab mir zuletzt sogar, auf meine Bitte, uns dort einmal zu besuchen, einige aufmunternde Hoffnung. Du kannst Dir vorstellen, Liebste, mit welchem Empressement ich dies aufgriff, wenn es gleich nur eine *façon de parler* sein mochte. Im fernern Verlauf des Gesprächs, kamen wir auf Sir Walter Scott. Goethe war eben nicht sehr enthusiastisch für den großen Unbekannten eingenommen. »Er zweifle gar nicht«, sagte er, »daß er seine Romane schreibe, wie die alten Maler mit ihren Schülern gemeinschaftlich gemalt hätten, nämlich, *er* gäbe Plan und Hauptgedanken, das Skelett der Szenen an, lasse aber die Schüler dann ausführen, und retuschiere nur zuletzt.« Es schien fast, als wäre er der Meinung, daß es gar nicht der Mühe wert sei, für einen Mann von Walter Scotts Eminenz, seine Zeit zu so viel fastidieusen Details herzugeben.* »Hätte ich«, setzte er hinzu, »mich zu bloßem Gewinnsuchen verstehen mögen, ich hätte früher mit Lenz und andern, ja ich wollte noch jetzt Dinge anonym in die Welt schicken, über welche die Leute nicht wenig erstaunen, und sich den Kopf über den Autor zerbrechen sollten, aber am Ende würden es doch nur Fabrikarbeiten bleiben.« Ich äußerte später, daß es wohltuend für die Deutschen sei, zu se-

---

* Sir Walters offizielle Erklärung, daß alle jene Schriften von ihm allein seien, war damals noch nicht gegeben.

hen, wie jetzt unsere Literatur die fremden Nationen gleichsam erobere, und hierbei, fuhr ich fort, wird *unser* Napoleon kein Waterloo erleben.

»Gewiß«, erwiderte er, mein etwas fades Kompliment überhörend, »ganz abgesehen von unsern eignen Produktionen, stehen wir schon durch das Aufnehmen und völlige Aneignen des Fremden auf einer sehr hohen Stufe der Bildung. Die andern Nationen werden bald schon deshalb deutsch lernen, weil sie inne werden müssen, daß sie sich damit das Lernen fast aller andern Sprachen gewissermaßen ersparen können. Denn von welcher besitzen wir nicht die gediegensten Werke in vortrefflichen deutschen Übersetzungen? die alten Klassiker, die Meisterwerke des neueren Europas, indische und morgenländische Literatur, hat sie nicht alle der Reichtum und die Vielseitigkeit der deutschen Sprache wie der treue deutsche Fleiß und tief in sie eindringende Genius besser wiedergegeben, als es in andern Sprachen der Fall ist? Frankreich«, fuhr er fort, »hat gar viel seines einstigen Übergewichts in der Literatur dem Umstande zu verdanken gehabt, daß es am frühesten aus dem Griechischen und Lateinischen leidliche Übersetzungen lieferte, aber wie vollständig hat Deutschland es seitdem übertroffen!«

Im politischen Felde schien er nicht viel auf die so beliebten Konstitutions-Theorien zu geben. Ich verteidigte mich und meine Meinung indes ziemlich warm. Er kam hier auf seine Lieblings-Idee, die er mehrmals wiederholte, nämlich daß jeder nur darum bekümmert sein solle, in seiner speziellen Sphäre, groß oder klein, recht treu und mit Liebe fortzuwirken, so werde der allgemeine Segen auch unter keiner Regierungsform ausbleiben. Er für seine Person habe es nicht anders gemacht, und ich mache es in M[uskau] ja ebenfalls so, setzte er gutmütig hinzu, unbekümmert was andere Interessen geböten. Ich meinte nun freilich, mit aller Bescheidenheit, daß, so wahr und herrlich dieser Grundsatz sei, ich doch

glaube, eine konstitutionelle Regierungsform müsse ihn
eben erst recht ins Leben rufen, weil sie offenbar in jedem Individuum die Überzeugung größerer Sicherheit für Person
und Eigentum, folglich die freudigste Tatkraft und zugleich
damit die zuverlässigste Vaterlandsliebe begründe, hier-
durch aber dem stillen Wirken in eines jeden Kreise eben eine
weit solidere allgemeine Basis ge- geben wurde, und führte
endlich, vielleicht ungeschickt, England als Beleg für meine
Behauptung an. Er erwiderte gleich, das Beispiel sei nicht
zum besten gewählt, denn in keinem Lande herrsche eben
Egoismus mehr vor, kein Volk sei vielleicht wesentlich in-
humaner in politischen und Privat-Verhältnissen*, nicht von
außen herein durch Regierungsform käme das Heil, sondern
von innen heraus durch weise Beschränkung und bescheidene Tätigkeit eines jeden in seinem Kreise. Dies bleibe immer die Hauptsache zum menschlichen Glücke, und sei am
leichtesten und einfachsten zu erlangen.

Von Lord Byron redete er nachher mit vieler Liebe, fast wie
ein Vater von seinem Sohne, was meinem hohen Enthusiasmus für diesen großen Dichter sehr wohl tat. Er widersprach
unter anderm auch der albernen Behauptung, daß Manfred
eine Nachbetung seines Faust sei, doch sei es ihm allerdings
als etwas Interessantes aufgefallen, daß er, daß Byron unbe-
wußt sich derselben Maske des Mephistopheles wie er bedient habe, obgleich freilich Byron sie ganz anders spielen
lasse. Er bedauerte es sehr, den Lord nie persönlich kennen
gelernt zu haben, und tadelte streng, und gewiß mit dem
höchsten Rechte, die englische Nation, daß sie ihren großen
Landsmann so kleinlich beurteile und im allgemeinen so wenig verstanden habe. Doch hierüber hat sich Goethe so genü-
gend und schön öffentlich ausgesprochen, daß ich nichts

---

* Hier habe ich meinen Freund fast in Verdacht, daß er Goethen
nur seine eigene Meinung in den Mund gelegt hat.

weiter hinzuzufügen brauche. Ich erwähnte zuletzt der Aufführung des Faust auf einem Privattheater zu Berlin, mit Musik vom Fürsten Radzivill, und lobte den ergreifenden Effekt
einiger Teile dieser Darstellung. »Nun«, sagte Goethe gravi-
tätisch, »es ist ein eigenes Unternehmen, aber alle Ansichten
und Versuche sind zu ehren.«

Ich grolle meinem schlechten Gedächtnis, daß ich mich
nicht mehr aus unsrer ziemlich belebten Unterhaltung eben
erinnern kann. Mit hoher Ehrfurcht und Liebe verließ ich
den großen Mann, den dritten im Bunde mit Homer und
Shakespeare, dessen Name unsterblich glänzen wird, solange deutsche Zunge sich erhält, und wäre irgend etwas von
Mephistopheles in mir gewesen, so hätte ich auf der Treppe
gewiß auch ausgerufen:

Es ist doch schön von einem großen Herrn,
mit einem armen Teufel so human zu sprechen. *[5899]*

Hermann Ludwig Heinrich Fürst von Pückler-Muskau (1785-
1871).
»Es ist doch schön...«: richtig »Es ist gar hübsch von einem
großen Herrn, / So menschlich mit dem Teufel selbst zu sprechen«
(Faust I, Prolog im Himmel).

Wie ein Audienz gebender Monarch

F. Grillparzer: Selbstbiographie

1854

Endlich [am 29. September 1826] kam ich nach Weimar und
kehrte in dem damals in ganz Deutschland bekannten Gasthofe zum Elephanten, gleichsam dem Vorzimmer zu Weimars lebender Walhalla, ein. Von da sandte ich den Kellner
mit meiner Karte zu Goethe und ließ anfragen, ob ich ihm
aufwarten dürfe. Der Kellner brachte die Antwort zurück:

der Herr Geheimrat habe Gäste bei sich und könne mich daher jetzt nicht sehen. Er erwarte mich für den Abend zum Tee.

Ich aß im Gasthause, durch meine Karte war mein Name bekannt geworden, und der Geruch desselben verbreitete sich in der Stadt, so daß es an Bekanntschaften nicht fehlte.

Gegen Abend ging ich zu Goethe. Ich fand im Salon eine ziemlich große Gesellschaft, die des noch nicht sichtbar gewordenen Herrn Geheimrats wartete. Da sich darunter – und das waren eben die Gäste, die Goethe Mittags bei sich hatte – ein Hofrat Jakob oder Jakobs mit seiner ebenso jungen als schönen und ebenso schönen als gebildeten Tochter befand, derselben, die sich später unter dem Namen Talvj einen literarischen Ruf gemacht hat, so verlor sich bald meine Bangigkeit, und ich vergaß im Gespräche mit dem liebenswürdigen Mädchen beinahe, daß ich bei Goethe war. Endlich öffnete sich eine Seitentüre, und er selbst trat ein. Schwarzgekleidet, den Ordensstern auf der Brust, gerader, beinahe steifer Haltung, trat er unter uns wie ein Audienz gebender Monarch. Er sprach mit diesem und jenem ein paar Worte und kam endlich auch zu mir, der ich an der entgegengesetzten Seite des Zimmers stand. Er fragte mich, ob bei uns die italienische Literatur sehr betrieben werde? Ich sagte ihm der Wahrheit gemäß, die italienische Sprache sei allerdings sehr verbreitet, da alle Angestellten sie vorschriftsgemäß erlernen müßten. Die italienische Literatur dagegen werde völlig vernachlässigt, und man wende sich aus Modeton vielmehr der englischen zu, welche, bei aller Vortrefflichkeit, doch eine Beimischung von Derbheit habe, die für den gegenwärtigen Zustand der deutschen Kultur, vornehmlich der poetischen, mir nichts weniger als förderlich scheine. Ob ihm diese meine Äußerung gefallen habe oder nicht, kann ich nicht wissen, glaube aber fast letzteres, da gerade damals die Zeit seines Briefwechsels mit Lord Byron war. Er entfernte sich von mir, sprach mit andern, kam wieder zu mir zurück, redete, ich weiß nicht mehr von was, entfernte sich endlich, und wir waren entlassen.

Ich gestehe, daß ich mit einer höchst unangenehmen Empfindung in mein Gasthaus zurückkehrte. Nicht als wäre meine Eitelkeit beleidigt gewesen. Goethe hatte mich im Gegenteile freundlicher und aufmerksamer behandelt, als ich voraussetzte. Aber das Ideal meiner Jugend, den Dichter des Faust, Clavigo und Egmont, als steifen Minister zu sehen, der seinen Gästen den Tee gesegnete, ließ mich aus all meinen Himmeln herabfallen. Wenn er mir Grobheiten gesagt und mich zur Türe hinausgeworfen hätte, wäre es mir fast lieber gewesen. Ich bereute fast, nach Weimar gegangen zu sein.

Demnach beschloß ich, den nächstfolgenden Tag zur Besichtigung der Merkwürdigkeiten Weimars zu verwenden, und bestellte im Gasthaus die Pferde für übermorgen. *[5908]*

Franz Grillparzer (1791-1872), österreichischer Dramatiker.
Zeit seines Briefwechsels mit Lord Byron: Irrtum, Byron war zwei Jahre zuvor gestorben.

Ich brach in Tränen aus

F. Grillparzer: Selbstbiographie

1854

Des nächsten Vormittags kamen Besuche aller Art, darunter der freundliche und ehrenhafte Kanzler Müller, vor allen aber mein Landsmann, der seit mehreren Jahren in Weimar angestellte Kapellmeister Hummel... Während wir den Besuch einzelner Merkwürdigkeiten Weimars verabredeten und Kanzler Müller, der meine Herabstimmung bemerkt haben mochte, mir versicherte, die Steifheit Goethes sei nichts als eigene Verlegenheit, so oft er mit einem Fremden das erstemal zusammentreffe, trat der Kellner ein und brachte eine Karte mit der Einladung zum Mittagmahl bei Goethe für den nächstfolgenden Tag. Ich mußte daher meinen Aufenthalt verlängern und bestellte die bereits für morgen besprochenen Pferde ab...

Endlich kam der verhängnisvolle Tag [1. Oktober] mit seiner Mittagsstunde, und ich ging zu Goethe. Die außer mir geladenen Gäste waren schon versammelt, und zwar ausschließlich Herren, da die liebenswürdige Talvj schon am Morgen nach jenem Tee-Abend mit ihrem Vater abgereist, und Goethes Schwiegertochter, die mir mit ihrer frühgeschiedenen Tochter später so wert geworden ist, damals von Weimar abwesend war. Als ich im Zimmer vorschritt, kam mir Goethe entgegen und war so liebenswürdig und warm, als er neulich steif und kalt gewesen war. Das Innerste meines Wesens begann sich zu bewegen. Als es aber zu Tische ging und der Mann, der mir die Verkörperung der deutschen Poesie, der mir in der Entfernung und dem unermeßlichen Abstande beinahe zu einer mythischen Person geworden war, meine Hand ergriff, um mich ins Speisezimmer zu führen, da kam einmal wieder der Knabe in mir zum Vorschein, und ich brach in Tränen aus. Goethe gab sich alle Mühe, um meine Albernheit zu maskieren. Ich saß bei Tisch an seiner Seite, und er war so heiter und gesprächig, als man ihn, nach späterer Versicherung der Gäste, seit langem nicht gesehen hatte. Das von ihm belebte Gespräch ward allgemein. Goethe wandte sich aber auch oft einzeln zu mir. Was er aber sprach, außer einem guten Spaß über Müllners Mitternachtsblatt, weiß ich nicht mehr. Ich habe leider über diese Reise nichts aufgeschrieben... ich habe von diesem, ich hätte bald gesagt: wichtigsten Moment meines Lebens, nichts als die allgemeinen Eindrücke im Gedächtnis behalten. Von den Tisch-Ereignissen ist mir nur noch als charakteristisch erinnerlich, daß ich im Eifer des Gespräches, nach löblicher Ge-

wohnheit, in dem neben mir liegenden Stücke Brot krümelte
und dadurch unschöne Brosamen erzeugte. Da tippte denn
Goethe mit dem Finger auf jedes einzelne und legte sie auf ein
regelmäßiges Häufchen zusammen. Spät erst bemerkte ich es
und unterließ denn meine Handarbeit.

Beim Abschied forderte mich Goethe auf, des nächsten
Vormittags zu kommen, um mich zeichnen zu lassen. Er
hatte nämlich die Gewohnheit, alle jene von seinen Be-
suchern, die ihn interessierten, von einem eigens dazu be-
stellten Zeichner in schwarzer Kreide porträtieren zu lassen.
Diese Bildnisse wurden in einen Rahmen, der zu diesem
Zwecke im Besuchszimmer hing, eingefügt und allwochent-
lich der Reihe nach gewechselt. Mir wurde auch diese Ehre
zuteil. *[5910]*

der verhängnisvolle Tag: d. h. der schicksalhafte Tag.
   Goethes Schwiegertochter: die später lange in Wien lebte.

Halb wie ein König, halb wie ein Vater

F. Grillparzer: Selbstbiographie

1854

Als ich mich des anderen Vormittags [2. Oktober] einstellte,
war der Maler noch nicht gekommen. Man wies mich daher
zu Goethe, der in seinem Hausgärtchen auf- und niederging.
Nun wurde mir die Ursache seiner steifen Körperhaltung
gegenüber von Fremden klar. Das Alter war nicht spurlos an
ihm vorübergegangen. Wie er so im Gärtchen hinschritt, bemerkte man wohl ein gedrücktes Vorneigen des Oberleibs
mit Kopf und Nacken. Das wollte er nun vor Fremden verbergen und daher jenes gezwungene Emporrichten, das eine
unangenehme Wirkung machte. Sein Anblick in dieser
natürlichen Stellung, mit einem langen Hausrock bekleidet,

ein kleines Schirm-Käppchen auf den weißen Haaren, hatte etwas unendlich Rührendes. Er sah halb wie ein König aus und halb wie ein Vater. Wir sprachen im Auf- und Niedergehen. Er erwähnte meiner Sappho, die er zu billigen schien, worin er freilich gewissermaßen sich selbst lobte, denn ich hatte so ziemlich mit seinem Kalbe gepflügt. Als ich meine vereinzelte Stellung in Wien beklagte, sagte er, was wir seitdem gedruckt von ihm gelesen haben: daß der Mensch nur in Gesellschaft Gleicher oder Ähnlicher wirken könne. Wenn er und Schiller das geworden wären, als was die Welt sie anerkennt, verdankten sie es großenteils dieser fördernden und sich ergänzenden Wechselwirkung. Inzwischen kam der Maler. Wir gingen ins Haus, und ich wurde gezeichnet. Goethe war in sein Zimmer gegangen, von wo er von Zeit zu Zeit herauskam und sich von den Fortschritten des Bildes überzeugte, mit dem er nach der Vollendung zufrieden war. Nach Verabschiedung des Malers ließ Goethe durch seinen Sohn mehrere Schaustücke von seinen Schätzen herbeibringen. Da war sein Briefwechsel mit Lord Byron; alles, was sich auf seine Bekanntschaft mit der Kaiserin und dem Kaiser von Östreich in Karlsbad bezog; endlich das kaiserlich östreichische Privilegium gegen den Nachdruck für seine gesammelten Werke. Auf letzteres schien er große Stücke zu halten, entweder weil ihm die konservative Haltung Östreichs gefiel, oder, im Abstich der sonstigen literarischen Vorgänge in diesem Lande, als Kuriosum. Diese Schätze waren, halb orientalisch jedes Zusammengehörige einzeln, in ein seidenes Tuch eingeschlagen, und Goethe benahm sich ihnen gegenüber mit einer Art Ehrfurcht. Endlich wurde ich aufs liebevollste entlassen.

Im Laufe des Tages forderte mich Kanzler Müller auf, gegen Abend Goethe zu besuchen. Ich würde ihn allein treffen und mein Besuch ihm durchaus nicht unangenehm sein.

Erst später fiel mir auf, daß Müller das nicht ohne Goethes Vorwissen gesagt haben konnte.

Nun begab sich meine zweite Weimarische Dummheit. Ich fürchtete mich, mit Goethe einen ganzen Abend allein zu sein, und ging, nach manchem Wanken und Schwanken, nicht hin.

Diese Furcht bestand aus mehreren Elementen...

Wie nun immer, ich ging nicht hin, und das hat Goethen verstimmt... Er war von da an viel kälter gegen mich. *[5911]*

meiner Sappho: Das Trauerspiel war in Wien 1819 erschienen.

ich wurde gezeichnet: Johann Joseph Schmeller (1796-1841), Hofmaler in Weimar, zeichnete seit 1824 im Auftrag Goethes über 130 Portraits seiner Freunde und prominenten Besucher.

Freundlich aber abgekühlt

F. Grillparzer: Selbstbiographie

1854

Als ich am vierten Tage meines Aufenthalts [3. Oktober] von Goethe Abschied nahm, war er freundlich, aber abgekühlt. Er wunderte sich, daß ich schon so früh Weimar verlasse, und fügte hinzu, daß, wenn ich später von mir Nachricht geben wolle, es sie sämtlich erfreuen werde. Also »sie« in vielfacher Zahl, nicht ihn. Er ist mir auch in der Folge nicht gerecht geworden, insofern ich mich nämlich denn doch, trotz allem Anstande, für den Besten halte, der nach ihm und Schiller gekommen ist. Daß das alles meine Liebe und Ehrfurcht für ihn nicht vermindert hat, brauche ich wohl nicht zu sagen.

Am Tage meiner Abreise gab mir das sämtliche Weimar einen Abschiedsschmaus, zu dem Goethe auch seinen Sohn hinausgeschickt hatte. *[5913]*

Die Augen werden viel Unheil anrichten

Jenny v. Pappenheim: Erinnerungen

Im November 1826 kam ich nach Weimar zurück; schüchtern, mit hochklopfendem Herzen, erschien ich [am 11. November] vor Goethe, der meine Mutter und mich im Aldobrandinizimmer mit großer Freundlichkeit empfing. Ich sehe ihn noch vor mir, nicht allzu groß und doch größer erscheinend als andere, mit jener Jupiterstirn, die ich am vollendetsten in der von Bettina gezeichneten Statue wiederfinde, die unser Museum schmückt, während seine Augen durch Stieler am besten wiedergegeben sind. Auch mich sehe ich noch im rosa Kleid und grünen Spenzer, unter einem großen, runden Hut heiß errötend bei seinem kräftigen Händedruck. Ich brachte keinen Ton über die Lippen, obgleich er mich, wie er es gern bei jungen Mädchen tat, mit »Frauenzimmerchen« und »mein schönes Kind« ermutigte; erst als er lächelnd sagte: »Die Augen werden viel Unheil anrichten«, ermannte ich mich zu der verwunderten Frage: »Warum denn gerade Unheil?« *[5922]*

Jenny von Pappenheim (1811-1890), uneheliche Tochter von Jérôme Bonaparte und Diana von Pappenheim.

So jung nicht wieder zusammen

W. v. Humboldt an seine Frau

25. Dezember 1826

Ich war [am 24. Dez.] bis 8 bei Goethe, dann beim Großherzog zum Abend. Goethe schien sich um den Christabend seiner Enkel nicht zu bekümmern, der Herzog hatte es getan, war aber um 8 fertig.

Mein Leben macht sich hier recht gut, ja viel besser, als ich vermutet hatte. Ich sagte Dir schon, daß Goethe mir so ungemein freundlich entgegengekommen war. Er ist auch in allem übrigen ebenso, und die Steifheit, die ihn immer nach langem Wiedersehen doch anwandelt, das Bemühen, einem Leute zu bitten und Sachen zu zeigen, war nach dem ersten Tage vergangen. Gestern und heute war ich allein mit ihm in seiner Hinterstube, die er auch sonst bewohnt, und wenn jemand kam, ging er vor, ihn anzunehmen, und gab mir etwas bei sich zu lesen. Er spricht sogar viel mehr und viel zusammenhängender als sonst, und wie er vorgestern äußerte, daß er doch für ein so langes Leben wenig getan und hervorgebracht, ward dies Anstoß zu einem langen und sehr interessanten Gespräch über seine Art zu sein und zu arbeiten ...

Ich will am Neujahrstag nach Rudolstadt gehen, allein vielleicht werde ich ein paar Tage länger hier gehalten. Goethe hat mich schon sehr gebeten. Er sagt: »Man kommt so jung nicht wieder zusammen«, was für unser beiderseitiges Alter ein eigener Ausdruck ist. [5926]

Seine Stimme hat durch das Alter verloren

W. v. Humboldt an seine Frau

26. Dezember 1826

Mit Goethe habe ich nun seine »Helena« ganz durchgelesen. Er selbst hat sie mir von einem Ende zum anderen vorgelesen. Leider aber hat seine Stimme doch durch das Alter sehr verloren, so daß es ihr manchmal selbst an Deutlichkeit fehlt.

Die »Helena« macht eine Episode im »Faust«. Sie ist aber so abgeschlossen für sich, daß sie jetzt allein gedruckt werden wird ...

Das Sonderbarste, und was man an sich nicht raten würde,

ist, daß Faust und Helenas Sohn Lord Byron ist, der als wilder Knabe herankommt, vor den Augen der Zuschauer zum Jüngling heran wächst, und endlich, weil er im Griechenkrieg überkühne Flüge machen will, wie Ikarus versengt auf den Boden fällt. Genannt ist er nicht, auch so wenig bezeichnet, daß wenigstens ich ihn nicht erraten habe, aber wenn man weiß, daß er gemeint ist, so paßt alles und wunderschön auf ihn. Von dem Ende der »Helena« an ist der »Faust« jetzt, wie mir Goethe sagt, so gut als fertig. *[5927]*

Goethe ißt doch ziemlich stark

W. v. Humboldt an seine Frau

29. Dezember 1826

Heute nachmittag habe ich bei Goethe Schillers Schädel gesehen. Goethe und ich – Riemer war noch dabei – haben lange davor gesessen, und der Anblick bewegt einen gar wunderlich. Was man lebend so groß, so teilnehmend, so in Gedanken und Empfindungen bewegt vor sich gesehen hat, das liegt nun so starr und tot wie ein steinernes Bild da. Goethe hat den Kopf in seiner Verwahrung, er zeigt ihn niemand. Ich bin der einzige, der ihn bisher gesehen, und er hat mich sehr gebeten, es hier nicht zu erzählen.

Zuerst mußt Du wissen, daß man den Kopf nicht absichtlich vom Rumpf getrennt hat. Die oberen Särge hatten in dem Gewölbe, wo Schiller vorläufig hingestellt war, die unteren zerbrochen. Das Gewölbe war außerdem feucht gewesen. So waren die Gebeine der einzelnen Begrabenen auseinandergegangen und lagen entblößt. Man suchte nach den Schillerschen und fand das ganze Skelett bis auf einige Teile. Goethe nahm nur den Schädel und ließ die übrigen Gebeine in der Bibliothek in einen Kasten niederlegen. Da sollen diese ruhen, bis er selbst stirbt. Dann hat er auf dem neuen Kirchhof, wo sich auch der Großherzog eine Familiengruft errichtet hat, eine Gruft neben dieser zurichten lassen. In dieser will dann er mit Schiller begraben sein. Ob man den Schädel auch in die Gruft tut, überläßt er dann den Übrigbleibenden. Jetzt liegt er auf einem blausamtenen Kissen; und es ist ein gläsernes Gefäß darüber, das man aber abnehmen kann. Man kann sich wirklich an der Form dieses Kopfes nicht satt sehen. Wir hatten einen Gipsabguß von Raffaels Schädel daneben. Der letztere ist regelmäßiger, gehaltener, in ganz gleich verteilter Wölbung. Aber der Schillersche Kopf hat etwas Größeres, Umfassenderes, mehr auf einzelnen Punkten sich ausdehnend und entfaltend, neben anderen, wo Flächen oder Einsenkungen sind. Es ist ein unendlich ergreifender Anblick, aber doch ein sehr merkwürdiger.

Daß man bei der Niederlegung des Kopfes Reden gehalten, daß Schillers Sohn dabei tätig gewesen ist, alles das ist gegen Goethes Absicht geschehen, der auch keinen Teil daran genommen. Er ist vielmehr den Tag verreist. Goethes Absicht ist allein gewesen, die Gebeine und besonders den Schädel herauszufinden, hervorzusondern von den übrigen, die durch eine Art Nachlässigkeit im Gewölbe vermischt lagen, und sie schicklich und anständig aufzubewahren, bis man sie der Erde auf eine angemessene Weise zurückgeben könnte...

Goethe spricht von seinem eigenen Tode mit einer großen Ruhe und Gelassenheit, mit mehr selbst, als ich erwartet hätte. Ich glaube aber, daß glücklicherweise der Zeitpunkt noch weit entfernt ist. Er hat eigentlich weder Krankheit noch Krankheitsstoff, wie es scheint. Ein großer Beweis dafür ist, daß er, der sonst so regelmäßig ein Bad besuchte, jetzt ohne allen Schaden nun schon zwei- oder gar dreimal die Kur unterlassen hat. Er ist kräftig, heiter und sehr produktiv, auch an allem mehr oder weniger Anteil nehmend. Er hatte eine Geschwulst der Ohrdrüse *(parotis)*, die aufging und mehrere Monate lang in Eiterung geblieben ist. Man glaubt, daß ihm dies heilsam geworden ist, und merkwürdig ist es, daß, da man alles tat, um ein Zuheilen absichtlich zu verhindern, das Geschwür sich von selbst geschlossen und die Eiterung nach und nach aufgehört, und daß er auch davon keinen Nachteil gespürt hat. Alle seine Sinne sind noch von gewohnter Schärfe. Zu seiner Erhaltung trägt wohl ein junger verständiger Arzt bei, von dem ich Dir schon geschrieben zu haben glaube. Er heißt Vogel... Er wirkt weniger durch Arzneien bei Goethe und vorzüglich auch beim Großherzog, als dadurch, daß er sich bei beiden Vertrauen und ärztliche Autorität verschafft hat, und nun beide eine bessere Diät führen läßt, sowohl im Essen und Trinken, als in täglicher, aber mäßiger Bewegung. Der Großherzog hatte sich besonders an vieles Medizinieren gewöhnt.

Goethe ißt indes doch ziemlich stark. Im Lauf des Vormittags trinkt er ein großes Wasserglas Wein und ißt Brot dazu, und am Weihnachtsfeiertag sah ich ihn des Morgens eine solche Portion Napfkuchen zu dem Wein verzehren, daß es mich wirklich wunderte...

Von Riemer schrieb ich Dir, glaube ich, noch gar nicht, obgleich er mir immer Grüße und Empfehlungen für Dich aufträgt. So verhäßlicht in den Zügen hat sich kein Mensch. Alles ins Breite, Stiere und Schlaffe übergegangen. Unglaublich und bedauernswürdig. Aber man mag wohl selbst so werden, ohne daß man es weiß. Goethe hat mich zeichnen lassen und findet die Zeichnung sehr ähnlich und unverbesserlich. *[5930]*

Sein Haus sieht ziemlich rumplig aus

F. Th. Kugler an J. G. Droysen

5. Mai 1827

Am Morgen kehrte ich in Weimar im Weißen Schwan, neben Goethe, ein, frühstückte und säuberte mich, band über den Ausschlag, der mir schon das ganze Kinn bedeckte (und noch jetzt noch immer nicht ganz schwinden will) eine gewaltige Binde und noch gewaltigern Vatermörder, und ging zuerst zu dem Dr. Eckermann, an den mich Stieglitz empfohlen. Von da zum Alten; Du magst mich begleiten. Sein Haus sieht von außen ziemlich rumplig aus, wie der Sitz irgend eines Collegiums. Auf dem Flur linker Hand ist das Zimmer eines feinen Bedienten, dem du dein Anliegen vorbringst; er nimmt dir den Brief ab, erkennt an der Leier auf dem Siegel, daß er vom alten Zelter geschrieben ist, und eilt die Treppe hinauf. Derweil Goethe den Brief liest, hast du Zeit, dir die bronzierten und bestaubten Gipsabgüsse von Antiken, die unten in einigen Nischen stehen, zu betrachten. Der Bediente erscheint wieder und verneigt sich winkend. Du folgst ihm hinauf und durch ein Entree, in welchem mancherlei Sachen stehn und hängen, die du aber aus Mangel an Zeit nicht in Augenschein nehmen kannst. Er öffnet die Tür eines schönen großen Zimmers; auf der Schwelle empfängt dich, statt Fausts Pentagramma, ein großes, schon etwas abgetretenes SALVE. Du wirst gebeten, einige Augenblicke zu verziehen, und beschaust dir das Zimmer. Gipsabgüsse des kolossalen Jupiter und Junokopfes und anderer Antiken, an den Wänden eine Menge Zeichnungen von Antiken, Landschaften und Porträts, darunter Zelter, meisterhaft gezeichnet, aber, ich glaube, nicht so charakteristisch aufgefaßt wie in meinen paar Strichen. In einem Schrank liegen Mappen, Kupferstich- oder Handzeichnung-Sammlungen. Der Meister erscheint: Devrient als Lear, der König von Thule. Eine hohe, edle Gestalt, nicht gebückt, im braunen Überrock, den Kragen ein wenig phantastisch geschnitten und niederhängend. Das Gesicht ist edel, nicht so verfallen, als du glaubtest, die Farbe dunkel, braunrot, die Nase groß, aber nicht lang, über der gewaltigen jovischen Stirn heben sich weiße Haare, um den Mund spielt ein eignes Lächeln. Sehr wohl getroffen ist die Büste von Rauch*, die ich kurz hernach im Gipsabguß auf der Bibliothek sah; der Steindruck mit seinem Faksimile ist ähnlich, aber er stellt nur den alten Mann, nicht den Dichterkönig dar. Über die jüngeren Darstellungen kann ich nicht weiter urteilen. Er lädt dich ein, neben ihm auf dem Sofa Platz zu nehmen, spricht mir dir über dies und das, wie du sonst schon bei Visiten auf der Reise gewohnt bist; nur bricht er überall schnell ab mit einem fast ängstlichen: »*So, so, na schön,* und von hier gehen Sie usw.« Du zeigst ihm die Skizze von Zelters Profil; er spricht darüber ein paar allgemeine Worte, freut sich, dich kennen gelernt zu haben, über welches ganz gewöhnliche Kompliment du alle Kontenance verlierst und dich schnell empfiehlst. Daß dein Besuch kurz, die Unterredung von gleichgültigen Gegenständen war, wird dich nicht weiter befremden; du wirst aber die gewaltige königliche Erscheinung nicht so leicht aus Sinn und Gedanken zu bannen vermögen. *[5966]*

Franz Th. Kugler (1808-1858), Kunstkritiker und Schriftsteller.

vom alten Zelter: »Ein junger Archäolog oder so was, der auch zeichnet, musikalisch und von guter Baßstimme ist, hat sich zutulich gegen mich erwiesen, daß ich ihm wieder muß zugetan sein. Er heißt Kugler, ist ein Pommer, hat die hiesige Universität gebraucht und geht nun über Thüringen nach Heidelberg. Kannst Du ihm eine Viertelstunde gewähren, so mag er Dir unsere Karfreitagsmusik be-

---

* nach welcher das schlechte Gemälde von Kolbe auf der Ausstellung war

schreiben, wobei er tätig und auch nützlich gewesen« (Zelter an Goethe, 15. April 1827).

Gemälde von Kolbe: Heinrich Kolbe (1771-1836) hat Goethe dreimal portraitiert. Das von Kugler erwähnte Bild ist zwischen 1822 und 1826 entstanden und zeigt Goethe in ganzer Figur vor der Bucht von Neapel (im Besitz der Universität Jena). »Ich für meine Person finde es nicht erfreulich«, schrieb Goethe am 15. September 1826 an Heinrich Meyer.

Der Alte trank nicht wenig

K. v. Holtei: Vierzig Jahre

1844

Der Morgen [des 5. Mai 1827] brach an, aber er wollte nicht vergehen. Die Langeweile der Ungeduld macht' ihn für mich zu einem Jahre. Während ich nun mit mir selbst kapitulierte, wie ich mich bei Goethe einführen und wie ich am besten vermeiden könnte, eine gar zu alberne Figur zu machen, erinnerte ich mich plötzlich, daß ich ihm schon früher einige meiner versifizierten Versuche zugesendet, und daß er mir durch unsern Wolff, sein ehemaliges theatralisches Schoßkind, einige majestätisch-huldreiche Floskeln über das kleine Versspiel »Die Farben« hatte zustellen lassen. Er hatte, von meinen Arbeiten mit jenem redend, den bezeichnenden Ausdruck gebraucht: dieser Mensch ist so eine Art von Improvisator auf dem Papiere; es scheint ihm sehr leicht zu werden, aber er sollte sich's nicht so leicht machen! – Vielleicht, dacht' ich, gibt das den Anknüpfungspunkt für ein Gespräch? – denn meine Angst, daß er nicht reden werde (man hatte mir in Weimar zugeflüstert, er gäbe bisweilen, wenn er übler Laune sei, dergleichen stumme Audienzen!), war fürchterlich. Und mit dieser Angst macht' ich mich fünf Minuten vor 11 Uhr in Gottesnamen auf den Weg, – eigentlich in mir selbst noch nicht ganz sicher, ob ich nicht schleunigst umkehren, mich krank melden lassen und mit Extrapost abreisen solle.

Es schlug 11 Uhr, als ich im Empfangszimmer stand, und ich blieb, nachdem der Diener mich hineingeschoben, einige Minuten mir selbst überlassen. Die schlechteste Gesellschaft, in der ich bleiben konnte, denn ich fühlte mich von einem Moment zum andern immer dümmer werden. Jede Spur von Begeisterung erlosch; die feierliche Rührung, die ich vorher empfunden bei dem bloßen Gedanken, daß ich den Dichter des Götz, der Iphigenia, des Wilhelm Meister, von Angesicht sehen würde, machte bornierter Verlegenheit Raum; mir war, als hätt' ich Geschäfte bei einem wirklichen Geheimen-Ober-Regierungsrate im Departement der außerordentlichen Steuern und Abgaben.

»Nun, so ist es mir denn lieb, daß ich Sie auch einmal zu sehen bekomme!« – mit diesen Worten trat er ein und nahm, nachdem er mich zum Sitzen genötigt, neben mir Platz.

Verbindliche und möglichst schön-gestellte Redensarten von meiner Seite schienen keinen Eindruck zu machen; wenigstens lockten sie keine Erwiderung hervor. Er führte den, in irgend einem Wohlgeruch gebadeten, Zipfel seines weißen Tuches von Zeit zu Zeit an die Nase und ließ mich sprechen. Drei- oder viermal erneute ich den Angriff; immer prallt' ich, wie von einer steinernen Mauer, wieder ab. Je geistreicher ich zu sein mir Mühe gab, desto abgeschmackter mag ich ihm wohl geschienen haben; denn es dämmert in mir selbst so etwas vom Bewußtsein eigener Gebrechlichkeit auf. Ein guter Geist gab mir die Erinnerung ein, daß ich in Paris den Duvalschen »Tasso« spielen sehen; den macht' ich zu meinem Zauberstabe, – und siehe da, der Fels gab Wasser. »Aus Paris kommen Sie? Und was machen unsre Freunde, die Globisten?« – (Mitarbeiter an dem Journal »Le Globe«.) – Auf diese Frage wußt' ich freilich verzweifelt wenig zu antworten, aber da sie andere Fragen erzeugte, in deren Beantwortung ich besser bestand, so kam doch bald einiges Leben in die einsame Stunde. Ich fühlte wieder Grund und Boden unter meinen Füßen. Je mehr ich mich gehen ließ, meinem natürlichen Wesen getreu, ohne weitere Ansprüche auf zarten Ausdruck, desto lebendiger wurde der alte Herr. Einige Male tat er, als ob er lachen wollte. Und als ich ihm erzählte, daß ein französischer Kritiker, nach Aufführung des Duvalschen Tasso geschrieben hätte: »Monsieur Alexandre Duval, en estropiant le Tasse de Schiller«, da lachte er wirklich. So wurde denn aus den zehn Minuten, die ich mir als längste Audienzfrist geträumt hatte, eine rasch genug durchplauderte Stunde. Als es zwölf Uhr schlug, erhob er sich und sprach: »Wenn der Berg nicht zum Propheten kommt, so muß der Prophet zum Berge kommen« – (oder sprach er umgekehrt? ich weiß es wahrlich nicht!) – »Da ich nicht mehr zu Hofe gehe, so erweisen die höchsten Herrschaften *mir* die Gnade; – also will es sich ziemen, dieselben zu empfangen!« Dabei gab er mir ein Entlassungszeichen, welches ich, da ich nun erst in Zug gekommen war und gern noch weiter geplaudert hätte, wahrscheinlich mit sehr unzufriedener oder betrübter Miene aufnahm. Als ich schon an der Ausgangstür stand, rief er, als ob er bemerkt hätte, wie schwer mir das Scheiden wurde, mich noch einmal zurück und sagte: »Wollen Sie mit uns speisen, so werden Sie um 2 Uhr willkommen sein!«

Wie ein Abiturient, dem der Gymnasial-Direktor zugeflüstert hat, daß er Nummer 1 mit Auszeichnung bekommen werde, so vergnügt sprang ich über die Schwelle der Haustüre den bunten Teppich, welcher bereits den Prinzessinnen zu Ehren dort ausgebreitet lag, kaum berührend; und als ich die mit Isabellen bespannte Hofkarosse um die Ecke biegen sah, grüßte ich so verklärt, triumphierend und Hut schwenkend in den Wagen hinein, daß die darin sitzenden Hoheiten mich zweifelsohne für einen Narren gehalten haben.

Goethes Schwiegertochter, Ottilie, war unpäßlich; statt ihrer erschien deren Schwester, Fräulein Ulrike von Pogwisch, bei Tafel. Außer August von Goethe waren noch ein paar Herren zugegen, – meines Bedünkens der Kanzler von Müller und Prof. Riemer. Der Alte sprach viel und trank nicht wenig. Die Unterhaltung war lebhaft, ungezwungen und ohne Prätention. Das Dessert stand noch nicht auf dem Tische, als ich mich schon vollkommen eingebürgert sah. Ich redete, was mir in den Sinn kam, ohne Bedenken, ob es in Goethes Kram tauge, oder nicht. Dies Verfahren beobachtete ich bei späterem Aufenthalte, wo ich häufig, auch in größerer Gesellschaft dort speiste, unerschütterlich und kam damit am besten fort. Denn ob ich mir gleich bisweilen – (wie man sich auszudrücken pflegt:) – das Maul verbrannte, entging ich doch dem Vorwurf der Ziererei, den so viele in ähnlicher Lage auf sich geladen haben. Gegen Ende der Tafel traten die »Enkel«, Walther und Wolf, zwei muntere Knaben, ein und gaben, vom Großvater aufgemuntert, allerlei Schwänke zum besten. Unter andern sangen sie auch einige Lieder aus meinen auf der Bühne gegebenen Stücken. Der Alte sagte dann, indem er ihnen Näschereien reichte: »Nun, seht euch einmal diesen Mann an; das ist der, welcher das dumme Zeug gemacht hat!« *[5967]*

Karl Eduard von Holtei (1798-1880), Schriftsteller.

Ich benetzte seine Hand mit Tränen der Freude

J. K. Bähr an seine Braut

19. Mai 1827

Der Nachmittag war kalt, und dicker Nebel bedeckte die Gegend zwischen Jena und Weimar. Ich lernte nichts mehr kennen als die schmutzige Chaussee, die ich im Sturmschritt bis Weimar treten mußte. Dort wohnten wir im Oberstübchen des Erbprinzen und machten unsere Vorbereitungen zu dem wichtigen Besuch des folgenden Tages.

Am Morgen des 14. [Mai]: Wagner äußerte sich sehr naiv: ». . . Wenn die Geschichte gut abläuft, soll mir das Mittagessen gut schmecken! Es ist doch allemal so, wenn man etwas Außerordentliches vor hat!« Goethe fand ich nicht in seinem Hause in der Stadt. Den Brief gab ich seinem Diener mit der Bitte, ihn so bald wie möglich zu besorgen. Doktor Eckermann, wie es mir schien, der Adjutant von Goethe, dabei sein blinder Verehrer, lernte ich kennen; er zeigte uns das Gartenhaus, welches Goethe im Sommer bewohnt, um ungestört arbeiten zu können. Dieses Landhaus und das Haus in der Stadt sollen Sie gezeichnet sehen. Das Mittagessen wurde noch in Unruhe verzehrt, weil wir am Nachmittag den Besuch bei Goethe machen wollten.

Um dreiviertel auf fünf Uhr machten wir uns auf den Weg. Das Gartenhaus liegt an einem Abhange nach dem Park zu, vorn eine grüne Wiese und hinten Akazien, Birken und einige Tannen. Das Haus, vom zweiten Stock mit Schindeln bedeckt, sieht ganz gewöhnlich aus. Unten links ranken Weinstöcke herauf. Wir ließen uns anmelden und bekamen den Bescheid, noch einige Augenblicke in dem Garten zu verweilen. Sie können sich denken, wie wunderbar mir war. Ich ging mit Wagner einen kleinen Gang, mit Zypressen beschattet, auf und ab und ließ ihn das, was ich dem lieben Goethe sagen wollte, genau durchmerken, damit er mich erinnern könnte, wenn ich – wie es auch geschah – vieles vergessen sollte. Nach wenigen Minuten winkte uns der Diener, ihm zu folgen. Im Vorzimmer führte eine hölzerne Treppe rechts zu ihm hinauf, einige Lattenbänke standen an den Wänden. Auf einer derselben saß ein schöner sechsjähriger Knabe mit lebendigen Goetheschen Augen. Der untere Teil des Hauses schien aus Küche und Wohnstuben zu bestehen. Wir stiegen die Treppe hinauf. Mir klopfte das Herz vor Freude, ich hielt es noch für einen Traum, Goethe sehen und sprechen zu können. Der Diener öffnete die Tür, und – siehe da – wir standen vor ihm. Der kräftige Greis begrüßte uns mit einer freundlichen Miene, und wir mußten uns zu ihm setzen. Von Dresden und Matthäis mußte ich ihm viel erzählen, Kraukling nannte er einen feingebildeten Mann, sprach von unserer Reise über Italien, Palmaroli und mehr. Wenn er sprach, konnte ich ihn nicht genug ansehen. Anziehend sind seine lebendigen Augen, und doch ist sein Blick ruhig und offen und mild. Die Züge um den Mund hat noch kein Bildnis wiedergegeben; die untere Lippe schiebt sich keineswegs so stolz vor (wie bei der Rauchschen Büste), sondern schließt sich weich an die Oberlippe. Die Bewegungen der Züge beim Sprechen sind sehr lieblich. Seine Haare sind grau, nicht sehr stark. Einen langen dunkelblauen Überrock hatte er an, die weiße Binde schien er eben umgenommen zu haben. Auf dem Tisch lagen nur einige Briefe; sonst hingen in der Stube ein paar gezeichnete Köpfe. Von Möbeln bemerkte ich nur den Tisch und die Stühle, auf denen wir saßen.

Beim Abschied gab er mir die Hand, ich küßte sie ihm und benetzte sie mit meinen Tränen der Rührung und der Freude. Anfangs wollte er es verweigern, doch dann ließ er es geschehen und segnete mich mit zitternder Hand, einige wohlmeinende Worte dazu sprechend, die ich indes vor Trunkenheit nicht bestimmt vernahm.

Johann Karl Bähr (1801-1869), Historienmaler und Schriftsteller.
  sechsjähriger Knabe: der Enkel Wolfgang.

Mach doch kein dummes Zeug!

G. H. Lewes: Goethes Leben und Schriften

1857

Von den Ehrenbezeugungen, die ihm [Goethe] in späteren Jahren so zahlreich zuteil wurden, erwähne ich nur eine als charakteristisch. Am 28. August 1827 führte ihm Carl August den König Ludwig von Bayern zu, der ihm seinen Hausorden als Zeichen der Anerkennung persönlich überreichte. Da zum Tragen eines fremden Ordens die Erlaubnis des Landesherrn erforderlich ist, so wandte sich Goethe, immer streng förmlich, an den Großherzog und sagte: »Wenn mein gnädiger Fürst erlaubt!« Carl August lachte und rief: »Du alter Kerl! mach doch kein dummes Zeug!« *[6031]*

George Henry Lewes (1817-1878), englischer Schriftsteller.

Ein Orden vom bayerischen König

M. J. Seidel an L. Tieck

31. August 1827

... vielleicht gewährt Ihnen eine kleine Erzählung von Goethes Geburtstagsfeier, da ich Augen- und Ohrenzeuge war, einiges Vergnügen.

Daß Goethes Geburtstag, den 28. August, von seinen Freunden und Verehrern alle Jahre laut gefeiert wird, ist Ihnen sicherlich bekannt; jedoch vernehmen Sie, verehrtester Herr, welche freudige Überraschung ihm, dem biedern Greise, zuteil wurde.

Den 27. August abends kam hier ein Fremder mit Extra-Post im Gasthofe zum Erbprinzen an, und läßt sich bei unserem Großherzog, unter dem Titel und Namen des Ober-

Stallmeister von Keßling am königlich bayrischen Hofe, anmelden, mit dem Zusatze: früh acht Uhr sich bei Seiner Königlichen Hoheit dem Großherzog vorzustellen; allein, noch ehe die Uhr halb 8 geschlagen, fährt unser Großherzog an dem Gasthofe zum Erbprinzen vor, und macht *seine* Aufwartung dem – Könige von Bayern, welcher *incognito* hier ankam, um Goethe an seinem Geburtstage zu überraschen, Glück zu wünschen und ihn persönlich kennen zu lernen.

Gegen 11 Uhr mittags fuhren Seine Majestät der König und unser Serenissimus, der Großherzog, bei Goethen vor.

Goethe war den Tag besonders gut gelaunt, er war froh und heiter, und wie verjüngt erschien er der Gesellschaft, die sehr zahlreich war, denn er nahm alle Besuche an, sprach mit jedem und freute sich der vielen Teilnahme, die wir an ihm nehmen; da traten der Großherzog und der König ein, schon angemeldet, die Anwesenden traten zurück. Der König ging auf ihn zu, bezeugte durch huldvolle Worte seine Freude, ihm diese Überraschung vorbehalten zu haben, und zog aus seiner Rocktasche ein rotes Kästchen hervor, worin der Zivil-Verdienstorden der königlich bayrischen Krone, Großkreuz und Stern sich befanden, welches er Goethen mit den Worten überreichte: Hier (auf Goethes Brust deutend) wird sich wohl noch ein Plätzchen finden, wo Sie dieses anheften können. Alles bezeugte seine Teilnahme und Freude, Goethe war sehr überrascht, unterhielt sich dann über eine Stunde noch mit den fürstlichen Personen, die sich teilweise auch zu den Anwesenden gewendet hatten. Der König war über alles entzückt, was er sah und hörte, und nach 12 Uhr beurlaubten sich die fürstlichen Personen. *[6032]*

Max Johann Seidel (1795-1855), Schauspieler. – *Ludwig Tieck* (1773-1853), Dichter der Romantik (»Franz Sternbalds Wanderungen«).

Seltene Schnäpse, feuchter Obstkuchen

E. L. Th. Henke an seine Mutter

3. September 1827

Am 28. August fuhr ich nach Weimar mit den Professoren Niemeyer und Göttling und dem Hofrat Gries, dem Übersetzer des Tasso und Calderon, um mit ihnen am Hofe des alten Goethe als Gratulant zu figurieren. Im Gasthofe zum Erbprinzen fanden wir einen Mann vor, der in derselben Absicht, aber viel weiter her, Nacht und Tag reisend, aus dem Bade zu Brückenau angekommen war. Es war dies nämlich der König von Bayern, ein eifriger Verehrer Goethes. Ihn fanden wir auch schon vor, als wir im Vorzimmer Goethes unter den übrigen Gratulanten ankamen und uns einrangierten. Er hatte als Cadeau seinen großen Orden zur Bayerischen Krone selbst überreicht. Durch die geöffnete Tür sahen wir ihn bei Goethe heftig perorierend über Kunst und dergleichen, auch selbst darstellend, wie die Statuen aussähen, von denen er sprach, sonst kostümiert, daß man ihn für einen Studio angesehn hätte mit altem Oberrock und Hut, schwarzes Halstuch umgeknüllt, Haar schlicht zurückgestrichen und hinten wie mit der Gartenschere beschnitten und großer Schnurrbart: [hier folgt eine Zeichnung, Goethe mit den beiden Fürsten im Gespräch darstellend]

Uns standen inzwischen nach allen Seiten Reihen von Zimmern offen, in dem einen eine Sammlung von Gipsabgüssen, in dem andern waren die Geschenke aufgestellt, unter andern die beiden großen Ordenssterne; auch wurden in kleinen Gläsern seltene Schnäpse, wie auch feuchter Obstkuchen auf Tellern mit Gabeln präsentiert, und ich war ein rechter Narr, daß ich nicht meine Anlage losließ: die Engländer fraßen in den Ecken wie die Schmiede. Jetzt nahm der vornehme Besuch ein Ende: »Nochmals meinen herzlichsten

Glückwunsch«, sagte Ludwig der Bayer, und »Na, leb-
wohl!« der Großherzog, des Poeten Duzbruder. Nachher
ging der Dichter noch etwas vornehm in der Gesellschaft
umher, beglückte einzelne durch einzelne Worte, mich
nicht, denn da ich gar keinen Grund oder Vorwand zu erscheinen hatte, habe ich mich wie Hannchen Reimanns vor
Bollmann verkropen. Das Fastnachtsspiel endigte, wir gingen. *[6033]*

Cadeau: Geschenk.

Der König will ä Glas Wasser habbe!

*G. Parthey: Ein verfehlter und ein gelungener Besuch
bei Goethe*

1862

Den Abend [des 27. August 1827] verlebte ich [in Jena] in
der stets freundlich gesinnten Fromannschen Familie, und
nahm am andern Morgen, den 28. August, gern einen Platz
in Frommanns Wagen an, da Frommann nach alter Gewohnheit nicht versäumen wollte, Goethen persönlich seine
Glückwünsche zum Geburtstage darzubringen.

Im Wirtshause zu Weimar empfing uns die Nachricht,
König Ludwig von Bayern sei unerwartet angekommen, und
werde wahrscheinlich Goethen einen Besuch machen. Bald
darauf sahen wir den König in Gesellschaft des Großherzogs
auf einer leichten Jagdpritsche durch die Stadt rollen.

Um 10 Uhr gingen wir zu Goethe, um unsere Gratulation
abzustatten, und fanden eine recht zahlreiche Gesellschaft.
Die vorderen Zimmer waren alle geöffnet; am Ende derselben stand Zelters Brustbild von Begas in der günstigsten Beleuchtung, so daß man aus der Entfernung glauben konnte,
der starkknochige Kopf mit der tiefgefurchten Stirne schaue

wirklich aus dem Rahmen hervor. Dieses Geburtstagsgeschenk machte Goethen die größte Freude. Kaum war es angekommen, so hatte er schon den Kunst-Meyer zu sich bitten lassen, um es mit ihm in Augenschein zu nehmen. Es ist sehr charakteristisch für das Gesamtbild von Goethes Wesen, daß er, dem wir so viele goldnen Sprüche über die Kunst in Versen und in Prosa verdanken, sich sehr wohl bewußt war, es mangele ihm in allen konkreten Fällen ein selbständiges Kunsturteil. Deshalb schätzte er so sehr die praktischen Kenntnisse des Kunst-Meyers, mit dem ihn überdies die innigste Freundschaft verband ...

Solchen Betrachtungen sich hinzugeben, hatte man augenblicklich wenig Zeit, da der Saal sich immer mehr mit Glückwünschenden füllte. Der Kanzler von Müller, der Medizinalrat von Froriep (Bertuchs Schwiegersohn), die in allem Reize der Jugendfülle prangende Gräfin Julie von Egloffstein, die mit dem Großherzog durch die zärtlichsten Bande verknüpfte Frau von Eichendorff [Heygendorf] (früher Schauspielerin Jagemann) sind mir besonders erinnerlich geblieben; bald kamen die Jenenser Gries, Göttling, Niemeyer; als Statisten sah man an den Wänden ungefähr ein halbes Dutzend Engländer, von denen damals immer eine Anzahl in Weimar anwesend war. Es hatte sich nämlich in England die Meinung gebildet, daß da, wo die besten deutschen Dichter wohnen, das beste Deutsch gesprochen, mithin auch gelehrt und gelernt werde. Frau von Goethe verstand es auf die verbindlichste Art, einen jeden in den Kreis der Unterhaltung zu ziehn; ihr Mann, der Kammerjunker, war ihr dabei nach Kräften behülflich. Der alte Herr bewegte sich wie ein Heros in grandioser Ruhe auf und ab, es bedurfte des großen Ordenssternes nicht, um ihn als Minister erscheinen zu lassen; er wurde nicht müde, jeden neuen Ankömmling auf das Zeltersche Bildnis aufmerksam zu machen, und dessen Verdienste hervorzuheben. In der Gesellschaft zeigte sich aber eine gewisse Unruhe und Zerstreutheit, weil alles auf den König Ludwig gespannt war.

Gegen 11 Uhr kam er mit dem Großherzoge auf der Jagdpritsche angefahren. Goethe war eben in einem entfernten Zimmer, und beschleunigte ein weniges seine Schritte, um den hohen Gästen entgegenzugehn. König Ludwig eilte die flachen Treppen raschen Fluges hinan, ehe Goethe sie erreicht hatte, umarmte den Dichter im Vorsaale auf das herzlichste, und sagte, er freue sich unaussprechlich, sein eigener Ordensmarschall zu sein, und ihm die Insignien seines Hausordens zu überbringen. Dabei griff er in die Busentasche, und holte ein glänzendes Etui von rotem Maroquin hervor, das er dem Dichter überreichte. Unterdessen war der etwas schwerfällige siebzigjährige Großherzog, ein kleiner untersetzter Herr von gutmütigstem Ausdrucke, nachgekommen. Beide Fürsten in einfacher bürgerlicher Kleidung hatten im Äußern wenig Ausgezeichnetes. Wie sie so mit Goethe im Gespräch standen, mußte man ihn für den Fürsten ansehen, der mit zwei Untergebenen redete.

Dieses fürstliche Kleeblatt zog sich bald in die inneren Gemächer zurück, wo das Bildnis von Zelter stand, und die Türen wurden hinter ihnen geschlossen. Nun flackerte die Unterhaltung im Saale auf, und alles wogte in freudiger Erregtheit durcheinander. Ich stand im Gespräch mit dem jungen Goethe nicht weit von der Tür der inneren Gemächer, als der alte Goethe heraustrat, und seinem Sohne im echtesten Frankfurter Dialekte eilig sagte: »August, der König von Bayern will ä Glas Wasser habbe!«, worauf dieser nicht säumte, das Verlangte herbeizuschaffen.

Nach einiger Zeit öffneten sich die Türen wieder, und die Fürstlichkeiten betraten den Saal. König Ludwig fuhr wie eine Rakete darin umher, während Carl August sich sehr ruhig und würdig verhielt. Er war kaum mit dem Kanzler von Müller in ein anstoßendes Zimmer gegangen, als dieser wieder herauskam und mir eröffnete, er werde mich dem Großherzoge vorstellen. Ich begriff zwar nicht, wie er auf diesen Einfall kam, folgte ihm indessen ohne Zögern. Der Fürst, mit dem Ausdrucke der größten Freundlichkeit, tat einige Fragen über meine orientalischen Reisen, und machte sehr bald die entlassende vornehme Kopfneigung. Beim Herausgehn sagte mir Müller, er habe versäumt, mir mitzuteilen, daß der Großherzog etwas taub sei; er werde also von meinen Antworten wohl nicht viel verstanden haben ...

Bald darauf kam der Großherzog in den Saal zurück, und unterhielt sich mit Frau von Eichendorff [Heygendorf] sehr angelegentlich über das Schauspiel, das dem Könige Ludwig zu Ehren am Abend gegeben werden sollte. Damit dieser aber nichts merke, waren sie hinter die Türe des Saales in das Vorhaus getreten. Sie mußte so laut sprechen, daß die Namen der vorgeschlagenen Stücke niemandem im Saale ein Geheimnis bleiben konnten, als dem Könige Ludwig selbst, der bekanntlich auch etwas taub ist.

Um 12 Uhr entließ unser olympischer Wirt seine fürstlichen, adligen und bürgerlichen Gäste mit jener angebornen Grandezza, deren nur ein wahrhaft großer Geist fähig ist. Ich eilte nach Hause und machte dann einen sehr genußreichen einsamen Spaziergang durch den Park, um mir die schönen Bilder der vergangenen Stunden und besonders Goethes Heroengestalt recht einzuprägen. Ich hatte versprochen, den Kanzler von Müller gegen 2 Uhr von Goethes Haus zu dem großen Festmahle abzuholen. Da ich, wie es meine Gewohnheit ist, etwas zu früh kam, so fand ich Goethen allein. Er knüpfte gleich ein Gespräch an, nicht über meine Reisen, sondern erkundigte sich nach der Stellung, die Hegel in Berlin einnähme. Ich dachte wieder an meinen Freund Carové, und erwiderte in möglichster Kürze, daß Hegel persönlich der höchsten Achtung genieße, daß die Schwerfälligkeit des Vortrages anfangs viele abgeschreckt, daß man sich aber bald überzeugt habe, die Verworrenheit sei nur an der Oberfläche, und unter der herben Schale liege der süße Kern eines ganz fertigen, in seiner Konsequenz staunenswerten philosophischen Gebäudes.

Er erging sich nun im allgemeinen über die Philosophie, und sagte: Kant ist der erste gewesen, der ein ordentliches Fundament gelegt. Auf diesem Grunde hat man denn in verschiedenen Richtungen weiter gebaut. Schelling hat das Objekt, die unendliche Breite der Natur, vorangestellt; Fichte faßte vorzugsweise das Subjekt auf, daher stammt sein Ich und Nicht-Ich, womit man in spekulativer Hinsicht nicht viel anfangen kann; seine Subjektivität kömmt aber auf einer andern Seite herrlich zum Vorschein, nämlich in seinem Patriotismus; wie groß sind die Reden an die deutsche Nation! da war es an der Stelle, das Subjekt hervorzuheben. Wo Objekt und Subjekt sich berühren, da ist Leben. Wenn Hegel mit seiner Identitätsphilosophie sich mitten zwischen Objekt und Subjekt hineinstellt, und diesen Platz behauptet, so wollen wir ihn loben.

Inzwischen hatten Müller, der Kammerjunker von Goethe und Hofrat Riemer sich eingefunden, und ich hörte mit Bedauern, daß Goethe der Vater an dem Feste nicht teilnehmen werde. Dadurch verlor die Sache für mich alles Interesse und wurde ein ganz gewöhnliches Zweckessen. Aber meine freudige Überraschung war nicht gering, als Goethe mir beim Abschiede sagte: wir sind mit Ihrer Reise noch lange nicht fertig; Sie kommen doch morgen mittag. *[6036]*

Gustav Parthey (1798-1872), Archäologe.

Das ist der beste Orden

E. Gans: Rückblicke auf Personen und Zustände

1836

Mir war der folgende Tag [29. August 1827] indessen interessanter, wie der verlaufene, weil ich des Mittags bei Goethe essen sollte, und nunmehr doch auch Gelegenheit hatte, in das häusliche Leben des großen Dichters, und in die Art und Weise zu schauen, wie er andere aufnehme und behandle. Ich fand fast alle Gäste schon versammelt: es waren meist diejenigen, die an dem vorigen Tage als Dichter und Anordner des Festes aufgetreten waren. Goethe war im großen Kostüme, mit allen seinen Orden angetan, und von Frauen nur seine Schwiegertochter und ihre Schwester, Fräulein von Pogwisch, gegenwärtig. Als man zu Tisch gehen wollte, nahm Goethe Herrn Dr. Parthey aus Berlin und mich bei der Hand, führte uns zur Tafel, setzte sich zwischen uns, und meinte, daß er sich mit Absicht den Platz zwischen den Berlinern vorbehalten habe, die so gütig gewesen wären, gestern an seinem Feste zu erscheinen. In der Nähe eines solchen monumentalen Riesenwerkes, wie mein Nachbar war, bedurfte es erst einiger Zeit, um mich von Erstaunen, Befangenheit und anderen erstarrenden Momenten und Einflüssen zu erholen, nach und nach taute ich auf: endlich fühlte ich mich warm und heimisch, und glaubte nun nicht allein Bescheid auf die an mich getanen Fragen geben zu müssen, sondern wohl auch bisweilen, freilich verschämt und nicht recht sicher, mit etwas mir Angehörigem hervorzutreten. Das Gespräch wandte sich an diesem Tage auf Personen, namentlich auf solche, die Goethe nahe befreundet waren. Er sprach mit höchster Anerkennung und Liebe von Zelter, dessen Porträt er vor wenigen Tagen erhalten hatte: er fragte nach dessen Schüler Felix Mendelssohn Bartholdy, und prophezeite diesem große Erfolge, endlich redete er auch von Schiller und namentlich von dessen Stücke Maria Stuart. Auf meine Bemerkung, daß ich die Rolle des Lei[ce]ster eigentlich niemals hätte gut spielen sehen, und daß sie selbst Wolff, den ich als Schauspieler sonst sehr verehrte, nur mittelmäßig gegeben, erwiderte Goethe, daß diese Rolle ein vorzüglich gut durchdachter Charakter sei, daß überhaupt Maria Stuart zu den besten Schillerschen Arbeiten gehöre, und daß ihm wohl mancher Schauspieler vorgekommen wäre, der die Rolle des Lei[ce]ster recht treffend gespielt habe. Als einige Anwesende die Rede auf das gestrige Erscheinen des Königs von Bayern, und auf das Erhebende eines solchen Besuches brachten, meinte Goethe, sich zu mir wendend: Nun, wenn ich mich auch rücksichtlich Preußens nicht einer solchen Ehre zu erfreuen habe, so bin ich doch Ihrem Vaterlande den größten Dank für den Schutz schuldig, den es mir in Beziehung auf mein Eigentum, das heißt auf die Herausgabe meiner Werke gewährt hat. Er forderte nunmehr seinen Sohn auf, die Urkunde zu holen, in welcher das förmliche Privilegium ausgefertigt sich befand, und die von Seiner Majestät dem Könige, und von dem Generalpostmeister von Nagler unterschrieben war. Er hielt dieses Privilegium in einer prächtigen Rolle verwahrt, und sagte uns, indem er sie öffnete: »*Sehen Sie, das ist der beste Orden.*« Hierauf wurde noch mancherlei über Nachdruck verhandelt, wie wünschenswert ein allgemeines Gesetz gegen diese offne Wunde aller Autoren sei und woher es käme, daß nur bestimmte Länder, wie zum Beispiel Preußen, der Ehre teilhaftig seien, ihn in der Gesetzgebung als Unrecht bezeichnet zu haben. Nachdem die Tafel aufgehoben war, sagte mir Goethe im Weggehen: Wenn Sie morgen noch in Weimar sind, so kommen Sie, und essen Sie mit uns *en famille.* [6040]

Eduard Gans (1798-1839), Prof. der Rechtswissenschaft in Berlin.

Gegen Äschylos und Sophokles ein Nichts

O. Glagau: Ein Künstlerbesuch beim Altmeister Goethe

1864

[W. Zahn berichtet dem Verfasser.] Es war am 7. September 1827 und ich noch ein junger unbekannter Mann, als ich auf der Reise nach Berlin durch Weimar kam. Mein ganzes Denken drehte sich um Goethe, und ich beschloß, dem Gefeierten meine Aufwartung zu machen. Aber es war nicht ganz leicht, zu ihm zu gelangen. Tag für Tag von Besuchen bestürmt, hielt er sich etwas abgeschlossen. Der Maler und Dichter August Kopisch, der Entdecker der blauen Grotte zu Capri, erzählte mir, wie er dem Dichterfürsten einen langen Brief geschrieben und darin um eine Audienz gebeten, aber keine Antwort erhalten habe. Ein anderer meiner Bekannten – mir fällt der Name nicht gleich bei – hatte sich bis ins Haus gewagt und war dann schüchtern auf den Hof geschlichen, um nach einem dienstbaren Geiste zu spähen. Aber er traf nur zwei Knaben, die Enkel des Dichters, die wild umherrannten und einen großen Lärm trieben. Da öffnete sich plötzlich ein Fenster, und der Ersehnte lehnte heraus. Mit blitzenden Augen und einer Löwenstimme rief er herunter: »Wollt Ihr Lümmel endlich Ruhe halten!« Schrie's und warf klirrend das Fenster zu. Die Knaben wurden still, und mein Freund rannte erschreckt davon. – Diese unglücklichen Geschichtchen konnten mich nicht abschrecken, und ich machte mich getrost auf den Weg, obwohl ich weder einen Namen noch die geringste Empfehlung aufzuweisen hatte.

Goethe wohnte in einem schönen, geräumigen Hause. Er selber hatte die Bel-Etage inne, während das Parterre der Dienerschaft überlassen war, und im zweiten Stockwerk, einer halben Mansarde, wohnte der junge Herr von Goethe und seine Familie.

Auf dem Flure trat mir ein Diener entgegen, dem ich meinen Namen nannte: »Zahn, Maler und Architekt.«

»Maler und Architekt!« wiederholte mechanisch der Diener, indem er mich zweifelhaft musterte.

»Sagen Sie Seiner Exzellenz: *Aus Italien kommend!*« fügte ich hinzu.

»Aus Italien kommend!« wiederholte jener und entfernte sich, worauf er alsbald zurückkehrte und mich bat, ihm zu folgen.

Entweder hatte das Zauberwort gezündet oder mein Genius mir den rechten Augenblick gewiesen.

Wir stiegen eine breite, bequeme Treppe hinan, zu deren Seiten mehrere Büsten und Statuen aufgestellt waren und gelangten dann an eine Tür, auf deren Schwelle ich das bedeutungsvolle »*Salve!*« in schöner Mosaikschrift las.

Mein Führer öffnete, ließ mich eintreten, und ich befand mich in einem stattlichen Empfangszimmer, dessen Wände zahlreiche Gemälde und antike Bildwerke schmückten, darunter die Kolossalbüste der Juno Ludovisi, die Goethe selber aus Rom mitgebracht, und die Hochzeit der Psyche, ein Zyklus von Kupferstichen nach den berühmten Gemälden des Raffael in der Villa Farnesina bei Rom. Nach wenigen Augenblicken trat Goethe ein.

Es ist eine tausendmal gebrauchte Phrase, daß der Dichter an Erscheinung und Wesen dem griechischen Götterkönige geglichen, aber niemand konnte leugnen, daß der Mann, der jetzt vor mir stand, seinesgleichen suchte. Das Alter ließ die hohe, kräftige, Ehrfurcht gebietende Gestalt nur noch herrlicher erscheinen. Unter der gewaltigen Stirn blitzten zwei große braune Augen, und das bronzefarbene Antlitz trug den Stempel der Hoheit und Genialität.

Er hieß mich ihm gegenüber Platz nehmen und fragte mit seiner ausdrucksvollen, volltönenden Stimme, die jedoch zuweilen den Frankfurter Dialekt anklingen ließ:

»Waren also in Italien?«

»Drei Jahre, Exzellenz.«

»Haben vielleicht auch die unterirdischen Stätten bei Neapel besucht?«

»Das war der eigentliche Zweck meiner Reise. Ich hatte mich in einem antiken Hause zu Pompeji behaglich eingerichtet, und während zweier Sommer geschahen alle Ausgrabungen unter meinen Augen.«

»Freut mich! Höre das gern!« sagte Goethe, der, wie Sie sehen, eine gedrungene Redeweise liebte und gern die Pronomina wegließ.

Er rückte mit seinem Stuhle mir näher und fuhr dann lebhaft fort:

»Habe den Akademien zu Wien und Berlin mehrere Male geraten, junge Künstler zum Studium der antiken Malereien nach jenen unterirdischen Herrlichkeiten zu schicken. Um so schöner, wenn Sie das auf eigene Hand getan. – Ja, ja, die Antike muß jedem Künstler das Vorbild bleiben. – Doch vergessen wir das Beste nicht: Haben wohl einige Zeichnungen in Ihrem Reisekoffer?«

»Ich habe die schönsten der antiken Wandgemälde meist gleich nach der Entdeckung durchgezeichnet und farbig nachzubilden gesucht. – Wünschen Exzellenz vielleicht einige davon zu sehen?«

»O, gewiß, gewiß!« fiel Goethe ein. »Mit freudigem Danke! – Kommen Sie nur zum Essen wieder. Speise gegen zwei Uhr. Werden noch einige Kunstfreunde finden. Sehne mich ordentlich nach Ihren Bildern. Auf Wiedersehen, mein junger Freund.«

Er bot mir seine Hand, während er die meinige freundlich drückte.

Sie begreifen, wie sehr mich dieser gütige Empfang überraschte und entzückte. Goethe gesprochen, von dem seltenen Manne mit Interesse angehört und zum Wiederkommen aufgefordert: Das war schon etwas, worauf man stolz sein durfte.

Als ich mich zur bestimmten Stunde wieder einstellte, durchschritt ich eine Reihe von Zimmern, die alle mit demselben Kunstgeschmack ausgestattet, und trat dann in den Speisesalon, wo ich schon Goethe und seine anderen Gäste anwesend fand.

Da war der Ober-Baudirektor Coudray, der Kanzler von Müller und der Leibarzt Vogel. Letzterer, später Staatsrat und Minister, hat bekanntlich den Briefwechsel zwischen Goethe und dem Großherzog herausgegeben, wobei sich der merkwürdige Umstand herausstellte, wie der Fürst alle Briefe selber geschrieben, der Dichter dagegen die seinigen auch hier stets diktiert hatte. – Ferner sah ich den Professor Riemer, Eckermann und den Hofrat Meyer. Alle Gäste und Goethe selber waren im Frack, wahrscheinlich weil man den Großherzog erwartete, aber dieser muß irgendwie abgehalten sein, denn wir setzten uns ohne ihn zu Tische.

Ich saß zwischen Goethe und Fräulein Ulrike von Pogwisch, einem Liebling des großen Dichters, denn er richtete häufig das Wort an sie und nahm ihre Gegenreden mit offenbarem Wohlgefallen auf. Uns gegenüber saß Frau Ottilie, die Schwiegertochter Goethes und die Schwester von Ulrike. Ich fand die Speisen äußerst wohlschmeckend und den Wein mindestens ebenso gut. Vor jedem Gaste stand eine Flasche Rot- oder Weißwein. Ich wollte mir einen klaren Kopf für den Nachtisch erhalten, weshalb ich Wasser unter meinen Wein goß. Goethe bemerkte es und äußerte tadelnd:

»Wo haben Sie denn diese üble Sitte gelernt?!«

Die Unterhaltung war eine allgemeine, lebendige und nie stockende. Goethe leitete sie meisterhaft, ohne aber jemanden zu beschränken. Um ihn saßen seine lebenden Lexika, die er bei Gelegenheit aufrief, denn er mochte sich nicht selber mit dem Ballast der bloßen Stubengelehrsamkeit beschweren. Riemer vertrat die Philologie, Meyer die Kunstgeschichte, und Eckermann entrollte sich als ein endloser Zitatenknäuel für jedes beliebige Fach. Dazwischen lauschte er mit eingezogenem Atem den Worten des Meisters, die er wie Orakelsprüche sofort auswendig zu lernen schien. Meyer dagegen, den man wegen seiner schweizerischen Mundart den »Kunschtmeyer« nannte, verweilte auf dem Antlitze seines alten Jugendfreundes mit rührenden Blicken, die ebensoviel Zärtlichkeit wie Bewunderung ausdrückten. Er bemühte sich, seinen Herrn und Meister auch in Kleidung und Haltung zu kopieren. Beispielsweise trug er für gewöhnlich, ebenso wie Goethe, einen dunklen, langschößigen Oberrock, genau mit der gleichen Anzahl Knöpfe in einer Reihe, und ein weißes Halstuch, das er wie sein Vorbild zu falten und zu knoten sich mühte. – Goethes Sohn, obgleich sonst von großer Munterkeit und zu wahrhaft genialen Streichen neigend, sprach in dieser Gesellschaft nur wenig.

Das Gespräch verweilte besonders bei Italien und seinen Kunstschätzen. Goethe wußte auch mir die schüchterne ungelenke Zunge zu lösen und veranlaßte mich, von meinen Studien im Vatikan zu erzählen.

Alle erinnerten sich mit Entzücken an Rom und priesen mit Begeisterung seine Herrlichkeit. Nur Fräulein Ulrike glaubte ihrer protestantischen Entrüstung gegen den Papst und seine Mißregierung Luft machen zu müssen.

Der alte Goethe schmunzelte überlegen und reichte der Eiferin einen *Zahnstocher* hinüber.

»Räche Dich, meine Tochter, mit diesem hier!« sprach er launig; wobei ich nicht weiß, ob er bei Überreichung dieser seltsamen Waffe eine Anspielung auf meinen Namen im Sinne hatte.

Goethe hatte eine ganze Flasche geleert und schenkte sich noch aus der zweiten ein Glas ein, während man uns schon den Kaffee reichte.

Dann erhoben wir uns. Es wurden Tische zusammengeschoben und darüber weiße Tücher gebreitet, worauf ich meine Zeichnungen entrollte und erklärte. Namentlich gefielen: Leda mit dem Nest, daraus Castor, Pollux und Helena herausgucken; Achilles und Briseis; die Vermählung der Pasithea mit dem Gotte des Schlafs; der thronende Jupiter, und der thronende Bacchus; lauter farbige Durchzeichnungen von Pompejanischen Wandgemälden, die man unter einer dreißig Fuß tiefen Asche wieder an die Oberwelt gezogen.

Goethe zog jedes Bild mit Liebe und Inbrunst in sich, und machte dazu die feinsinnigsten schlagendsten Bemerkungen. Sie waren mir Beweis, wie tief dieser Genius in das Wesen der Kunst und in die Geheimnisse des hellenischen Geistes eingedrungen.

Plötzlich erklangen hinter uns straffe Schritte, und als ich mich wandte, erblickte ich einen untersetzten Mann in Feldmütze und kurzem, grünsammetnem Jagdrock, mit goldenen Schnüren besetzt. Es war der Großherzog, wie ihn Schwerdgeburth in diesem Kostüme und in einem Wagen fahrend so trefflich abgebildet hat. Er war durch den Garten gekommen und durch die Hintertüre eingetreten, von der er stets den Schlüssel hatte. Goethe begrüßte ihn mit den charakteristischen Worten:

»Kommen recht zum Gastmahl, Königlich Hoheit!«

Carl August hatte eine kurze Meerschaumpfeife in der Hand, aus der er, wo's irgend anging, beständig paffte, aber jetzt ließ er sie ausgehen, denn Goethe verabscheute den Tabak. Auch gab er seinem alten Duzbruder heute das Höflichkeits-Sie, während er ihn in seinen Briefen und auch in ganz vertrauter Gesellschaft gern *Du* nannte. Goethe dagegen gab diese vertrauliche Anrede nie zurück; nicht aus Devotion, wie man böswillig gemeint hat, sondern um die eigene Würde zu wahren, weil er wußte, daß man im Umgange mit großen Herren immer eine gewisse Grenze einhalten müsse.

Solche Grenze beobachtete er auch gegen seine intimsten Freunde und selbst gegen seine Familie. Sohn und Schwiegertochter hatten ihre eigene Haushaltung, und sie wurden zu den Gesellschaften und Gastmählern, die der Vater gab, jedesmal förmlich geladen.

Ich darf nicht fürchten, mich eitler Prahlerei schuldig zu machen, wenn ich behaupte, daß Goethe sofort eine warme Zuneigung zu mir gefaßt, denn er gab mir zahlreiche Proben davon. Es war meine Absicht, am nächsten Tage abzureisen, aber er drang in mich, mindestens noch vierzehn Tage zu verweilen und ihn täglich zu besuchen. Der Großherzog lud mich für den folgenden Tag zum Essen, doch Goethe erklärte statt meiner:

»Nein, mittags gehört Zahn mir.«

Und Carl August widersprach nicht.

Die meisten der Anwesenden hatten sich schon empfohlen, bis auf Coudray, Eckermann und Frau Ottilie. Auch ich wollte gehen, aber Goethe hielt mich zurück und meinte:

»Habe noch Appetit. Sollen uns noch ein paar Bilder zeigen.« Er hatte sich inzwischen des Fracks entledigt und den bequemen Hausrock hervorgesucht. Dann setzte er sich in einen Armstuhl, die andern umstanden ihn, und die unterdes hereingekommenen Enkel Walther und Wolfgang schmiegten sich an den Großpapa, während ich die Zeichnungen wies.

Goethes Bewunderung erregten vorzugsweise: »Das Opfer der Iphigenie« und »Herkules, von einem Genius geführt, findet seinen Sohn Telephos wieder, wie ihn eine Hirschkuh säugt«.

Er versank in stille Andacht und brach dann in die Worte aus:

»Ja, die Alten sind auf jedem Gebiete der heiligen Kunst unerreichbar. – Sehen Sie, meine Herren, ich glaube auch etwas geleistet zu haben, aber gegen einen der großen attischen Dichter, wie Äschylos und Sophokles, bin ich doch gar nichts.« *[6056]*

Johann Karl Wilhelm Zahn (1800-1871), Maler und Architekt.
Juno Ludovisi... aus Rom mitgebracht: Goethe hatte die Büste vielmehr am 7. Oktober 1823 erhalten.

Dieses Herz war ebenso groß wie sein Geist

O. Glagau:
Ein Künstlerbesuch beim Altmeister Goethe

1864
[W. Zahn berichtet dem Verfasser.] Nach dem ausdrücklichen Willen Goethes kam ich an den folgenden Tagen [8. bis 15. September 1827] wieder, und jedesmal mußte ich nach dem Essen meine Zeichnungen zum besten geben. Als ich dies am vierten Tage unterließ, fragte Goethe:

»Wo bleiben denn Ihre Bilder?«

»Exzellenz«, antwortete ich, »haben jetzt alles gesehen, was ich besitze, und bereits zu wiederholten Malen.«

»Ach«, entgegnete er, »was man alle Tage sehen sollte, kann man doch wenigstens zwei- oder dreimal sehen.«

Worauf ich meine Mappe von neuem öffnen mußte.

Eines Abends war ich auf dem Schlosse bei der großherzoglichen Familie, aber Goethe war nicht da. Der Dichter ging schon lange nicht mehr zu Hofe, sondern der Hof kam zu ihm.

Für die nächsten Abende war ich zu Frau von Heygendorf geladen. So hieß bekanntlich Demoiselle Caroline Jagemann, die Geliebte des Großherzogs, eine gleich vortreffliche Schauspielerin wie Sängerin, die Zierde des Weimarischen Hoftheaters. Carl August hatte sie mit dem Rittergute Heygendorf beschenkt und nach diesem zur Frau von Heygendorf erhoben. Hier war man ganz ungeniert, der Großherzog rauchte seine kurze Meerschaumpfeife, und Frau von Heygendorf machte eine liebenswürdige Wirtin. Aber Goethe fehlte auch hier, er machte überhaupt keine Besuche mehr, am wenigsten bei Frau von Heygendorf, denn sie war nicht seine Freundin.

An einem Tage, als ich wieder bei Goethe speiste, erschien eine Deputation der Armbrustschützengilde, welche schon seit dreihundert Jahren zu Weimar besteht, und lud die Exzellenz, wie sie's alljährlich zu tun pflegte, feierlichst zu ihrem Feste ein. Goethe hatte diese Einladung bisher immer ausgeschlagen, aber diesmal nahm er sie nach einigem Besinnen an, was allgemein überraschte.

»Gut«, erklärte er; »werde kommen, aber Zahn muß mit.«

Goethe war immer ein Glückskind. Auch bei diesem Feste traf er mit der Armbrust das Zentrum, worauf wir uns auf dem Schützenplatze zu einem brillanten Frühstück niedersetzten. Goethe war überaus heiter und lud zu einem solennen Diner ein. Eine große Gesellschaft war versammelt, und der edle Wein floß in Strömen. Alle tranken tapfer, aber der alte Goethe am tapfersten. Mit innigem Behagen sah er einen nach dem andern matt werden und kläglich abfallen. Ihm allein konnte der Wein nichts anhaben. Wie ein siegender Feldherr überblickte er das Schlachtfeld und die niedergetrunknen Reihen. Er selber war »der alte rüstige Zecher«, von dem er im König von Thule so schön gesungen, und wie dieser trank er neue »Lebensglut« ...

Die schönsten Stunden, die ich mit Goethe verlebte, waren einige Abende, an denen wir ganz allein waren. Dann führte er mich auch in das Allerheiligste, in sein überaus schlicht möbliertes Arbeitszimmer, das aber eine gewählte Handbibliothek enthielt. Eine größere war in einem besonderen Saale aufgestellt. Dann sah ich den großen Mann auch im

Schlafrock. Wir aßen kalten Braten, tranken dazu eine Flasche nach der anderen, und zuweilen wurde es Mitternacht und darüber, ehe Goethe mich entließ, obwohl er sonst zwischen neun und zehn Uhr zu Bette zu gehen pflegte. Er war unerschöpflich im Fragen und wußte das Beste und Geheimste aus mir hervorzulocken, so daß ich oft über mich selbst in Verwunderung geriet. In diesen kostbaren Stunden versenkte er sich in die goldenen Erinnerungen seines reichen Lebens und ließ mich ganz in sein großes schönes Herz blicken. *Dieses Herz war ebenso groß wie sein Geist.* Es kannte nicht den Schatten von Neid, sondern es umfaßte die ganze Menschheit mit warmem Wohlwollen, und es hat Hunderten mit Rat und Tat ausgeholfen, aber immer in der Stille, im Verborgenen . . . – An diesen mir unvergeßlichen Abenden pflegte Goethe besonders gern von seinem Aufenthalte in Italien (1786 bis 1788) zu sprechen. Er gedachte des Malers Kniep, der ihn auf seinem Ausflug nach Sizilien begleitet und der ihm durch seine Pedanterie großes Ergötzen bereitet. Kniep habe ihnen das Essen häufig selber gekocht, bevor er sich aber zum Mahle niedergesetzt, den Bratenrock hervorgesucht, an dem jeder der talergroßen Knöpfe sorgfältig in Papier eingeschlagen gewesen. Nach beendigter Tafel wurden die Knöpfe wieder umwickelt und das kostbare Kleidungsstück weggelegt.

Rom war dem Dichterfürsten überaus teuer, er kannte darin jedes Gäßchen, jede Winkelschenke, zumal man in letzteren bekanntlich den besten Wein erhält.

»Ja«, sagte er, »ich habe meine Zeit gut angewendet, sie nicht mit Visiten vertrödelt, sondern emsig die Stadt und das Volk studiert. – Wie habe ich doch in meinen Römischen Elegien gesungen:

›Ehret, wen ihr auch wollt! . . .‹ [Folgt Zitat: Römische Elegien II, Vers 1-8 und 15 f.]«

»Denn«, fuhr Goethe fort, »erst die Liebe lehrte mich Rom verstehen:

»Eine Welt zwar bist du, o Rom; doch ohne die Liebe
Wäre die Welt nicht die Welt, wäre denn Rom auch
nicht Rom.«

»Kennen Sie auch die *Osteria alla Campana?*« fragte er weiter.

»Die Weinschenke zur Glocke? Gewiß. Wir deutschen
Künstler haben noch im vorigen Jahre Ihren Geburtstag
dortselbst gefeiert.«

»Ist der Falerner noch immer gut?«

»Vortrefflich.«

»Und was liefert die Küche?«

»Ah, man erhält *Stuffato,* eine Art Schmorbraten, *Maccaroni* und ein Gebackenes, das sie *Fritti* nennen.«

»Es ist noch alles, wie zu meiner Zeit!« sagte Goethe und
schmunzelte behaglich. Dann fuhr er fort:

»In dieser Osteria hatte ich meinen gewöhnlichen Verkehr. Hier traf ich die Römerin, die mich zu den ›Elegien‹ begeisterte. In Begleitung ihres Oheims kam sie hierher, und
unter den Augen des guten Mannes verabredeten wir unsere
Zusammenkünfte, indem wir den Finger in den verschütteten Wein tauchten und die Stunde auf den Tisch schrieben. –
Erinnern Sie sich wohl:

›Hier stand unser Tisch...‹ [Folgt Zitat: Römische Elegien XV, Vers 9 - 22.]«

Endlich verließ ich Weimar und reiste nach Berlin, begleitet von Goethes herzlichen Wünschen und mehreren Empfehlungsbriefen, die er mir an Graf Bühl, Zelter und die beiden Humboldts mitgegeben. *[6068]*

an den folgenden Tagen: Zahn ist in diesen Tagen sechsmal in Goethes Tagebuch erwähnt.

Eine Welt zwar bist du: Schlußverse der 1. Römischen Elegie.

die Römerin: Faustina.

Zum Mittagessen Krammetsvögel

Wilhelmina Bardua: Tagebuch

4. November 1827

Je näher wir vorgestern morgen Weimar kamen, desto zag-
hafter schlug mir das Herz. Caroline [Bardua] schrieb gleich
ein Billett an Goethe, worauf wir für 2 Uhr zu ihm beschieden
wurden; er ließ nicht sagen, ob zum Essen. Als wir aber ins
Haus traten, kam uns die alte Köchin entgegen und erzählte,
indem sie uns an die Treppe geleitete, sehr gesprächig: der
Herr Geheimerat freue sich auf unseren Besuch; er habe sie
schon gefragt, was sie heute zu essen habe, er erwarte ein paar
Damen, sie solle sich darauf einrichten. Es treffe sich gut,
sagte sie, daß sie gerade Krammetsvögel im Hause habe.

Das häusliche Gespräch der behaglichen Alten nahm uns
sogleich das Gewicht vom Herzen, und mutiger eilten wir die
Treppe hinauf, über das vielbetretene *Salve* hinweg, das uns
auf der Schwelle des Eingangs begrüßte. Still und dämmrig
war es in dem Zimmer. Wohl sah ich Bilder, Kupferstiche,
Skulpturen, aber das Halbdunkel des Novembers und die
Spannung des Augenblicks ließen mich die Gegenstände
nicht näher ins Auge fassen – ich sah nur nach der Türe, die
sich öffnen sollte. Da hörte ich nahende Schritte – Goethe
trat ein.

Er trug einen langen, olivefarbenen Überrock. Die Haltung seines Kopfes war steif, der Ausdruck des Gesichts
ernst, doch mild. Auffallend waren mir die kleinen Schritte,
die er machte. Alles an seiner Erscheinung war ganz so, wie
ich sie mir vorgestellt hatte: das Majestätische, die Ruhe, die
vornehme Sicherheit, das Sanfte der Stimme. Er empfing uns
sehr freundlich. Das Gespräch, alter Zeiten gedenkend, ging
munter vorwärts, und alle Befangenheit war verschwunden.

»Ich werde Ihnen etwas Neues zeigen, das ich soeben erhalten«, sagte er nach einer Weile und führte uns in seine Bibliothek, wo ein Porträt Zelters, Brustbild in natürlicher Größe von Begas, auf der Staffelei stand. Goethe freute sich sehr des wohlgelungenen Bildes und wollte, wir möchten es in aller Ruhe betrachten, während er ging, die Schachteln zu öffnen, die wir ihm von Heidelberg mitgebracht hatten. Die eine kam von Herrn v. Leonhard und enthielt mineralogische Proben, die andere von Frau Caroline Paulus, einer früheren Bekanntschaft Goethes aus Paulus' Jenaer Zeit, und enthielt Spielzeug für Goethes Enkel. Die beiden Jungen kamen auch alsbald herangesprungen, wurden indessen vom Großvater sofort zur Geduld verwiesen bis nach Tisch, indem er die Schachtel ruhig wieder zumachte.

Als es zu Tisch ging, wies Goethe uns sehr verbindlich unsere Plätze an. Er saß obenan, mit dem Rücken nach dem Fenster, wir mußten uns ihm zu beiden Seiten setzen. Wolf, der ältere [vielmehr jüngere] Enkel, kam mit seiner Serviette zum Großvater; Goethe band sie ihm um, wurde aber von dem Jungen zurechtgewiesen, weil er ihm statt des rechten Armes den linken freigelassen, und mußte es noch einmal anders machen, wobei er überaus großväterlich sanft und geduldig verfuhr. Zugegen waren noch Goethes Sohn, Fräulein v. Pogwisch und der junge Nicolovius aus Berlin – Frau v. Goethe, die Schwiegertochter, liegt in den Wochen mit einem Töchterchen.

Goethe hatte durch Meyer manches Gute über Carolines Heidelberger Bilder gehört und ließ sich viel aus ihrem Künstlerleben erzählen. Er war gesprächig und aufmerksam auf alles eingehend, schenkte Wein ein und machte in heiterer Behaglichkeit die Honneurs seines Tisches. Gab es gleichwohl einige steinerne Augenblicke, die ich weggewünscht hätte, so waren sie doch so vorübergehend, daß sie der glücklichen Stimmung keinen Eintrag taten. Goethe erkundigte sich nach dem Ergehen der »kleinen Paulus« und hörte mit

Interesse, was ich ihm von Thibauts Singverein zu erzählen wußte, lachte auch herzlich über einige kleine Späße, die gelegentlich vorgebracht wurden. So saßen wir lange bei Tisch – ein glücklicher Mittag, der mir doch von all den schönen Stunden dieser Reise recht als die Krone erscheint. Mit dem Malen ist es freilich nichts geworden – es kam gar nicht die Rede darauf. Goethe klagte über seine wenigen freien Stunden, und unbescheiden sein mochte Caroline nicht.

Erst in später Dämmerung empfahlen wir uns. Während uns Goethe beide Hände reichte, wandte er sich an seinen Sohn: was man denn heute den Damen zu Ehren im Theater gebe? Wir trafen es nicht ganz nach seinem Wunsch: die Jagemann als Lady Macbeth. Aber die aus Goethes Hause mitgebrachte frohe Stimmung goß einen hellen Schimmer über den ganzen Abend, zumal wir gute Gesellschaft in unserer Loge hatten: Johanna Schopenhauer und Madame Falk saßen neben uns. Als wir dann noch gegen Ende der Vorstellung in die nahe Großherzogliche Loge die schlichte Gestalt Carl Augusts eintreten sahen, waren alle meine Wünsche für Weimar erfüllt. [6097]

Wilhelmine Bardua (1798-1865), Schwester der Malerin Caroline Bardua.

Thibauts Singverein: Anton Friedrich Justus Thibaut (1772-1840), Professor der Rechte in Jena und seit 1806 in Heidelberg und Autor des Buches »Über Reinheit und Tonkunst« hatte einen Singverein gegründet, in dem besonders ältere Musik, aber auch das Volkslied gepflegt wurden. Felix Mendelssohn, der Thibaut im Spätsommer 1827 besuchte, urteilte in einem Brief: »Es ist wunderbar, der Mann weiß wenig von Musik, selbst seine historischen Kenntnisse darin sind ziemlich beschränkt, er handelt meist nach bloßem Instinkt, ich verstehe mehr davon als er – und doch habe ich unendlich von ihm gelernt, bin ihm gar vielen Dank schuldig.«

Goethe tut Gutes

J. Schwabe: Harmlose Geschichten

1890

Ich hatte eines Tages Gelegenheit, mit dem Staatsrat Vogel, der Goethes Leibarzt in dessen letzten Lebensjahren war und von ihm hochgeschätzt wurde, über Goethes Herzenseigenschaften zu sprechen. Er erzählte mir, daß Goethe, kurz nachdem Vogel sein Arzt geworden [Juni 1826], eines Tages zu ihm gesagt habe: »Sie kommen als Arzt wohl oft in die Wohnungen des kleinen Mannes. Sollten Sie irgendwo gewahr werden, daß man einer durch Krankheit in unverschuldete Not geratenen Familie durch etwas mehr als ein gewöhnliches Almosen aufhelfen könnte, so teilen Sie es mir mit. Ich bin in solchen Fällen gern zu helfen bereit, soweit ich es vermag.« Kurz darauf war Vogel wieder bei Goethe und sagte zu ihm: »Exzellenz, ich komme soeben von einem Kranken, für den ich den von Ihnen so gütig angebotenen Beistand in Anspruch nehmen möchte. Es ist der Tischler N., ein fleißiger, braver Mann, der seine zahlreiche Familie bisher redlich durchgebracht hat. Jetzt ist er nach längerer Krankheit der Genesung nahe, sieht aber mit schwerer Sorge in die Zukunft, da er durch seine Krankheit in bittere Not geraten ist.« Schweigend ging Goethe an seinen Schreibtisch, nahm eine Fünfzehntalerrolle heraus und legte sie in Vogels Hand. »Hier ist, was ich geben kann«, sprach er, »ich tue es aber mit der Bitte, daß weder der Tischler noch irgend jemand erfahre, wer der Geber ist. Ihre Vermittlung werde ich Ihnen auch in Zukunft danken, aber stets in der Voraussetzung, daß die Sache unter uns bleibt.« Noch oft trat diese Vermittlung ein, und nie tat Vogel eine Fehlbitte, und die Gabe betrug nie weniger, meist aber mehr als fünf Taler. *[6169]*

Julius Schwabe, Sohn des Weimarer Bürgermeisters.

Der Wein steigerte die Fülle seines Ausdrucks

K. v. Holtei: Vierzig Jahre

Zierlich geschriebene, von ihm eigenhändig unterzeichnete
Einladungskarten riefen im Durchschnitt wöchentlich einmal, auch wohl öfter, zu Goethes Mittagstisch, wo acht bis
zehn Personen versammelt wurden; bisweilen um einen unvermeidlichen Fremden abtöten zu helfen; gewöhnlich aber,
um bei einem wohlbereiteten, schlichten Mahle und sehr gutem Weine ein paar Stunden frei und heiter zu verleben. Er
war ein sehr angenehmer, aufmerksamer Wirt; behielt sogar
gern im Gedächtnis, was dieser und jener vorzüglich zu essen
liebte und trieb dann durch bedeutsame Augenwinke die
Diener an, jene beliebte Schüssel noch einmal an den passenden Platz zu tragen. Zum Trinken nötigte der hohe Greis
selten mit Worten, – wohl aber durch Tat und Beispiel; denn
er trank wie ein Alter, und mich hat es immer in meinem Herzen mit gelabt, wenn ich ihn seinen Würzburger voll Andacht
schlürfen sah. Ein Fläschchen Champagner beim Dessert
verschmähte er auch nicht. Der Genuß des Weines belebte
sichtlich seine Sprechlust und steigerte die Fülle seines Aus-
drucks, bisweilen sogar zu heftigen Gebärden des Zornes,
wenn irgend ein ihm widerwärtiger Gegenstand an die Reihe
kam. In Ernst wie Scherz, in Glimpf wie Unglimpf, hörte
sich's ihm prächtig zu. Dagegen redete sich's nicht besonders, denn was man sagte, schien wenig Eindruck zu machen; schien vielmehr an der Glätte seines Stahlpanzers
abzugleiten und häufig ganz verloren zu gehen. Von vielen
aber, die um den Tisch saßen, war anzunehmen, daß sie der
Äußerung eines Fremden nicht eher Anteil oder Beifall zu
gönnen wagten, als bis Goethes zustimmendes Kopfnicken
sie dazu ermutiget haben würde. Dieser Zustand erkältete

mich allerdings, wenn er mich auch nicht abschreckte; ganz vollkommen frei hab' ich mich an Goethes Tafel (mit Ausnahme des ersten Males im vorigen Jahr [1827]) nur dann gefühlt, wenn er selbst sprach; und weiß also wirklich nicht, wie ich das Lob verdient haben kann, welches er mir in einem Schreiben an Prof. Zelter, mein *geselliges* Auftreten anlangend, erteilt? Von dem *öffentlichen* Auftreten, dem er niemals beiwohnte, eben weil er des Abends sein Haus nie mehr verließ, wurde ihm durch Ottilie, August, Herrn v. Müller und andere berichtet. *[6188]*

Schreiben an Prof. Zelter: »Unser Vorleser macht seine Sache gut; ich habe ihn bei mir einmal zu Tische gesehen, wo er als angenehmer Gesellschafter erschien. Es sei mit ihm, wie es will, er bringt eine gewisse allgemeine geistige Anregung in unseren Kreisen hervor. Ein wirklich gebildetes Publikum muß doch einmal standhalten, hören, was es sonst nicht vernähme, und gewinnt dadurch ein neues Ingrediens zu seinem Stadt-, Hof- und Engländerklatsch; wodurch denn der Augenblick einigermaßen bedeutender wird« (Goethe an Zelter, 28. Februar 1828).

Ein gut gelesener Jenenser

J. Schwabe: Harmlose Geschichten

1890

... in seinen späteren Lebensjahren hat Goethe durchaus mäßig gelebt. Das regelmäßige Quantum, welches er trank, bestand in einer und einer halben Flasche leichten Würzburger Weins, was gewiß für einen kräftigen, im Lande des Weins geborenen und aufgewachsenen Mann eine bescheidene Portion genannt werden muß. Dabei schätzte er übrigens die edle Gottesgabe, von welcher er die feinsten Sorten bei besonderen Gelegenheiten auf seine Tafel bringen ließ und mit seinen Gästen probte und genoß, nach ihrem vollen Wert, und war im Punkte des Weinverstandes ein ungewöhnlich feiner Kenner. Eine glänzende Probe hiervon legte er bei einem Diner ab, zu welchem der Großherzog Carl August einen kleinen Kreis um sich versammelt hatte. Beim Nachtisch, nachdem schon mehrere gute Sorten geprüft worden waren, bat der Hofmarschall von Spiegel den Großherzog um die Erlaubnis, einen Wein ohne Namen auftragen zu lassen. Ein Rotwein wurde herumgereicht, gekostet und recht gut befunden. Mehrere der Herren von der Tafelrunde erklärten ihn für Burgunder, nur war man über die spezielle Sorte dieses edlen Gewächses nicht einig. Da aber bewährte Weinzungen, darunter die des Großherzogs, die Diagnose auf Burgunder gestellt hatten, so wurde dieselbe einstimmig angenommen. Nur Goethe kostete, und kostete wieder, schüttelte das Haupt und setzte das geleerte Glas nachdenklich auf den Tisch. »Exzellenz scheinen anderer Ansicht zu sein«, sagte der Hofmarschall; »darf ich fragen, welchen Namen Sie dem Weine geben?« »Der Wein ist mir durchaus unbekannt«, erwiderte Goethe. »Aber für Burgunder halte ich ihn nicht. Eher sollte ich meinen, es sei ein gut gelesener Jenenser, der eine Zeitlang auf einem Madeirafaß gelegen hat.« — »Und so ist es in der Tat!« bestätigte der Hofmarschall. *[6196]*

Goethe erfindet einen neuen Salat

E. Schuchardt: Bericht

[Über den Besuch, den er als neunzehnjähriger Student zusammen mit Dr. Weller bei Goethe in Dornburg am 4. September 1828 machte.] Jetzt wurde das Essen aufgetragen, und indem uns der Wein vorgesetzt wurde (Goethe trank

Würzburger, wir bekamen roten), fing Goethe an, von einem Buche zu sprechen, das ein Engländer über die Geschichte der Weine geschrieben habe und das ihn sehr interessiere. Er klagte dann, daß man fast vergäße, ihn mit Wein zu versehen, und am letzten Sonnabend bloß fünf Flaschen aus Weimar geschickt habe. Während er dann selbst einen Salat zubereitete, versicherte er, einen neuen Salat erfunden zu haben aus eingemachten Gurken. Überhaupt schien er in diesen Fächern ziemlich bewandert zu sein, sprach mehreres vom Essen und aß selbst mit ziemlichem Appetite. Als Artischocken aufgetragen wurden, mochte er wohl bemerken, daß ich über die Behandlungsweise derselben verlegen war, und belehrte mich, wie sie zu essen seien. Wie er erzählte, hatten ihm seine Verwandten diese Artischocken aus Frankfurt geschickt und ihm dadurch eine sehr große Freude gemacht. Wir sprachen dann mehreres über die Türkenkriege, über Gotha usw. Gegen das Ende des Mahles schien er vom Schlafe überwältigt zu werden, denn er legte die Hände zusammen, als bete er, senkte den Kopf und schwieg einige Zeit; doch fuhr er hernach im Gespräche fort. Nach Tische wurde uns Kaffee gereicht; doch trank Goethe keinen. Wir begleiteten ihn dann in den Garten und verabschiedeten uns von ihm. Dies war gegen 5 Uhr. Die übrige Zeit verwendeten wir damit, daß wir uns in dem kleinen Schlößchen umsahen. Goethe hatte darin auch eine große Stube eingenommen. Die Bücher, mit denen er sich daselbst beschäftigte, waren fast alle botanischen Inhalts, und seine Kenntnis in diesem Fache hatte er auch schon durch einige Bemerkungen bei Tische gezeigt. Dies vermehrte meine Bewunderung gegen diesen großen Mann, der selbst im Alter, nachdem er so vieles in seinem Leben durchgemacht, nicht ermattet, und in den verschiedensten Fächern noch zu arbeiten nicht abläßt. Seine Papiere waren alle in Ordnung, seine Briefe geheftet und auf einem Zettel angegeben unter agenda, was er zu besorgen habe, und auf der anderen Seite unter acta das, was er schon davon besorgt und abgefertigt. Auch sein Tagebuch, welches er schon seit vielen Jahren hält, sahen wir. Jetzt diktiert er allabendlich seinem Schreiber, was er eingetragen haben will. Die letzten Bogen, die während seines Aufenthalts in Dornburg geschrieben waren, waren meist voll unbedeutender Kleinigkeiten, und mit Angaben der Besuche und dergleichen ausgefüllt, da dieses abgeschiedene Leben daselbst nichts Reichhaltigeres darbieten konnte. Als wir uns dies alles besehen, und nun wieder wegfahren wollten, schickte Goethe noch durch seinen Bedienten einige Artischocken und Blumen für die Gemahlin des Dr. Weller nach, und wegfahrend sah ich noch einmal bewundernd auf den Greis, der in den verdeckten Gängen des Gartens auf und ab ging.

Was sein Äußeres betrifft, so geht er noch aufrecht und ehrgebietend einher. Obgleich sein Scheitel gebleicht ist, so hatte er dennoch das Ansehen eines sechzigjährigen Mannes, während er jetzt im achtzigsten Jahre seines Lebens steht. Während Tische ward sein Auge einmal sogar bei einer etwas bedeutenderen Rede voll jugendlichen Feuers. Er war schwarz angezogen und hatte einen Hut auf; er läßt selbst in seinem eingezogenen Leben in Dornburg nicht von dieser Kleidung ab, die ihm lästig zu sein schien. Ich hatte ihn nachlässig angezogen, sein Alter pflegend, und sich um den Anstand der Welt wenig kümmernd, erwartet. Dies die Beschreibung von dem, was ich in ein paar unvergeßlichen Stunden, um die mich nach Jahren vielleicht mancher beneiden wird, hörte und sah. – Einige Vorurteile, die ich gegen diesen Mann früher hegte, waren durch diesen Besuch in mir gänzlich gehoben worden, meine Bewunderung gegen ihn war gestiegen, und mit zehnmal wärmerem Anteil, als ich es vorher getan haben würde, las ich, als ich nach Jena zurückgekehrt war, sogleich Wahrheit und Dichtung aus seinem Leben und Werthers Leiden, welches gerade zu jener Zeit auch noch aus andern Rücksichten mir zusprach. *[6223]*

Ernst Schuchardt (geb. 1809), Jurastudent, 1828 in Jena.

von einem Buche … das ein Engländer über die Geschichte der Weine geschrieben habe: Goethe las während seines Aufenthalts in Dornburg vom 3. August bis 7. September 1828 »Verbesserter praktischer Weinbau« von J. S. Kecht und am 7. August »Pflanzengeographie« von Schouws.

diktierte er seinem Schreiber: Johann August Friedrich John (1794-1854), seit 1814 Schreiber und Sekretär Goethes.

Viel Güte gegen seine Dienerschaft

K. A. Ch. Sckell: Goethe in Dornburg

1864

Am Morgen nach der Ankunft Goethes [8. Juli 1828] erhielt er wie an den folgenden Tagen den Kaffee früh 6 Uhr aus meiner Küche; das Frühstück wurde um 10 Uhr, das Mittagsessen um 1 Uhr aus dem Ratskeller geholt. Beides behagte ihm nicht. Bald stellte sich daher der Sekretär John wieder bei mir ein, um mir die Not zu klagen. Ich machte den Vorschlag, das Essen bei dem Gastwirt »Zum Schieferhof« in dem eine Viertelstunde entfernten, am Fuße Dornburgs gelegenen Dorfe Naschhausen zu bestellen. Man ging auf meinen Vorschlag ein; aber auch hier war Goethe nicht zufrieden. Beim Mittagsessen am folgenden Tage äußerte er gegen seinen Bedienten: Bei dieser Kost könne er nicht bestehen; der Kaffee sei zwar sehr gut, aber davon allein könne er nicht existieren. Er trug nun John auf, nochmals Rücksprache mit mir zu nehmen und mir zu sagen, der Hofmarschall von Spiegel habe ihm gesagt, daß er sich wegen der Beköstigung nur an mich wenden möge. Wolle ich dieselbe aber durchaus nicht übernehmen, so sehe er sich genötigt, am andern Tage wieder von Dornburg abzureisen. Der Sekretär stellte mir das Unangenehme der Situation Goethes so lebhaft vor und drang so sehr in mich, außer Goethe doch auch ihn, den Bedienten und Kutscher mit an den Tisch zu nehmen, daß ich mich endlich nach vielem Sträuben dazu bereit erklärte, zumal ich in den Worten des Hofmarschalls von Spiegel, meines unmittelbaren Vorgesetzten, eine gewisse Verpflichtung ausgesprochen fühlte. Ich sandte nun Boten auf die umliegenden Dörfer nach Geflügel, Fischen und Aalen, nach Tautenburg an den Leibjäger Ciliax nach Wildpret aus. Meine Küche war bald bestellt, um die Zubereitung der Speise durch meine Frau durfte ich ohne Sorge sein. Schon nach dem ersten Frühstück äußerte Goethe gegen seinen Bedienten: »Das ist ein guter Anfang!« und bei dem aus fünf Gängen bestehenden Mittagsessen: »Das lasse ich mir gefallen! Sage Sckell, er solle so fortfahren.« Nach Tische kam Goethe selbst zu mir, klopfte mich auf die Achsel und sagte: »Fahren Sie so fort, guter Freund! Auf diese Art werden Sie mich aber so bald nicht los werden.« Darauf bat er mich, den Rentamtmann Schmalz fragen zu lassen, ob derselbe nicht so gefällig sein wolle, einen Boten bestellen zu lassen, welcher heute noch nach Weimar gehen könne. Ich ging selbst zu Schmalz. Der Bote war bald gefunden. Der Brief, welcher diesem zur Bestellung behändigt wurde, hatte jedenfalls eine Einladung enthalten, denn tags darauf [am 27. Juli] kam Goethes Schwiegertochter, die Frau Geheime Kammerrätin Ottilie von Goethe geb. Freiin von Pogwisch, mit ihren beiden Kindern und der Hofrat Eckermann. Sie wiederholten fortan wöchentlich ihren Besuch zwei-, auch dreimal. Auch der Kanzler von Müller besuchte Goethe oft wöchentlich einige Male, ebenso sein Sohn, der Geheime Kammerrat, welcher seine Besuche gewöhnlich in Begleitung des Landesdirektionsrats Töpfer machte. So hatte ich fast täglich sechs bis zehn Personen zum

Mittagstisch. Auch seine jenaischen Freunde, besonders der Legationsrat Weller, besuchten ihn häufig. Fremde waren fast täglich da, um Goethe ihre Aufwartung zu machen, namentlich viel Engländer, unter anderen [am 7. August] auch die beiden jungen Herzöge Arthur Richard und Charles Wellesley von Wellington.

Goethe hatte seine eigene Equipage mitgebracht, fuhr jedoch wenig aus. Als ich daher etwa acht Tage nach seiner Ankunft einmal bei ihm auf dem Zimmer war, sagte er: seine Pferde müßten ja steif werden, da er sie so wenig brauche; er wolle sie doch lieber zurück schicken, da die Seinigen immer Geschirr brauchten; wolle er einmal wegfahren, so könne man ja wohl hier ein Geschirr bekommen. Ich erwiderte:»Jawohl! Ich darf nur, wenn es Eure Exzellenz wünschen, zu dem großherzoglichen Kammergutspächter Liesegang gehen, von welchem Sie gewiß stets Geschirr bekommen werden.« Er schickte nun seine Equipage nach Weimar zurück und bediente sich der des Kammergutspächters, während Sohn und Schwiegertochter erstere fleißig benutzten, um nach Dornburg zu fahren. Gewöhnlich brachte Frau von Goethe etwas Gemüse, namentlich Blumenkohl, mit, welchen Goethe sehr gern aß, der aber hier nicht aufzubringen war. Auch feines Backwerk, Torten und dergleichen brachte Frau von Goethe mit. Zwar war er davon kein Freund; da er aber täglich Gäste bei sich sah, so wurde das Backwerk, nachdem meine Frau und meine Kinder davon erhalten hatten, mit auf die Tafel gegeben. Große Schmausereien liebte Goethe überhaupt nicht. Eines Tages sagte er mir: Wenn zu Mittag kein Besuch käme, so seien so vielerlei Gerichte überflüssig. Während seines ganzen Aufenthalts in Dornburg hat es sich indessen, die beiden ersten Tage ausgenommen, nur einmal getroffen, daß er allein speiste, denn noch am letzten Tage seines Hierseins waren Schwiegertochter und Enkelchen bei ihm zu Mittag, worauf sie mit ihm nach Weimar zurückkehrten.

Von den vielen Fremden, welche täglich kamen, Goethe ihre Visite zu machen, ist, soviel ich weiß, nicht ein einziger abgewiesen worden. Wäre mitten in seinen Beschäftigungen dann und wann ein bloßer Neugieriger auf seine Anmeldung abschlägig beschieden worden, so hätte man dies Goethe, welcher in der Tat bisweilen mit einer gewissen Unverschämtheit geradezu überlaufen wurde, gar nicht übel nehmen dürfen. Er ließ es nicht geschehen. Eines Tages kamen unter anderen Fremden drei junge Herren zu mir und fragten, ob sie Goethe sprechen könnten; sie hätten gehört, daß er sehr stolz sei. Man hatte sie falsch berichtet; Stolz kannte Goethe nicht. Ich fragte die jungen Herren, wer sie seien. Es waren drei Studenten der Theologie aus Leipzig. Der Sekretär und der Bediente waren ausgegangen, Goethe selbst ging im Eschengang bei dem mittleren Schlosse spazieren. Ich begab mich zu ihm und meldete ihm die Leipziger. »Was nur die jungen Leute an mir haben!« rief er etwas unwillig aus. Es frappierte mich diese Äußerung einigermaßen, da ich den Herren ausgeredet hatte, daß Goethe stolz sei, und ich wagte also, ihm zu erwidern, daß ich es gern sehen würde, wenn er die Harrenden vorließe. »Na, na wenn Sie es gern sehen«, resolvierte er, »so sagen Sie den Herren, daß sie zu mir her in den Eschengang kommen.« Erst nach einer halben Stunde kamen die Fremden ganz vergnügt von Goethe zurück, meinten, so human hätten sie ihn sich nicht vorgestellt, und leerten vor Freude einige Flaschen Wein auf sein Wohl.

Gewöhnlich empfing Goethe die Fremden in seinem Vorzimmer. Nachdem er acht bis zehn Tage hier war, benachrichtigte er mich, daß er von dem Großherzog Carl Friedrich einen Brief erhalten habe, in welchem derselbe seine Freude ausspreche, daß es ihm in Dornburg so wohl gefalle, und ihm, falls ihm die Wohnung nicht behage, anbiete, in das mittlere Schloß überzusiedeln; ich könne den Brief lesen, er liege auf seinem Arbeitstisch; überhaupt gestatte er mir, alle

Schriften zu lesen, welche auf dem Tische lägen. Ich machte von diesem überaus freundlichen Anerbieten so wenig Gebrauch, wie er von dem des Großherzogs. Mir blieb zum Lesen keine Zeit übrig, und ihm gefiel es in den ihm anfangs zugewiesenen bescheidenen Räumen. Er meinte auch: es schicke sich doch nicht für ihn, in den Zimmern zu wohnen, in welchen die höchsten Herrschaften bei ihrem Hiersein zu logieren pflegten; doch bat er mich, ihm die Schlüssel zu dem mittleren Schlosse anzuvertrauen, um von nun seine Besuche in dem Saale desselben zu empfangen, da ja doch auch oft sehr hochgestellte Personen bei ihm vorsprächen.

Goethe war gegen jeden, welcher auch nur eine geringe Dienstleistung für ihn verrichtete, freundlich und freigebig. Hier nur einige Beispiele. Nach kaum achttägigem Aufenthalte in Dornburg bezahlte er dem Barbier Schmidt ein Rasiermesser und eine Streichschale mit einem Dukaten, während Schmidt für beides nur zwei Taler gefordert hatte. Bei dieser Gelegenheit richtete er an Schmidt die Frage, ob er nicht seinen Bedienten das Rasieren lehren wolle; er werde dafür erkenntlich sein. Es könne ja wohl der Fall eintreten, daß derselbe zu einer Herrschaft käme, wo es gern gesehen würde, wenn der Bediente zugleich diese Funktion verrichten könne. Schmidt wurde bei der Abreise Goethes reichlich belohnt. Als mir Goethe von der Bereitwilligkeit Schmidts, den Bedienten im Barbieren zu unterweisen, Mitteilung gemacht hatte, fügte er hinzu: es sei angenehm und für das spätere Fortkommen gewiß sehr zweckmäßig, wenn der Bediente auch etwas von der Gärtnerei verstände. Er verlange einen solchen Bedienten nicht, aber es gebe Herrschaften, die eine solche Eigenschaft an ihren dienstbaren Geistern zu schätzen wüßten. Da nun sein Bedienter so wenig Beschäftigung habe, so sei es ihm wünschenswert, daß ich ihm eine Anleitung zur Gärtnerei gebe. Es sei nicht gut, daß ein junger Mensch nicht wisse, was er mit der Zeit anfangen solle. Leider sei dies sehr häufig der Fall, wie er bei dem öfteren Wechsel seiner Dienerschaft zu beobachten Gelegenheit gehabt habe. Daß ich Goethes Wunsche willfahrte, ist selbstverständlich. – Ebenso freigebig, wie gegen Schmidt, war der alte Herr gegen den großherzoglichen Gartenknecht und die Gartenarbeiter, welche am 28. August, seinem Geburtstage, einen Kranz gewunden und denselben, mit einer komischen Inschrift versehen, über der Eingangstüre aufgehängt hatten. Goethe bemerkte den Kranz beim Heraustreten freudig erregt und lachte über die Inschrift. Ich mußte die Leute zu ihm bescheiden. Es erschien nur der Gartenknecht. Goethe dankte für die ihm bezeigte Aufmerksamkeit aufs freundlichste, schenkte ihm einen Dukaten und behändigte ihm für die übrigen Arbeiter eine Summe Geldes, deren Höhe ich nicht erfahren habe.

Auch für die Kinderwelt schien Goethe viel Liebe zu besitzen. Eines Tages begleitete er einen Fremden, welcher ihn besucht hatte, beim Weggange durch den Schloßgarten. Als beide an einem Rasenplatz vorübergingen, lag dort ein kleiner hübscher Knabe auf dem Rücken, die Hände auf der Brust wie zum Gebet gefaltet, in süßem Schlummer. Der Fremde bemerkte den kleinen Schläfer zuerst und machte Goethe auf ihn aufmerksam. »Wir wollen ihn nicht in seiner Ruhe stören, denn solchen Kindern ist das Reich Gottes!« versetzte Goethe. Kurze Zeit darauf kam er desselben Weges allein zurück, betrachtete den Kleinen, blickte gen Himmel, griff dann in die Westentasche, nahm ein Geldstück heraus und steckte es ihm, sich über ihn neigend, in die gefalteten Hände.

Wie gegen Fremde zeigte Goethe auch viel Güte gegen seine Dienerschaft. Ich habe nie gehört, daß er sich auch nur des geringsten Scheltwortes gegen sie bedient hätte. Einmal war einiger Mangel in Küche und Vorratskammer eingetreten. Ich ging daher mit dem Sekretär und dem Bedienten, als am späten Nachmittag die Gäste abgereist waren, nach dem nahen Dorndorf, um Einkäufe zu machen. Unsere Geschäfte waren bald besorgt, Zeit war noch übrig. Wir benutzten dieselbe und gingen zusammen zu einem Weinbergsbesitzer, um dort ein Glas Wein zu trinken. Der Stoff mundete. Wir blieben ziemlich lange sitzen. Als wir endlich aufbrachen, hatte ich große Not, meine beiden Begleiter nach Hause zu bringen. Sie hatten nicht geglaubt, daß der Dornburger Wein auch zu Kopfe steigen könne. Endlich hatte ich sie auf ihr Zimmer gebracht. Die Sache war mir höchst unangenehm, denn beide befanden sich in einem Zustande, in dem sie unmöglich vor Goethe erscheinen konnten, und doch war bereits die Zeit gekommen, zu welcher er gewöhnlich den Bedienten verlangte, um das Nachtlicht anzuzünden, welches er allnächtlich brennen ließ. Kurze Zeit darauf, als ich sie verlassen, begab ich mich wieder in ihre Zimmer. Sie lagen bereits in tiefem Schlafe. Sie zu ermuntern, war unmöglich. Bald darnach rief Goethe: »Friedrich! Friedrich!« Vergebens. Ich ging sofort zu Goethe hinauf und fragte, was zu Befehl stehe. Er antwortete: Friedrich sei noch nicht da gewesen, um das Nachtlicht anzuzünden. Ich besorgte das Licht und entfernte mich wieder. Bald darauf rief er nicht allein nach dem Bedienten, sondern auch nach dem Sekretär. Keiner hörte. Ich begab mich sofort wieder auf sein Zimmer und fragte nach seinem Begehren. Goethe antwortete: »Ich will ausgekleidet sein und mich zur Ruhe begeben. Wo sind denn die beiden? Es läßt sich ja keiner sehen und hören.« Ich zuckte mit den Achseln und gab zur Antwort, daß ich es nicht wisse. Mein Anerbieten, ihm behülflich zu sein, wies er höflich dankend zurück, und ich empfahl mich. Ich hatte die Nacht über wenig Ruhe, indem ich fürchtete, Goethe werde den wahren Sachverhalt erfahren, recht ungehalten auf mich sein und mir einen Teil der Schuld zuschreiben. Mit Tagesanbruch stand ich auf und sah vor allen Dingen nach den beiden, welche tags zuvor so durstige Kehlen gehabt hatten. Ich fand sie wohl und munter. Als ich ihnen mitgeteilt hatte, daß Goethe zweimal nach ihnen gerufen habe, stellte sich freilich der moralische Katzenjammer ein. Ganz besonders war Friedrich über meine Nachricht erschrocken. Er wollte sich gar nicht beruhigen lassen. Als ihn bald darauf Goethe rief und den Kaffee zu bringen befahl, wurde er totenbleich und wankte mit schlotternden Gliedern die Treppe hinauf. Neugierig, was Goethe wohl sagen werde, schlich ich mich hinter dem Bedienten her und blieb horchend an der Tür stehen. Als der Bediente eingetreten war, sagte Goethe: »Na, na, Friedrich, Du zitterst ja wie ein armer Sünder! Setze nur das Kaffeebrett ab, sonst lässest Du es noch fallen. Nicht wahr, Du glaubst, ich würde Dich recht auszanken? Das tue ich nicht. Du hast ja Deine Strafe wohl so schon bekommen? Wie sieht es denn heute hier aus?« fuhr er fort, sich mit dem Zeigefinger über die Stirn streichend. »Setz nur ab und gehe. Es ist abgemacht.« Hoch erfreut, mit diesem kleinen Verweise davon gekommen zu sein, verließ der Bediente das Zimmer. Einige Tage nach diesem Vorfall fragte mich Goethe: ob es denn bei den vielen Weinbergen hier auch trinkbaren Wein gebe? Ich erwiderte, daß im vorigen Jahre die Ernte reichlich und gut ausgefallen sei und in Dorndorf ein Weinbergsbesitzer wohne, welcher bereits einen guten Rotwein ausschenke. Auf seinen Wunsch besorgte ich sogleich eine Flasche dieser Sorte, welche ihm so wohl mundete, daß er dem Bedienten den Auftrag gab, jeden Tag eine Flasche dieses Weins zu besorgen, die zum Frühstück und nachmittags fünf Uhr – abends speiste Goethe nicht – zu einem Franzbrote getrunken wurde. Dies geschah acht Tage, dann aber äußerte er gegen den Bedienten: »Höre, Friedrich, der Wein schmeckt zwar sehr lieblich, aber ich bekomme etwas Schärfe an mir; daran ist dieser junge Wein schuld. Ich muß also aussetzen und mein Glas alten Moselwein wieder trinken.«

Kurze Zeit darauf, nachdem der Erbgroßherzog Carl Alexander mit dem Geheimen Legationsrat Soret zum Besuch anwesend gewesen war [21. August] – etwa in der dritten Woche des August –, trat mir Goethe, als ich ihm eines Morgens, wie es täglich geschah, zwischen 8 und 9 Uhr meine Aufwartung machte, um mich nach seinem Wohlbefinden zu erkundigen, mit den Worten freundlich entgegen: «Nu, lieber Freund, wir werden immer vertrauter miteinander; deshalb werden Sie mir auch eine Gewissensfrage an Sie erlauben.« Ich antwortete: »Herzlich gern, Exzellenz. Worin besteht dieselbe?« – »Nu, was halten Sie denn eigentlich von den Fürsten?« – »Dies ist allerdings eine Gewissensfrage, Exzellenz, die ich Ihnen aber sogleich beantworten kann: Ich fürchte Gott, liebe meinen Fürsten, lasse, wenn es darauf ankommt, auch mein Leben für ihn, ehre und achte meine Vorgesetzten, suche mit jedermann in Fried' und Freundschaft zu leben, stehe im Glauben fest und hoffe das Beste.« Seine Hand auf meine Schulter legend, fuhr er fort: »Das ist brav von Ihnen. Stehen Sie zumal ja fest im Glauben, denn wenn wir daran festhalten, dann kann uns auch niemand den Glauben an die Unsterblichkeit rauben. Nu will ich Ihnen auch sagen, warum ich diese Frage an Sie getan habe. Sie sehen wohl das Treiben unter den jungen Leuten, welche sich gegen die Fürsten empören, sie abschaffen oder wohl gar ums Leben bringen möchten. Freilich, Jugend hat keine Tugend. Die jungen Leute täten besser, wenn sie ihre Nasen in die Bücher steckten, denn die Fürsten sind von Gott eingesetzt. Deshalb nennen sie sich auch von Gottes Gnaden. Dazu haben sie aber kein Recht, denn wir Menschen sind alle von Gottes Gnaden in die Welt gekommen. Es wird die Zeit kommen – ich werde sie allerdings nicht erleben –, wo man sich auch in Deutschland gegen die Fürsten empören und sie von den Thronen zu stoßen versuchen wird, und das Volk wird Gesetze geben wollen. Dazu ist es zu miserable, aber zum Zuschlagen capable. Die rechten Gesetze, wie sie von Gott vorgeschrieben sind, finden wir in der Schrift. Daran halten Sie fest.« Er entließ mich darauf sichtlich erregt, indem er mir die Hand reichte und einen guten Morgen wünschte.

Auf seinem Zimmer zeigte sich Goethe immer ganz besonders leutselig und gesprächig. Oft zeigte er mir, wenn ich bei ihm war, die Sachen, welche, häufig aus weiter Ferne, für ihn gekommen waren, so zum Beispiel einmal [am 10. August?] den Gipsabdruck eines Goldklumpen, indem er erläuternd sprach: »Sehen Sie, hier habe ich von Petersburg den Abdruck eines Goldklumpen erhalten, welcher bis jetzt der größte ist, den man aufgefunden hat.« Der Abdruck hatte die Form des Kopfes eines erwachsenen Menschen; die mir von Goethe genannte Gewichtszahl des Goldklumpen ist dem Gedächtnisse entfallen.

Goethe fuhr während seines Aufenthaltes hier nur dreimal aus. Ich mußte ihm jedesmal Gesellschaft leisten. Das erste Mal [am 2. August] fuhren wir nach Großheringen, einem drei Stunden von Dornburg entfernten Dorfe, wo er den Ortsschulzen Planert [Pietzel], welcher lange Zeit Landtagsabgeordneter gewesen war und den er früher kennen gelernt hatte, auf einige Stunden besuchte. Das zweite Mal [am 20. Juli?] fuhren wir nach Jena, wo er bei dem Legationsrat Weller, dem Bauinspektor Götze, dem Major Karl Ludwig von Knebel und dem Hauptmann von Schauroth vorsprach. Das dritte Mal [am 9. September] besuchten wir den vor Camburg an der Chaussee liegenden Thurmberg. Das sogenannte untere oder alte Schloß auf demselben hat als Überrest früherer Bedeutung noch einen 120 Fuß hohen Turm aufzuweisen. Man genießt hier eine herrliche Aussicht, die auch Goethe entzückte. Die Frau Großherzogin Louise hatte ihn, wie er mir mitteilte, schon früher darauf aufmerksam gemacht.* − Nach jeder Ausfuhr bekam Liesegangs Kutscher zwei Taler Trinkgeld. Goethe behändigte sie ihm selbst, denn er meinte, es sei besser, wenn man dergleichen selbst abmache, da er die Erfahrung gemacht habe, daß es sonst mitunter nicht so recht zugehe und man ins Gerede komme, als gebe man so wenig.

Am 8. September kam Goethe zu mir und teilte mir mit, daß er soeben von dem Großherzoge einen Brief erhalten habe, worin ihm derselbe mitteile, daß er, von seiner Reise zurückkehrend, am 14. wieder in Weimar eintreffen werde. Der Großherzog habe ihm nun zwar in dem Schreiben vergünstigt, so lange in Dornburg zu bleiben, als es ihm gefalle; allein so leid es ihm auch tue, sich von mir zu trennen, da es ihm ausgezeichnet gefallen habe, so zieme es sich doch nicht, länger zu bleiben, sondern es sei seine Schuldigkeit, nach Weimar zurückzukehren, um den Großherzog daselbst zu empfangen und ihm dafür seinen untertänigsten Dank abzustatten, daß er ihm erlaubt habe, hier so lange zu verweilen. Er habe daher die Seinigen von seinem Entschluß in Kenntnis gesetzt und sie ersucht, ihn am 12. [vielmehr 11.] abzuholen. Es geschah. Vor der Abfahrt kam er noch einmal zu mir, versicherte mich seines besten Dankes und sagte, indem er mir sieben blanke Dukaten in die Hand drückte: »Leben Sie wohl, lieber Freund, und wenn Sie nach Weimar kommen, vergessen Sie ja nicht, mich zu besuchen; ich werde Sie auch wieder besuchen.« *[6224]*

---

* Im Sommer des Jahres 1825 trank eines schönen Tages die Frau Großherzogin, nachdem der Amtsvogt Grebe in Camburg zu diesem Zwecke einen Platz hatte ebnen lassen, auf dem Thurmberg ihren Tee. Dieser Umstand gab Veranlassung, daß bald darauf eine viel besuchte Sommerwirtschaft dort eingerichtet wurde.

Wenig Gefallen an Zeitungslektüre

K. A. Ch. Sckell: Goethe in Dornburg

1864

Es dürfte nicht ohne Interesse sein, schließlich noch etwas über Goethes Lebensweise in Dornburg zu vernehmen.

In der Regel verließ Goethe um 6 Uhr das Bett und genoß sofort Kaffee. Schon um 7 Uhr beschied er seinen Sekretär zu sich und diktierte diesem bis um 8, auch halb 9 Uhr. Darauf ging er auf den Terrassen oder im Garten bis halb 10 Uhr spazieren, nahm nun das Frühstück ein und diktierte darauf von neuem oder begab sich wieder in den Garten, wenn er nicht schon zeitig durch Fremdenbesuch behindert wurde. Um 11 Uhr stellte sich dann in der Regel jeden Tag Besuch ein, welcher bei ihm speiste. Die Tafel begann gewöhnlich um halb 2 Uhr und dauerte bis 4 Uhr. Dann reisten die Fremden sofort ab*, und Goethe begab sich wieder in den Garten, blieb dort bis halb 6 Uhr, aß darauf stets eine Franzsemmel und trank – die acht Tage ausgenommen, an welchen er den Dorndorfer Rotwein genoß – ein Viertel Moselwein. Von da blieb er auf seinem Zimmer oder ging bei schöner Witterung wiederholt einige Male im Garten auf und ab. Sitzend habe ich ihn dort nie angetroffen. Abends beschäftigte er sich mit dem Lesen eingegangener oder mit dem Unterschreiben von ihm diktierter Briefe. An Zeitungslektüre schien er wenig Gefallen zu finden. Um 9 oder halb 10 Uhr ging er zu Bett. Da mir gestattet war, zu jeder Zeit sein Zimmer zu betreten, ohne angemeldet zu sein, so ist mir vergönnt gewesen, ihn

---

* Eine Ausnahme machten bisweilen Goethes Sohn und der Landesdirektionsrat Töpfer, welche um 5 Uhr ankamen und bis 9, wohl auch 10 Uhr blieben. Die Herren mußten dann allein zu Abend speisen.

auch hier beobachten zu können. Er legte sich auf den Rük-
ken, die Hände außerhalb der Bettdecke auf der Brust wie
zum Gebete gefaltet, den Blick nach oben gerichtet. Früh
waren die Hände noch in ihrer ursprünglichen Situation,
sein erster Blick war nach oben gerichtet. Sein Schlaf mußte
tief und süß sein, denn das Lager zeigte keine Spuren von Unruhe. – Er lebte sehr mäßig und nach einer bestimmt vorge-
zeichneten Ordnung; daher kam es wohl auch, daß er sich
während seines Aufenthaltes in Dornburg nie unwohl fühlte.
Im Genusse des Weins war er sehr mäßig, denn bei der Mittagstafel wurden, außer einem guten Tischwein, selbst bei
acht bis vierzehn Gästen höchstens zwei Flaschen Champagner getrunken. Vorzugsweise liebte er unter den Speisen
Kompotts aus Birnen, Kirschen und Himbeeren. Außer dem
von ihm selbst bereiteten Salate aus Artischocken, die er
nebst feinen Provenceröl aus Frankfurt am Main hatte kommen lassen, genoß er keine Salate; auch Milchspeisen waren
nicht nach seinem Geschmack.

Wissenschaftlich beschäftigte sich Goethe in Dornburg
vorzugsweise mit Botanik. *[6225]*

Karl August Christian Sckell (1801-1874), Gärtner und Schloßvogt
in Dornburg.

Er selber hat den Rum ganz ohne Tee genossen

Bertha Weber: Erinnerungen (für ihre Tochter)

(1882/87)

Meine geliebte Elise, Du weißt, wie oft an mich die Mahnung
kam, ich möchte meine Erinnerungen niederschreiben an die
Tage in Dornburg und die Begegnungen mit Goethe. Weil
Du es besonders oft als Wunsch ausgesprochen hast, so tue
ich's mit Freude für Dich. – Du erfährst manches aus ersten

Tagen und Wochen Deines Lebens und von Dornburg und den glücklichen Tagen Deiner Eltern. Von dem Beisammensein mit Goethe ist vieles meinem Gedächtnisse entschwunden, denn es sind bereits fünfundfünfzig Jahre darüber hingegangen. Ich ergänze nicht durch eigene Phantasie, aber Unvergeßliches, auch durch kleine Ereignisse bezeichnet, bleibt fest in meinem Gemüt und in treuer Erinnerung.

Du kennst das schöne Saaltal mit seiner Lieblichkeit und sahst auch die drei Schlösser auf der Dornburger Höhe. In dem sogenannten Kaiserschloß wohnten wir. Ich zeigte Dir das Fenster, welches nach dem Schloßgarten die Aussicht hat aus dem Zimmer, wo Du geboren bist. Unsere Wohnung hatte Dein guter Vater [Carl Gustav Stichling] neu herrichten lassen und für die junge Hausfrau freundlich und sorglich ausgeschmückt. Der erste Sonnenstrahl fiel in unsre Zimmer und erweckte uns zu Freude und Dankbarkeit, daß es uns vergönnt war, die weite schöne Welt, welche vor uns ausgebreitet lag, täglich zu schauen.

Es war am 14. Juni 1828, als die sehr betrübende Nachricht von dem plötzlichen Verscheiden unseres vortrefflichen Fürsten Carl August das ganze Land mit innigster Trauer durchzog. Auch in dem kleinen Dornburg-Städtchen war man schmerzlich überrascht.

Am 7. Juli flüchtete Goethe in die Stille des Landlebens fern von allem Treiben der Welt, um seinen tiefen Schmerz um den verlornen Freund und Jugendgenossen mit sich allein zu ertragen. Es war der sorgliche Wunsch ausgesprochen, niemand möge eine Erinnerung veranlassen an das schmerzliche Ereignis.

Das kleine Schloß, das Stohmannsche Gut, war seine einfache Wohnung. In Mitte des Schloßgartens liegt das fürstliche Schloß und als drittes in gleicher Linie das sogenannte alte Kaiserschloß. Im Eckzimmer, wo man am Fenster den ganzen Schloßgarten übersehen kann, hatte ich mich mit meiner Arbeit oft hingesetzt.

Von da schaute ich oft hinab, wo der ernsthafte traurige Mann hin- und herging, und seine Verlassenheit machte mir Wehmut. Oft blieb Goethe stehen, bewegte die Arme und sprach laut mit sich selbst. Die Vorübergehenden blieben stehen und bemerkten den sonderbaren Mann. Es waren die Sträucher und Blumen, die er oft betrachtete. Besondere Aufmerksamkeit hatte er für die Weinrebe. Er bog die Blätter weg und schaute täglich nach dem Traubenwachstum. Dann blickte er lange hinab in das liebe Saaltal oder hinauf zum Himmel, den Wolkenzug zu beobachten.

Dieses stille Leben in der gütigen Natur konnte Goethe geben, was Menschen nicht vermögen.

Dein guter Vater fand es für paßlich, anfragen zu lassen, ob er Goethe besuchen dürfte. Er wurde gütig aufgenommen, und Goethe wünschte öfters seinen Besuch. Goethe hatte schnell erkannt die Bescheidenheit, Aufrichtigkeit und das treue Wohlwollen Deines lieben Vaters. Später sprach Goethe sein Urteil in dem Worte »Liebenswürdig« aus...

Die frohe Botschaft Deiner Ankunft [am 14. Juli] mußte Dein erfreuter Vater Goethe persönlich melden und wurde mit freundlicher Teilnahme aufgenommen. Seine teilnehmenden Anfragen geschahen jeden Morgen. Du betrugst Dich immer anständig, hattest herrlichen Appetit...

Nun gedachten wir Deiner Taufe. Sie wurde verschoben, denn nach damaliger kirchlicher Bestimmung mußte sie acht Tage nach des Kindes Geburt stattfinden... Dein Vater fuhr nach Weimar als Kindtaufs-Vater und lud die Gevattern selbst ein, und zwar meine beiden Eltern und ebenso die Stichling-Großeltern. Auch sein treuester Freund Carl Weyland, welcher mit Gesandtschaftsgeschäften in Paris beschäftigt war, wurde sofort eingeladen... Schwester Amalie war seine Mitgevatterin, und Deines Vaters Schwester Amalie und unser Freund Töpfer waren ebenso bestimmte Mitgevattern. Die Taufe verzögerte sich, weil Weyland erst erwartet wurde...

Der Tag [27. Juli] kam, und prachtvolle Sommertage brachten die Gäste. Als Du in schneeweißem Gewande fertig warst, wurde der feierliche Zug nach der Kirche geordnet. Die dickliche, aber würdevolle Kindsfrau Burkardt eröffnete den Zug. Dann kam meine liebe Mutter, geführt von Großvater Stichling, mein Vater führte Mama Stichling, Pate Weyland die Schwester Amalie, Landesdirektions-Rat Töpfer und Tante Amalie Stichling. Dein Vater geleitete die übrigen Verwandten und Gäste. Es war ein schöner stattlicher Zug, geschmückt durch heitere Mienen und schönste Blumensträuße, welche der Sommer bieten konnte. Ich blickte aus dem Fenster unseres Vorsaals dem Zug nach mit bewegtem Herzen und stillen Segenswünschen. Ich schickte alle, welche bei mir bleiben sollten, fort in die Kirche und feierte allein die gute Stunde.

Als die Taufgemeinde um den Taufstein stand und der Geistliche den Segen sprach, schlüpfte eine Schwalbe zu der Kirchtür herein, umkreiste die Andächtigen und flog wieder hinaus. In dieser Stunde war an dem weiten Himmel eine Gewitterwolke herangezogen, hatte sich schnell entladen, und als die Gemeinde aus der Kirche trat, stand ein schöner Regenbogen am Himmel und begrüßte die aus der Kirche Kommenden...

Einige Tage vergingen, ehe Goethe wieder aufgesucht wurde, und ich sah viel durch das Fenster nach seiner täglichen Wandrung in den Garten hinüber: das erste Gespräch [am 1. August] begann Goethe mit den Worten: »Sie hatten ein Tauffest«, und dieses wurde die Veranlassung zu der ausführlichen Erzählung jenes Tages, welche Goethe teilnehmend anhörte. Von der Schwalbe und dem Regenbogen sagte er freundlich: »Das sind gute Omen. Wie heißt das

Kind? Warum wählten Sie nicht den Namen des Geburtstages, Bonaventura ist ein schöner Name und hat eine gute Bedeutung.«

Die Tante Marie Stichling war nach der Taufe bei uns geblieben. Sie liebte Dich zärtlich und verbrachte die Tage nur für Dich. Sie hat Dir später manches gelehrt und auf Dich eingewirkt.

Im Garten.

Vierzehn Tage warst Du alt, Du warst munter und nahmst zu, als ich eine Sehnsucht nach freier Luft und Sonnenschein, eine Sehnsucht nach Gottes schöner weiter Welt [hatte]. Die Tante nahm Dich auf die Arme, und wir schritten wohlgemut aus dem Haus. Du blicktest mit hellen Äuglein behaglich aus, als wärst Du Dir bewußt, wie herrlich die Welt Dich begrüßte. Wir dachten nur an Dich, sahen Dein Gesichtchen an und wie die Luft Dir behagte. Wir traten in den Schloßgarten, es war still und einsam. Nichts regte sich, der Duft der Rosenblüte erfüllte die Luft. Wir wandelten schweigend durch die Gänge. Als wir in die Nähe des Fürstlichen Schlosses kamen, ach, welche Überraschung. Auf einer zurückstehenden Bank saß Goethe mit einem Buch und einer Flasche neben sich. Goethe erhob sich, kam uns näher und sagte: »Ich bin ein Einsiedler, Sie gehen spazieren, darf ich Sie begleiten?« Alle Geistesgegenwart hatte uns beide verlassen, und als er frug: »Wem ist das Kind?«, sagte Tante Marie höchst befangen: »Meinem Bruder.« Ich ebenso unbeholfen, ohne alle Geistesgegenwart, vergaß in der Bestürzung die nötige Vorstellung, schwieg, und Goethe bemerkte wohl, daß die Überraschung [auf] uns höchst ungeschickt eingewirkt habe. Und wie leicht war für Goethe die Bekanntmachung der Familie, die vor ihm stand. Ich die Mutter, die Kleine eine Urenkelin Wielands, getragen von einer Enkelin Herders. Goethe verbannte schnell die erfahrne Befangenheit und sprach viel, was ich anfänglich zerstreut anhörte, denn ich machte mir

Vorwürfe. Tante Marie war mit Dir verschwunden, und ich wanderte allein mit Goethe hin und her. Goethe sprach viel und lebhaft, aber leider kann ich dies nicht mehr wahrheitsgetreu wiedergeben. Schon einigemal waren wir den Garten entlang auf- und abgegangen, als wir wieder in die Nähe des Fürstlichen Schlosses kamen. Eine behagliche Ruhe kam über mich, und Goethes Aussprechen erschien mir wie ein wohltuendes Bedürfnis bei der totalen Abgeschiedenheit von allen Menschen.

Am Fuß des Schlosses stand eine Bignonia in prachtvoller Blüte. Carl August hatte die Pflanze von auswärts kommen lassen und sie an die Mauer des Schlosses pflanzen lassen. Die Zweige waren hinaufgestiegen, und die großen Blütendolden neigten sich herab. Goethe blieb stehen, faßte einen Blütenstengel und sagte leise: »Wir wollen der Erinnerung unseres Freundes aus dem Wege gehen – in jeder Blume tritt sie uns entgegen.« Die letzten Worte hauchte er nur, ich wagte nicht hinzusehen, voll wehmütiger Teilnahme erblickte ich tränengetrübte Augen und verlor beinahe alle Fassung in diesem ergreifenden Moment. Goethe schritt langsam weiter, ich blieb zurück. Als er stehenblieb, sich umwandte, schien er mich zu erwarten. Unverändert setzte er das Gespräch fort.

Wir gingen noch zweimal auf und nieder, dann blieb er plötzlich vor mir stehen und sagte: »Mit wem rede ich eigentlich?« Als ich meinen Namen nannte, trat er einen Schritt zurück, erhob beide Hände mit ausgebreiteten Fingern und abwehrender Bewegung, seine Augen strahlten in ernster Erregung (mir unvergeßlich), und mit lauter drängender Stimme rief er: »Was, die Wöchnerin, wollen Sie gleich nach Hause.« Erschrocken und sprachlos verbeugte ich mich und verließ wie ein gescholtenes Schulmädchen den Garten. Das war meine erste Begegnung mit Goethe. Natürlich vermied ich nun den Schloßgarten. Wir bekamen Besuch aus Weimar, meine Freundin Franziska und Schwester Amalie. Jeder wollte Dich sehen und freute sich an Deiner Lieblichkeit.

Zum zweiten Mal im Garten.

Ein Spaziergang auf dem Bergrücken Dornburgs führte uns an dem Schloßgarten vorüber. Da stand Goethe am Eingang, öffnete die Tür und lud uns ein hineinzutreten. Sein ganzes Wesen war Güte und Freundlichkeit. Ich fühlte, daß er mir wollte seine Aufregung vergessen machen, welche ich doch allein verschuldet hatte. Nach kurzem Aufenthalt wollten wir Abschied nehmen. Bei dem Rückweg gab es einige Steinstufen hinauf zu gehen. Sorglich, um mich zu unterstützen beim Hinaufsteigen der Steinstufen, bot er mir seinen Arm, und in jugendlichem Mutwillen wollte ich diese Auszeichnung den mir nachfolgenden Freundinnen bemerkbar machen und hob auf der letzten Stufe einen Fuß mit einer Bewegung nach rückwärts.

Das war mir nicht gleichgültig, denn auf dem Vorplatz zum Eingang in das Schloß stand eine Reihe Jenenser Musensöhne und beugten sich ehrfurchtsvoll vor Goethe. Dieser schritt sehr ernst vorüber bis an den Ausgang und entließ uns freundlich. Am andern Tag frug er meinen Mann: »Wer war die schweigsame Dame?« Er hatte mit raschem Kennerblick das wohlgeformte schöne Gesicht meiner Schwester bemerkt, welche sehr still uns nachfolgte.

Meinen Mann sah Goethe oft und wünschte seinen Besuch und hatte sich viel erzählen lassen von unserm Leben und geselligen Verkehr. In Gegenwart Deines Vaters äußerte Goethe einmal: »Ich habe keine Equipage und möchte mich zuweilen in der Gegend umsehen.« Dein Vater bat um die Erlaubnis, ihn fahren zu dürfen, und erhielt sie in freundlicher Weise. So war sofort ein Plan für Tag und Stunde bestimmt.

Fahrt zu Klopfleisch [am 7. September].

Goethe wußte bereits von unserm Leben, von unsern wenigen, aber treuen lieben Freunden und besonders von dem

Studiengenossen und Freund Klopfleisch. Dieser fröhliche brave junge Mann war an der Kirche in Dorndorf als Kandidat und Prediger angestellt. Mit viel Liebhaberei betrieb er Bienenzucht und hatte seine Beobachtungen darüber in einer gedruckten Broschüre ausgesprochen. »Können Sie mich«, frug Goethe, »zu dem Bienenmann bringen?« Jede Tüchtigkeit eines Menschen erregte Goethes Interesse. Dein Vater entnahm aus dem Pachtgut zwei schöne junge Pferde an unsere Chaise. Als sie abfuhren, stellte ich mich ans offne Fenster und erwartete den Wagen. Der Weg ist steil, und ich war nicht ohne Bangigkeit. Da, wo der bergige Weg im Bogen wendet, kommt ein Fußweg herauf aus Naschhausen. Die Stelle heißt: das Himmelreich. Diese Bedeutung machte mich bange. Endlich erschienen unter einem überhangenden Felschen die Fahrenden, und ruhig gingen die Pferde im Zügel. Im Tal angelangt, erhielten die Tiere Freiheit, sie flogen rasch dahin. Mit gefalteten Händen, im Herzen ein Stoßgebet, blickte ich hinab. Goethe selbst war besorgt, faßte den Arm Deines Vaters und rief: »Nicht zu rasch, junger Freund.« Sogleich schritten die Tiere ruhig durch die überbaute Saalbrücke, durch das Dorf nach dem Garten des Freundes. Eine längere Begrüßung und Aussprache konnte ich nicht hören, doch sehen. Goethe frug: »Stechen die Bienen?« – »Nein, sie sind an Menschen gewöhnt.« Nun treten alle drei ins Bienenhaus, und eine Bienenwohnung wurde geöffnet. Die weise Einrichtung des Staates, die schaffende Bewegung der unzähligen kleinen Geschöpfe versetzte Goethe in freudige Bewunderung. Eine Biene, durch irgend etwas beleidigt, fliegt plötzlich mit heller Stimme heraus, und Freund Klopfleisch ruft: »Exzellenz, für die stehe ich nicht ein.« Da sehe ich, wie Goethe eilig herauskam, mit jugendlicher Behendigkeit über zwei Beete sprang und glücklich auch dieser Gefahr entging.

Als Dein Vater mit freudeglänzender Miene ins Zimmer

trat und meinte, die Fahrt habe Goethe gefallen und erfreut, war mir sehr wohl und heiter. Es war bereits eine neue Ausfahrt bestimmt. »Ich werde Sie besuchen«, sagte Goethe zu Deinem Vater. Aber ich glaubte nicht, daß Goethe kommen würde.

Erster Besuch [am 14. August].

Wir kamen mit Dir kleines Wesen aus unserm am Pachtgut liegenden Hausgarten, allwo Du sanft schlummertest. Wir waren eben im Zimmer, als Goethes Bedienter meldete: »In einer Stunde wird Exzellenz hier sein.« Diese Überraschung brachte uns in Aufregung. Zunächst eilte Lisette zur Kinderfrau, die dann mit Dir in dem letzten Zimmer, dem Arbeitszimmer Deines Vaters, bleiben sollte, falls Du Dein kräftig Stimmchen ertönen ließest. Vor dem Zimmer, wo das Goethe-Zimmer, wie wir's nannten, [war,] lag mein Wohnzimmer. Da flogen eilig die Staubkappen von den Möbeln, um den Eintritt freundlich zu machen. Meine Schwester Caroline erbot sich, Goethes Bild, was dort hing, mit einem Kranz zu schmücken, und verschwand. In der Küche brannte helles Feuer unter dem Teekessel. Mit einigem Herzklopfen hörte ich die Worte von Goethes Bedienten: »Exzellenz ist da.« Dein Vater eilte mit mir hinab an die Haustüre. Goethe reichte mir seinen Arm, und nicht ohne kleine Beschwerden erstiegen wir die hohe Treppe. In meinem Wohnzimmer sprachen wir ein herzlich Willkommen und schritten in das Eckzimmer, wo ein Fenster die Aussicht in den Schloßgarten bot. »Hier ist Ihr Platz, es darf durch mich keine Änderung werden.« Damit rückte er einen Stuhl heran und: »Hier setze ich mich.« Immer noch etwas verlegen, faßte ich nach dem damals unvermeidlichen Strickzeug. Da rollt das Knäuel durch das Zimmer, und Goethe erhob sich ritterlich, dasselbe aufzuheben – natürlich kam ich ihm zuvor.

Bald wurde das Gespräch lebhaft und behaglich. In Weimar hatte ich Goethe nur einmal in der Nähe gesehen, und als das Gespräch auf die freie Zeichenschule kam, welche Goethe mit Carl August ins Leben gerufen hatte, so erzählte ich, wie ich eines Tages mit noch zwei Schülerinnen aus der Vorbereitungsstunde zur öffentlichen Zeichenschule aus dem Jägerhaus kam mit dem Buch, angefüllt mit Strichen und allerlei Linien. Ein Herr, aus der Ackerwand kommend, hielt uns an und nahm das Zeichenbuch, blätterte es durch und sagte: »Gut, fahre fort, sei fleißig.« Als ich meinem Vater den Herrn beschrieb, so sagte er: »Das war Goethe.« – Ich vergaß diese Begegnung nicht, und wenn ich über die sogenannte Ratenbande nach unserm Berggarten [ging], welcher über Goethes Garten liegt, erblickte ich oft unter schattigen Bäumen aus dem dunklen Grün ein hervorleuchtendes Gesicht einer wandelnden Gestalt. An schönen Sommerabenden hörte ich eine liebliche Frauenstimme Lieder mit Gitarrbegleitung singen, es lag ein eigentümlich Wesen über dem Garten, was mich stets anzog in meiner Kindheit. – – Als ich dies erzählte, frug Goethe: »Nun, waren Sie auch fleißig?« »Ja, sehr viel Freude hatte ich damit, und als ich zu dem Geh. Hofrat Meyer kam, blieb ich bis zu meiner Verlobung. Wir fürchteten uns vor der oft düstern Miene des Geh. Hofrates, aber die Äußerung seines liebenswürdigen Humors glich jede Scheu aus.« Allerlei Anekdoten erzählte ich von dem Freund, welche Goethe lachend anhörte. »Waren Sie auch fleißig auch hier noch in Dornburg?« »Ja«, sagte ich zögernd. Goethe frug: »Kann ich's sehen?« Das klang mir wie ein Befehl, und ungern ging ich und holte eine Tischplatte von Ahorn, worauf ich wegen einer Reiseerinnerung Bacherach am Rhein gezeichnet hatte. Die vielen Häuser, Dächer und Giebel waren mir lästig, und Goethe war auch unzufrieden. Strich mit der Hand über ganz Bacherach und sagte: »Zu kompliziert.« Unfertig legte ich's weg. Ich hatte inzwischen den Tee serviert und sah, wie Goethe Ober- und Untertasse mit Rum füllte. Der Bediente erklärte dies, daß Goethe ungern Tee nehme; aber Wein und Waffeln liebte er. Diese Nachricht war mir lieb, denn Waffeln kann man auf dem Land gut herstellen. Bei einer so kleinen Gesellschaft konnte ich das Zimmer nicht verlassen, um nach meiner Schwester Caroline zu sehen, welche Goethes Bild, was im ersten Zimmer hing, bekränzen wollte. Ihre Schüchternheit hielt sie wohl fern, und so lauschte ich nur, ob sie kommen würde. Endlich trat sie ins Zimmer, der Glanz ihrer dunklen Augen und die geröteten Wangen verrieten eine innre Anstrengung. In der Hand hielt sie einen schönen Immortellen-Kranz, schritt mutig nach Goethe hin, mit den Worten: »Ein Bild wollt' ich bekränzen, ermutigt durch das seltene Glück« legte sie sanft den Kranz auf Goethes Haupt. Goethe nahm den Kranz ab, erhob sich, reichte ihr die Hand, dankte freundlich und schob einen Stuhl neben sich, um sich ausschließlich mit ihr zu unterhalten. Dieses so freundlich aufgenommene kleine Ereignis führte eine heitere Belebung in die Unterhaltung. Der Abend dämmerte zu den geöffneten Fenstern, und vom Himmel blinkten einzelne Sterne. Goethe trat herbei und wir andern ihm zu Seite. Er nannte die Sterne, sprach von den Sternbildern und nannte die dazu gezählten Sterne. Ganz besonders strahlte glänzend am Himmel der Mars. Meine Schwester hatte besondere Freude und pries den schönen Stern mit dem Ausruf: »Ach, wie feurig glänzt heut der Mars«, worauf Goethe erwiderte: »Der Mars, meine Liebe, ist immer feurig.«

Rasch war die Zeit verflogen, und Goethe schickte sich an zu gehen. Er nahm den Immortellenkranz vom Tisch und hing ihn an seinen Arm, sagte gute Nacht. Mein Mann geleitete Goethe die Treppe hinab, wo der Bediente wartete. »Ich komme wieder«, sagte er im Gehen. Als Dein Vater zurückkam, waren wir sehr vergnügt, faßten uns mit beiden Händen und hopsten wie die Kinder und waren zufrieden über den herrlichen Abend.

Wer in Goethes Nähe kam, fühlte sich angeregt und in begeisterter Stimmung. War doch Lisette, welche Dich täglich ins Freie trug, sehr erheitert, wenn sie im Schloßberg dem alten Herrn begegnete. Unsere Lisette, welche Haus-, Küchen- und Kindermädchen war, zählte erst achtzehn Jahre. Ihre muntern Rehaugen blickten gar glücklich in die Welt hinaus. Sie liebte uns und Dich vorzüglich, und wenn Du, in Schneeweiß gehüllt, in dem saubern, weiß mit rot geblümten Mantel aufgenommen warst, gab dies einen lieben freundlichen Anblick. Am liebsten ging sie mit Dir in den Schloßgarten, was ich ihr untersagte, um Goethe nicht zu stören; sie erzählte, daß sie ganz in der Entfernung blieb, aber Goethe käme dann hin und hätte sein Wohlgefallen an Elieschen, streichelte ihr die Wangen und finde sie recht gediehen. »Ach, der alte Herr ist gut und freundlich, spricht auch mit mir und fragt allerlei.«

Eine Einladung zum Mittagessen erhielt Dein Vater, und war gern bereit dazu. Goethe war ein liebenswürdiger Wirt. Es kamen Artischocken als Zwischengericht, wobei Dein Vater etwas zögernd und nach zweimaliger Aufforderung: »Essen Sie doch« – lächelnd gesteht: »Ich habe noch nie eine Artischocke gegessen.« »Da wollen wir gleich abhelfen.« Goethe arrangierte mit viel Geschick diese Frucht.

Eine zweite Fahrt [am 9. September] in das Tal auf einen Aussichtspunkt der Kibitzburg [Kunitzburg], wo man bei günstiger Luft Jena sehen kann, machte Goethe Vergnügen …

Es nahte der 28. August. Goethes Geburtstag mochte ich besonders feiern, aber konnte ohne besondere Veranlassung nichts ersinnen. Da ging ich hinaus und sammelte im Garten und auf der Flur die besten Blumen, die ich sah. In einem schönen blumenreichen Kranz band ich alle meine Wünsche und Gedanken ein, bei der freudigen Gelegenheit selbst ihn Goethe zu bringen. Da kam eine Einladung zum Diner an

Deinen Vater und mich für den 28. August »ganz in der Stille«, und nur zwei Professoren aus Jena und wir wären die einzigen Gäste. Schon merkte ich, daß mir die eine Wange schwoll, und ich konnte nicht die Einladung annehmen. Am Morgen ging Dein Vater mit meinem Kranz hinüber und sprach unsre herzlichen Wünsche aus. Zweimal ließ Goethe fragen, ob es mir nicht möglich sei, ob es noch nicht besser geworden.

Als der Bediente zum dritten Mal kam, brachte er die schönsten Blumen und Früchte. Artischocken, Melone, Ananas, und der Tisch war, als sei mein Geburtstag, freundlich geschmückt. Nach ein paar Tagen ging ich nach Goethes Wohnung. Goethe empfing mich in seinem gemütlichen Hausrock und war überaus gütig. Ich dankte ihm für alles, was mich freudig überrascht habe. »An die Nachbarn denkt man zunächst.«

Als ich heim kam in meine stille, aber sehr liebe Häuslichkeit, sagte ich, solch einen einzigen Nachbar zu haben, könnte eine Stadt voller Menschen ersetzen.

Zweiter Besuch Goethes [am 10. September].

Bei einem Besuch Deines Vaters bei Goethe sagte Goethe: »Morgen werde ich zu Ihnen kommen.« Diese Anmeldung machte mir herzliche Freude; denn alle Befangenheit war von mir gewichen, und mir war, als käme ein guter Freund. Mein Mann empfing und geleitete Goethe die Treppe herauf, während ich an der Tür des Zimmers ihn bewillkommnete. Unser Schullehrer und Organist Kalbitz war bereits da, um nach Goethes Wunsch sein musikalisches Geschick zu bestätigen. Auch hier zeigte Goethe wie bei jeder Tüchtigkeit eines Menschen Intresse. Nun war wiederum die kleine Zahl von drei Personen zusammen. Nach Vorstellung des Organisten und einleitendem Gespräch setzten wir uns, ich schenkte Wein und setzte die wohlgeratenen Waffeln auf den Tisch, und Kalbitz war sehr glücklich und erzählte in seiner Aufre-

gung zu viel von berühmten Meistern und Kompositionen –
was natürlich Goethe wußte und geduldig anhörte. Kalbitz
erhielt später einen Ruf nach Odessa, wo er eine angenehme
Stellung fand. Nach seinem Tode erhielt die Stadt Dornburg
eine Summe Geld zur Erinnerung an die in Dornburg glücklich verlebten Stunden. Das erste Glas galt natürlich Goethe.
Die Gläser klangen, und wir sahen uns erstaunt an. Ich hatte
nur vom Wein genippt, da raunt mir Kalbitz zu: »Der Wein
schmeckt salzig.« Das war wie ein Donnerschlag in mein junges Hausfrauenherz. Schnell räumte ich Gläser und Flasche
fort und eilte in die Küche. Dort fand ich keine Aufklärung
und ging in das Zimmer und beklagte dies mir unerklärliche
Ereignis. »Ja, ja, in einem solch alten Schloß ist es nicht ge-
heuer«, sagte Goethe. »Ich habe nichts davon geschmeckt.«
Ich dankte für diese liebenswürdige Höflichkeit, stellte
[neue] Gläser, und Vater brachte einen humoristischen
Toast aus – ich verfolgte meine Nachforschungen und hätte
es Goethe gern erklärt, fand keine Gelegenheit dazu: Dein
sorglicher Vater hatte als Junggeselle jede eben geleerte Flasche mit Salz ausstreuen lassen, das legte sich in die engen
Teile, versteinte sich und wurde durch Wein erst aufgelöst. –
Das Gespräch wurde lebhaft und ungesalzne Flaschen aus-
getrunken.

Dein Vater und Kalbitz begannen vierhändig zu spielen, sie
wählten die Sinfonie Heroica von Beethoven. Es war prachtvoll, und Goethe äußerte sich wohlgefällig. Als Goethe
freundlich von uns schied, hatten wir beide das wohltuende
Gefühl, den Einsamen einige Stunden erheitert zu haben, und
uns für jede Lebenszeit die schönsten Erinnerungen.

Am [11.] September – am Tage seiner Abreise – sandte mir
Goethe einen Blumenstrauß mit seinem Abschiedsgruß und
der Bitte, »den Strauß zu seinem Andenken zu bewahren«.
Nun waren die Begegnungen zu Ende, es war mir wehmütig,
ich sah Goethe nie wieder. *[6226]*

Bertha Weber (1806-1897).

Urenkelin Wielands... Enkelin Herders: Die erste Frau des Großvaters, des Kammerrats Stichling, war eine Tochter Wielands; die zweite Frau, die Mutter der hier genannten Tante Marie, war eine Tochter Herders.

Sinfonie Heroica von Beethoven: dessen 3. Symphonie, die »Eroica«.

Vollendung

»Halte ihm Dein halbes Haupt willig
dar und siehe Freude bringend dazu
aus.«

(Carl August am 25. Februar 1827
an Goethe)

Relief von Leonhard Posch
(1827)

Schuberts Erlkönig ganz passabel

E. Genast: Aus dem Tagebuche eines alten Schauspielers

1862

Wilhelmine Schröder-Devrient besuchte auf ihrer Kunst-
reise nach Frankreich auch Weimar. Der Herr von Spiegel
wünschte sehr, sie auftreten zu lassen, aber sie hatte für die
Rolle dreißig Louisdor verlangt, und das ging über unsere
finanziellen Kräfte. Auf Wunsch des Intendanten trat ich als
Vermittler ein; ich legte meiner lieben Freundin die Verhältnisse dar, und sie verstand sich nun ohne weiteres dazu, fast
mit dem dritten Teile ihrer ursprünglichen, im Hinblick auf
ihren Ruf auch keineswegs übertriebenen Forderung sich zu
begnügen. Sie stellte nur zwei Bedingungen, eine an den Intendanten, daß die Rollen rasch aufeinander folgten, weil sie
zum 1. Mai in Paris eintreffen müsse, und eine an mich, ihr
die Bekanntschaft mit Goethe zu verschaffen.

Voll Freude eilte ich erst zu Herrn von Spiegel, um ihm die
gute Nachricht zu bringen, und dann zu Goethe, um ihn zu
fragen, ob er die Schröder-Devrient empfangen wolle? »Es
wird mich freuen, diese Künstlerin, von der ich schon
so Treffliches gehört, kennen zu lernen«, erwiderte er. Ich
fragte ihn noch, ob sie ihm etwas vorsingen dürfe, da er ja
wegen der Trauer das Theater nicht besuche. »Das wird
meine Freude nur noch erhöhen«, sagte er. Ich bemerkte, daß
er dazu keinen Akkompagnisten bestellen möge, dieses Amt
könne meine Frau übernehmen, und er versetzte lächelnd:
»Ei sieh, da lerne ich ja ein weiteres Talent an Deiner lieben
Frau kennen.«

Am andern Tage [24. April 1830] empfing er die Devrient
höchst freundlich und liebreich. Sie sang ihm unter anderm
auch die Schubertsche Komposition des »Erlkönig« vor, und
obgleich er kein Freund von durchkomponierten Strophen-

liedern war, so ergriff ihn der hochdramatische Vortrag der unvergleichlichen Wilhelmine so gewaltig, daß er ihr Haupt in beide Hände nahm und sie mit den Worten: »Haben Sie tausend Dank für diese großartige künstlerische Leistung!« auf die Stirn küßte; dann fuhr er fort: »Ich habe diese Komposition früher einmal gehört, wo sie mir gar nicht zusagen wollte, aber so vorgetragen, gestaltet sich das Ganze zu einem sichtbaren Bild. Auch Ihnen, meine liebe Frau Genast«, wandte er sich zu meiner Frau, »danke ich für Ihre charakteristische Begleitung.«

Wilhelmine war entzückt über sein Lob und über die Aufnahme, die ihr von ihm wie von seiner Schwiegertochter zuteil geworden war. Beim Nachhausefahren sagte sie: »Das ist der schönste alte Mann, den ich je gesehen, in den könnte ich mich sterblich verlieben.« *[6552]*

Wilhelmine Schröder-Devrient (1804-1860), Opernsängerin und Schauspielerin in Berlin und Dessau. – Genast übersieht in seinem Bericht, daß die Sängerin bereits am 10. April zusammen mit ihm bei Goethe war und vorgesungen hat. Goethes Tagebuch vom 24. April verzeichnet: »Madame Devrient und Genast. Letztere accompagnirte, Erstere sang den Erlkönig von Schubert.«

Noahs Getränk, aber nicht sein Kasten

Moltke: Goethe-Reminiszenzen

1882

Nach Verlauf von einigen Jahren kehrte ich aus meinem zweiten Engagement in Magdeburg nach Weimar zu einem Gastspiel von drei Rollen zurück... Ehe ich von Weimar wieder abreiste, versäumte ich natürlich nicht, meinem hohen Gönner Goethe meine Aufwartung zu machen [am 30. April 1830]. Ich ging diesmal nicht allein, sondern in Begleitung eines Freundes, des Sängers Putsch, der mich in Weimar besuchte und ein glühender Verehrer Goethes war. Der Greis, huldvoll wie immer, ermahnte mich, nie zu vergessen, daß Bescheidenheit die größte Zierde des Kunstnovizen sei. Ich stellte Goethe meinen Freund vor, dem das Glück, dem Hochgefeierten gegenüber zu stehen, aus den Augen leuchtete. Putsch besaß eine sonore sympathische Baßstimme und bat um die Gunst, Seiner Exzellenz ein Lied vorsingen zu dürfen.

»Was soll ich denn zu hören bekommen, junger Mann?«

Wenn Ew. Exzellenz erlauben, den König in Thule, komponiert von Zelter.

»Von meinem alten Freund Zelter? Das ist mir ja sehr erfreulich.«

Die schöne Stimme und der Vortrag meines Freundes hatten den geliebten Herrn angenehm erregt; er dankte freundlich und bat den überglücklichen Sänger, ihn, wo möglich, mit noch einem Liede zu erfreuen. Sogleich sang Putsch das komische Lied: »Als Noah aus dem Kasten kam.« Goethe dankte wahrhaft herzlich. Ich kannte den Verfasser dieses Gedichtes nicht, erinnerte mich aber eines ähnlichen humoristischen Gedichtes aus Goethes Westöstlichem Divan: »Hans Adam war ein Erdenkloß –«

Ziemlich naiv fragte ich nun, ob Exzellenz der Verfasser dieses Gedichtes sei? – Goethe antwortete lächelnd: »O nein, mein kleiner Molke, ich habe mich zwar in meinem Leben viel mit Noahs Getränk beschäftigt, aber seinen Kasten habe ich in Ruhe gelassen.« Dieser Tag wurde für mich ein höchst denkwürdiger; ich hatte Goethe zum letzten Male gesehn und gesprochen. *[6554]*

»Als Noah aus dem Kasten kam ...«: August Kopisch »Weinlieder, Historie von Noah«, Melodie von Karl Gottlieb Reisiger (1827). Korrekt: »Als Noah aus dem Kasten war ...«

Mehrere kleine Goethiden

F. Mendelssohn an seine Eltern

24. Mai 1830

Das [vorher Berichtete] schrieb ich, ehe ich zu Goethe ging, morgens früh nach einem Spaziergange im Park; nun bin ich noch hier [in Weimar], und konnte wahrlich nicht zur Fortsetzung des Briefes kommen. Ich werde auch vielleicht noch zwei Tage hier bleiben, und es ist nicht schade darum; denn so heiter und liebenswürdig, wie diesmal, und so gesprächig und mitteilend habe ich den alten Herrn noch nie gefunden. Der Grund aber, warum ich wohl noch bleiben werde, ist gar nicht übel, und macht mich fast eitel, oder vielmehr stolz; auch will ich ihn Euch nicht verschweigen. Goethe schickte mir nämlich gestern an einen hiesigen Maler einen Brief, den ich selbst abgeben sollte, und Ottilie vertraute mir an, daß der Auftrag, mein Porträt zu zeichnen, darin enthalten sei, weil Goethe es zu einer Sammlung Zeichnungen seiner Bekannten, die er seit einiger Zeit angefangen hat, legen wolle. Die Sache machte mir fast Freude (fast im biblischen Sinne); da ich aber den Herrn Maler »will er wohl« bis jetzt nicht getroffen habe (er mich also auch nicht), so werde ich wohl übermorgen noch bleiben. Es tut mir auch nicht leid, wie gesagt, denn ich lebe ganz prächtig hier, und genieße die Nähe des alten Herrn so recht aus dem Grunde, habe bis jetzt alle Mittage bei ihm gegessen, und bin heut morgen wieder zu ihm beschieden; heut abend gibt er eine Gesellschaft, wo ich spielen soll, und da spricht er nun über alles, frägt nach allem, daß es eine Freude ist. – Ich muß aber ordentlich und folgerecht erzählen, damit Ihr alles erfahrt. Des Morgens [am 21. Mai] ging ich zu Ottilie, die ich zwar noch kränklich und zuweilen klagend, aber doch heiterer als früher und gegen mich so freundlich und liebenswürdig wie immer fand. Wir sind seitdem fast immer zusammen gewesen, und ich habe mich sehr gefreut, sie näher kennen zu lernen. Ulrike ist jetzt so angenehm und lieblich, wie nie zuvor; der Ernst, den sie bekommen, hat sich mit ihrem ganzen Wesen vereinigt, und sie hat eine Sicherheit und Tiefe der Empfindung, die sie zu einer der liebenswürdigsten Erscheinungen machen, die ich kenne. Die beiden Knaben, Walther und Wolf, sind lebendig, fleißig und zutulich, und wenn sie von Großpapas Faust sprechen, so klingt das gar zu nett. Zur Erzählung wieder zu kommen, schickte ich den Brief von Zelter sogleich hinein zu Goethe; der ließ mich zu Tische bitten; da fand ich ihn denn im Äußeren unverändert, anfangs aber etwas still, und wenig teilnehmend; ich glaube, er wollte mal zusehen, wie ich mich wohl nehmen möchte; mir war es verdrießlich, und ich dachte, er wäre jetzt immer so. Da kam zum Glück die Rede auf die Frauenvereine in Weimar, und auf das Chaos, eine tolle Zeitung, die die Damen unter sich herausgeben, und zu deren Mitarbeiter ich mich aufgeschwungen habe. Auf einmal fing der Alte an, lustig zu werden, und die beiden Damen zu necken mit der Wohltätigkeit, und dem Geistreichtum, und den Subskriptionen, und der Krankenpflege, die er ganz besonders zu hassen scheint; forderte mich auf, auch mit loszuziehen, und da ich mir das nicht zweimal sagen ließ, so wurde er erst wieder ganz wie sonst, und dann noch freundlicher und vertraulicher, als ich ihn bis jetzt kannte. Da ging's denn über alles her; von der Räuberbraut von Ries meinte er, die enthielte alles, was ein Künstler jetzt brauche, um glücklich zu leben: einen Räuber und eine Braut; dann schimpfte er auf die allgemeine Sehnsucht der jungen Leute, die so melancholisch wären; dann erzählte er Geschichten von einer jungen Dame, der er einmal die Cour gemacht hätte, und die auch einiges Interesse an ihm genommen habe; – dann kamen die Ausstellungen, und der Verkauf von Handarbeiten für Verunglückte, wo die Weimaranerinnen die Verkäuferinnen machen, und wo er behauptete, daß man gar nichts bekommen könnte, weil die jungen Leute alles unter sich schon vorher bestimmten, und dann versteckten, bis die rechten Käufer kämen usw. –

Nach Tische fing er denn auf einmal an: »Gute Kinder – hübsche Kinder – muß immer lustig sein – tolles Volk«, dazu machte er Augen, wie der alte Löwe, wenn er einschlafen will. Dann mußte ich ihm vorspielen, und er meinte, wie das so sonderbar sei, daß er so lange keine Musik gehört habe; nun hätten wir die Sache immer weiter geführt, und er wisse nichts davon; ich müsse ihm darüber viel erzählen, »denn wir wollen doch auch einmal vernünftig miteinander sprechen.« Dann sagte er zu Ottilie: »Du hast nun schon gewiß Deine weisen Einrichtungen getroffen; das hilft aber nichts gegen meine Befehle, und die sind, daß Du heut hier Deinen Tee machst, damit wir wieder zusammen sind.« Als die nun frug, ob es nicht zu spät werden würde, da Riemer zu ihm käme, und mit ihm arbeiten wolle, so meinte er: »Da Du Deinen Kindern heut früh ihr Latein geschenkt hast, damit sie den Felix spielen hörten, so könntest Du mir doch auch einmal *meine* Arbeit erlassen.« Dann lud er mich auf den heutigen Tag wieder zu Tisch ein, und ich spielte ihm abends viel vor; meine drei Walliser oder Walliserinnen machen hier viel Glück, und ich suche mein Englisch wieder vor. Da ich Goethe gebeten hatte, mich Du zu nennen, ließ er mir den folgenden Tag durch Ottilie sagen, dann müsse ich aber länger bleiben als zwei Tage, wie ich gewollt hätte, sonst könne er sich nicht wieder daran gewöhnen. Wie er mir das nun noch selbst sagte, und meinte, ich würde wohl nichts versäumen, wenn ich etwas länger bliebe, und mich einlud, jeden Tag zum Essen zu kommen, wenn ich nicht anders wo sein wollte; wie ich denn nun bis jetzt auch jeden Tag da war, und ihm gestern von Schottland, Hengstenberg, Spontini und Hegels Ästhetik erzählen mußte, wie er mich dann nach Tiefurt mit den

Damen schickte, mir aber verbot, nach Berka zu fahren, weil da ein schönes Mädchen wohne, und er mich nicht ins Unglück stürzen wolle, und wie ich dann so dachte, das sei nun der Goethe, von dem die Leute einst behaupten würden, er sei gar nicht *eine* Person, sondern er bestehe aus mehreren kleinen Goethiden – da wär' ich wohl recht toll gewesen, wenn mich die Zeit gereut hätte. Heut soll ich ihm Sachen von Bach, Haydn und Mozart vorspielen, und ihn dann so weiter führen bis jetzt, wie er sagte. *[6565]*

an einen hiesigen Maler einen Brief: an Johann Joseph Schmeller.

Brief von Zelter: »Felix wollte einen und alle Tage abreisen und einen Brief mitnehmen. Freitag hat er noch ein Konzert vom alten Bach bei mir gespielt, wie ein wahrer Meister, denn das Konzert ist so schwer als schön; es wäre wert gewesen, daß es der alte Bach selber gehört hätte. Ich kann die Zeit nicht erwarten, daß der Junge aus dem vertrackten Berlin'schen Klimperwesen und nach Italien kommt, wohin er nach meinem Dafürhalten gleich zuerst hätte kommen sollen. Dort haben die Steine Ohren, hier essen sie Linsen mit Schweinsohren. Lebe wohl! heut ist schon der 10. Mai, und ich weiß nicht, ob Felix noch da ist; er wollte heut abreisen. Meldet er sich vor Abgang der Post, so mag er das Blatt mitnehmen« (Zelter an Goethe, 10. Mai 1830).

Räuberbraut: Oper von Ferdinand Ries (1828).

drei Walliser oder Walliserinnen: Drei Fantasien oder Capricen für Klavier op. 16, veröffentlicht 1829.

Schottland: das Mendelssohn auf seiner England-Reise 1829 besucht hatte.

Beethovens Fünfte wollte er nicht

F. Mendelssohn an seine Eltern

25. Mai 1830

Gestern abend war ich in einer Gesellschaft bei Goethe, und spielte den ganzen Abend allein: Konzertstück, Aufforderung, Polonaise in C von Weber, drei Welsche Stücke, Schottische Sonate. Um zehn war es aus; ich blieb aber natürlich unter dummem Zeug, Tanzen, Singen usw. bis zwölf, lebe überhaupt ein Heidenleben. – Der Alte geht immer um neun Uhr auf sein Zimmer, und sowie er fort ist, tanzen wir auf den Bänken, und sind noch nie vor Mitternacht auseinander gegangen.

Morgen wird mein Porträt fertig; es wird eine große, schwarze, sehr ähnliche Kreidezeichnung; aber ich sehe sehr brummig aus. Goethe ist so freundlich und liebevoll mit mir, daß ich's gar nicht zu danken und zu verdienen weiß. Vormittags muß ich ihm ein Stündchen Klavier vorspielen, von allen verschiedenen großen Komponisten, nach der Zeitfolge, und muß ihm erzählen, wie sie die Sache weiter gebracht hätten; und dazu sitzt er in einer dunklen Ecke, wie ein *Jupiter tonans,* und blitzt mit den alten Augen. An den Beethoven wollte er gar nicht heran. – Ich sagte ihm aber, ich könne ihm nicht helfen, und spielte ihm nun das erste Stück der c-moll-Symphonie vor. Das berührte ihn ganz seltsam. – Er sagte erst: »Das bewegt aber gar nichts; das macht nur Staunen; das ist grandios«, und dann brummte er so weiter und fing nach langer Zeit wieder an: »Das ist sehr groß, ganz toll, man möchte sich fürchten, das Haus fiele ein; und wenn das nun alle die Menschen zusammen spielen!« Und bei Tische, mitten in einem anderen Gespräch, fing er wieder damit an. Daß ich nun alle Tage bei ihm esse, wißt Ihr schon; da frägt er mich denn sehr genau aus, und wird nach Tische immer so munter und mitteilend, daß wir meistens noch über eine Stunde allein im Zimmer sitzen bleiben, wo er ganz ununterbrochen spricht. Das ist eine einzige Freude, wie er einmal mir Kupferstiche holt und erklärt, oder über Hernani und Lamartines Elegien urteilt, oder über Theater, oder über hübsche Mädchen. Abends hat er schon mehreremal Leute gebeten, was jetzt bei ihm die höchste Seltenheit ist, so daß die meisten Gäste ihn seit langem nicht gesehen hatten. Dann muß ich viel spielen, und er macht mir vor den Leuten Komplimente, wobei »ganz stupend« sein Lieblingswort ist. Heute hat er mir eine Menge Schönheiten von Weimar zusammen gebeten, weil ich doch auch mit den jungen Leuten leben müsse. Komm ich dann in solcher Gesellschaft an ihn heran, so sagt er: »Meine Seele, Du mußt zu den Frauen hingehen, und da recht schön tun.«

Als neulich eine wunderhübsche, nette, zarte, etc. Gräfin Pappenheim hereinkam, so sagte er halb zu mir, halb in den Bart: »Zierliches Wesen! Lebt so munter in die Welt hinein und weiß, daß es hübsch ist und Freude macht, und überhebt sich darum nicht – ist ein zierliches Wesen!« Dann verliert sich's in unverständliches Murmeln. Dann geht er ihr nach, macht sich niedlich, teilt ein Stück Kuchen mit ihr – und so lebt der alte Zecher. Ich glaube stark, er ist ein deutscher Dichter! ...

Ich habe übrigens viel Lebensart, und ließ gestern fragen, ob ich nicht doch vielleicht zu oft käme. Da brummte er aber Ottilie an, die es bestellte, und sagte: »Er müsse erst ordentlich anfangen, mit mir zu sprechen, denn ich sei über meine Sache so klar, und da müsse er ja *vieles von mir lernen.«* – Ich wurde noch einmal so lang, als Ottilie mir das wiedersagte, und da er mir's gestern gar selbst wiederholte, und meinte, es sei ihm noch vieles auf dem Herzen, über das ich ihn aufklären müsse, so *sagte* ich: »O ja«, und *dachte:* »Es soll mir eine unvergeßliche Ehre sein.« Öfter geht es umgekehrt! *[6567]*

Konzertstück: das Konzertstück für Klavier und Orchester f-Moll op. 79.

Aufforderung: Aufforderung zum Tanz op. 65.

Polonaise in C: wohl die Polacca brillante E-Dur op. 72.

Schottische Sonate: Sonate écossaise fis-Moll op. 28.

mein Porträt: von Johann Joseph Schmeller.

c-moll-Symphonie: Beethovens 5. Symphonie op. 67.

Hernani: von Victor Hugo.

Gräfin Pappenheim: Jenny von Pappenheim (1811-1890).

So schön beschreiben kann es nur er

F. Mendelssohn an seine Eltern

6. Juni 1830

Einige Tage nach meinem letzten Briefe aus Weimar [wohl am 31. Mai] wollte ich, wie ich Euch geschrieben hatte, hierher [nach München] abreisen, und sagte das auch an Goethe bei Tisch, der dazu ganz still war. – Nach Tische aber zog er aus der Gesellschaft Ottilie in ein Fenster, und sagte ihr: »Du machst, daß er hier bleibt.« Die versuchte denn nun mich zu bereden, ging mit mir im Garten auf und ab; ich aber wollte ein fester Mann sein, und blieb bei meinem Entschlusse. Da kam der alte Herr selbst, und sagte, das wäre ja nichts mit dem Eilen; er hätte mir noch viel zu erzählen, ich ihm noch viel vorzuspielen, und was ich ihm da vom Zweck meiner Reise sagte, das sei gar nichts. Weimar sei eigentlich jetzt das Ziel meiner Reise gewesen, und was ich hier entbehrte, das ich an meinen *tables d'hôte* finden würde, könne er nicht einsehen; ich solle noch viel Gasthäuser zu sehen bekommen. – So ging's weiter, und da mich das rührte, und Ottilie und Ulrike auch noch halfen, und mir begreiflich machten, wie der alte Herr niemals die Leute zum Bleiben, und nur desto öfter zum Gehen nötigte, und wie keinem die Zahl der frohen Tage so bestimmt vorgeschrieben sei, daß er ein paar sicher frohe wegwerfen dürfte, und wie sie mich dann bis Jena begleiten würden, so wollte ich wieder *nicht* ein fester Mann sein, und blieb. Selten in meinem Leben habe ich einen Entschluß so wenig bereut, wie diesen, denn der folgende Tag [1. Juni] war der allerschönste, den ich je dort im Hause erlebt habe. Nach einer Spazierfahrt des Morgens fand ich den alten Goethe sehr heiter; er kam ins Erzählen hinein, geriet von der Stummen von Portici auf Walter Scott, von dem auf die hübschen Mädchen in Weimar, von den Mädchen auf die Studenten, auf die Räuber, und so auf Schiller; und nun sprach er wohl über eine Stunde ununterbrochen heiter fort, über Schillers Leben, über seine Schriften, und seine Stellung in Weimar; so geriet er auf den seligen Großherzog zu sprechen, und auf das Jahr 1775, das er einen geistigen Frühling in Deutschland nannte, und von dem er meinte, es würde es kein Mensch so schön beschreiben können wie er; dazu sei auch der zweite Band seines Lebens bestimmt; aber man käme ja nicht dazu, vor Botanik und Wetterkunde, und all dem anderen dummen Zeug, das einem kein Mensch danken will; erzählte dann Geschichten aus der Zeit seiner Theaterdirektion, und als ich ihm danken wollte, meinte er: »Ist ja nur zufällig; das kommt alles so beiläufig zum Vorschein, hervorgerufen durch Ihre liebe Gegenwart.« Die Worte klangen mir wundersüß; kurz, es war eins von den Gesprächen, die man in seinem Leben nicht vergessen kann. *[6570]*

Stummen von Portici: Oper von Daniel François Esprit Auber (1782-1871), am 31. Mai 1830 in Weimar aufgeführt.

der zweite Band seines Lebens: vielmehr der vierte Band von »Dichtung und Wahrheit«.

Ohne Frömmigkeit nicht auseinandergehen

F. Mendelssohn an seine Eltern

6. Juni 1830

Den andern Tag [2. Juni] schenkte er [Goethe] mir einen Bogen seines Manuskripts von Faust, und hatte darunter geschrieben: Dem lieben jungen Freunde F. M. B., kräftig zartem Beherrscher des Pianos, zur freundlichen Erinnerung froher Maitage 1830. J. W. von Goethe, und gab mir dann noch drei Empfehlungen hierher mit. – Finge nur der fatale Fidelio nicht bald an, so könnte ich noch manches erzählen; so aber nur noch den Abschied vom alten Herrn. Ganz im Anfang meines Aufenthalts in Weimar hatte ich von einer betenden Bauernfamilie von Adrian von Ostade gesprochen, die vor neun Jahren großen Eindruck auf mich gemacht habe. – Als ich nun [am 3. Juni] morgens hineinkomme, um mich ihm zu empfehlen, sitzt er vor einer großen Mappe und meint: »Ja, ja, da geht man nun fort, wollen sehen, daß wir uns aufrecht erhalten bis zur Rückkunft; aber ohne Frömmigkeit wollen wir hier nicht auseinander gehen, und da müssen wir uns denn das Gebet noch einige Male zusammen ansehen.« – Dann sagte er mir, ich solle ihm zuweilen schreiben (Mut! Mut! ich tue es von hier aus), und dann küßte er mich, und da fuhren wir weg, nach Jena, wo mich Frommanns ungemein freundlich aufnahmen, und wo ich abends auch von Ulrike und Ottilie Abschied nahm, und so ging es dann hierher. *[6573]*

Fidelio: Beethovens Oper, über deren Aufführung Mendelssohn dann kritisch berichtet.

   Adrian von Ostade: wohl »Das Tischgebet«, Radierung des niederländischen Malers Adriaen van Ostade (1610-1685).

Der letzte Geburtstag

J. Ch. Mahr: Goethes letzter Aufenthalt in Ilmenau

1855

Am 26. August 1831 gegen Abend traf Goethe mit seinen beiden Enkeln und Bedienung im Gasthofe zum Löwen hier [in Ilmenau] ein. Der reinste, von Wolken ungetrübte Himmel gewährte die trefflichste Witterung. Er hatte mir seine Ankunft gleich melden und mich ihn zu besuchen bitten lassen; doch kam ich erst spät Abend aus dem Kammerberger Steinkohlenbergwerk nach Hause. Also besuchte ich ihn am 27. morgens, wo er schon seit früh 4 Uhr an seinem Tische beschäftigt war. Seine Freude war, wie er sagte, sehr groß, die hiesige Gegend, welche er seit dreißig Jahren nicht wieder besucht hatte, da er doch sonst so oft und so viel hier gewesen, wieder zu sehen. Seine beiden Enkel seien schon in Begleitung des Kammerdieners in die Berge gegangen und würden bis Mittag ausbleiben. Nach mehreren Erkundigungen, ob nicht wieder etwas in geognostischer Beziehung Merkwürdiges vorgekommen sei, fragte er dann, ob man wohl bequem zu Wagen auf den Kickelhahn fahren könne. Er wünsche das auf dem Kickelhahn befindliche, ihm von früherer Zeit her sehr merkwürdige Jagdhäuschen zu sehen, und daß ich ihn auf dieser Fahrt begleiten möge. Also fuhren wir beim heitersten Wetter auf der Waldstraße über Gabelbach. Unterwegs ergötzte ihn der beim Chausseebau tief ausgehauene Melaphyr-Fels, sowohl wegen seines merkwürdigen Vorkommens mitten im Feldsteinporphyr als wegen des schönen Anblicks von der Straße aus. Weiterhin setzten ihn die nach Anordnung des Oberforstrats König in den Großherzoglichen Waldungen angelegten Alleen und geebneten Wege in ein freudiges Erstaunen, indem er sie mit den früher äußerst schlechten, ihm sehr wohl bekannten Fahrstraßen auf den Wald verglich. Ganz bequem waren wir so bis auf den höchsten Punkt des Kickelhahns gelangt, als er ausstieg, sich erst an der kostbaren Aussicht auf dem Rondell ergötzte, dann über die herrliche Waldung freute und dabei ausrief: »Ach! hätte doch dieses Schöne mein guter Großherzog Carl August noch einmal sehen können!« Hierauf fragte er: »Das kleine Waldhaus muß hier in der Nähe sein? Ich kann zu Fuß dahin gehen, und die Chaise soll hier so lange warten, bis wir zurückkommen.« Wirklich schritt er rüstig durch die auf der Kuppe des Berges ziemlich hochstehenden Heidelbeersträuche hindurch, bis zu dem wohlbekannten zweistöckigen Jagdhause, welches aus Zimmerholz und Bretterbeschlag besteht. Eine steile Treppe führt in den obern Teil desselben. Ich erbot mich, ihn zu führen; er aber lehnte es mit jugendlicher Munterkeit ab, ob er gleich tags darauf seinen zweiundachtzigsten Geburtstag feierte, mit den Worten: »Glauben Sie ja nicht, daß ich die Treppe nicht steigen könnte; das geht mit mir noch recht sehr gut.« Beim Eintritt in das obere Zimmer sagte er: »Ich habe in früherer Zeit in dieser Stube mit meinem Bedienten im Sommer acht Tage gewohnt und damals einen kleinen Vers hier an die Wand geschrieben. Wohl möchte ich diesen Vers nochmals sehen, und wenn der Tag darunter bemerkt ist, an welchem es geschehen, so haben Sie die Güte, mir solchen aufzuzeichnen.« Sogleich führte ich ihn an das südliche Fenster der Stube, an welchem links mit Bleistift geschrieben steht:

> Über allen Gipfeln ist Ruh,
> In allen Wipfeln spürest du
> Kaum einen Hauch.
> Es schweigen die Vöglein im Walde;
> Warte nur, balde
> Ruhest du auch.

> D. 7. September 1783.   Goethe.

Goethe überlas diese wenigen Verse, und Tränen flossen über seine Wangen. Ganz langsam zog er sein schneeweißes Taschentuch aus seinem dunkelbraunen Tuchrock, trocknete sich die Tränen und sprach in sanftem, wehmütigen Ton: »Ja, warte nur, balde ruhest du auch!«, schwieg eine halbe Minute, sah nochmals durch das Fenster in den düstern Fichtenwald, und wendete sich darauf zu mir, mit den Worten: »Nun wollen wir wieder gehen.«

Ich bot ihm auf der steilen Treppe meine Hülfe an, doch erwiderte er: »Glauben Sie, daß ich diese Treppe nicht hinabsteigen könnte? Dies geht noch sehr gut. Aber gehen Sie voraus, damit ich nicht hinuntersehen kann.« Wieder erwähnte er in dieser wehmütigen Stimmung den Verlust »seines guten Großherzogs Carl August«. Auf dem Rückwege nach der Allee, wo der Wagen wartete, fragte er, ob auf der Kuppe des Kickelhahns auch das Vorkommen des verschmolzenen Quarzes, wie auf der hohen Tanne bei Stützerbach, stattfinde? worauf ich erwiderte, daß derselbe sehr zerklüftete bleiche Quarzporphyr ebenso wie dort auf jener Höhe vorkomme und solches fast allen höchsten Punkten des nordwestlichen Teiles des Thüringer Waldes eigentümlich sei. Er sagte darauf: »Dies ist eine sonderbare und merkwürdige Erscheinung und kann vielleicht künftig zu bedeutenderen Schlüssen in der Geognosie Veranlassung geben. Wir sind überhaupt bloß da, um die Natur zu beobachten; erfinden können wir in derselben nichts. Daher können auch die meteorologischen Beobachtungen, wenn solche unermüdet fortgesetzt werden, gewiß noch zu bedeutenden Resultaten führen.« Beim Wagen angelangt, ergötzte er sich nochmals an der herrlichen Aussicht und der köstlichen Umgebung, deren Anblick bei so reinem Himmel ein besonders günstiger war, setzte sich wieder in den Wagen und notigte mich, mich zu ihm zu setzen. So begleitete ich ihn wieder bis in den Gasthof zum Löwen, auf welchem Wege mir noch manche köstliche Belehrung in seiner Kraftsprache zuteil wurde. Bei seiner Ankunft waren die beiden Enkel bereits aus dem Gebirge zurückgekehrt. Goethe unterhielt sich mit ihnen über das, was sie gesehen, und hatte eine innige Freude an ihren Antworten und bisweilen wirklich recht scharfsinnigen Bemerkungen. Es war 2 Uhr, und ich mußte zur Tafel bei ihm bleiben, wo die Gespräche fortgesetzt und von den beiden Enkeln die abenteuerlichen Wege durch dei Fichtenwälder, da sie bisweilen die steilsten Abhänge hinauf- und hinuntergegangen waren, sehr malerisch geschildert wurden. Der erhabene Apappa (so nannten ihn seine Enkel) hatte seine herzliche Freude darüber, wie seine freundlichen Gesichtszüge verrieten.

Nachmittags war der Geh. Rat und Oberjägermeister von Fritsch eingetroffen, da er in Weimar vernommen hatte, daß Goethe hierher gereist sei, um seinen Geburtstag hier zu feiern: zu welchem Tage er ihn zur Tafel lud.

Am 28. August früh 5 Uhr wurde im Gasthofe zum Löwen vor dem Zimmer, welches Goethe bewohnte, vom hiesigen Stadtmusikus Merten mit einem Musikchor auf Blasinstrumenten der Choral: »Nun danket alle Gott« angestimmt, zu seiner großen Freude und Überraschung. Nachdem noch einige Musikstücke vorgetragen waren, überreichten hiesige Jungfrauen ein Gedicht des Herrn Superintendenten Schmidt. Mittags vereinigte das Mahl bei dem Herrn Geh. Rat v. Fritsch die hiesigen Geistlichen und Beamten zur gemeinschaftlichen Feier. Auf Goethes Gesicht malte sich die größte Heiterkeit, und die froheste Laune hatte ihn begleitet. Nach der Tafel bemerkte er das dem Forsthause gegenüberliegende alte Schlößchen und erinnerte sich des darin noch wohnenden alten Freundes, des Kaufmanns Hetzer, welcher in gleichem Alter mit ihm war. Er ging also [jedoch erst am 29. August] zu Fuß hinüber, um ihn zu besuchen, bei welcher Gelegenheit er sich mit großer Lebhaftigkeit der frühesten

Jugendjahre mit ihm erinnerte, wie sie sich beide in Frankfurt am Main kennen gelernt hatten.

Nachmittags wurde in Begleitung des Herrn Geh. Rat v. Fritsch nach Elgersburg gefahren, um die herrliche Felsengruppe des Körnbaches zu sehen. Eigenhändig schrieb er seinen Namen in das in der Porzellanmassenmühle ausgelegte Stammbuch für Fremde und fuhr darauf wieder zurück nach Ilmenau. Abends ließ ich mit Janitscharenmusik die ganze Kammerberger Bergknappschaft mit ihren Grubenlichtern aufziehen und ihm eine Abendmusik vor dem Gasthof zum Löwen bringen; wobei die Bergknappen auch »Bergmann und den Bauer« dramatisch aufführten. Das erfreute ihn ganz besonders, hauptsächlich wegen seiner beiden Enkel. Mit Vergnügen erinnerte er sich des Stückes aus früherer Zeit, da er noch mit dem Geh. Rat v. Voigt die Immediatkommission des hiesigen Silber- und Kupferbergbaues bildete. Auch in seinem Wilhelm Meister ist auf dieses Bergmannsspiel Bezug genommen.

Da er mir die Versicherung gegeben hatte, mein Besuch werde ihm angenehm sein, so oft es meine Geschäfte erlaubten, auch könne ich mit dem frühesten kommen, da er früh um 4 Uhr aufstehe, so besuchte ich ihn während seines sechstägigen Aufenthalts jeden Morgen und fand ihn fast jedesmal, auch um 5 Uhr, am Arbeitstisch, entweder mit der Bleifeder schreibend oder lesend. Als ich ihn am 29. August in gleicher Beschäftigung antraf, bemerkte er, daß ihm sein Freund v. Knebel aus Jena die Übersetzung eines älteren römischen Geschichtsschreibers zugeschickt habe, aus welcher er sehe, daß sich die Gesinnungen der lebenden Menschheit stets wiederholen. Er habe gefunden, daß vor sechshundert Jahren fast derselbe Geist unter dem Volke geherrscht habe, wie jetzt: mit Beziehung auf die kurz vorher erfolgten revolutionären Bewegungen. Als ich mir darauf die Frage erlaubte, was er von diesen Bewegungen halte, gab er mir die

Frage zurück: »Ist's dadurch besser geworden?« Besser glaubte ich nicht, aber manches anders, worauf er erwiderte: »Durch Stolpern kommt man bisweilen weiter, man muß nur nicht fallen und liegen bleiben.«

Auch fragte mich Goethe: »Ob das kleine Haus auf dem Schwalbenstein noch stände?« Leider mußte ich ihm bemerken, daß solches nicht mehr existiere, doch konnte ich ihm eine Zeichnung davon vorlegen. Er bemerkte darauf, daß ihm in diesem kleinen Hause, in welchem er sich sonst oft aufgehalten habe, die erste Idee zur Iphigenie auf Tauris gekommen sei. Das kleine Jagdhaus stand am Hangeberg zwischen Ilmenau und Manebach und gewährte auf seinem hohen Felsen in der düstern Fichtenwaldung die herrlichste Aussicht in das Manebacher Gebirgstal.

Goethe verließ darauf [am 31. August] Ilmenau mit der Versicherung, im künftigen Jahre seinen Geburtstag womöglich wieder hier feiern zu wollen. [6896]

Johann Heinrich Christian Mahr (1787-1868), seit 1821 Rentamtmann in Ilmenau, Berginspektor, Bergrat.

merkwürdige Jagdhäuschen: Das zweigeschossige Holzhaus auf dem Kickelhahn ist 1870 durch die Fahrlässigkeit von Beerensammlern abgebrannt. Der heute dort stehende Bau wurde 1874 auf den Grundmauern des alten errichtet unter Verwendung erhaltengebliebenen Materials.

mit meinem Bedienten: Philipp Seidel (1755-1820), von 1775 bis 1785 Goethes Sekretär, danach Kammerkalkulator und ab 1789 Rentkommissar in Weimar.

D. 7. September 1783: recte 1780.

nach Elgersburg: Der Ausflug fand am Vormittag des 28. August statt.

in seinem Wilhelm Meister: Gemeint ist der »Dialog« im 4. Kapitel des 2. Buches von »Wilhelm Meisters Lehrjahre« zwischen einem Bauern und einem Bergmann.

eines älteren römischen Geschichtsschreibers: Goethe las damals (laut Tagebuch) das römische Lehrgedicht »De rerum natura« des Lucrez in Knebels Übersetzung (zweite vermehrte und verbesserte Auflage Leipzig 1831).

vor sechshundert Jahren: bezieht sich natürlich nicht auf Lucrez, sondern auf Goethes gleichzeitige Lektüre von Karl Herzogs »Geschichte der deutschen Nationalliteratur«.

die erste Idee zur Iphigenie auf Tauris: wahrscheinlich Anfang Mai 1776.

Die Liebe selbst

J. Schwabe: Harmlose Geschichten

1890

Seinen letzten Geburtstag brachte Goethe in Ilmenau zu. Er fuhr nach dem Gabelbach und bestieg von hier aus den nahen »Kickelhahn«, wo er das durch ihn berühmt gewordene Bretterhäuschen besuchte, an dessen einen Fensterpfosten er vor langen Jahren die unsterblichen Verse: »Über allen Gipfeln ist Ruh!« mit Bleistift geschrieben hatte. In tiefer, wehmütiger Bewegung betrachtete er seine durch eine Glastafel geschützten Schriftzüge, die Verse leise vor sich hinsprechend. Dann verließ er still die Stätte, beim Hinabsteigen der kleinen Treppe die ihm gebotene Unterstützung ablehnend. Der Bergbeamte Mahr, der ihn schon oft auf seinen Gängen durch den Ilmenauer Wald begleitet hatte, war auch hier sein Begleiter. Nach vielen Jahren erzählte Mahr dem mir befreundeten Oberschulrat Lauckhard von diesem letzten Besuche Goethes. »War denn Goethe freundlich gegen Sie, wenn er so mit Ihnen durch den Wald ging?« frug Lauckhard. Mahr sah ihn eine kurze Weile schweigend an und sprach dann mit vor Bewegung bebender Stimme: »O, er war die Liebe selbst!«

Und nichts Besseres ist über Goethe gesagt worden; als die

wenigen und einfachen Worte Mahrs: »*Er war die Liebe selbst!*« *[6897]*

Der Beginn des Sterbens

C. Vogel an Doris Zelter

20. März 1832

Der Geheimrat v. Goethe wurde infolge einer Erkältung am letzten Freitage von einem Katarrhalfieber ergriffen, welches sich bis gestern abends, wo ich den Kranken um acht Uhr verließ, so durchaus gehoben hatte, daß er mit mir davon sprach, heute wieder einige Arbeiten vornehmen zu wollen. Heute nacht, um zwölf Uhr, bis wohin er recht ruhig geschlafen hat, erwacht er, friert, findet seinen Atem beklemmt, den Kopf eingenommen, und ungeachtet diese Zufälle immer steigen und sich heftige Schmerzen in der linken Seite und in den Gliedmaßen dazu gesellen, läßt er mich doch erst heute morgen um halb neun Uhr rufen. Ich finde ihn im heftigsten Schüttelfrost, fast unbesinnlich, vor Schmerz häufig laut aufschreiend, mit äußerst beklemmtem Atem, und nur nach einstündiger unausgesetzter Bemühung gelingt es, die Körperwärme wieder herzustellen und die Schmerzen zu mildern. Jetzt, halb ein Uhr mittags, fühlt sich der Kranke leidlich und schwitzt. Er klagt noch über Schmerzen in der Brust und in den Gliedmaßen. Der Appetit fehlt ganz. Der Kopf ist ziemlich frei. Der Angriff ist aber so heftig gewesen, daß kaum zu erwarten steht, er werde ohne weitere unangenehme Folgen vorüber gehen. Der Frost hat doch nahe an zehn Stunden gedauert.

Wahrscheinlich ist das Schlafzimmer in der Nacht zu kalt geworden, wenigstens fand ich die Temperatur desselben bei meinem ersten Besuche zu niedrig. *[7000]*

Carl Vogel (1798-1864), Goethes Hausarzt seit 1826. – *Doris Zelter* (geb. 1792), Tochter von Karl Friedrich Zelter.

Ein jammervoller Anblick

C. Vogel: Die letzte Krankheit Goethes

1833

Die ersten Stunden der folgenden Nacht, vom 19. auf den 20. März, schlief der Kranke sanft, bei vermehrter Hautausdünstung. Gegen Mitternacht wachte er auf, empfand zuerst an den Händen, welche bloß gelegen hatten, und von ihnen aus später dann auch am übrigen Körper, von Minute zu Minute höher steigende Kälte. Zum Frost gesellte sich bald herumziehender reißender Schmerz, der, in den Gliedmaßen seinen Anfang nehmend, binnen kurzer Zeit die äußern Teile der Brust gleichfalls ergriff, und Beklemmung des Atems, sowie große Angst und Unruhe herbeiführte. Daneben häufiger, schmerzhafter Drang zum Urinlassen. Der sparsam ausgeleerte Harn wasserhell. Die Zufälle wurden immer heftiger; dennoch erlaubte der sonst bei den geringsten Krankheitsbeschwerden nach ärztlicher Hülfe stets so dringend verlangende Kranke dem besorgten Bedienten nicht, mich zu benachrichtigen, »weil ja nur Leiden, aber keine Gefahr vorhanden sei«. Erst den andern Morgen um halb neun Uhr wurde ich herbeigeholt. Ein jammervoller Anblick erwartete mich! Fürchterlichste Angst und Unruhe trieben den seit lange nur in gemessenster Haltung sich zu bewegen gewohnten, hochbejahrten Greis mit jagender Hast bald ins Bett, wo er durch jeden Augenblick veränderte Lage Linderung zu erlangen vergeblich suchte, bald auf den neben dem Bette stehenden Lehnstuhl. Die Zähne klapperten ihm vor Frost. Der Schmerz, welcher sich mehr und mehr auf der Brust festsetzte, preßte dem Gefolterten bald Stöhnen, bald lautes Geschrei aus. Die Gesichtszüge waren verzerrt, das Antlitz aschgrau, die Augen tief in ihre livide Höhlen gesunken, matt, trübe; der Blick drückte die gräßlichste Todesangst aus. Der ganze eiskalte Körper triefte von Schweiß, den ungemein häufigen, schnellen und härtlichen Puls konnte man kaum fühlen, der Unterleib war sehr aufgetrieben; der Durst qualvoll. Mühsam einzeln ausgestoßene Worte gaben die Besorgnis zu erkennen, es möchte wieder ein Lungenblutsturz auf dem Wege sein.

Hier galt es schnelles und kräftiges Einschreiten. Nach anderthalbstündiger Anstrengung gelang es, vermöge reichlicher Gaben Baldrianäther und *Liquor Ammonii anisatus,* abwechselnd genommen mit heißem Tee aus Pfeffermünzkraut und Kamillenblüten, durch Anwendung starker Meerrettichzüge auf die Brust und durch äußere Wärme die am meisten gefahrdrohenden Symptome zu beseitigen, als Zufälle erträglich zu machen. Den im linken großen Brustmuskel übrigbleibenden fixen Schmerz hob noch an dem nämlichen Tage ein auf die schmerzhafte Stelle gelegtes Spanisch-Fliegen-Pflaster.

Der fortdauernd brennende Durst wurde mit einem lauen Getränke, aus schwachem Zimtaufguß mit Zucker und Wein, zum Behagen des Leidenden befriedigt. Der Appetit kehrte nur noch einmal, wenig Stunden vor dem Tode, auf einen Augenblick fruchtlos zurück. Den bequemen Lehnstuhl, in welchem sich die große Angst und Unruhe zuerst gelegt hatte, vertauschte der Kranke nicht wieder mit dem Bette.

Gegen Abend war kein besonders lästiger Zufall mehr vorhanden. Goethe sprach einiges mit Ruhe und Besonnenheit, und es machte ihm sichtbare Freude, als ich ihm erzählte, daß im Laufe des Tages ein höchstes Reskript eingegangen sei, welches eine Remuneration, für deren Erteilung er sich angelegentlich verwendet hatte, gebetenermaßen verwillige.

Ich ließ einen ziemlich kräftigen Baldrianaufguß mit *Liquor Ammonii anisatus,* alle zwei Stunden einen Eßlöffel voll, als Arznei nehmen. Dabei schlummerte Goethe während der Nacht zuweilen. *[7004]*

Liquor Ammonii anisatus: ammoniakhaltiges Arzneimittel.
Meerrettichzüge: Meerettichzugpflaster.
Remuneration: Vergütung. Goethe hatte für die aus Weimar stammende, jetzt in Berlin lebende Medailleurin und Bildhauerin Angelika Facius eine Unterhaltszahlung von 100 Talern erwirkt und die Anweisung am Vormittag des 20. März 1832 unterzeichnet.

Kein Vorgefühl der nahen Auflösung

C. Vogel: Die letzte Krankheit Goethes

1833

Gegen Morgen [am 21. März] verbreitete sich mäßiger Schweiß über den ganzen Körper, das Atmen geschah ohne Hindernis, die Stimmung war heiter. Mehrere, durch ein Lavement bewirkte, reichliche Stuhlgänge schafften noch mehr Erleichterung. Der Puls, genau gezählt, zweiundneunzigmal innerhalb einer Minute schlagend, zeigte sich ziemlich voll, gleichmäßig, weich. Der Urin ging selten, trübe, bräunlich und ohne Schmerzen ab. Die Zunge war feucht, hier und da mit zähem, kaffeebraunen Schleime belegt, der Speichel sehr zähe und klebrig. Die Farbe der unbedeckten Körperteile bot nichts Auffallendes dar.

Die Besserung nahm bis elf Uhr vormittags deutlich zu. Von da verschlimmerte sich das Befinden. Um zwei Uhr nachmittags erschien der Kranke hinfällig, mit triefendem Schweiße bedeckt, mit sehr kleinem, häufigem, weichem

Pulse und kühlen Fingerspitzen. Die äußern Sinne versagen zuweilen ihren Dienst, es stellten sich Momente von Unbesinnlichkeit ein. Dann und wann ließ sich ein leises Rasseln in der Brust vernehmen.

Nach etlichen Gaben eines Decocto-Infusums von Arnika und Baldrian mit Kampfer hob sich der Puls und wurde ein wenig härter. In die Finger kehrte Wärme zurück. Die Füße, durch Wärmflaschen geschützt, waren noch nicht wieder kalt geworden. Der Schweiß minderte sich.

Bald aber gewannen alle Erscheinungen von neuem ein sehr bedenkliches Ansehen. Das Rasseln in der Brust verwandelte sich in lauteres Röcheln. Abends neun Uhr war der ganze Körper kalt, der Schweiß durch vielfache, meistens wollene Bekleidung und Bedeckung gedrungen. Die lichten Zwischenräume von Besinnung kamen weniger häufig und dauerten immer kürzere Zeit. Die Kälte wuchs, der Puls verlor sich fast ganz, das Antlitz wurde aschgrau. Sehr zäher, klebriger Schleim im Munde, gereichte zu großer Unbequemlichkeit. Die Züge blieben ruhig. In seinem Lehnstuhl sitzend, das Haupt nach der linken Seite geneigt, antwortete Goethe noch zuweilen und immer deutlich auf die an ihn gerichteten Fragen, deren ich indessen, um jede, bloß die Sanftheit des unvermeidlichen Scheidens störende Aufregung zu verhüten, nur wenige zuließ.

Er schien von den Beschwerden der Krankheit kaum noch etwas zu empfinden, sonst würde er bei der ihm eigentümlichen Unfähigkeit, körperliche Übel mit Geduld zu ertragen, mindestens durch unwillkürliche Äußerungen, seine Leiden zu erkennen gegeben haben. Äußere Eindrücke wirkten auf das, mit den Sinnen des Gesichts und des Gehörs gewissermaßen isoliert fortlebende, Gehirn noch lange und zum Teil lebhaft und angemessen, sowie die eigentliche Geistestätigkeit vielleicht erst mit dem Leben selbst erlosch. Die Phantasie spielte beinahe nur mit angenehmen Bildern.

Schwerlich hatte Goethe in diesen Momenten ein Vorgefühl seiner nahen Auflösung. Wenigstens entsprachen die Zeichen, welche man auf das Vorhandensein eines solchen Vorgefühls beziehen möchte, denjenigen nicht, deren er sich wohl früher bediente, um anzudeuten, wie er hinsichtlich der mutmaßlichen Dauer des ihm noch beschiedenen Lebensrestes einer Täuschung sich nicht überlasse. Vielmehr gab er in seinen letzten Stunden mehrmals deutliche Beweise von Hoffnung auf Genesung und zwar unter Umständen, – namentlich bei fast völlig abwesender Besinnlichkeit, – welche die Vermutung, er habe nur die Seinigen zu beruhigen beabsichtigt, als ganz unwahrscheinlich darstellen müssen.

Die Sprache wurde immer mühsamer und undeutlicher. »Mehr Licht« sollen, während ich das Sterbezimmer auf einen Moment verlassen hatte, die letzten Worte des Mannes gewesen sein, dem Finsternis in jeder Beziehung stets verhaßt war. Als später die Zunge den Gedanken ihren Dienst versagte, malte er, wie auch wohl früher, wenn irgend ein Gegenstand seinen Geist lebhaft beschäftigte, mit dem Zeigefinger der rechten Hand öfters Zeichen in die Luft, erst höher, mit den abnehmenden Kräften immer tiefer, endlich auf die über seinen Schoß gebreitete Decke. Mit Bestimmtheit unterschied ich einigemal den Buchstaben W und Interpunktionszeichen.

Um halb zwölf Uhr mittags [am 22. März] drückte sich der Sterbende bequem in die linke Ecke des Lehnstuhls, und es währte lange, ehe den Umstehenden einleuchten wollte, daß Goethe ihnen entrissen sei.

So machte ein ungemein sanfter Tod das Glücksmaß eines reich begabten Daseins voll. *[7014]*

Decocto-Infusums: Absudaufgusses.

Das leuchtende Auge gebrochen

*C. W. Coudray: Goethes letzte Lebenstage und Tod
betreffende Notizen (ursprüngliche Fassung)*

Da man mein Anerbieten, bei ihm die folgende Nacht [vom
21. zum 22. März] zu wachen, ablehnte, so ging ich in großer
Sorge nach Hause, kehrte jedoch am andern Morgen, den
22. d. M. schon vor 7 Uhr wieder in das Goethesche Haus
zurück, wo ich alles in Bestürzung fand, weil indessen der
Arzt alle Hoffnung zur Wiederherstellung des angeblich von
einem nervös gewordenen Katarrhalfieber heftig Ergrif-
fenen aufgegeben hatte. Ich vermochte jedoch nicht, diese
Ansicht sofort zu teilen, weil seit gestern der Barometer bedeutend gestiegen war, und ich aus Erfahrung wußte, wie
mächtig die äußere Luft auf Goethes Gesundheit einzuwir-
ken pflegte. Eingetreten in Goethes Arbeitszimmer, erblicke
ich den Kranken neben dem Bette in einem Armstuhl, mit
einer leichten Decke über den Beinen, sitzend, wobei er seinen gewöhnlichen weißen Schlafrock und Filzschuhe an-
hatte, und die Augen bedeckte ihm ein grüner Schirm, den er
abends bei Licht aufzusetzen pflegte. Er schien von allen
Schmerzen befreit und ruhig, jedoch sein Geist beschäftigt,
wie sich aus mancherlei vernehmlichen Worten, die er für
sich hinsprach, folgern ließ. Am vorigen Abend hatte die
Frau von Vaudreuil, Gemahlin des hiesigen französischen
Gesandten, ihr Bild, vom Professor Müller in Eisenach in
Farben gezeichnet, Goethen als Geschenk zugesendet, und
der Kranke hatte sich an dessen Anblick mit den Worten ergötzt: »Erfreulich, daß der Künstler trefflich dargestellt, was
die Natur so schön vollendete.« Der Eindruck dieses Bildes
schien ihn nicht wieder zu verlassen, wie ich nachher bemerken werde. – Den Tag vorher hatte die Frau Großherzogin,
Kaiserliche Hoheit, Goethen ein eben angekommenes Buch

(*Seize mois ou la Révolution* von Salvandy) zugesendet, dieses mußte Friedrich in der Nacht vom 21. bis 22. aufschneiden und es jetzt nebst zwei Lichtern ihm vorlegen, allein er konnte nur darin blättern, zu lesen vermochte er nicht. Gegen 9 Uhr verlangte Goethe Wasser mit Wein zum Trinken, und als ihm solches dargereicht wurde, sah ich, wie er sich im Sessel ohne alle Hülfe aufrichtete, das Glas faßte und solches in drei Zügen leer trank. Er rief sodann seinen Schreiber John herbei, und unterstützt von diesem und Friedrich richtete er sich von dem Sessel empor. Vor demselben stehend, fragte er, welchen Tag im Monat man zähle? Auf die Antwort – den 22. März – sagte er: »Also hat der Frühling begonnen, und wir können uns dann um so eher erholen.« Ich kann nicht beschreiben, welch freudigen Eindruck diese Worte auf mich machten. Er setzte sich wieder in den Armstuhl und verfiel in einen sanften Schlaf mit fortgesetzten Träumen, denn er sprach in abgebrochenen Worten vieles, unter anderm: »Seht den schönen weiblichen Kopf, mit schwarzen Locken, in prächtigem Kolorit auf dunklem Hintergrunde«, und später: »Friedrich, gib mir die Mappe da mit den Zeichnungen.« Da keine Mappe, sondern ein Buch vor ihm lag, reichte ihm Friedrich solches, aber Goethe wiederholte: »Nicht dies Buch, sondern die Mappe.« Und als hierauf der Diener versicherte, daß keine Mappe vorhanden sei, sagte Goethe scherzend: »Nun, so war's wohl ein Gespenst.« Bald darauf fragte er, »wie viel Uhr es sei«. Auf die Angabe der 10. Stunde verlangte er eine Gabel und Frühstück. Man brachte beides. Von dem kalten, kleingeschnittenen Geflügel führte er mit der Gabel einige Stückchen zum Munde und legte dann dieselbe mit dem Verlangen nach einem Trunke nieder. Friedrich reichte ein Glas Wasser und Wein, wovon aber der Kranke nur wenig trank, die Frage an Friedrich stellend: »Du hast mir doch keinen Zucker in den Wein getan?« Die Stückchen Geflügel, die er eben genossen, spuckte er bald wieder aus, und ließ sich abermals von John und Friedrich aufrichten, allein ich bemerkte zu meinem Schrecken, wie die hohe Gestalt schwankte, und daß sich der Kranke sofort wieder auf den Lehnstuhl niederlassen mußte. Abermals sanft einschlummernd, blieb sein Geist in Tätigkeit, denn er fing an mit dem mittleren Finger seiner aufgehobenen rechten Hand in der Luft drei Zeilen zu schreiben, welches er bei sinkender Kraft immer tiefer und zuletzt auf dem seine Schenkel bedeckenden Ober-Bett öfters wiederholte. Den Anfangsbuchstaben dieser Schrift erkannten wir für ein großes W, im übrigen aber vermochten wir nicht, die Züge zu deuten.

Frau Geheime Kammerrätin v. Goethe saß zur Seite des geliebten Schwiegervaters auf dessen Bett, die beiden Enkel Walther und Wolf befanden sich nebenan im Arbeitszimmer; in einem andern Gemach waren einige Freunde Goethes, die Herren Geheimrat v. Müller, Hofrat Soret, Dr. Eckermann und der Arzt Dr. Hofrat Vogel, versammelt, welche ab- und zugingen. Ich stand ununterbrochen am Sessel zur Rechten des Kranken und lauschte ängstlich auf seinen Zustand; endlich bemerkte ich mit Schrecken, daß die Finger der Hände sich blau zu färben anfingen. Bisher hatte ich, auf Goethens außerordentliche, starke Natur bauend und mich der Umstände seiner Wiedergenesung vom Jahre 1823 lebhaft erinnernd, immer noch Hoffnung genährt, aber nun ahnete ich plötzlich die Nähe des großen Verlustes, besonders da ich, nach weggenommenem Augenschirm, Goethes sonst leuchtendes Auge *gebrochen* erblickte. Mit hochklopfendem Herzen bemerkte ich nun, wie derselbe von Minute zu Minute schwächer ward und schwerer atmete, er drückte sich endlich noch einmal bequem in die linke Seite des Armstuhls, nach und nach sanft erlöschend, bis um 11½ Uhr der große Geist seiner irdischen Hülle entfloh. – Überwältigt vom größten Schmerz blieb ich noch einige Zeit, die teuern

Reste meines väterlichen Freundes umfassend, und suchte dann Trost in meiner Familie. *[7015]*

Er verlangte Licht

C. W. Coudray: Goethes letzte Lebenstage und Tod betreffende Notizen

Den 21. morgens vernahm ich, daß es etwas besser zu gehen scheine, um zwei Uhr nachmittags aber, daß sich die Umstände merklich verschlimmert hätten und daß sich die beunruhigendsten Symptome einstellten. Abends gegen 9 Uhr begab ich mich noch einmal in Goethes Vorzimmer, erfuhr aber nichts Tröstliches ...

Am vorigen Abend hatte die Frau von Vaudreuil ... ihr Bild ... Goethen als Geschenk zugesendet, und er hatte sich an dessen Anblick mit den Worten ergötzt: »Nun, der Künstler soll gelobt werden, der nicht verdarb, was die Natur schön vollendete.« ...

Gegen 9 Uhr morgens wünschte der Kranke Wasser mit Wein ... Er wurde ganz munter und verlangte *Licht.* Man hatte nämlich die Zimmer ganz dunkel gelassen, um dadurch den Kranken ruhiger zu erhalten. Es wurden also die Fenster-Rouleaus im Arbeitszimmer aufgezogen, doch bald schienen seine Augen vom zu hellen Tage zu leiden, denn er hielt wiederholt die Hand wie einen Schirm über dieselben, so daß man sich veranlaßt fand, ihm den grünen Schirm zu reichen, welchen er abends beim Lesen aufzusetzen pflegte ...

Nach einiger Zeit fragte Goethe, wieviel Uhr es sei? Auf die Angabe der 10. Stunde verlangte er eine Gabel und Frühstuck ... Er bestellte sodann für sich etwas zum Mittag-Essen und ein Lieblingsgericht des Dr. Vogel auf den Sonnabend, an welchem Tage der Arzt gewöhnlich mit ihm zu speisen pflegte... In der Phantasie schien er ein Papier an dem Boden liegend zu erblicken, denn er fragte: »Warum man Schillers Briefwechsel hier liegen lasse?« Gleich nachher rief er Friedrich zu: »Mach doch den Fensterladen im Schlafgemach auf, damit mehr Licht herein komme.« Dies waren seine letzten vernehmlichen Worte...

Gegen halb 11 Uhr kam der Großherzog, um seinen hochverehrten Freund noch einmal zu sehen und zu sprechen. Dies war jedoch leider nicht mehr tunlich, und man hielt für geraten, den tiefbewegten Fürsten, der Goethe wie einen Vater ehrte und liebte, zur Rückkehr zu seiner erlauchten Gemahlin zu bewegen, damit Höchstdieselbe, welche ängstlich auf Nachricht von dem auch ihr so teuern Kranken harrte, auf den schmerzlichsten Verlust vorbereitet werde...

Noch am Abend desselben Tages sagte mir der Herr Geheime Rat Müller, daß Seine Königliche Hoheit der Großherzog, im Sinne seines höchstseligen Herrn Vaters, glorwürdigen Andenkens, auszusprechen geruht hätten, daß Goethes Hülle in der Fürstlichen Gruft neben Schiller beigesetzt werde, und daß ich ersucht würde, das Erforderliche zu besorgen. Eine feierliche Ausstellung der Leiche im Hause wollte man zwar vermeiden, teils wegen Mangels eines schicklichen Lokals, besonders aber, weil Goethe dergleichen niemals gemocht hatte; eine ausdrückliche Bestimmung von ihm in bezug auf seine Bestattung fand sich jedoch nicht vor, es mußte also dem dringenden Wunsche der Frau von Goethe und vieler Verehrer des Verstorbenen nachgegeben werden. [7016]

Clemens Wenzeslaus Coudray (1775-1845), seit 1816 Oberbaurat in Weimar.

Er verlangte den Nachttopf

G. F. Krause: Aufzeichnungen

[Bemerkungen zu K. W. Müller.] Seite 29 hat M[üller] ebenfalls gesagt, daß Goethe sich hatte lassen aufrichten, um in sein Arbeitszimmer zu gehn, sondern er stieg bloß auf und lehnte sich an die Wand, um sein Wasser abzuschlagen.

Da er nach 10 Uhr noch soll Manuskript soll gefordert haben, kann auch nicht sein, da er Kotzebues Namen gar nicht erwähnt hat und von ½ 10 Uhr an gar nicht gesprochen hat, sondern bloß mit den Fingern geschrieben.

Es ist wahr, daß er meinen Namen zuletzt gesagt hat, aber nicht um die Fensterladen auf zu machen, sondern er verlangte zuletzt den Botschanper [pot de chambre], und den nahm er noch selbst und hielt denselben so fest an sich, bis er verschied. *[7019]*

Gottlieb Friedrich Krause (1805-1860), seit Dezember 1824 Goethes Diener.

Bemerkungen zu K. W. Müller: In seiner Schrift »Goethes letzte literarische Tätigkeit« (1832) hatte Karl Wilhelm Müller geschrieben: »Goethe ließ sich abermals von seinem Kopisten John und Friedrich (Krause) aufrichten, um in sein Arbeitszimmer zu gehen, allein er kam nur bis an den Eingang, wankte und setzte sich bald wieder in den Lehnstuhl. Als er hier ein Weilchen saß, forderte er ein Manuskript von Kotzebue. Es war keins zu finden, und man eröffnete ihm dieses. Er erwiderte darauf, es müsse dann entwendet worden sein (...) Gleich darauf rief er Friedrichen zu: ›Macht doch den zweiten Fensterladen in der Stube auch auf, damit mehr *Licht* hereinkomme.‹ Dies sollen seine letzten Worte gewesen sein ...«

(pot de chambre): Nachttopf. Die damals geläufige verballhornte Form ist auch in Goethes Werk in der Schreibweise »Pot schamber« nachweisbar.

Welches nun tatsächlich Goethes letzte Worte gewesen sind, wird sich nie herausfinden lassen. Es versteht sich, daß die Verkünder des (doch offenbar sehr verkürzten) »Mehr Licht!« Wert auf die hohe Symbolik gelegt haben, auch Ottilies »liebes Pfötchen« fand ob seine Charmes manche Anhänger. Der profane Wunsch nach dem Nachtgeschirr (übrigens erst 1928 veröffentlicht) schien der Goethe-Gemeinde denn doch allzu trivial und allzumenschlich.

Soeben ist Goethe gestorben!

C. Gille: Goethe-Erinnerungen

1899

Als mich am 22. März 1832 mittags mein Weg aus dem Gymnasium nach dem Frauentor zuführte, hörte ich von aufgeregt und eilend dahinschreitenden Personen sagen: *»Soeben ist Goethe gestorben!«*

Tief erschüttert eilte ich sogleich in das Goethe-Haus, wo ich die Schreckensnachricht bestätigt fand. Alles war über das vor etwa dreißig Minuten erfolgte Hinscheiden in begreiflicher Aufregung, und ungehindert gelangte ich über die mir wohlbekannte Treppe und durch den kleinen Vorraum nach dem offen stehenden Arbeitszimmer.

Hier befanden sich nach meiner Erinnerung Frau Ottilie v. Goethe, deren Schwester Ulrike von Pogwisch, die Enkel Walther und Wolf, Geh. Hofrat Dr. Vogel (Goethes Leibarzt), Oberbaudirektor Coudray, Kanzler v. Müller, Geh. Hofrat Riemer, Rat Kräuter und andere.

Bescheiden stellte ich mich in die Ecke rechts hinter die Anwesenden und hatte durch die offen Tür den freien Blick in das danebenliegende kleine Schlafzimmer. Hier saß der große Unsterbliche in seinem neben dem Bett stehenden Lehnstuhl, im Schlafrock, bis zur Brust mit einer Couverture bedeckt, die Hände gefaltet, den majestätischen Kopf aufrecht, wie nach dem Himmel gerichtet, mit noch völlig unveränderten Gesichtszügen, einem Schlummernden vergleichbar. Die mächtige Stirn zeigte keine Falten des Alters, sondern nur diejenigen, welche der Geist hineingeschrieben hatte, und hinter ihrer Wölbung schienen die Gedanken ruhig fortzuleben.

Der Anblick wird mir unvergeßlich bleiben! Der Größten einer war dahin gegangen, in tiefem Schmerz verließ ich still die Trauerstätte, im Geist begleitet und erschüttert von meinen Erinnerungen an den Lebenden. *[7022]*

Carl Gille (1813-1899), Geheimer Hof- und Justizrat in Jena.

Gib mir Dein liebes Pfötchen

Louise Seidler an J. G. v. Quandt

23. März 1832

Gestern halb 12 Uhr endete Goethe so schön, wie sein ganzes Leben war. Acht Tage zuvor war die Großherzogin bei ihm, er sprach eine Stunde auf das lebhafteste mit ihr, und hatte sich wahrscheinlich die Brust etwas angestrengt, denn die Spazierfahrt gleich darauf bekam ihm schlecht, er hatte sich erkältet, bekam katarrhalisches Fieber und war still. – Der Arzt soll gleich bedenklich gewesen sein, indessen wieder Hoffnung bekommen haben, da er sich wieder besserte. Indessen änderte sich auf einmal der Zustand zwei Tage vor seinem Ende, wo eine Eiskälte eintrat und heftige Schmerzen auf der Brust und Rücken, und sehr beklemmter Atem. Der stockende Auswurf erzeugte einen röchelnden Zustand. Der Arzt gab die Hoffnung auf, aber die Tochter erhielt unsern Mut durch den ihrigen (ich war bei dem Euch fremden kleinen Mädchen Alma die letzten Tage); wie konnte er so hoffnungslos sein bei so großer Geistestätigkeit, bei so vieler Heiterkeit! – Er sprach viel von seiner Farbenlehre; den letzten Abend erklärte er der Tochter noch den ganzen Baseler Friedensschluß mit allen diplomatischen Verhandlungen, wollte die Knaben ins Theater schicken, hoffte, sein Übel werde nicht von Bedeutung sein, die Medizin tue ihre Wirkung, der Atem werde leichter! –

Ach, wir faßten Hoffnung halb 8 Uhr abends, aber der Arzt zerstörte sie bald wieder, denn die Hände fingen schon an, eiskalt zu werden, und der Puls fiel immer mehr. Trotz allem diesem nahm seine Heiterkeit mehr zu. Er verlangte in der Nacht, wo er gar nicht ruhen konnte, den Salvandy. Vergeblich suchte der Arzt, es zu verhindern. Denn als derselbe hinaufgegangen war, um nach Alma zu sehen, ließ er sich Lichter bringen und versuchte zu lesen; da es ihm aber doch nicht möglich war, hob er das Buch in die Höhe und sagte scherzhaft: »Nun, so wollen wir es wenigstens verehren gleich einem Mandarin.« Die Tochter, die verstohlen in der Nebenstube geblieben war, begrüßte er immer mit neuen liebkosenden Freundlichkeiten, wenn sie zu ihm trat, hieß sie dann bald wieder von dannen gehen. Um 7 Uhr, am Todesmorgen, ließ er sich noch von ihr eine Mappe bringen und wollte Farbenphänomene mit ihr versuchen, erklärte ihr auch noch mancherlei darüber, sprach vom baldigen Frühling und wie er sich dadurch bald weiter zu erholen hoffe. Indessen trotz diesem glaubte der Arzt, das Sterben habe mit 7 Uhr angefangen. Ferner versuchte er noch zu schreiben, ließ sich Blätter vom Schreibtisch reichen, sie zu numerieren. Um 10 Uhr hörte er beinah ganz zu sprechen auf, einzelnes abgerechnet, zum Beispiel: »Setz Dich zu mir, liebe Tochter, ganz nahe«, später: »Gib mir Dein liebes Pfötchen.« Die Augen waren meistens nur halb auf; er öffnete sie nur noch, die mit unaussprechlicher Liebe anzublicken, die, in seinem Geist sich bemühend zu handeln, festblieb und keine Träne vergoß, ihm die Kissen unterstützte, seine Hand hielt, bis der letzte Atemzug sich verlor. Ein einziger heftiger war der ganze Kampf, den diese große herrliche Natur zu bestehen

474

hatte. Der Kopf blieb ruhig dabei in seiner Lage, die Hände desgleichen. So blieb die Tochter noch lange sitzend, unbeweglich, als schon viele Menschen hereingestürzt, den jammervollen Anblick zu teilen; sie drückte dann die schönen Augen für immer zu, ließ die Kinder rufen, ihn noch zu sehen, und ging dann hinauf, wo ihr erst nach einigen Stunden die Natur eine lindernde Träne vergönnte! –

Der Entseelte blieb nun noch einige Stunden auf dem Krankenstuhl, worauf er auch die Nächte zugebracht, und später hat man ihn erst auf sein Lager gebracht. Er soll wenig verfallen sein. Montag früh 6 Uhr ist das Begräbnis. Er wird in die Fürstengruft neben dem Großherzog Carl August zu stehen kommen. *[7029]*

Johann Gottlob von Quandt (1787-1859), Kaufmann in Leipzig.

Das Volk betrug sich roh und ausgelassen

Wilhelmine Schütze: Tagebuch

26. März 1832

Heute morgen war Goethe auf dem Paradebette zu sehen; vor Menschen[an]drang aber konnte niemand von den Honoratioren dazu kommen, bloß das Volk. Sie kletterten bei Hagens über die Mauer und betrugen sich roh und ausgelassen. Nachmittag gegen 4 bei Hasens, um den Zug zu sehen. Er erschien höchst unorden[t]lich geordnet und wunderlich untereinander gemischt. Die Equipagen – Spiegel – Bielke – die Minister – die Leiche selbst, in dem alten Leichenwagen ohne Blumen und nur zwei Kränze. Nicht einmal die goldene Lyra schmückte seinen Sarg. Sonderbar genug ward er ohne alle christliche Zeichen bis zum Kirchhof getragen. Das Vortragen des Kreuzes fehlte ihm ganz, denn [es] war der Generalsuperintendent schon voraus zur Gruft gefahren, und auch dort empfingen ihn erst die Chorschüler. Vor dem entsetzlichen Menschen-Lärm hörte man kein Glockengeläute, alle Gesichter kalt und teilnahmslos, genug nirgends eine Spur von Rührung. – So ward Deutschlands größter Dichter beerdigt! Bei Hasens waren viele Bekannte, doch fehlten auch viele. – Gegen ½ 7 Uhr gingen wir zu Haus. Es war schneidend kalt und ein rauher Wind. Überall erzählte man von den Ungezogenheiten des Volkes. – S[chütze] und ich unterhielten uns den Abend noch viel von Goethe und seines Hauses Schicksal. *[7038]*

Wilhelmine Schütze (1787-1865), Ehefrau des Theologen und Schriftstellers Johann Stefan Schütze.
  Spiegel: der Oberhofmarschall im Wagen des Großherzogs.
  Bielke: der Oberstallmeister im Wagen der Großherzogin.

Als wenn er recht süß träumte

Marie Schmidt an einen Verwandten

26. März 1832

In der Voraussetzung, daß es Sie gewiß sehr interessieren wird, baldigst eine Nachricht von unseres großen Goethe Begräbnis zu erhalten, wage ich's, mit meinen schwachen Kräften so gut als möglich Ihnen das Nähere zu beschreiben. Er wurde *nicht,* wie ich neulich Fränzchen schrieb, heute früh 6 Uhr begraben, sondern erst heut nachmittag 5 Uhr, weil stündlich noch Fremde von allen Gegenden herkommen. Von heute früh 8 bis 1 Uhr war die Leiche im Hause ausgestellt, doch Ihnen den *furchtbaren Andrang* von Menschen zu beschreiben, liegt außer dem Bereich der Möglichkeit. Der Eingang war in der Ackerwand zum Garten herein (allein schon *gestern* abend waren die Menschen über die Mauer gestiegen), dann durch die Zimmer im ersten Stock, zur Haupttreppe herunter, wo dann die Leiche in der Hausflur lag. Trotz einem starken Husten, mit dem ich schon längere Zeit geplagt bin, wünschte ich doch sehr, mir die Sache auch anzusehen, allein, wie ich mehrere sprach, die dort waren gewesen und halb zerrissen und zertreten zurückkamen, mußte ich mir es vergehen lassen – bis ich zufällig noch um 1 Uhr durch Protektion des Doktor Eckermann und Carl Hille, welche bei der Leiche Wache gestanden hatten, zu der linken Torfahrt hineinkam. Die ganze Gendarmerie war an alle Türen verteilt, um das Volk – was bei solchen Gelegenheiten sich am meisten vordrängt – zurückzudrängen. Es war alles höchst prachtvoll und sinnig arrangiert, und ich wünschte weiter nichts, als daß Sie und Fränzchen hier gewesen wären, um zu sehen, wie der große Goethe so ruhig und mild aussehend dalag, als wenn er recht süß träumte. Selbst sein Gesicht, nachdem er doch fünf Tage in Eis lag, war so weiß und wenig gelb wie in seinen gesunden Tagen. Er hatte ein weißes Atlaskleid an mit eckigem Ausschnitt auf der Brust, am Handgelenk und auf der Brust mit weißem Schmelz gestickt, einen altdeutschen Umschlagkragen um, einen Lorbeerkranz auf dem Kopf und weiße Glacéhandschuhe an. Seine Kleidung soll nach dem Schnitt, wie die des Petrarch war, gemacht sein. Ihm zu Füßen waren drei Postamente mit seinen Orden und Ordensbändern, von beiden Seiten zehn Postamente, auf jedem zwei silberne Armleuchter mit Wachskerzen, am Kopf eine Art von Altar mit einer goldenen Lyra mit einem schönen Kranz umschlungen, seine sämtlichen Werke und noch vielerlei Embleme, welche ich nicht genau erkennen konnte. Über seinem Kopf schwebten drei goldene Sterne. Hinter seinem Kopf standen noch mehrere Postamente, welche ich auch nicht recht angesehen habe, was darauf war, weil ich mich nur immer an dem majestätisch-mildem Blick der Leiche weidete. Ich bin doch sonst, wie Sie auch wissen, liebes Onkelchen, etwas furchtsamer Natur, hier hätte ich aber selbst mit Wache stehen wollen *ohne* eine Spur von Furcht. Die angesehensten Bürger und Beamten jedes Kollegiums drängten sich dazu und hielten es für eine große Ehre, bei der Leiche Wache zu halten; alle halbe Stunden wurden immer zwölf Herren abgelöst und zwölf andere traten wieder bei zu beiden Seiten des Sarges. – Der Sarg wiegt sechs Zentner, ist aber meines Erachtens für einen Mann wie Goethe nicht kostbar genug; der äußere ist ein Bohlensarg, rotbraun angestrichen mit *bläulichten* Handhaben, der innere ist von Blei mit Atlas ausgeschlagen. Wenigstens würde ich ihm *silberne* Handhaben dran gemacht haben lassen. – Für jetzt schließe ich, halb 5 Uhr kommt der Wagen des Geheimerat von Müller, welcher uns zur Gruft fahren läßt, wo wir ein Lied von Goethe und Zelter komponiert singen. Nach dem Begräbnis ein mehreres. –

Abends 7 Uhr

Vor einer halben Stunde war das Begräbnis vorbei, und ich beeile mich, Ihnen noch alles kurz zu erzählen. Nach dreimaligen Läuten setzte sich der Zug in Bewegung, der Sarg wurde auf dem herrschaftlichen Trauerwagen von vier Pferden gezogen, vorher wurden auf drei weißen Atlaskissen seine Orden getragen, hinter dem Wagen wurde vom Hofrat Vogel und dem Hofmeister der kleine Walther geführt, was nachher noch im Zuge ging, kann ich Ihnen nicht sagen, denn obgleich wir oben an der Kapelle den Zug recht deutlich hätten sehen können, so war der Andrang von Menschen wieder so arg, daß einem alle Aussicht versperrt wurde. Der Sarg wurde mitten in der Kapelle auf einen Teppich, rot mit goldnen Sternen durchwirkt, gestellt, auf welchem Goethes Eltern getraut, er getauft und getraut und sein Sohn und seine Enkel ebenfalls getauft worden sind und auf welchem er auch hat ruhen wollen. Der Generalsuperintendent Röhr hielt eine schöne Rede, aber der Spektakel von außen und das Geschrei wieder von den Soldaten, welche die Menschen zurückstießen, störte öfters die Rede. Vorher und nachher wurden die Lieder gesungen, und dann der Sarg in die Gruft hinuntergetragen, weil die Versenkung nicht im Stande war. Der Sarg, den ich nun in der Nähe ordentlich gesehen habe, ist doch recht schön, von Mahagoniholz mit bronzenen Griffen. Frau von Goethe ist diesen Abend auf einige Tage nach Jena gereist, bis alles im Hause wieder geordnet ist. [7039]

Marie Schmidt (1808-1875), Sängerin.
  Carl Hille: muß heißen Gille. Johann Friedrich Gille, Polizeisekretär, hatte die Ehrenwache bei dem Toten gehalten.
  Petrarch: Petrarca.

Musik von Zelter beim Begräbnis

Ottilie v. Goethe an Zelter

5. April 1832

Sie haben mir einen großen Trost gegeben, daß es Ihnen recht war, des Vaters Antlitz denen zu zeigen, die vielleicht ein ganzes Leben vergebens gestrebt, es zu sehen. So bestimmt man auch im Äußern scheinen mag, so schwer ist es doch, im Innern ganz einig mit sich zu sein; doch nun bin ich beruhigt, denn Sie standen ihm am nächsten. Ich weiß nicht, ob man Ihnen gesagt, daß ich bei der Beerdigung das Lied von Ihnen und dem Vater gewählt: »Laßt fahren hin das Allzuflüchtige«. Wenig Tage vor seiner Krankheit sahen wir zusammen Ihre Komposition an, er lobte dies Lied sehr und sagte, daß er es gerne noch einmal hören möge. Eberwein, als Ihr und sein Schüler sich immer betrachtend, dirigierte es. Er sprach noch in der letzten Nacht von Ihrem nächsten Konzert. [7043]

Nachklang

»Beim Betrachten der Büste soll der
Dichter nur ausgerufen haben:
›Kurios, kurios!‹ und dann:
›Jedenfalls müßte sie höher gestellt
werden.‹«

(Zeitgenössischer Bericht)

Büste von Pierre Jean David d'Angers
(1829)

Ihn verstimmte alles Düstere

C. Vogel: Die letzte Krankheit Goethes

1833

Goethe war groß und von starkem, regelmäßigem Knochenbau; nur die untern Gliedmaßen hätten, um eines schönen Verhältnisses zum Rumpfe willen, ein Geringes länger sein dürfen. Wahrscheinlich trug dieser Mangel dazu bei, daß Goethen, wie er in »Dichtung und Wahrheit aus meinem Leben« erzählt, das Schließen zu Pferde weniger gelingen wollte, als seinen Mitscholaren auf der Reitbahn. Noch in den letzten Jahren hielt er sich mit etwas vorragendem Unterleibe und rückwärts gezogenen Schultern sehr gerade, ja etwas steif, und schob dies auf die von ihm, behufs besserer Ausdehnung der Brust, frühzeitig angenommene und auch andern zu gleichem Zwecke häufig empfohlene Gewohnheit, die Hände möglichst viel hinter dem Rücken vereinigt zu tragen. Seine Brust war breit und hoch gewölbt, der Atem meistens ruhig und kräftig, dann und wann mit Seufzern untermischt; der Puls weich, mäßig voll, im Verhältnis zum Alter immer frequent, etwa wie bei einem Manne von vierzig Jahren. Nur bei dem mehr erwähnten Lungenblutsturze zeigte sein Puls eine wahre Holzhärte und schlug kaum fünfzig Mal in der Minute, bis etwa auch zwei Pfund Blut durch Aderlässe entzogen worden waren, nachdem schon zuvor das bis zum Ersticken stromweise aus den geborstenen bedeutenden Blutgefäßen durch den Mund fließende Blut ein tiefes und weites Waschbecken halb angefüllt hatte. Die Venen bildeten an den Unterschenkeln nicht sehr bedeutende Varikositäten und schimmerten überall durch die an allen in der Regel bekleideten Teilen des Körpers bis an den Tod ungemein feine, weiche, weiße, zu vermehrter Transpiration, sowie auch zu Hautkrisen noch in hohen Jahren sehr geneigte Haut deutlich durch. Das greise Haupt war mit seideweichem grauem, täglich sorgfältig gekräuseltem Haar dicht besetzt. Der Hals fiel durch bedeutende Torosität auf. Den ganzen Körper, mit Ausnahme des Kopfes, bekleidete reichliches Fleisch. Gesicht, Geruch, Geschmack und Gefühl blieben bis zum Tode sehr fein und scharf; das Gehör sagte dagegen immer mehr ab, und besonders bei trübem, naßkaltem Wetter mußte man oft sehr laut sprechen, wenn man von Goethe gehörig verstanden sein wollte. Die Geistesverrichtungen, mit Ausnahme des Erinnerungsvermögens, zeigten sich noch kräftig. Die früher so große Beweglichkeit der Gedanken nahm, wie die Leichtigkeit der Muskelaktionen, von Jahr zu Jahr sehr merklich ab. Es wurde Goethen, der, von seiner frühen Jugend abgesehen, vielleicht jederzeit zur Bedächtigkeit und Umständlichkeit neigte, im höhern Alter ungemein schwer, Entschlüsse zu fassen. Er selbst war der Meinung, diese Eigentümlichkeit, welche er geradezu als Schwäche ansprach, rühre daher, daß er niemals in seinem Leben rasch zu handeln genötigt gewesen sei, und er pries den Stand eines praktischen Arztes gelegentlich auch deshalb, weil dem Arzte nie erlaubt sei, seine Resolutionen zu vertagen. Auf der andern Seite übertraf ihn aber wohl nicht leicht jemand an Beharrlichkeit und selbst Kühnheit im Ausführen des einmal Beschlossenen, wobei er, als Geschäftsmann, die päpstliche Kommissorialformel: *non obstantibus quibuscumque* gern im Munde führte, und vorkommenden Falles darnach zu verfahren liebte. Waren schnelle Entschließungen nicht zu umgehen, häuften sich gar die Veranlassungen dazu in kurzer Zeit zusammen, so machte ihn das leicht grämlich. Dies war besonders der Fall, als er nach dem Ableben seines einzigen Sohnes die längst entwohnte Verwaltung seiner weitläufigen Privatangelegenheiten von neuem übernehmen mußte. Arbeiten gingen ihm nicht mehr recht geläufig von der Hand. Er klagte in spätern Jahren nicht selten, daß er sich selbst zu solchen Geschäften, die ihm ehemals ein Spiel gewesen, jetzt häufig zwingen müsse. Nur der Sommer 1831 machte hierin eine Ausnahme, und Goethe versicherte damals oft, er habe sich zur Geistestätigkeit, zumal in produktiver Hinsicht, seit dreißig Jahren nicht so aufgelegt gefunden. Rühmte Goethe seine Produktivität, so machte mich das stets besorgt, weil die vermehrte Produktivität seines Geistes gewöhnlich mit einer krankhaften Affektion seiner produktiven Organe endigte. Dies war so sehr in der Ordnung, daß mich schon im Anfange meiner Bekanntschaft mit Goethe dessen Sohn darauf aufmerksam machte, wie, soweit seine Erinnerung reiche, sein Vater nach längerem geistigen Produzieren noch jedesmal eine bedeutende Krankheit davon getragen habe.

Goethes Phantasie blieb bis zum letzten Moment empfänglich und wirksam. Das Schöne und Heitere machte sein, das ganze Leben hindurch mit unablässigem Streben entwickeltes, eigenstes Element aus; ihn verstimmte alles Häßliche und Düstere. »Es verdirbt mir die Phantasie auf lange Zeit«, pflegte er bei Ablehnung solcher Gegenstände entschuldigend zu äußern. Seinem Schönheitssinn Widerstrebendes vermochte er nur dann aufmerksam ins Auge zu fassen, wenn er davon für den in ihm noch regeren Trieb zur Bereicherung seines Wissens Befriedigung erwartete. Durch sein Naturell gezwungen, sich in die ihm bekannt werdenden Zustände anderer lebhaft und oft zu großem, eigenem Nachteil zu versetzen, strebte er vorsichtig und fortwährend, unerfreuliche Nachrichten von sich abzuhalten.

Der zweiundachtzigjährige Greis erfreute sich bis an seinen Tod eines nur selten gestörten nächtlichen Schlafes. Gewöhnlich schlummerte er den Tag über einigemal auf kurze Zeit und dann abends von neun Uhr an, ohne leicht vor fünf Uhr Morgens wieder munter zu werden. Brütete sein Geist über sehr interessanten Aufgaben, so erwachte Goethe in der

Nacht wohl auf eine oder zwei Stunden und führte während der Zeit die Reihe seiner Ideen weiter fort. Bei solcher Veranlassung nächtlichen Wachens beklagte er sich nicht; wurde aber seine Nachtruhe ohne ähnlichen Vorteil unterbrochen, so machte ihn das sehr ungehalten, und er verlangte am nächsten Morgen Abhülfe. Meistens war Stuhlverstopfung die Ursache, und eine geringe Dosis Rhabarbertinktur stellte die Ordnung wieder her. Nur selten verschrieb ich zu diesem Zwecke einen Gran Bilsenkrautextrakt, ein Mittel, dem Goethe sehr zugetan war, weil es ihm jedesmal erquicklichen Schlaf mit ergötzlichen, im Gedächtnis auch noch nach dem Erwachen zurückbleibenden Träumen verschaffte.

In frühern Jahren trank Goethe viel Wein und andere geistige Getränke. Als ich ihn kennen lernte, war er in Genüssen dieser Art schon sehr mäßig, ja man könnte behaupten, zu furchtsam. So versagte er sich zum Beispiel ohne alle Not die Befriedigung eines abends um 6 Uhr – zu welcher Zeit er früher viele Jahre hindurch im Theater stets Punsch getrunken hatte – nicht selten wiederkehrenden, manchmal sehr lebhaften Verlangens nach diesem Getränk; so wagte er ferner aus ganz unbegründeter Furcht in den allerletzten Jahren nicht mehr, Champagner auch nur zu kosten, obschon er denselben sehr liebte. Oft mit ihm allein zu Tische, habe ich – was das Trinken anbelangt – den Kampf zwischen Appetit und Besorgnis ohne Ausnahme für die letztere siegreich ausfallen sehen, obgleich ich mich selbst meistens mit auf die Seite des Appetits schlug. Einen Tag, wie den andern, begnügte sich Goethe bei dem Frühstück mit einem Glas Madeira, und bei dem Mittagessen mit einer gewöhnlichen Flasche leichten Würzburger Tischwein. Nur selten nahm er auch wohl noch ein ganz kleines Gläschen *Tinto di Rota* zum Nachtisch. Kaffee und zwar mit Milch trank er nur zum Frühstück. Nach der Mahlzeit genossen, verursachte ihm derselbe von Jugend an Beängstigungen. Bier und andere Getränke, dann und wann ein Glas Wasser ausgenommen, habe ich Goethe, wenn er sich wohl befand, in den letzten fünf Jahren seines Lebens niemals trinken sehen.

Einer gleichen Abstinenz befliß er sich weder hinsichtlich der Auswahl noch hinsichtlich der Menge der von ihm genossenen Speisen. In der Tat aß Goethe sehr viel, und selbst dann, wenn er sich über Mangel an Appetit ernstlich beklagte, häufig doch noch weit mehr, als andere, jüngere, gesunde Personen. Er liebte vorzugsweise Fische, Fleisch, Mehlspeisen, Kuchen und Süßigkeiten. Diätfehler begangen zu haben, räumte er niemals ein, wie häufig er sich derselben auch schuldig machte. Seine Unenthaltsamkeit im Essen bewirkte natürlich nicht gar selten Indigestionen. Dem häufig überfüllten Unterleibe kam man täglich durch Pillen aus *Asa foetida*, Rhabarber und Jalappenseife und durch Klistiere zu Hülfe; nach den Umständen wurden zuweilen auch noch etliche Teelöffel wenige Rhabarbertinktur oder auch eine Portion Bittersalz notwendig. Jeden Druck auf den Unterleib vermied Goethe sorgsam, und trug zu diesem Ende nicht nur sehr weite Kleidungsstücke, sondern er bediente sich stets eines, durch mehrere Kissen erhöhten Sitzes, auf welchem er mit rückwärts gebogenem Oberleibe Platz nehmen konnte. Einen sehr großen Teil des Tages verbrachte er entweder im Zimmer umhergehend und dann gewöhnlich diktierend, oder er beschäftigte sich auf andere Weise im Stehen.

Merkwürdig war – neben der Richtigkeit seines unter gesunden und krankhaften Verhältnissen sehr feinen Instinkts –, in wie ungemein kleinen Gaben alle Mittel auf Goethes Organisation ihre gehörige Wirkung ausübten. Ein Teelöffel voll Rhabarbertinktur verursachte stets mit Sicherheit einen, auch wohl zwei Stuhlgänge. Zwei Quentchen Bittersalz führten immer schnell sechs bis acht Mal ab. Dabei wirkten alle Mittel auf seinen Organismus wahrhaft paradigmatisch, so normal, wie ich bei andern Individuen aus höhern

Ständen nur selten beobachtet habe. Deshalb, und weil Goethe niemals Krankheitszustände darbot, welche nicht einfache Arzneimittel jederzeit mit größter Bestimmtheit angezeigt hätten, war derselbe meist leicht zu heilen. Und selbst in der letzten tödlich ausgelaufenen Krankheit zeigte sich die Vortrefflichkeit seiner Organisation in dem so sanften und natürlichen Sterben, bei welchem die Kunst nur durch Abhalten äußerer Störungen des Auflösungsprozesses wirksam zu werden brauchte.

Krankheit hielt Goethe für das größte irdische Übel. Kranke durften auf sein tätiges Mitleiden vorzugsweise mit Sicherheit rechnen. Vor dem Tode hatte er eigentlich keine Furcht, wohl aber vor einem qualvollen Sterben. Das Leben liebte er; – und schmückte es sich nicht für ihn mit allen seinen Reizen?

Schmerzen waren ihm unter allen körperlichen Leiden am peinlichsten, nächst ihnen affizierten ihn am mächtigsten entstellende Übel. Im Preisen der Schmerzlosigkeit wetteiferte er mit Epikur, und häufig rühmte er als ein gewiß von vielen beneidetes Glück, daß er niemals an Zahn- oder Kopfweh gelitten habe. Seine Zähne hatten sich bis in das höchste Alter in gutem Zustande erhalten.

Wie sein Freund Schiller die Ausdünstungen faulender Äpfel, so liebte Goethe eingeschlossene Zimmerluft. (Ich habe dies von Goethe selbst. Eines Tages will er Schiller besuchen, findet ihn nicht zu Hause und setzt sich, in Erwartung von dessen Rückkehr, an den Schreibtisch. Da wird ihm zuerst ein eigner Geruch lästig, und bald befällt ihn Betäubung, welche sich schnell bis zur Bewußtlosigkeit steigert und nicht eher wieder verschwindet, bis man ihn an die frische Luft gebracht hat. Als Ursache dieses Unwohlseins wird dann bald eine große Anzahl faulender Äpfel entdeckt, die Schiller aus Wohlgefallen an der sich aus ihnen entwickelnden Luft in den Fächern zu beiden Seiten seines Arbeitstisches angehäuft hatte. – Mir ist in meiner Praxis ein ähnlicher Fall von Betäubung durch Äpfeldunst vorgekommen.) Nur mit großer Mühe konnte man ihn bewegen, ein Fenster öffnen zu lassen, damit sich die Luft in seinem Schlaf- und Arbeitszimmer erneuere. Gegen üble Gerüche war er nicht besonders empfindlich, wohl aber gegen die geringste Unordnung in dem Arrangement seiner Stube. So war ihm zum Beispiel aufs äußerste zuwider, wenn ein Buch, eine Lage Papier und dergleichen mit seinen Rändern den benachbarten Rändern des Tisches nicht parallel lag. Als eine wenig bekannte Eigenheit Goethes erwähne ich hier noch, daß ihm sehr unangenehm war, wenn jemand in seiner Gegenwart das Licht putzte. Niemand konnte ihm diese Operation zu Danke machen.

Licht und Wärme waren für ihn die unentbehrlichsten Lebensreize; bei hohem Barometerstande befand er sich am wohlsten. Den Winter detestierte er und behauptete oft scherzend, man würde sich im Spätsommer aufhängen, wenn man sich da von der Abscheulichkeit des Winters eine rechte Vorstellung zu machen imstande wäre.

Während der sechs Jahre, da mir die Fürsorge für Goethes Gesundheit oblag, habe ich denselben nur an zwei Krankheiten behandelt, von welchen er nicht bereits in jüngern Jahren und zum Teil zu öftern Malen heimgesucht worden war. Diese zwei Übel bestanden in einem am rechten untern Augenlide beginnenden, durch den mehrjährigen Gebrauch einer feinen Zinksalbe immer in Schranken gehaltenen *Ektropium senile* und in einer kirschkerngroßen Wucherung mehrerer Schleimbälge der Stirnhaut, entstanden infolge des durch einen fast fortwährend getragenen Augenschirm von schlechter Beschaffenheit bewirkten Drucks. Dieser Auswuchs war mir lange verborgen geblieben, da ich Goethen meistens nur mit dem die Exkreszenz verdeckenden Schirme sah. Später war es mir nicht möglich, die Vertauschung des

untauglichen Schirmes mit einem zweckmäßigern durchzu-
setzen. Ich suchte deshalb den Druck mittelst einer Lein-
wandkompresse wenigstens zu verringern. Dabei und bei der
gleichzeitigen Anwendung von Mandelöl-Einreibungen verlor sich die kleine, stets schmerzlose Deformität in wenigen
Wochen. Außer diesen beiden findet man alle mir vorgekom-
menen Krankheiten Goethes von ihm selbst in seiner Lebens-
beschreibung mehr oder minder ausführlich berücksichtigt.
Auch ist dort ihr Ursprung meistens deutlich nachgewiesen.
Indigestionen abgerechnet, litt Goethe am häufigsten an
Lungenkatarrhen und an Zapfenbräunen.

Goethe hatte infolge seiner durchaus produktiven Ten-
denz in jedem Lebensalter viel Blut erzeugt. Früher war jedoch die Blutbereitung mit der Blutkonsumation in einem
ziemlich günstigen Verhältnisse geblieben. In den letztern
Lebensjahren jedoch entstanden aus beinahe gänzlichem
Mangel an körperlicher Bewegung bei fortwährend reichlich zuströmender Nahrung Vollblütigkeiten, welche starke
künstliche Blutentleerungen, Aderlässe, von Zeit zu Zeit
dringend erheischten.

Wenn Goethe sich in den sechs letzten Jahren seines Lebens auffallend viel gesünder befand, als selbst eine kurze
Zeit vorher, so rührte dies zum großen Teile gewiß mit daher,
daß es mir bald gelang, seinem unangemeßnen, eigenmächti-
gen Medizinieren ein Ende zu machen. Ungeachtet vieler
Einsicht in die Wirkungsart der Heilmittel, konnte sich Goethe doch immer nur sehr schwer entschließen, von dem
Gebrauche eines seinem Gefühle besonders wohltätig gewe-
senen Medikamentes wieder abzulassen. So war ihm zum
Beispiel der Kreuzbrunnen einige Mal vortrefflich bekommen, und nun trank er, noch als ich sein Arzt wurde, jahraus,
jahrein und Tag für Tag Kreuzbrunnen und zwar jedes Jahr
über vierhundert Flaschen...

Über seine Gesundheitsumstände sprach sich Goethe

gegen andere, als den Arzt, nicht gern aus. Eine spezielle Nachfrage nach seinem Befinden, aus bloßer Teilnahme, konnte ihn, vornehmlich wenn er sich wirklich in dem Augenblick nicht ganz wohl fühlte, leicht verdrießlich machen. Oft äußerte er launig, es sei geradezu unverschämt, einen Menschen zu fragen, wie er sich befinde, wenn man weder die Macht noch die Lust habe, ihm zu helfen. Noch unerträglicher waren ihm die gewöhnlichen Beileidsbezeigungen, zumal wenn sie umständlich und jammerhaltig ausfielen. »An eigner Angst und Sorge hat man in solchen Fällen schon genug, dazu aber noch die Wehklage zu dulden, ist mir wenigstens ganz unmöglich«, fuhr er dann wohl heraus, sobald die ihn belästigende Person nicht mehr zugegen war.

Die Heilkunst und ihre echten Jünger schätzte Goethe ungemein hoch. Er liebte es, medizinische Themata zum Gegenstand seiner Unterhaltung zu wählen. In seinen Tagebüchern findet man den Inhalt ihn besonders interessierender medizinischer Unterredungen, die ich mit ihm hatte, nicht selten angemerkt. Er war ein sehr dankbarer und folgsamer Kranker. Gern ließ er sich in seinen Krankheiten den physiologischen Zusammenhang der Symptome und den Heilplan auseinandersetzen. Dies war auch bei seinen bedeutenden Einsichten in die Gesetze der Organisation weder besonders schwierig, noch übte es auf die Kur einen hemmenden Einfluß. Die Prognose eigner Übel ließ er unberührt, weil ihm einleuchtete, daß Aufrichtigkeit in diesem Punkte vom Arzte nicht immer füglich gewährt werden könne und dürfe, Konsultationen mehrerer Ärzte betrachtete er mit mißtrauischen Blicken und dachte darüber ungefähr wie Molière.

Die Gabe, seine Empfindungen dem Arzte zu beschreiben, hat wohl nicht leicht ein Kranker in höherem Grade besessen, als Goethe. Nur hinsichtlich eines einzigen Zustandes kam hierin eine beständige Ausnahme vor. War nämlich die

Gabe irgend eines sogenannten Reizmittels etwas zu stark gegriffen worden – wie das im Anfange meiner Bekanntschaft mit ihm, ehe ich mich von seiner ganz ungewöhnlichen Empfänglichkeit überzeugt hatte, einigemal geschah –, so pflegte er die dadurch erregte Empfindung mit den Worten zu bezeichnen: »Es ist ein Stillstand in meinen Funktionen eingetreten.« Er vermochte niemals diesen Zustand deutlicher mitzuteilen.

Im Begriff zu schließen, wüßte ich dem Vorwurf des Ungenügenden der vorstehenden Andeutungen nicht angemessener zu begegnen, als mit eignen Worten dessen, den ich von einer noch weniger bekannten Seite hier zu schildern versuchte:

»Alles Bestreben, einen Gegenstand zu fassen, verwirrt sich in der Entfernung vom Gegenstande und macht, wenn man zur Klarheit vorzudringen sucht, die Unzulänglichkeit der Erinnerungen fühlbar.« *[7088]*

Das gelungenste aller Portraits

C. A. Schwerdgeburth an J. G. Keil

24. Februar 1832

Schon seit mehreren Jahren habe ich die Idee gehabt, Goethe zu zeichnen und in Liniiermanier zu stechen, aber nicht wie gewöhnlich – Brustbild – sondern wenigstens in halber Figur – ein Bild mit Handlung – da doch Goethe – schon – sich durch seine körperliche Haltung auszeichnet – auch noch als Greis; aber im Gefühl meiner geringen Kunsttalente – wagte ich mich nicht daran, es ihm zu sagen, auch mußte ich leider die Brotarbeiten – in die Taschenbücher vorziehn – und dadurch hatte ich immer Abhaltung – da diese kleinen Kupferarbeiten gleich Geld einbrachten – aber eine Platte – auf eigne Rechnung zu stechen – kostet Auslagen – und während der Zeit, wo man daran arbeitet – will man doch auch leben – und um ruhig – und ungestört einen solchen Werk alle Aufmerksamkeit zu schenken; da einige bedeutende Verluste mich um das brachten, was ich hatte, wovon ich eine solche Arbeit hätte unternehmen können. Seit länger als einen Jahre – infolge der sehr betrübten Zeitverhältnisse – waren die Bestellungen für meinen Grabstichel – und für meine Kupferdruckerei – eingestellt – und bis auf bessere Zeiten verschoben, was ich – sehr drückte und auch noch sehr empfindlich – bindet. Ich machte Versuche mit Lithographieren – aber dieses ist und bleibt – bei allen – jetzt so ziemlich hohen Stufen in diesen Fache – eine sehr undankbare Unternehmung für den Einzelnen. Daher faßte ich den Entschluß – vor Weihnachten zu Goethe zu gehn, welcher immer sehr wohlwollend war – und auf meine geringen Talente viel hielt; und ich bat ihm – er möchte mir sitzen. Er schlug es mir mit den Bemerken ab, daß er schon so oft – und so vielen Künstlern vom ersten Ruf getan hätte, man hätte ihm geplagt – und doch wär' er mit allen den vielen Abbildungen von ihm nicht zufrieden, deshalb habe er es sich nun zum Gesetz gemacht, *nie* wieder zu sitzen, und in dieser Beziehung habe er im Laufe des letzten Sommers – den einen Künstler – aus dem Auslande – mit Empfehlungsbriefen – von hohen Personen – es auch abgeschlagen, und nun müßte er auf seinen Beschluß beharren –, obgleich er von mir etwas Gutes erwarten könnte. Wie von Donner gerührt ging ich nach Hause, besann mich aber einige Minuten – schloß mich ein, und zeichnete Goethes Kopf – wie er mir in meiner Einbildungskraft stand. – Ich ging zu seiner Schwiegertochter – und bat diese, mir durch mündliche Notizen – auf den Punkt – mit meiner Zeichnung zu bringen – daß man in allgemeinen kennte [könnte] zufrieden sein, denn von allen den vorhandenen Abbildungen wollte ich keine benutzen – da keine Goethe war – wie er ist. Sie war sehr erfreut über diese kühne Ausführung – und bemerkte nur – daß ich ihm um den Mund zu streng gezeichnet hätte – und wünschte ihm etwas freundlicher. –

Ich sagte ihr – wie ich mir wohl helfen könnte – wenn ich ihm nur auf einige Minuten ansehen dürfte – aber bei dem bestimmt ausgesprochenen Entschluß – wär' mir dieses nicht möglich –. Sie bat die Zeichnung auf ein paar Tage behalten zu dürfen – um selbst Vergleiche anzustellen und mir in dieser Sache möglichst zu helfen. In einigen Tagen schrieb sie mir – mit Freuden – daß ihr Schwiegervater die Zeichnung gesehen – und so erfreuet darüber sei, daß er mich darüber sprechen – und mich deshalb wiederholen lasse, was auch geschah –. Es wird mir als Künstler, der mit aller Liebe und Eifer für dieses Unternehmen begeistert ist – zeitlebens unvergeßlich sein, wie wohlwollend freundlich – und zuvorkommend mich Goethe – empfing – mit den Worten: Es ist recht, daß Sie sich an die Frauenzimmer mit Ihrer Zeichnung gewendet haben – denn wer sich so zu helfen weiß – und solches Talent zeigt – da muß man alles tun, der so rühmlich angefangenen Sache allen Vorschub zu leisten, ich sitze Ihnen, so oft Sie es nötig halten – und während der Bearbeitung – auf Kupfer, lassen Sie mir es wissen, bei jeden Probedruck wissen, wo ich zum Retuschieren jedesmal sitzen werde. Dieses hat sich noch niemand zu erfreuen gehabt, und mit größten Mut machte ich nun die Zeichnung fertig und zeigte sie ihn – wo er denn nebst Hofrat Meyer mir sagte, daß er diese für die gelungenste von allen seinen Bildern – die es von ihm gab – halte; und ich sollte mich nun daran halten, daß es bald fertig wirde, aber ins Ausland zu schicken – diese Zeichnung – (wie ich anfangs tun wollte – um an einigen großen Orten sie auszustellen – auf einige Zeit), dieses wollte er nicht, erstens wegen den Zeitverlust, dann, meinte er, wirde mir durch einen flinken Kopisten der Kopf danach gestohlen – und auf Stein gezeichnet bald verkauft werden – was er nicht wollte – da dieses meinen Unternehmen nur Schaden bringen wirde.

Ich ließ daher – meine Einladungen – drucken und bekannt machen – nach Anraten mehrerer besorgten Bekannten – mit dem Preis – pränumerando: 20 Groschen, Subskription 1 Reichstaler 6 Groschen – Goethe war damit aber nicht zufrieden – er sagte – dieses wär' viel zu gering – und ich müßte auf andere Preise bestanden haben – – da dieses Bild sich empfehlen wirde – und er es dann schon auch mit der Welt bekannt machen wollte –. Aber die Anzeigen waren schon geduckt – und verschickt – und widerrufen kann man so etwas nicht... *[7077]*

Carl August Schwerdgeburth (1785-1878), Kupferstecher.
Johann Georg Keil (1781-1857), Bibliothekar in Weimar.

Die Exzellenz denkt!

E. Stengel: Zwölf Briefe Goethes an F. S. Voigt in Jena

1886

Endlich sei noch eines Besuches Voigts bei Goethe in den letzten Jahren seines Lebens nach derselben Quelle [Theodor Voigt] gedacht: »In den späteren Jahren wurde Goethe einsilbiger und ernster, aber auch wohl vergeßlicher. Ich erinnere mich noch deutlich, daß eines Nachmittags ein Husar geritten kam und einen Brief überreichte, er bäte um mündliche Antwort, der Wagen käme in einer Stunde nach. Der Brief enthielt eine Einladung für den Abend. Mein Vater steckte sich sofort in die guten Sachen und fuhr nach Weimar. Als er in die Teestube trat, saß Riemer, Eckermann usw. um den Tisch, und der alte Herr hatte seinen grünen Schirm vor den Augen, niemand sprach ein Wort, jeder hatte eine Flasche Rotwein vor sich. Als sich mein Vater vorstellen und

anfragen wollte, was Seiner Exzellenz zu Diensten stehe, zi-
schelte Riemer ihm leise zu: Die Exzellenz denkt. Endlich um
10 Uhr wurde aufgebrochen mit der bekannten Äußerung:
Ich wünsche den Freunden eine gute Nacht. Am andern
Morgen wußte die Exzellenz nichts mehr von der Einladung.
Es war ihm wohl nur ein Gedanke durch den Kopf gegangen,
wozu er meinen Vater brauchte und den er mit ihm besprechen wollte.« *[7053]*

Das kleine Käferchen

K. W. Müller: Goethes letzte literarische Tätigkeit

1832

Der Enkel [Wolfgang] wollte nicht nur nicht ohne den Großvater frühstücken, sondern auch in der übrigen Tageszeit
sehr gern beständig um ihn sein. In frühern Jahren, wenn oft
der Knabe nach dem Frühstück zu munter wurde und störte,
bat ihn Goethe mild, sich zu entfernen. Die fließenden Tränen des Knaben, Gelobungen, ruhig zu sein, bewirkten dann
wohl, daß er noch einige Zeit bleiben durfte. Doch bald trat
neue zu große Lebendigkeit bei dem Enkel und neue Störung
des tätigen Greises ein, so daß dann Goethe gewöhnlich seinen Kopisten John bat, »den kleinen Menschen« hinauszu-
führen. Die Türe wurde hinter dem Entfernten zugeriegelt,
allein Wolf blieb weinend oft längere Zeit vor der Türe stehen. Da auf diese Weise der Zweck zur Entfernung nicht erreicht wurde, so mußte der Kopist John den Knaben oft zu
einer andern Türe wieder hereinbringen, und nun erfolgte
gewöhnlich die gewünschte Ruhe. Bei dem Frühstück kamen
nicht selten die anmutigsten Gruppen zwischen Großvater
und Enkel vor. Der Knabe stieg auf den Schoß des Greises,
der ihn dann schmeichelnd wohl sein »kleines Käferchen«

nannte, oder er kletterte auf die Schultern. Obgleich Goethes Arbeitsstube durch Bücher und zu wissenschaftlichen Zwecken nötige Apparate sehr beengt war, so ließ er doch im letzten Winter an einem Fenster ein Arbeitstischchen für »sein Wölfchen« anbringen, damit derselbe unter seinen Augen arbeiten könnte. [7058]

Karl Wilhelm Müller (1801-1874), von 1824 bis 1833 Kollaborator am Gymnasium in Weimar.

Er traktierte die Enkel mit Wein

L. A. Frankl: Wahrheit aus Goethes Leben

1882

[Nach Mitteilung von Ottilie v. Goethe.] Goethe liebte seine beiden Enkel über alle Maßen. Er beobachtete sie in zärtlichster Weise, nahm an ihrem Lernen teil, und um sich auch dann von ihnen nicht zu trennen, etablierte er jedem von ihnen in seinem Studierzimmer in den Fensternischen einen kleinen Schreibtisch, an dem sie ihre Schulaufgaben schrieben. Goethe liebte es namentlich in seinen späteren Jahren, während er denkend oder diktierend auf und ab ging, eine Flasche Rheinwein zu leeren. Da machte es ihm ein besonderes Vergnügen, die emsig lernenden Enkelchen mit aus seinem Glase trinken zu lassen und sich herzlich zu freuen, wenn sie ganz fröhlich wurden und das Lernen völlig vergaßen. »Ich hatte alle Mühe und mußte allerlei Vorwände erfinden«, erzählte Ottilie von Goethe, »um die Kinder diesem überaus gemütlichen Tun des Großpapas zu entziehen.« [7059]

Zeichen in der Luft

B. v. Beskau: Aufzeichnungen

[Über seinen Besuch im Goethehaus 1834.] Übrigens war Goethe, wie manche geniale Menschen, niemals weniger allein, als wenn er einsam war. Eine Person, die mehrere Jahre nach seinem Diktat geschrieben hat und also oft tête-à-tête mit ihm gewesen ist, hat mir erzählt, daß, wenn sie an die Tür geklopft habe, um hineinzugehen, so habe sie oft ein lautes Sprechen im Zimmer, ein Gehen und Lärmen in der Kammer gehört, als wenn mehrere Personen dort wären, obgleich der Dichter ganz allein war. So ging er auch während des Diktierens auf und nieder und machte mit der Hand Zeichen in der Luft und sprach ununterbrochen Sätze und Wendungen, die nicht zu dem Thema gehörten, über das er diktierte, die ihm aber seine lebhafte Einbildungskraft unaufhörlich schuf. Die Zeichen, die Goethe wenige Augenblicke vor seinem Tode mit der Hand in der Luft machte, und über die wir in den Zeitungen gelesen haben, daß sie wahrscheinlich etwas ausdrücken sollten, was er sagen wollte, nachdem er die Sprache verloren hatte, glaubte der erwähnte Mann, seien nur solche ihm übliche Bewegungen gewesen, wie man sie oft, wenn er seinen Gedanken freien Lauf gelassen, gesehen hätte. *[7323]*

eine Person: Theodor Kräuter?

Die heilsame Stellung

Th. Kräuter: Mitteilungen

Selbst immer in gerader Haltung und die Hände auf dem Rücken, ersuchte Goethe auch seine Bekannten, diese seiner Meinung nach heilsame Stellung anzunehmen. Ihr werdet mir, äußerte er, noch im Grabe dafür dankbar sein. *[7324]*

Voilà un homme!

A. Stahr: Weimar und Jena

1871

Von Goethes imposantem Äußern erzählte er [Th. Kräuter] folgende Anekdote. Es war eines Frühling-Morgens beim Diktieren, als Goethe plötzlich innehaltend sagte: »Es ist doch eigentlich unrecht, lieber Kräuter, daß ich so gar nicht mehr in die Natur hinaus komme, das Wetter ist so schön, wir wollen hinaus gehen, und draußen ein Stück weiter arbeiten.« Damit gab er dem Sekretär allerhand Papiere und Bücher, und beide machten sich auf den Weg, um durch den Park nach dem Garten am Stern zu gehen. Goethe, damals schon ein Siebziger, im langen blauen Oberrocke, ein blaues Mützchen auf dem Haupte, die Hände auf den Rücken gelegt, wie er aus Gesundheitsrücksicht immer zu tun pflegte, schritt heiter stattlich daher. Auf dem breiten Wege des Parks begegnet ihnen ein alter Bauer, der in seiner Jacke mit vielen Knöpfen, langem Rock und Dreimaster, den Wanderstab lang aus der Hand hervorstehend, auf die beiden zukommt. Wie der Mann die stattliche hochaufrechte Greisengestalt erblickt, stutzt er, bleibt mitten im Wege stehen, stemmt den Stock auf die Erde, legt beide Hände und das Kinn darauf

und betrachtet sich in dieser wunderlichen Stellung den her-
anschreitenden Goethe so starr und bezaubert, daß Goethe
und sein Begleiter sich trennen und jeder seitwärts vorbeigehen mußten, weil der Alte sich nicht aus seiner Stellung
rührte. Es war seiner Tracht nach ein Mann aus einer ent-
fernteren Landesgegend, der Goethe nie zuvor gesehen, und
das Ganze eine Bestätigung des Napoleonschen: *Voilà un
homme!* [7325]

Guten Morgen, altes Kamel!

*Erinnerungen einer Großmutter
(mitgeteilt von Reinhold Bürgel, Nordhausen)*

Deutsche Zeitung, Berlin (ohne Datum)(?)
[Die Berichterstatterin, Amalie Näther, war Kammerzofe
bei Ottilie von Goethe wohl 1821-1828]

1) Frau von Goethe hatte einen Klingelzug gestickt, welcher zum nahe bevorstehenden Geburtstage des alten Herrn
in der Stille angebracht werden sollte. Die gnädige Frau gab
mir irgend einen Auftrag bei ihm auszurichten und sagte
noch: Sehen Sie sich bei der Gelegenheit um, ob es möglich
sein wird, den Klingelzug früh morgens heimlich anzubringen. Während ich bei Exzellenz auf Antwort wartete, merkte
er, daß ich nach dem alten Klingelzug blickte und fragte
mich: Gefällt er dir? Ach nein, sagte ich, er ist schon so alt.
Aber bequem, entgegnete er, daß sich ja niemand daran ver-
greift! Er hatte offenbar schon eine Ahnung von der bevorstehenden Erneuerung. Zum Geburtstage war aber doch der
neue anstatt des alten Klingelzuges angebracht. Nachdem
die Familienglieder gratuliert hatten, brachte auch ich meinen Glückwunsch an. Exzellenz sagte: ich danke dir für deinen Wunsch. Was ist das aber mit diesem Ding? Ich habe

doch gesagt, es soll sich niemand an dem alten vergreifen! Exzellenz sind wohl böse, erwiderte ich. Ja, wenn ich nur könnte, entgegnete er; ja, geh' nur hin, er soll daran bleiben.

2) Zum siebenundsiebzigsten Geburtstage schickte jemand von Frankfurt eine alte Wanduhr, welche Goethes Eltern besessen hatten. Am Vorabend wurde sie aufgestellt. Am andern Morgen um acht Uhr ließ der Sohn sie schlagen. Der alte Herr lag noch im Bett, war aber wach und rief: O Gott, was ist das? Die Uhr meiner Eltern! Wer ist es, der mir diese Freude bereitet?

3) Zum Regierungsjubiläum Carl Augusts wurde Goethes Haus vom Hofgärtner Baumann aus Jena mit Kränzen und Girlanden dekoriert, zu deren Herstellung man drei Tage gebraucht hatte. Abends war festliches Souper, zu welchem für die fürstlichen Personen und die vornehmen Gäste im langen Saal gedeckt war. Auch in allen übrigen Zimmern waren Tafeln mit Speisen und Getränken besetzt. Jedermann ohne Unterschied hatte Zutritt, und der alte Herr ging von einem Zimmer zum andern, nötigte die Schüchternen zum Zulangen und forderte sie wiederholt auf: Wollen wir nicht auf das Wohl des Jubilars anstoßen? Erst gegen zwei Uhr entfernten sich die Hoheiten und gaben damit das Zeichen zum Schluß der Feier. Am folgenden Tag trug mir Frau von Goethe auf: Gehen Sie zum Vater und bitten Sie ihn, daß er mir von John oder von Herrn Sekretär Schuchardt ein paar Federn schneiden läßt. Als ich meine Bitte vorgetragen hatte, sagte Exzellenz: Herr Baumann hat mir gesagt, Du hättest vom Kranzbinden wehe Hände bekommen. Da muß etwas zur Heilung aufgelegt werden. Hier schenke ich dir mein Bild. Ich besah es, legte es aber aufs Pult und sprach: Ich mag es nicht, es ist häßlich! – Was, rief Exzellenz, ich wäre häßlich! – Nein, antwortete ich, Exzellenz nicht, aber das Bild! Da fing er an laut zu lachen und auch Schuchardt und John konnten das Lachen nicht unter-

drücken. Ich aber war so erschrocken, daß ich hinauseilen wollte; da rief Goethe: Kind, du hast ja die Federn vergessen! Als ich umkehrte, reichte er mir eine mit seinem Bild gezierte Tasse und fragte: Gefällt dir dieser Kopf? – Ach ja, Exzellenz, das ist gut getroffen! rief ich. Nun gut, sagte er, wenn es dir gefällt, so wirst du es wohl behalten. Ich ergriff seine Hand, um sie dankend zu küssen, er aber nahm mich beim Kopf und küßte mich auf die Stirn.

4) Der alte Herr schlief gern in den Morgen hinein, und Carl August überraschte ihn oft im Bett. Eines Morgens, als ich durch den Hausflur ging, trat der Großherzog eben ein. Der Diener wollte ihn melden, aber Königliche Hoheit sagte: Du bleibst, ich finde den Weg allein! Einen Augenblick später ging ich mit dem Stubenmädchen auch hinauf, da hörten wir, wie der Großherzog in Goethes Zimmer eintretend ausrief: Guten Morgen, altes Kamel, liegst du noch in der Sauen? Beide lachten, dann sagte Exzellenz: Soll dir Stadelmann ein Pfeifchen stopfen? Nein, sagte Carl August, ich mache es selbst. – Der Großherzog rauchte sehr stark, Goethe bekanntlich gar nicht.

5) Unser alter Herr war nicht frei von Aberglauben. Eines Mittags kam der Diener in meine Stube, in der sich auch die Enkel aufhielten, mit dem Befehl, es sollte sogleich eins von den Kindern hinunterkommen, der Herr will nicht, daß dreizehn Personen bei Tische sitzen. Der Herr Generalsuperintendent Röhr habe eben absagen lassen.

6) Vor der Abreise der Prinzessin Marie zur Vermählung mit dem Prinzen Karl von Preußen (22. Mai 1827) schmückte ich mit drei jungen Mädchen das Innere des Reisewagens und wollt dazu auch gern ein Gedicht haben; als ich mich deshalb an meine gnädige Frau wandte, sagte sie: Bitten Sie nur den Vater darum, der wird Ihnen schon eines geben. Ich trug dem alten Herrn meine Bitte vor, aber er rief: Nein, nein, nichts da! So etwas verstehe ich nicht. – Ich klagte

es der gnädigen Frau, sie aber tröstete mich: Warten Sie nur, ich will versuchen, ob ich etwas zustande bringe. Bald darauf brachte sie mir folgenden Vers:

> Die Liebe folgt dir nach an jeden Ort,
> Und treu verfolgend führt sie deine Schritte,
> Mit stillen Tränen zieht sie mit dir fort
> Mit Jubel grüßt sie dich in Preußens Mitte.

Ich dachte: das zeigst du dem alten Herrn, damit er sieht, daß andere auch etwas können. Ich ging also zu ihm hin: Exzellenz erlauben wohl, daß ich ihnen etwas zeige. Er las den Vers und sagte, offenbar erfreut: Ei sieh mal, das ist ja ganz hübsch! Bei Tisch werde ich deiner gnädigen Frau mein Kompliment machen.

7) Zuweilen hörte der alte Herr gern Quartettmusik in seiner Wohnung. Einst hatten sich deshalb die Herrn Musiker, unter ihnen der Kammermusikus Haase, welcher Cello spielte, eingefunden, und Goethes Diener beauftragte den Kutscher König, aus Haases Wohnung das Cello zu holen. Nun muß ich bemerken, daß in Weimar ein Rat Schellhorn (ein Name, der ähnlich wie Cello klang) wohnte. Nach einer Weile kam der Kutscher zurück und meldete: Ich soll ein schön Kumpelment an Herrn Geheimrat sage, und Herr Schellhorn wüßte nischt von en Haasen. Der Diener ging hinein und bat Exzellenz zu erlauben, daß König die Antwort ihm selbst ausrichte. Als Goethe diese vernommen hatte, lachte er hellauf und sagte: Du sollst mir künftig alle meine Kommissionen ausrichten. Nun gehe aber in Herrn Haases Wohnung und hole das Cello! Hast du mich verstanden?

8) Wie sich der alte Herr zuweilen auch um hauswirtschaftliche Dinge bemühte, davon folgendes Beispiel. Zur Zeit der Weinlese sagte Frau von Goethe zu mir: Sie sollen für den Vater Weintrauben kaufen; ich habe ihm gesagt, daß Sie das gut verstehen. Der alte Herr gab mir das nötige Geld

dazu, und als ich den eingekauften Traubenvorrat abgeliefert hatte und das Zimmer verlassen wollte, sagte er: Bleibe noch da, Kind, du hast noch mehr zu tun. John soll im Bibliothekszimmer eine Leine ziehen, du aber bindest an jede Traube ein Fädchen, an jeden Abschnitt wird etwas Siegellack getupft. Dann werden die Trauben an der Leine aufgehängt und wir haben noch zu Weihnachten frische Trauben. Dies Verfahren wurde fortgesetzt, solange es noch Trauben gab.

9) Im Winter 1827 strömten eine Anzahl fürstlicher Herrschaften in Weimar zusammen, aus München die bayrische Königsfamilie, aus Berlin der Kronprinz und die Prinzen Wilhelm und Karl, außer ihnen auch viele vornehme Engländer. Da wurden den hohen Gästen zu Ehren mancherlei Schlittenfahrten veranstaltet, unter andern auch eine große Schlittenfahrt nach der Ettersburg, und zwar sollte die abendliche Rückfahrt mit glänzender Fackelbeleuchtung stattfinden. Da man von der Mansardenwohnung der jungen Goethefamilie aus die ganze Gegend bis zum Ettersbergwalde überschauen konnte, sagte der alte Herr zu seinem Diener: Gehe hinauf und melde mir, wenn du die ersten Fackeln siehst, damit ich auch etwas von dem Schauspiel habe. Als er dann nach Beendigung desselben herabging, sagte er: Die Jugend ist doch schön! Ich möchte wohl noch einmal zwanzig Jahre jünger sein.

10) Der Bruder [vielmehr Neffe] des Herrn Rat Schlosser in Frankfurt, des Schwagers Goethes, war Doktor in Paris, verheiratete sich dort und wurde katholisch. Als er auf längere Zeit nach Frankfurt kam, brachte er es dahin, daß Schlossers und noch einige Verwandte zur katholischen Kirche übertraten. Als es der alte Herr erfuhr, war er außer sich vor Empörung. Er hatte sonst fast jedes Jahr seine Vaterstadt besucht, erklärte aber nun, daß von seiner Familie niemand wieder dahin kommen werde.

Als später Goethes Schwiegertochter längere Zeit leidend war, empfahl ihr der Hausarzt, Hofrat Rehbein, eine Kur in Bad Ems. Allein sie lehnte dies ab; denn sie meinte, es täte ihr zu leid, dahin zu gehen, ohne auf der Hin- oder Rückreise die Verwandten in dem nahen Frankfurt zu besuchen. Als Rehbein einige Zeit darauf bei Goethe zu Tische war, sagte er zu Frau von Goethe: Ottilie, du siehst heute sehr leidend aus. Ja, lieber Hofrat, erwiderte sie, ich habe heute heftige Schmerzen. So folge doch und gehe nach Ems, mahnte der Arzt. Nein entgegnete sie, Sie kennen ja meine Bedingung. Da reichte ihr der alte Herr die Hand und sagte: Reise mit Gott, und bringe meine Vergebung.

Der Anmeldung von Frankfurt folgte schnell die freudige Einladung von dort, und am 16. Juni [18.6. 1824] reisten wir von Weimar ab. Am dritten Tage kamen wir unter großer Freude von beiden Seiten in Frankfurt an. Vierzehn Tage später reisten wir, von Schlossers bis Mainz begleitet, ab. Wir fuhren denn mit dem Marktschiffe (Dampfschiffe gab es damals noch nicht) nach Bingen und Rüdesheim. Unter Führung der Schiffersleute besuchten wir die Rochuskapelle und den Niederwald und fuhren dann weiter nach Ehrenbreitstein. Auf der Fahrt erzählte die Frau des Schiffers, daß sonst ein Herr Goethe aus Weimar alljährlich in diese Gegend gekommen wäre. Da hätte ihn ihr Mann in die Berge geführt, wo er Steine gesammelt hätte. Das wäre für ihren Mann eine gute Gelegenheit gewesen, einen schönen Kreuzer Geld zu verdienen. Der Herr wäre auch sonst so gut und freundlich gewesen, daß sie ihn recht lieb gehabt hätten. Er wäre aber auch sehr gescheit gewesen. Als nämlich unser gräflicher Rat bei der Rochuskapelle eine schöne Rede hielt, hielt der Herr Goethe auch eine Rede, die aber noch viel schöner war, und er war doch nur ein Lutheraner. In Ehrenbreitstein angekommen, beauftragte mich Frau von Goethe, den Leuten ein Trinkgeld zu geben, weil sie den Vater so lieb hätten; verbot mir aber, ihren Namen zu nennen. Ich dachte aber, du wirst ihnen doch die Freude machen und ihnen sagen, wen sie gefahren haben. Als ich bei der Überreichung des Trinkgeldes ihnen verriet, daß die Dame die Schwiegertochter des Herrn von Goethe wäre, waren sie hocherfreut und baten dringend, den Herrn nach unserer Heimkehr herzlich von ihnen zu grüßen, und drückten zugleich den Wunsch aus, daß er wenn möglich noch einmal an den Rhein kommen möge.

Nach unserer Heimkehr fragte mich Exzellenz: Nun, mein Kind, hast du dich in Frankfurt und am Rhein auch ordentlich umgesehen? Ich erzählte ihm das Zusammentreffen mit den Schiffern: Ihre Exzellenz hätten die Freude dieser Leute sehen sollen, als ich ihnen verriet, wen sie gefahren hatten! Da ergriff er meine beiden Hände und sagte: Du hast ganz recht getan, ich danke dir dafür!

11) Der alte Herr war gegen jedermann ohne Unterschied freundlich; nur einmal habe ich ihn böse gesehen. In einem Haus an der Ackerwand hinter Goethes Hausgarten, war Feuer ausgebrochen. Da lief die junge Waschfrau, welch gerade in Goethes Haus beschäftigt war, zur Gartentür hinaus, um das Schauspiel mit anzusehen. Aber der alte Herr rief zum Fenster hinaus: Willst du wohl dableiben, du kleine sakramentische Ratte! Überall muß das neugierige Volk dabei sein, und das Maul aufsperren.

12) Als ich wegen meiner bevorstehenden Verheiratung von der Familie Abschied nahm, schenkte mir der alte Herr eine Medaille, die auf der einen Seite sein Portrait, auf der andern den preußischen Adler zeigt. (Es war eine Kopie der goldenen Medaille, welche er zu seinem Jubiläum vom König von Preußen erhalten hatte.) Dann sagte er: Leb' wohl, mein Kind, du warst so lange in unserm Hause, es gehe dir, wie Gott will! Denke immer, du gehörst zu uns!

13) Nach meiner Verheiratung frug er zu Weihnachten die Enkel: Wollt ihr der Frau B. nichts zu Weihnachten schik-

ken? Als sie riefen: Großpapa, wir schenken ihr ein Stammbuch, sagte er: Bringt es mir, ich werde mich hineinschrei-
ben. Er schrieb:

In Wunsch und Hoffnung, es möge der Frau Besitzerin
alles Glück und Heil gedeihen!

Weimar 1828

unterzeichnet Johann Wolfgang v. Goethe *[7522]*

Klingelzug: 1824 feierte Goethe seinen Geburtstag nach mehreren
Jahren wieder in Weimar, dies Jahr wäre wahrscheinlicher als eines
der folgenden mit mehr öffentlicher Feier.

Wanduhr: Es handelt sich um die Standuhr, die der Großherzog
von Mecklenburg-Strelitz vielmehr zum 79. Geburtstag 1828 Goethe übersandte.

Regierungsjubiläum: am 3. September 1825.

mit seinem Bild gezierte Tasse: Es müßte sich um eine Serienferti-
gung der Goethe-Tasse von Ludwig Sebbers handeln. Die Tasse entstand allerdings erst 1826; der Umtausch des »häßlichen« Bildes
müßte also später stattgefunden haben.

schlief gern in den Morgen: so pauschal sicher nicht richtig, da
Goethe eher ein Frühaufsteher war, der um 6 Uhr aufzustehen
pflegte, in Karlsbad sogar schon um 5 Uhr. Doch gelegentlich vermerkt das Tagebuch »spät aufgestanden«.

dir Stadelmann: Carl Stadelmann war bis zum Sommer 1824 in
Goethes Dienst. Goethe duzte den Großherzog nicht.

Aberglauben: hier wohl mehr Rücksicht auf gesellschaftsüb-
lichen Aberglauben.

Gedicht: Daß Goethe »beim Abschied der Prinzeß Marie nichts
hervorbringen können«, sagt er selbst.

Haase: Johann Michael Haase wird in Goethes Tagebuch nur
einmal erwähnt (23. Juli 1821).

Kutscher König: Wilhelm Heinrich König (1799-1861) war
Goethes Kutscher von 1823 bis 1832.

die bayerische Königsfamilie: König Ludwig I. von Bayern
(allein) war erst zu Goethes Geburtstag in Weimar und nicht zusammen mit den drei Prinzen aus Berlin.

große Schlittenfahrt: fand am 31. Januar 1827 statt.

Schlosser: Die beiden konvertierten Brüder Christian und Fritz Schlosser – ihn und seine Frau besuchte Ottilie – sind die Söhne des Bruders von Goethes längst verstorbenem Schwager. Ihr Übertritt zum Katholizismus (schon 1812 und 1814) hatte an den guten Beziehungen zu Goethe nichts geändert, der sie noch 1815 besuchte und 1820 in Weimar empfing und auch im Mai 1824 noch Briefe wechselte. Die Schwierigkeiten müssen in anderen Gründen liegen als in den hier aus Ottiliens Sicht aufgezeigten; vielleicht in finanziellen, wie sie August anführt bei Ablehnung eines erneuten Aufenthalts in Frankfurt bei der Rückreise Ottilies.

reisten wir: Die Mitreise von Amalie Näther bezeugen Ottiliens Briefe.

Rochuskapelle: Goethe besuchte sie zweimal 1814: am 16. August zum Rochusfest von Wiesbaden aus und am 5. September auf der hier erwähnten Exkursion von Winkel aus, bei der auch mineralogische Interessen zum Zuge kamen.

Medaille: Den Adler auf der Rückseite (wenn auch nicht den preußischen) zeigt nicht die Medaille von König und Loos von 1826, sondern die von Jean François Antoine Bovy von 1824.

Nachwort

»... und wie ich dann so dachte, das sei nun der Goethe, von dem die Leute einst behaupten würden, er sei gar nicht *eine* Person, sondern er bestehe aus mehreren kleinen Goethiden...«

Was der einundzwanzigjährige Felix Mendelssohn 1830 so formulierte, können wir über 160 Jahre später beim Lesen dieser hier gesammelten Zeugnisse getrost wiederholen: Ist das tatsächlich der eine Goethe, sprechen alle von ein und derselben Persönlichkeit? Ihm selber wäre das allerdings schwerlich zum Problem geworden; ihm war das Bild von den wiederholten Häutungen der Schlange als ein Lebenssymbol lieb und vertraut, und er meinte – ganz zweifellos sich selbst im Blick – 1828 zu Eckermann, man könne »bei vorzüglich begabten Menschen auch während ihres Alters immer noch frische Epochen besonderer Produktivität wahrnehmen; es scheint bei ihnen immer einmal wieder eine temporäre Verjüngung einzutreten, und das ist es, was ich eine wiederholte Pubertät nennen möchte«.

Wie ist dieses facettenreiche Portrait zustande gekommen? Da haben Menschen aus mehreren Generationen – die Geburtsjahre der Berichtenden reichen von 1733 bis 1813 – über Goethe in Briefen, Tagebüchern und Memoiren geschrieben, und natürlich hat jeder seine Subjektivität, seine Voreingenommenheit mit ins Bild gebracht. Die ersten, deren Zeugnisse überliefert sind, waren seine Jugendfreunde und Altersgenossen. Und das fällt schon ganz früh auf: Sie sahen in ihm einen ungewöhnlichen Menschen, und nach den ersten Veröffentlichungen – »Götz« und »Werther« – schlüpfen Wörter wie »Genie« und »genial« ziemlich leicht aus der Feder.

Im Verlauf dieses Lebensganges zwischen 1749 und 1832 wandelt sich die Perspektive insofern, als allen Zeitgenossen mehr und mehr das Außergewöhnliche dieser Persönlichkeit – als Mensch, als Minister, als Meister – bewußt wird und damit a priori die Berichterstattung prägt. Und da macht es keinen Unterschied, ob der Diener, der Dichter, der Diplomat erzählt oder der Maler, der Militär, der Musiker. Gewiß, jeder nimmt eine andere Perspektive ein. Der eine referiert vom Blickpunkt des Begünstigten oder Beschenkten, der andere aus der Position des Gleichen, dem zwar die Mittel der Ironie zu Gebote stehen, der aber sehr wohl weiß, wem er gegenübertritt und wer ihn mit seiner Gegenwart auszeichnet.

Hier ist freilich zu berücksichtigen, wer wann und für wen geschrieben hat. Gewiß wird man die größere Authentizität den unmittelbar nach der Begegnung niedergeschriebenen Briefen und Tagebüchern zuerkennen. Aber wie bei den weitaus später abgefaßten Memoiren gilt natürlich auch hier, daß sich ihre Verfasser stets bewußt waren, mit wem sie sprachen. Von Goethe mit einem Gespräch und oft zusätzlich mit einer Einladung zum Essen ausgezeichnet zu werden, da fiel freilich auch gehörig vom Glanz der Unsterblichkeit auf den Chronisten ab.

Wie glaubwürdig sind die hier gesammelten Zeugnisse? Das ist nicht zu beantworten. Eine gewisse Überprüfung bieten Goethes Tagebücher, die Besuchernamen und Daten festhalten, manchmal auch das Thema des Gesprächs. Aber dessen Inhalt?

Einem Zeitalter, das gewohnt ist, sich nur noch auf mechanische, akustische und optische Aufzeichnungen zu verlassen, muß es fast unvorstellbar erscheinen, seitenlange Gesprächswiedergaben zu lesen, die einzig Gedächtnisprotokolle sind. Aber die Menschen jener Zeit, in der noch dem Auswendiglernen eine große Bedeutung zuerkannt wurde, waren gewohnt, sich Texte oder Dialoge einzuprägen. Das Gehirn, noch nicht verkleistert von der täglichen Überschwemmung durch Informationen aller Art, nicht abgestumpft durch die Fülle der Außenreize, erwies sich als unendlich aufnahmefähiger als wir es uns heute vorstellen können. Nur so läßt sich die immense Gedächtnisleistung Eckermanns, der seine Unterhaltungen mit Goethe oft Jahre später zu Papier brachte, erklären. Für manche Gespräche gibt es auch alternative Fassungen von Ohrenzeugen; sie bestätigen eher als daß sie bestreiten.

Aber wichtiger als die Tatsache, daß Daten und Personen dokumentarisch belegt werden können, gilt die Glaubwürdigkeit des Übermittelten. Gewiß mag der eine und andere ein bißchen geflunkert haben, und zweifellos galt in dieser Kunst Bettina von Arnim als unübertroffen, aber sie veränderten nicht, um zu verfälschen. Andere, wie etwa der Naturwissenschaftler Runge oder der junge Komponist Mendelssohn konnten auf derlei Korrekturen verzichten, denn sie waren sich ihres eigenen Ranges und Wertes nur allzu bewußt.

Man kann diese Seiten nicht gänzlich losgelöst von Goethes Werken und seinen Briefwechseln lesen, denn die hier geschilderten Begegnungen mit dem Dichter setzen einige Vorkenntnisse voraus. Aber das ist nicht das wichtigste, da das hier Erzählte nicht als Interpretationshilfe mißverstanden werden darf. Wichtig allein bleibt die Persönlichkeit Goethes in all ihren Schattierungen.

Gewiß, da ist jener steife Minister, der etwa dem Dichter Bürger oder dem Landrat Lang die Visite verdirbt; da ist der scheinbar herzlose alte Mann, der sich den Anblick seiner durch einen Unfall ramponierten Schwiegertochter ersparen will; da ist jener Diktator, der an seiner Mittagstafel die Gespräche vorgibt und bestimmt; da ist der luzide Dichter, dem nichts so wichtig zu sein scheint wie ein neuer Orden; da ist der Empfindsame, der die Raucher gröblich »Schmauchlümmel« schilt und sie in den untersten Orkus wünscht.

Aber unmittelbar daneben erscheinen auch ganz andere Bilder. Goethe hatte sich 1828 nach dem Tode des Großherzogs Carl August, dem er seine Berufung nach Weimar 1775 und ungezählte großherzige Wohltaten zu danken hatte, für mehrere Wochen in die Stille von Dornburg zurückgezogen. Über diesen Aufenthalt haben ein Mann und eine Frau berichtet, denen intellektueller Anspruch und Geltungsdrang nicht nachzusagen sind: Karl August Christian Sckell und Bertha Weber. Ihre Erzählungen nehmen Einzelheiten wahr, die vielen anderen verborgen geblieben sind, wohl auch, weil beide Goethe nicht für einen kurzen Augenblick begegnet sind, sondern über einen größeren Zeitraum. Zudem erlebten sie ihn in jenen Dornburger Wochen in einer besonderen, durch den plötzlichen Tod des Großherzogs und Freunds tief geprägten Gemütsstimmung. In der Dornburger Zurückgezogenheit und gegenüber Menschen ohne intellektuelle Prätensionen, gab sich Goethe aufgeschlossener und milder.

Das Erhabene steht neben dem Trivialen, wie könnte es auch anders sein, bedingen sie doch einander. Dem einen sind Goethes Altersweisheiten wichtig, dem zweiten erscheint buchenswert, daß der berühmte Mann beim Essen so tüchtig, ja wohl unmäßig zulangt, und der dritte sorgt sich um Goethes Weingenuß. Erstaunlich, daß sich der Dichter dem nicht abreißenwollenden Besucherstrom mit soviel Geduld ergab, obwohl er 1822 einmal Joseph Sebastian Grüner klagte: »Es ist oft lästig, sich durch so viele Besuche die Zeit rauben zu sehen.« Und zwei Jahre später präzisierte er gegenüber dem Kanzler von Müller: »Man bekommt doch immer andre, fremde Gedanken durch solche Besuche, muß sich in ihre Zustände hineindenken.« Was Wunder, wenn er dann zuweilen kalt und grämlich wirkte. Was erwarteten die Leute?

Das Bild, das wir uns von Goethes Individualität gemacht haben, basiert nur wenig auf seinen Werken, sondern zumeist auf Quellen, wie sie hier zusammengestellt sind. Sie zeigen uns – ein Goethewort zu gebrauchen – die »wiederholten Spiegelungen« dieses durch und durch ungewöhnlichen Menschen in den Zeugnissen seiner Zeitgenossen während eines langen Lebens. Manche haben sie aufgeschrieben für ihre Kinder und Enkel wie ein geistiges Vermächtnis, zuweilen erst im Alter. Bis zum Ende des 19. Jahrhunderts reicht das Leben von manchem, der Goethe gekannt hat, das sind fast siebzig Jahre nach seinem Tod. Ulrike von Levetzow, seine letzte Liebe, die er zu heiraten gedachte, starb 1899, fünfundneunzig Jahre alt.

Hier möge dem Herausgeber eine persönliche Bemerkung erlaubt sein. Edwin Redslob, ein Goethe-Kenner von Rang, hatte seine kostbare Goethesammlung 1961 in Marbach ausgestellt und zu einer Vorbesichtigung durch die Presse eingeladen. Aber außer mir, damals junger Redakteur einer Stuttgarter Wochenzeitung, war niemand dieser Einladung gefolgt, und so bot mir Redslob, damals schon weit über 80, freundlich an, mir seine Sammlung persönlich zu erläutern. Die Stunde, die nun folgte, gehört zu den eindrucksvollsten in meinem Leben. Ich sah und hörte einen Menschen, der nicht allein ein Kenner und Liebhaber des von ihm Gesammelten war, sondern fast ein Zeitgenosse Goethes, so schien es. Redslobs Großvater, Forstmeister in großherzoglich-weimarischen Diensten, war als Kind Goethe mehrfach begegnet und hatte von dem Dichter wiederholt Aufmerksamkeiten erfahren. Und der Großvater, der sich an Seine Exzellenz als an einen überaus gütigen alten Herrn gut erinnerte, hatte später seinem Enkel oft und gern von Goethe erzählt. Und nun stand ich neben einem alten Herrn, der so begeistert von Goethe sprach, als hätte nicht der Großvater, sondern er selber Goethe in der Kindheit gekannt, ja als sei überhaupt Goethe selbst sein Großvater gewesen.

Diese Erinnerung von 1961 kam mir wieder und wieder,

als ich die hier gedruckten Texte zusammenstellte. Die gewaltige Dokumentation, die von 1889 bis 1896 von Woldemar Freiherrn von Biedermann und von seinem Sohn Flodoard von 1909 bis 1911 herausgegeben worden ist und dann erneut (und ergänzt) von 1965 bis 1987 von Wolfgang Herwig, umfaßt über siebentausend Zeugnisse aus dem Umgang mit Goethe. Aus ihnen galt es nun eine Auswahl für ein Lesebuch zu treffen, das Goethe im Spiegel seiner Zeitgenossen zeigt und Einblicke in seine Persönlichkeit gewährt. Es sollte möglichst wenig vom Allzubekannten sein, sondern eher das weniger Zitierte bringen, dazu ein möglichst kurzgefaßter Kommentar, der zum Teil aus den älteren Sammlungen übernommen, andererseits auch von mir selber ergänzt oder erweitert wurde.

Obwohl »der Biedermann« mich durch mein ganzes Leben begleitet hat wie nur wenige andere Bücher, stellte ich beim Auswählen immer wieder fest, wie doch manches in Vergessenheit geraten war oder plötzlich beim erneuten Lesen in ganz anderem Licht erschien. Bei den Zeugnissen aus Goethes letzten Jahren stieß ich wieder auf jenen besonders oft zitierten Bericht von Goethes letztem Geburtstag, den wir dem Rentamtmann Johann Heinrich Christian Mahr verdanken. Mahr hatte am 27. August 1831, also am Vorabend des Geburtstages, Goethe auf dem Weg zum Waldhaus auf dem Kickelhahn bei Ilmenau begleitet und wurde später gefragt: »War denn Goethe freundlich gegen Sie, wenn er so mit Ihnen durch den Wald ging?« Und der Rentamtmann habe »mit vor Bewegung bebender Stimme« geantwortet: »O, er war die Liebe selbst.«

Von diesem Wort habe ich mich bei meiner Arbeit leiten lassen.

Eckart Kleßmann

Quellenvermerk und Dank

Wie im Nachwort mitgeteilt, wird aus folgender Edition zitiert: *Goethes Gespräche. Eine Sammlung zeitgenössischer Berichte aus seinem Umgang. Auf Grund der Ausgabe und des Nachlasses von Flodoard Freiherrn von Biedermann ergänzt und neu herausgegeben von Wolfgang Herwig.* Zürich und Stuttgart bzw. München 1965 ff.

Die Nummern am Schluß der Einzeltexte in vorliegendem Buch entsprechen den Laufnummern in der Biedermann-Herwigschen Ausgabe.

Der Verlag dankt den Erben v. Biedermann sowie Herrn Dr. Wolfgang Herwig für ihre Zustimmung zu diesem Auswahlband.

Register

Abegg, Johann Friedrich (1765-1840), Theologe, Kirchenrat, seit 1819 Professor der praktischen Theologie in Heidelberg 78, 82

Abeken, Bernhard Rudolf (1780-1866), Philologe, in Weimar während einiger Zeit Hauslehrer von Schillers Kindern, dann Gymnasialdirektor in Osnabrück 136, 137, 140, 330, 339

Addison, Joseph (1672-1719), englischer Schriftsteller und Staatsmann, Herausgeber der moralischen Wochenschrift »The Tatler« (später »The Spectator«) 240, 245

Abramson, Abraham (1754-1811), Medailleur in Berlin 35

d'Alma, französischer Ingenieuroffizier 108

Althof, Ludwig Christoph (1758-1832), Arzt, Professor der Medizin in Göttingen, dann Arzt am Reichskammergericht in Wetzlar, 1801 Hofarzt in Dresden 56, 58

André, Johann (1741-1799), Seidenfabrikant, Komponist und Musikverleger in Offenbach a. M., später Musikdichter in Berlin, komponierte eine Anzahl von Operetten (darunter G.s »Erwin und Elmire«) 40

Aristoteles (384-322 v. Chr.), griechischer Philosoph 357

Arndt, Ernst Moritz (1769-1860), Historiker und vaterländischer Dichter, 1818 Professor in Bonn 166, 167

Arnim, Anna Elisabeth (Bettina) von (geb. Brentano) (1785-1859), Tochter des Kaufmanns Peter Anton Brentano in Frankfurt und von G.s Jugendfreundin Maximiliane v. La Roche, Gattin von Achim v. Arnim 140, 145, 159, 160, 297, 298, 369

Arnim, Ludwig Joachim (Achim) von (1781-1831), romantischer Dichter 101, 145, 159, 160, 161, 200, 202

Äschylos (525/24-456/55 v. Chr.), griechischer Tragiker 399

Ast, Georg Anton Friedrich (1778-1841), Professor der klassichen Literatur und Philosophie in Landshut, später in München; Hg. der Zeitschrift für »Wissen-

516

520

und Musikschriftsteller, Kapellmeister in Berlin, Rheinsberg und Kopenhagen *242, 245*

Schütz, Johann Heinrich Friedrich (1779-1829), Badeinspektor in Berka, daneben Organist *182, 285, 297, 351, 354*

Schütze, Johann Stephan (1771-1839), Theologe, Schriftsteller, seit 1804 in Weimar; verf. »Heitere Stunden« *111, 112, 113, 120, 121, 131, 476*

Schütze, Wilhelmine (1787-1865), Ehefrau des Theologen und Schriftstellers Johann Stefan Schütze *475, 476*

Schwabe, Julius, Sohn des Weimarer Bürgermeisters Karl Leberecht Schwabe *406, 408, 459*

Schwanenfeld, Franz von (1784-1863?), preußischer Husarenoffizier *169, 178*

Schwarz, Friedrich Christian Heinrich (1766-1837), protestantischer Theologe und Pädagoge, Professor der Theologie und Kirchenrat in Heidelberg; verf. »Lehrbuch der Erziehungs- und Unterrichtslehre« *190, 193*

Schwerdgeburth, Karl August (1785-1878), Kupferstecher

im Landes-Industrie-Comptoir in Weimar *351, 354, 492, 495*

Sckell, Karl August Christian, Hofgärtner und Schloßverwalter in Dornburg *412, 423, 424*

Scott, Sir Walter (1771-1832), 1799 Sheriff von Selkirkshire, seit 1811 Schloßherr von Abbotsford, englischer Dichter, übers. G.s »Götz« *359, 451*

Sebbers, Ludwig (1804-1839), Maler, Inspektor der herzoglichen Porzellanmanufaktur in Braunschweig *507*

Seidel, Max Johann (1795-1855), Schauspieler und Regisseur am Weimarer Theater *382, 383*

Seidel, Philipp Friedrich (1755-1820), G.s Sekretär von 1775 bis 1785, 1785 Kammerkalkulator in Weimar, 1789 Rentkommissar *458*

Seidler, Louise (1786-1866), Malerin aus Jena, 1818 in München, 1819 bis 1823 in Italien, seit 1824 Kustodin der großherzoglichen Gemäldesammlungen in Weimar *165, 166, 181, 219, 473*

Seidlitz, C. von *265*

Shakespeare, William (1564-

544

Zu dieser Ausgabe

insel taschenbuch 1800: Goethe aus der Nähe. Der Text folgt der Ausgabe: Goethe aus der Nähe. Berichte von Zeitgenossen, ausgewählt und kommentiert von Eckart Kleßmann. Artemis & Winkler Verlag, Zürich 1994.

Umschlagabbildung: Collage aus drei Goetheporträts: 1. Johann Peter Melchior, Gipsrelief 1775, 2. Johann Joseph Schmeller, Ölgemälde 1826/27 (Foto: Ursula Edelmann), 3. Joseph Karl Stieler, Ölgemälde 1828

Johann Wolfgang Goethe
im Insel Verlag

Werke. Insel-Goethe. Sechs Bände. Herausgegeben von Emil Staiger, Walter Höllerer, Hans-J. Weitz, Norbert Miller u. a. Leinen

Einzelausgaben

Alle Freuden, die unendlichen. Liebesgedichte und Interpretationen. Herausgegeben von Marcel Reich-Ranicki. IB 1028

Dichtung und Wahrheit. Mit zeitgenössischen Illustrationen, ausgewählt von Jörn Göres. 2 Bde. Leder

Dichtung und Wahrheit. 3 Bde. in Kassette. Mit Bildmaterial. it 149-151

Elegie von Marienbad. Faksimile einer Urhandschrift. September 1823. Mit einem Kommentarband. Herausgegeben von Christoph Michel und Jürgen Behrens. Mit einem Geleitwort von Arthur Henkel. Leder

Erotische Gedichte. Gedichte, Skizzen und Fragmente. Herausgegeben von Andreas Ammer. it 1225

Faust. Gesamtausgabe. Leinen und Leder

Faust. Erster Teil. Nachwort von Jörn Göres. Illustrationen von Eugène Delacroix. it 50

Faust. Zweiter Teil. Mit Federzeichnungen von Max Beckmann. Mit einem Nachwort zum Text von Jörn Göres und zu den Zeichnungen von Friedhelm Fischer. it 100

Faust. Zweiter Teil. Faksimile der Erstausgabe. Leder

Gedichte. Sämtliche Gedichte in zeitlicher Folge. Herausgegeben von Heinz Nicolai. it 1400

Gedichte 1. Mit 31 Illustrationen von Ernst Barlach. IB 1144

Gedichte 2. Mit 15 Illustrationen von Max Liebermann. IB 1145

Gedichte 3. Mit 19 Illustrationen von Hans Meid. IB 1146

Gedichte 4. Mit 20 Illustrationen von Karl Walser. IB 1147

Gedichte in einem Band. Herausgegeben von Heinz Nicolai. Leinen

Goethe für junge Leser. Mit einem Vorwort und allerlei Kommentaren und Zwischenreden des Herausgebers Jörg Drews. it 1825

Goethes Gedanken über Musik. Eine Sammlung aus seinen Werken, Briefen, Gesprächen und Tagebüchern. Herausgegeben von Hedwig Walwei-Wiegelmann. Mit achtundvierzig Abbildungen, erläutert von Hartmut Schmidt. it 800

Goethes Liebesgedichte. Herausgegeben von Hans Gerhard Gräf. Mit einem Nachwort von Emil Staiger. Leinen, Leder und it 275

Goethes schönste Gedichte. Herausgegeben von Jochen Schmidt. IB 1013

54/1/10.96

Johann Wolfgang Goethe
im Insel Verlag

54/2/10.96

Johann Wolfgang Goethe
im Insel Verlag

Johann Wolfgang Goethe
im Insel Verlag

Wilhelm Meisters Wanderjahre oder die Entsagenden. Mit einem Nachwort von Adolf Muschg. Leinen, Leder und it 575

Johann Wolfgang Goethe / Friedrich von Schiller: Sämtliche Balladen und Romanzen in zeitlicher Folge. Herausgegeben von Karl Eibl. it 1275

Übersetzungen

Benvenuto Cellini: Leben des Benvenuto Cellini florentinischen Goldschmieds und Bildhauers. Von ihm selbst geschrieben, übersetzt und mit einem Anhange herausgegeben von Johann Wolfgang Goethe. Mit einem Nachwort von Harald Keller. it 525

Briefe und Gespräche

Bettine von Arnim: Goethes Briefwechsel mit einem Kinde. Herausgegeben und eingeleitet von Waldemar Oehlke. Mit zeitgenössischen Abbildungen. it 767

Der Briefwechsel zwischen Schiller und Goethe. Herausgegeben von Emil Staiger. Leinen

Der Briefwechsel zwischen Schiller und Goethe. 2 Bde. Herausgegeben von Emil Staiger. Mit Illustrationen. Bildkommentar von Hans-Georg Dewitz. it 250

Goethes Briefe an Charlotte von Stein. 3 Bde. in Kassette. Herausgegeben von Julius Petersen. it 1125

Goethes Ehe in Briefen. Der Briefwechsel zwischen Goethe und Christiane Vulpius 1792 - 1816. Herausgegeben von Hans Gerhard Gräf. it 1625

Zu Goethe

Die Erotica und Priapea aus den Kunstsammlungen Johann Wolfgang Goethes. Herausgegeben und erläutert von Gerhard Femmel und Christoph Michel. Limitierte Ausgabe. Mit Abbildungen. Leinen

Die Erotica und Priapea aus den Kunstsammlungen Johann Wolfgang Goethes. Herausgegeben und erläutert von Gerhard Femmel und Christoph Michel. Mit 74, teilweise farbigen Abbildungen. Klappen-Broschur

Goethe. Sein Leben in Bildern und Texten. Vorwort von Adolf Muschg. Herausgegeben von Christoph Michel. Gestaltet von Willy Fleckhaus. Leinen und it 1000

Bei Goethe zu Gast. Besuche in Weimar. Herausgegeben von Werner Völker. Mit zahlreichen Abbildungen. it 1725

54/4/10.96

Johann Wolfgang Goethe
im Insel Verlag

Goethe, unser Zeitgenosse. Über Fremdes und Eigenes. Herausgegeben von Siegfried Unseld. it 1425

Goethe aus der Nähe. Texte von Zeitgenossen. Ausgewählt und kommentiert von Eckart Kleßmann. it 1800

Goethe im zwanzigsten Jahrhundert. Spiegelungen und Deutungen. Herausgegeben von Hans Mayer. Leinen

Goethe in Leipzig 1765 - 1768. Bruchstücke einer Konfession, dokumentiert in Briefen und Selbstzeugnissen. Zusammengestellt von Christine Schaper. Mit 12 Holzstichen von Karl-Georg Hirsch. Pappband im Schuber.

Goethe und die arabische Welt. Leinen

Goethe und die Französische Revolution. Insel-Almanach auf das Jahr 1989. Herausgegeben und erläutert von Karl Otto Conrady. Kartoniert

Goethe und die Medizin. Selbstzeugnisse und Dokumente. Herausgegeben von Manfred Wenzel. Mit zahlreichen Abbildungen. it 1350

Goethes Anschauen der Welt. Schriften und Maximen zur wissenschaftlichen Methode. Herausgegeben von Ekkehart Krippendorf. Gebunden

Pierre Bertaux: Gar schöne Spiele spiel' ich mit dir! Zu Goethes Spieltrieb. IV. Leinen

Ernst Beutler: Essays um Goethe. it 1575

Anne Bohnenkamp: »... das Hauptgeschäft nicht aus den Augen lassend«. Die Paralipomena zu Goethes ›Faust‹. Leinen

Karl Heinz Bohrer: Der Abschied. Theorie der Trauer: Baudelaire, Goethe, Nietzsche, Benjamin. SV. Gebunden

Bernhard Buschendorf: Goethes mythische Denkform. Zur Ikonographie der ›Wahlverwandtschaften‹. Kartoniert

Hans Carossa: Wirkungen Goethes in der Gegenwart. Mit einem Porträt Goethes im Frontispiz und 2 Manuskript-Faksimiles. IB 53

Karl Otto Conrady: Goethe was here. In den Rhein- und Main-Gegenden und der Schweiz. Parodistischer Scherz und Ernst. it 1600

Sigrid Damm: Cornelia Goethe. Leinen und it 1452

Johann Peter Eckermann: Gespräche mit Goethe in den letzten Jahren seines Lebens. Herausgegeben von Fritz Bergemann. Leder

Johann Peter Eckermann: Gespräche mit Goethe in den letzten Jahren seines Lebens. Herausgegeben von Fritz Bergemann. Neuausgabe. Leinen und it 500